Vergabeverfahren und Rechtsschutz
bei der Beschaffung von Informationstechnologie
durch die Verwaltung

WETTBEWERBSRECHTLICHE STUDIEN

Technologierecht – Kartellrecht – Vergaberecht

Herausgegeben von Hanns Ullrich

Band 2

PETER LANG

Frankfurt am Main · Berlin · Bern · Bruxelles · New York · Oxford · Wien

Ariane Kubis

Vergabeverfahren und Rechtsschutz bei der Beschaffung von Informationstechnologie durch die Verwaltung

Frankreich und Deutschland
im Vergleich

PETER LANG
Europäischer Verlag der Wissenschaften

Die Deutsche Bibliothek - CIP-Einheitsaufnahme

Kubis, Ariane:

Vergabeverfahren und Rechtsschutz bei der Beschaffung von Informationstechnologie durch die Verwaltung – Frankreich und Deutschland im Vergleich / Ariane Kubis. - Frankfurt am Main ; Berlin ; Bern ; Bruxelles ; New York ; Oxford ; Wien : Lang, 2001
(Wettbewerbsrechtliche Studien ; Bd. 2)
Zugl.: München, Univ. der Bundeswehr, Diss., 2000
ISBN 3-631-37618-9

ISSN 1616-914X
ISBN 3-631-37618-9

www.peterlang.de

Meinen Eltern
und Andreas

Vorwort

Die vorliegende Arbeit ist im Juni 2000 von der Fakultät für Wirtschafts- und Organisationswissenschaften der Universität der Bundeswehr München als Dissertation angenommen worden.

Mein herzlicher Dank gilt Herrn Prof. Dr. Hanns Ullrich für die Überlassung des Themas und die engagierte Betreuung der Arbeit. Seine zahlreichen Anregungen waren mir immer eine große Hilfe.

Bei Herrn Prof. Dr. Thomas Dreier bedanke ich mich für die Erstellung des Zweitgutachtens.

Besonders herzlich danke ich Herrn Dipl.-Verwaltungsbetriebswirt Werner Leitzen vom Bundesministerium des Innern für die wertvolle und freundliche Unterstützung bei der Durchführung der Arbeit.

Herrn Michel Rocfort, C.S.M./I., gilt mein aufrichtiger Dank für die hilfreiche Begleitung der Arbeit während meines Aufenthaltes in Paris. Frau Isabelle de Lamberterie, C.N.R.S., danke ich für die Herstellung dieses Kontaktes.

Mein ganz besonderer Dank gilt meinen Eltern, die mich stets großzügig gefördert und unterstützt haben. Ihr unermüdlicher Ansporn hat wesentlich zum Gelingen der Arbeit beigetragen.

Außerordentlich dankbar bin ich meinem Mann Andreas, ohne dessen kontinuierlichen Beistand und großes Verständnis die Vollendung der Arbeit nicht möglich gewesen wäre.

München, im Januar 2001 — Ariane Kubis

Inhaltsverzeichnis:

A. Einleitung

A. I. Problemstellung

Einen wesentlichen Bereich des öffentlichen Auftragswesens stellt die Beschaffung von Informationstechnologie durch die öffentliche Hand dar. Unter „Informationstechnologie" versteht man vorwiegend Datenverarbeitungs-, Kommunikations- und Bürotechnik, soweit diese auf der Grundlage der Mikroelektronik zur Erfassung, Darstellung, Speicherung, Verarbeitung und Übermittlung von Informationen in Form von Texten, Daten, Bildern oder Sprache dienen.[1] In der Europäischen Union entfallen bis zu 15% aller öffentlichen Aufträge auf IT-Produkte und -Dienstleistungen.[2] Es geht hierbei nicht mehr nur darum, die Behörden mit einfachen Arbeitsplatzcomputern auszustatten, sondern diese selbst zu „informatisieren".[3] Die „Informatisierung" der Verwaltung hat dabei die qualitative und/oder quantitative Verbesserung des status quo im öffentlichen Dienst zum Ziel,[4] sei es in Form der Vereinfachung der Beziehungen zwischen den einzelnen Benutzern[5] durch Verbindung örtlich verstreuter Behörden, durch Rationalisierung des Verfahrens in den Behörden, durch Verkürzung der Fristen zur Herstellung und Lieferung aufgrund schnelleren Informationsflusses oder sei es durch Steigerung der Produktivität (Kosten/Nutzen).[6]

Es kommt somit neben der reinen Lieferung und Installation funktionsfähiger Hardware mit oder ohne Betriebssoftware verstärkt auf die Beschaffung von Softwareprodukten nebst Implementation und Einweisung an.[7] Dabei ist eine klare Trennungslinie zwischen der reinen Überlassung von Standardsoftware, der Abänderung von Standardsoftware und Integration in eine Anwendungs- und Systemumgebung sowie der Planung und Entwicklung von individueller Anwendersoftware zu ziehen.[8] Hinzu können weitere Annex-Leistungen kommen, wie Beratung, Studien, Infrastrukturanpassungen, Aufbereitung der zu übernehmenden Datenbestände, Pflege von Software bzw. Wartung der Hardware oder Personalschulung. Immer häufiger wird auch eine Gesamtlösung im Rahmen eines komplexen „schlüsselfertigen" DV-Systems (clés en main) angestrebt,[9] welche von der Beschaffung von Hardware mit Basissoftware und Beschaffung von Standardsoftware über Studien und Erstellung von Individualsoftware bis hin zu Annex-Leistungen reicht.[10] Folge hiervon ist, daß zumeist verschiedene Lieferanten/Dienstleistungsunternehmen mit unterschiedlichen Verantwortlichkeiten kombiniert werden müssen. Vor allem die Softwarehäuser (sociétés de services et d'ingénierie en informatique, kurz S.S.I.I. genannt) werden

---

1 vgl. Ziff. 1.2 Leitfaden zur Nutzung der Ergänzenden Vertragsbedingungen für IT-Leistungen (Leitfaden EVB-IT-Entwurf, Stand: 24.02.1998); Runderlaß des Bundesministerium des Innern vom 18.08.1988, GMBl. Nr. 26 vom 04.10.1988;

2 Bundesministerium des Innern, EPHOS - kurzgefaßt, S. 2;

3 Rocfort, in: Rev.M.P. nov. 1990, n° 253, S. 29 ff. (30);

4 Sommerville, Le génie logiciel, S. 46;

5 Art. 1er décret n° 86-1301 du 22 décembre 1986 relatif au développement de l'informatique, de la bureautique et des réseaux de communication dans l'administration, J.O. 24 déc. 1986, S. 15545 ff.;

6 Inforep, a. a. O., S. 22 f.;

7 Dornhoff, a. a. O., S. 5;

8 Montero, Les marchés publics d'acquisition de logiciels, S. 4 f.;

9 Galeur/Nguyen, in: M.T.P. 29 sept. 1995, S. 50; Petetin, in: Rev.M.P. 1981, n° 180, S. 23 ff. (24); Laik, a. a. O., S. 20;

10 Lucas, a. a. O., Rdnr. 338, S. 410; vgl. Schneider, a. a. O., Anm. D, Rdnr. 202 und Anm. L, Rdnr. 1;

im Verhältnis zu den reinen Hardware-Konstrukteuren immer wichtiger.[11] Soweit eine Softwarelandschaft bereits besteht und neue Anwendungen eingebunden werden sollen, müssen zudem bereits festgeschriebene Randbedingungen beachtet werden.

Die öffentliche Beschaffung im Bereich der Informatik unterliegt grundsätzlich denselben Regelungen wie jeglicher andere öffentliche Auftrag. Die Verwaltung muß zunächst ihre Bedürfnisse analysieren und definieren, eine Vergabe des Auftrages anhand der zur Verfügung stehenden Vergabeverfahren unter Beachtung insbesondere der Veröffentlichungspflichten und Fristen durchführen, im Anschluß daran die am besten geeignetste und günstigste Lösung auswählen sowie schließlich den Auftrag mit dem so gefundenen Auftragnehmer zu den Vertragsbedingungen durchführen, die in der Ausschreibung vorgesehen waren. Die Beschaffung hat dabei auf der Grundlage eines fairen und offenen Wettbewerbs stattzufinden,[12] der den Unternehmen den gleichen Zugang zu den Märkten eröffnet[13] und das Vergabeverfahren mit einem Höchstmaß an Transparenz[14] unter Wahrung des Gleichheitssatzes und der sinnvollen Verwendung öffentlicher Mittel[15] durchführt. So sind zur Wahrung des Gleichheitsgrundsatzes Verfahrensregeln vorzusehen, die um so strenger sein werden, je höher die Auftragssumme ist: Informationen des Auftraggebers über seinen konkreten Bedarf, gleiche Zeit für alle Bewerber zum Studium der Unterlagen und Erstellung der Angebote sowie einheitliche Bewertungsschemata.[16] Aus der Gleichheitsbindung folgt weiter, daß das Vergabeverfahren nicht so ausgestaltet sein darf, daß bestimmte Unternehmen von vornherein ausgeschlossen oder benachteiligt werden, insbesondere durch entsprechendes „Zuschneiden" des Auftrags auf konkrete Anbieter.[17] Aus dem Gebot der Transparenz läßt sich eine Verpflichtung zu einer ausreichenden Unterrichtung der beteiligten sowie der ausgeschlossenen Unternehmen während des gesamten Vergabeverfahrens ableiten. Dies hat durch Veröffentlichungen und Bekanntmachungen sowie Mitteilungen darüber zu erfolgen, weshalb ein Unternehmen von der Vergabe ausgeschlossen wurde, wer Auftragnehmer geworden ist und wie hoch der vergebene Auftrag war.[18] Zudem ist für eine wirksame Verwendung öffentlicher Mittel ein entsprechendes Preis-/Leistungs-Verhältnis zu fordern.

Während Hardware und Standardsoftware weitgehend ohne Probleme mittels förmlicher Ausschreibungen beschafft werden können, da Art und Umfang der Leistung hinreichend genau, und damit vergleichbar, beschrieben werden können und eine Vielzahl an möglichen Bietern existiert, treten bei der Beschaffung von individuell zu

---

[11] Rocfort, in: Rev.M.P. nov. 1990, n° 253, S. 29 ff. (30); De Lamberterie, Le financement des logiciels, S. 7;
[12] Riese, a. a. O., S. 42 f.; Marcellin/Costes u. a., Lamy, Guide, n° 616;
[13] Goossens, in: Rev.M.P. 1995, n° 1, S. 48; Laguerre, Concurrence, S. 23, 31; Laguerre, in: M.T.P. 24 mars 1989, S. 60; C.C.M., Le guide, S. 6; Hermes, in: JZ 1997, S. 909 ff. (912); Marcellin/Costes u. a., Lamy, Guide, n° 616;
[14] Müglich, in: CR 1997, S. 453; Gröning, in: ZIP 1999, S. 52 ff. (54); Boesen, in: NJW 1997, S. 345; Marcellin/Costes u. a., Lamy, Guide, n° 616;
[15] Clément/Bouchon/Cossalter, a. a. O., S. 83; Hermes, in: JZ 1997, S. 909 ff. (910); vgl. auch § 55 Abs. 2 BHO;
[16] Legouge, a. a. O., S. 23;
[17] Gusy, in: JA 1989, S. 26 ff. (30);
[18] Legouge, a. a. O., S. 24;

erstellender Software bzw. von einsatzfähigen DV-Lösungen einige Besonderheiten zutage, die das reguläre Vergabeverfahren erschweren:

Zunächst birgt bereits die Bedürfnisanalyse (étude des besoins) und die daraus resultierende fachliche und technische Detaillierung des gewünschten Produktes als Ausgangspunkt für die Leistungsbeschreibung Schwierigkeiten in sich. Bei der Bedürfnisanalyse muß sowohl der gesamte organisatorische Zustand als auch der DV-System-Status geprüft und umfassend ermittelt werden.[19] Erst bei Offenkundigkeit der Schwachstellen können Vorstellungen darüber entwickelt werden, welchen Informationsbedarf eine Behörde hat oder in Zukunft haben wird und wie dies mit den zur Verfügung stehenden finanziellen Mitteln technisch bewerkstelligt werden kann.[20] Selbst wenn man die Probleme des aktuellen Systems kennt, ist es dennoch schwierig vorherzusehen, welche Effekte das vermeintlich „verbesserte" System auf die Organisation hat.[21] Insbesondere kann eine fehlerhafte oder den wahren Bedürfnissen der Behörde zuwiderlaufende Informatisierung zu einer empfindlichen Betriebsstörung führen.[22] Gleiches gilt, wenn die Bedürfnisse an organisatorischen und wirtschaftlichen Zwängen ausgerichtet werden, die den tatsächlichen Bedürfnissen widersprechen.[23] Gerade auch durch die Vielzahl der verschiedenen Benutzer, deren Bedürfnisse und Prioritäten unterschiedlich - teilweise sogar gegensätzlich - sind, werden Kompromisse nötig. Keine andere vergleichbare Technologie greift damit so weitgehend in die Organisation einer Behörde ein wie die Informationstechnologie.[24] Diese verändert die Organisation, die über die Informationstechnologie organisiert werden soll.[25]

Die notwendigen Informationen und Mitteilungen im Rahmen der Bedürfnisanalyse hat dabei grundsätzlich der Bedarfsträger selbst zu übernehmen.[26] Es kommt vor allem auf die Fragen der vorhandenen Infrastruktur, Personalausbildung, Kompatibilität, Portabilität, Programmiersprache, Speicherkapazitäten, existierende Datenbestände, vorhandene Datenverarbeitungsausrüstung etc. an. Im Bereich der Software[27] bietet sich die Möglichkeit von vorhergehenden Machbarkeitsstudien an, die dazu dienen, das Gebiet, welches zu automatisieren ist, daraufhin zu untersuchen, ob es überhaupt automationsgeeignet und automationswürdig ist, wobei die Rahmenbedingungen mit untersucht werden müßten. Insbesondere hat eine Analyse stattzufinden, ob bei bereits vorhandener Software die Verwendung neuer Software Vorteile bietet und ob hier Standardsoftware ausreichend ist oder Individualsoftware erstellt werden muß.[28] Soweit jedoch gerade DV-technische Fragen betroffen sind,

---

19 Inforep, a. a. O., S. 19 f.; Vivant/Le Stanc u. a., Lamy, Droit de l'informatique, n° 741;
20 Müller-Hengstenberg/von Westphalen, a. a. O., S. 4; Ministère du Budget, a. a. O., S. 35;
21 Sommerville, Le génie logiciel, S. 46;
22 Féral-Schuhl/Vinay, a. a. O., S. 11;
23 Sommerville, Le génie logiciel, S. 46;
24 Müller-Hengstenberg/von Westphalen, a. a. O., S. 6; Rocfort, in: Rev.M.P. janv. - févr. 1992, n° 263, S. 23 ff. (24); Dirlewanger, in: CR 1988, S. 588 f.;
25 Schriftenreihe der KBSt, Band 27/1, V-Modell des Bundes, S. 4-4: z. B. beim Einsatz von Vorgangssteuerungs- und Archivierungssystemen; vgl. auch Féral-Schuhl/Vinay, a. a. O., S. 12;
26 Lesshafft, in: CR 1989, S. 146 f.;
27 Im Bereich der Hardwareentwicklung besteht die Möglichkeit der Schaffung von industriellen Prototypen, vgl. Heppner, a. a. O., S. 81;
28 Ministère du Budget, a. a. O., S. 35;

fehlen der Verwaltung - ebenso wie auch privaten Unternehmen - in den eigenen Reihen häufig Personen, welche die notwendigen Kenntnisse der komplexen und hochentwickelten Materie des Informatiksektors, insbesondere auch der damit verbundenen Qualitätsanforderungen, aufweisen.[29] Das Lösungs-Know-how wird zumeist erst mit der Software-Implementierung in die Behörden eingebracht.[30] Die Unsicherheiten und Schwierigkeiten bei der Bedürfnisanalyse und der sich anschließenden technischen Detaillierung der Produkte und Leistungen[31] fordern daher bereits vor der eigentlichen öffentlichen Auftragsanzeige,[32] spätestens aber im Zeitpunkt der Ausarbeitung der dem Vergabeverfahren zugrunde liegenden Pflichtenhefte (cahiers des charges)[33] die Verpflichtung zu gegenseitigem Beistand und intensiver Zusammenarbeit zwischen den zukünftigen Vertragspartnern.[34] Dabei richtet sich der Grad der Intensität des Zusammenwirkens danach, ob es sich um Basissoftware in Verbindung mit Hardware, individualisierte Anwendersoftware oder sonstige Anwendersoftware handelt. Je stärker die Software an die besonderen Bedürfnisse der Verwaltung angepaßt werden soll, um so mehr Anforderungen sind an den Informationsaustausch zu stellen. Gerade diese Kommunikationsmöglichkeit sehen die förmlichen Vergabeverfahren jedoch nicht vor.

Als Folge hiervon müßten externe Berater vor allem mit der Analyse und technischen Planung beauftragt bzw. gesondert vergebene Studien- und Entwicklungsprojekte vorgeschaltet werden.[35] Dabei ist bei einer Vergabe nach außen zu beachten, daß jede Planung und Studie bereits einen Teil der zu entwickelnden Individualsoftware oder angepaßten Standardsoftware darstellen wird und hieraus bereits Schutz- und Verwertungsrechte eines Anbieters resultieren können, so daß sich dieser aus rechtlichen, wirtschaftlichen[36] oder technischen Gründen in Bezug auf die Erstellungs- und sich anschließenden Pflegeleistungen schwer oder überhaupt nicht auswechseln läßt. Trotzdem - vielleicht aus Kostengründen, überzogener Selbsteinschätzung, zeitlicher Fehlplanung oder einfach Bequemlichkeit der Behörden[37] - werden diese Vorarbeiten oft unterlassen. Auch liegen Standards und Normen, welche als weitere Basis für vergleichbare und qualitätsgesicherte Angebote dienen können, weitestgehend nicht vor oder sind nicht verbindlich.[38] Es kommt somit häufig zu Leistungsbeschreibungen für die Vergabe von Individualsoftwareerstellungsleistungen, die für den Auftragnehmer unklar und mißverständlich sind und für den Auftraggeber keine exakte Vergleichsgrundlage bieten. Folge solcher Projekte sind daher gehäuft Leistungsabänderungen entweder auf Wunsch der Verwaltung oder aufgrund technischer Zwänge sowohl während des Vergabeverfahrens als auch

---

29 Redeker, a. a. O., Rdnr. 168; Domergue, a. a. O., S. 203;
30 vgl. Heppner, a. a. O., S. 75;
31 Laik, a. a. O., S. 20; Müller-Hengstenberg, in: CR 1995, S. 198 ff. (199);
32 De Lamberterie/Bréchon-Moulènes, a. a. O., S. 50;
33 De Lamberterie/Bréchon-Moulènes, a. a. O., S. 117 f.;
34 Petetin, in: Rev.M.P. 1981, n° 180, S. 23 ff. (24); Montero, in: Droit de l'informatique & des télécoms 1992/1, S. 57 ff. (58, 61); Le Tourneau, in: Rec. D.-S. 1987, chr. XIX, S. 101 ff. (104);
35 Marcellin/Costes u. a., Lamy, Guide, n° 461;
36 Hier sind insbesondere die Aufwendungen an Zeit und Kosten zu berücksichtigen, die dann entstehen, wenn einem neuen Auftragnehmer die Randbedingungen erneut vertraut gemacht werden müssen, vgl. Heppner, a. a. O., S. 121;
37 Daub/Eberstein-Müller, a. a. O., § 3, Rdnr. 30; Zahrnt, DV-Verträge: Gestaltung durch den Anwender, Kap. 4.3.2.(4);
38 Trybus, in: VgR 1/1998, S. 24;

nach dem eigentlichen Vertragsschluß, so daß die anfangs festgelegten Ziele an Funktionalität, Kosten und Fristen selten erreicht werden können;[39] jedenfalls weicht der Vertragsvollzug von dem Vorhaben, so wie es ausgeschrieben wurde und den konkurrierenden Angeboten zugrunde lag, ab.

Gerade diese Problematik der nicht exakten Leistungsbeschreibung führt auch dazu, daß verstärkt auf das Verfahren der freihändigen Vergabe (marchés négociés) zurückgegriffen wird, welches den größten Verhandlungsspielraum bei Funktionalitäten und Kosten bietet und weitgehend von den Förmlichkeiten der öffentlichen Ausschreibungen (appel d'offres bzw. adjudication) befreit ist.[40] Ferner wird häufig aufgrund der zumeist nur mangelhaft im Rahmen der Ausschreibung abgefaßten Pflichtenhefte, die nur annäherungsweise und untereinander nicht vergleichbare Angebote der Unternehmen zum Ergebnis haben, das Verfahren für ungültig (infructueux) erklärt, um zu einer freihändigen Vergabe zu gelangen. Des weiteren steht aufgrund der Eigenart der Leistungen nur ein beschränkter Kreis an Konkurrenten für den Wettbewerb bei der Auftragsvergabe zur Verfügung,[41] so daß dem Wettbewerbsprinzip und dem Gleichheitssatz, in Form des gleichen Zugangs zu öffentlichen Aufträgen, oft enge Grenzen gesetzt sind und ebenfalls auf die freihändige Vergabe zurückgegriffen wird. Schließlich gestaltet sich auch die Wertung der Angebote im Rahmen des Vergabeverfahrens schwierig, da die Durchdringung der Aufgaben und der Anforderungen an das DV-System für die Verwaltung komplex ist und sich diese daher vor der Vergabe geeignete Beurteilungskriterien zurechtlegen muß. So wählt die Verwaltung bei der Wertung der Angebote gehäuft nach der Solvenz und Größe eines Unternehmens,[42] früheren Vertragsausführungen auf dem Gebiet der Softwareerstellung, dem Know-how und der Kenntnis des aktuellen Stands der Technik im Bereich der Informationstechnologie sowie der Dienstleistungsqualität des Unternehmens im Hinblick auf zusätzliche Leistungen wie Wartung bzw. Pflege aus.[43] Auch die Kontinuität der angebotenen Dienstleistungen, die Kenntnis der Zwänge der öffentlichen Hand und die Amortisation anfänglicher Investitionen können ausschlaggebend sein.[44] Trotzdem vermögen die einzelnen abgegebenen Angebote die geforderte Leistung in technischer Hinsicht nicht immer optimal zu lösen. Weitergehende Verhandlungen bzw. Diskussionen im Rahmen einer freihändigen Vergabe sind daher vonnöten,[45] um die Motivation, das Problembewußtsein sowie die Kompetenz zu evaluieren und unklare Elemente des Angebots zu präzisieren.[46]

---

39 Atzel, in: 01 Informatique 15 avril 1994, S. 24, beziffert den Wert mit 1%; Syntec, a. a. O., S. 52; Heinrich, in: CR 1988, S. 584;

40 Rocfort, in: Rev.M.P. juin - juillet 1994, n° 282, S. 39 ff. (40); Guibal/Rapp, a. a. O., Rdnr. 629; vgl. Montero, Les marchés publics d'acquisition de logiciels, S. 204;

41 Rocfort, in: Rev.M.P. juin - juillet 1994, n° 282, S. 39;

42 beachte: Laik, a. a. O., S. 24: kleine Unternehmen werden allenfalls über Subunternehmerschaft eingebunden bzw. bei der Vergabe von einzelnen Losen;

43 Laik, a. a. O., S. 24;

44 Lenoir, in: Rev.M.P. 1984, n° 202, S. 17 f. (18), Fn. (3);

45 Rocfort, in: Rev.M.P. janv. - févr. 1994, n° 279, S. 31;

46 Rocfort, in: Rev.M.P. nov. 1990, n° 253, S. 29 ff. (30);

Somit ist man im Bereich der Informationstechnologie, und hier insbesondere der Softwarebranche, weit von standardisierten Liefer- und Dienstleistungen entfernt. Dadurch ist die Eignung der bestehenden förmlichen Vergabeverfahren bei komplexen Beschaffungen durch die Verwaltung in Frage gestellt.[47]

Der wiederholte Rückgriff der Praxis auf die freihändige Auftragsvergabe im Informatiksektor,[48] die weitgehenden von der Verwaltung zu treffenden Ermessensentscheidungen, gerade auch im Hinblick auf eine Angebotsbewertung, sowie die Notwendigkeit nachträglicher Leistungsänderungen führen auch zu Schwierigkeiten bei der Gewährung eines effektiven Rechtsschutzes eines am Vergabeverfahren zu Unrecht nicht beteiligten oder ausgeschlossenen Dritten. Diesem kommt es darauf an, überhaupt am Verfahren beteiligt zu werden, insbesondere von den Aufträgen Kenntnis zu erlangen, sowie eine transparente und objektiv nachprüfbare Wertung der Angebote zu erreichen. Gleiches gilt bei nachträglichen Leistungsänderungen unter dem besonderen Blickwinkel, daß der Dritte vielleicht die nunmehrige geänderte Leistung besser und/oder billiger hätte erbringen können. Zu beachten ist jedoch, daß die nicht zum Zuge gekommenen Unternehmer häufig den Gang zu Gericht vermeiden, um die Chancen und guten Beziehungen zur Verwaltung aufrechtzuerhalten und um eventuellen Retorsionen im Hinblick auf zukünftige Aufträge zu entgehen.[49]

Zu den Besonderheiten bei der Beschaffung von Informationstechnologie kommt hinzu, daß die Vergabevorschriften in den Mitgliedstaaten der Europäischen Union trotz Europäisierung des Vergaberechts teilweise abweichend voneinander geregelt sind. Insbesondere kennt Frankreich - im Gegensatz zu Deutschland - bereits seit langem[50] das Recht des öffentlichen Auftragswesens mit einem organisierten Verfahren, dessen Anwendungsbereich genau definiert ist.[51] So erfolgt beispielsweise in Frankreich die Vergabe mittels öffentlich-rechtlichem Vertrag, wobei der Zuschlag einen von dem eigentlichen Vertragsschluß getrennten Vorgang darstellt,[52] während in Deutschland bislang ein privatrechtlicher Vertrag geschlossen wird und der Vertragsschluß bereits mit Zuschlagerteilung zustande kommt.[53] Auch sind die Möglichkeiten, sich gegen vermeintlich rechtswidrige Entscheidungen im Zusammenhang mit der Durchführung von Vergaben gerichtlich und außergerichtlich zur Wehr zu setzen, in den beiden Mitgliedstaaten unterschiedlich ausgeprägt, woraus sich das Interesse an dieser rechtsvergleichenden Arbeit ableitet.

---

47 Montero, Les marchés publics d'acquisition de logiciels, S. X;
48 vgl. Vivant/Le Stanc u. a., Lamy, Droit de l'informatique, n° 1358; Müglich, in: CR 1997, S. 453 ff. (454); Gusy, in: JA 1989, S. 26 ff. (32); Laik, a. a. O., S. 17, 19;
49 Laguerre, in: Rev.M.P. juillet - août 1993, n° 275, S. 19; Laguerre, in: Rev.M.P. avril - mai 1988, n° 233, S. 27; Dreher, in: EuZW 1998, S. 197 ff. (201); Boesen, in: EuZW 1998, S. 551 ff. (559); Boesen, Das neue Vergaberecht, Anm. D. X.;
50 So geht beispielsweise Art. 247 C.M.P. (Schiedsverfahren) auf eine Référence zum Gesetz vom 17. April 1906 zurück.
51 Villard/van Ruymbeke/Coudert, a. a. O., S. 88;
52 Bréchon u. a., Droit des marchés publics, Anm. III.463.1/1;
53 Dreher, in: EuZW 1998, S. 197 ff. (198);

A. II. Gang der Untersuchung

Ausgehend von der Prämisse, daß sowohl die nicht harmonisierten nationalen Vorschriften als auch die in den EG-Richtlinien zum öffentlichen Auftragswesen ergangenen und in das nationale deutsche und französische Recht umgesetzten Regelungen zwar für das Vergabeverfahren und den Rechtsschutz bei standardisierten Leistungen, nicht aber bei komplexen IT-Beschaffungsvorgängen angemessen sind, sollen im einzelnen die einschlägigen nationalen Vorschriften untersucht und unter Berücksichtigung der EG-rechtlichen Vorgaben miteinander verglichen werden.

Nach der Darstellung der möglichen Leistungsinhalte auf dem Gebiet der IT-Beschaffung, von der standardisierten Lieferung funktionsfähiger Hardware und Standardsoftware bis hin zur komplexen Anwendungslösung im Rahmen eines DV-Systems und der sich rechtlich, wirtschaftlich und technisch ergebenden Besonderheiten von Softwareerstellungsverträgen, werden die für die entsprechende Auftragsvergabe zur Verfügung stehenden Vergabeverfahren nebst Vergabeunterlagen aufgezeigt und kritisch beleuchtet. Hierbei wird besonderes Gewicht auf die Problematik der Bedarfsdefinition, Vertragsgestaltung, Projektbeteiligung, Vergabeform sowie Vergabeart gelegt. Ebenso gilt es die Probleme, die sich aufgrund nachträglicher Abänderung der Leistungsinhalte ergeben, herauszuarbeiten und zu würdigen. Ziel der Untersuchung ist es dabei, Ansatzpunkte für Verbesserungsvorschläge bei der Gestaltung des Beschaffungsprozesses in Deutschland und Frankreich auf rechtlicher und technisch-organisatorischer Ebene zu gewinnen.

Letztlich resultieren aus den Vergabeverfahren auf dem IT-Sektor für einen bei der Vergabe nicht berücksichtigten oder zu Unrecht ausgeschlossenen Dritten besondere Rechtschutzprobleme, die es im jeweiligen Zusammenhang mit dem Vergabeverfahren und den nachträglichen Leistungsänderungen zu untersuchen, anhand der existenten Nachprüfungsmöglichkeiten zu lösen und schließlich aufgrund der unterbreiteten Verbesserungsvorschläge zu überdenken gilt.

B. Beschaffungsvorgänge und -schwierigkeiten

B. I. Gegenstand und Umfang der Beschaffung von Informationstechnologie

Bei der Beschaffung von Informationstechnik stellt sich für den Bedarfsträger zunächst die Frage, welche Arten von Liefer- und Dienstleistungen von verwaltungsinternen Stellen erbracht werden können und welche Leistungen an externe Unternehmen vergeben werden sollen.

Dabei kommt es darauf an, ob es sich um eine Erstinstallation eines DV-Systems, sei es in der gesamten Behörde oder nur bei einzelnen Fachabteilungen, um eine Umstellung eines vorhandenen DV-Systems auf ein neues System, um die Erweiterung des vorhandenen DV-Systems um einzelne Komponenten oder um die Abänderung einzelner Komponenten handelt. Unter Komponenten sind dabei Hardware und Software zu verstehen.

Man kann demzufolge danach unterscheiden, ob in Form von getrennter Beschaffung lediglich Hardware geliefert, Standardsoftware überlassen oder individuelle Computersoftware erstellt oder etwa Hardware und Software gemeinsam als Paket beschafft werden sollen. Schließlich kann eine Gesamtanwendungslösung in Betracht kommen, die neben der Beschaffung von Hardware mit Basissoftware und Standardsoftware noch Studien, Beratung, Entwicklung von Individualsoftware, Schulung, Wartungsleistungen etc. umfaßt.[54]

Während man in Frankreich diesen Fall der Gesamtanwendungslösung als System „clés en main" (schlüsselfertig) bezeichnet, werden in der deutschen Literatur für gemeinsame Beschaffungen bzw. Gesamtanwendungslösungen häufig unterschiedliche Begriffe verwendet. So benutzt Schneider[55] den Begriff „Systemvertrag", der sehr verschiedene Ausprägungen erfahren kann, für den „Kauf" bzw. die Beschaffung von EDV-Systemen (Hardware und Software), für schlüsselfertige Systeme oder Projekte, bei denen Software neu zu erstellen ist, bis hin zur Umstellung ganzer Produktionsbereiche. „Projektverträge" hingegen werden durch zusätzliche Leistungen neben der Lieferung von Hardware und Software, insbesondere die Erstellung von Software gekennzeichnet.[56] Ellenberger/Müller[57] verwenden den Begriff des „Projektvertrages" für alle Erscheinungsformen, die im Zusammenhang mit Hardware- und Softwareverträgen behandelt werden und zusätzliche Leistungen unterschiedlicher Art beinhalten, insbesondere wenn ein Unternehmer allein nicht in der Lage ist, den Gesamtauftrag zu erbringen. Müller-Hengstenberg[58] postuliert, daß

---

[54] Müller-Hengstenberg/von Westphalen, a. a. O., S. 116; Lucas, a. a. O., Rdnr. 339; Vivant/Le Stanc u. a., Lamy, Droit de l'informatique, n° 834; Inforep, a. a. O., S. 14 f.;

[55] Schneider, a. a. O., Anm. L, Rdnr. 1;

[56] Schneider, a. a. O., Anm. D, Rdnr. 207;

[57] Ellenberger/Müller, a. a. O., S. 98, 101, 103 ff.;

[58] Müller-Hengstenberg, Einführung in das EDV-Vertragsrecht, S. 60;

Softwareerstellung einen „Projektvertrag" darstellt, welcher seinerseits Teil eines Systemvertrages ist. Müller-Hengstenberg/von Westphalen[59] gehen ihrerseits vom „Systemvertrag" aus, wenn es sich um die Lieferung funktionsfähiger Hardware mit Betriebssoftware und Standardsoftware handelt und vom „Anwendungslösungsvertrag", wenn eine umfassende Leistungspflicht besteht. Zahrnt[60] beschreibt den „Systemvertrag" als Vertrag mit mehreren Lieferphasen, bei denen zwar die Preisgestaltung teilweise offen ist, welche aber weitgehende Aussagen zum Leistungsverhalten des Gesamtsystems ermöglichen. Beim „Projektvertrag" hingegen stehen Lieferumfang, Lieferphasen und Preise nur beschränkt fest; das System ist relativ offen; ein Anwender bringt oft Individualprogramme ein und Zusagen zum Leistungsverhalten des Gesamtsystems sind nicht möglich.[61] Der Bundesgerichtshof sieht den „Systemvertrag" als Zusammenfassung von Standard-Hardware und -Software an; beim „Projektvertrag" trete die Softwareerstellung hinzu.[62]

Das Bundesministerium des Innern rät in den „Unterlagen für Ausschreibung und Bewertung von IT-Leistungen, Version II"[63] an, daß, „falls es der anstehende Beschaffungsfall zuläßt, Hardware- und Software-Leistungen und die ausschreibbaren Teile einer IT-Verfahrensentwicklung möglichst getrennt ausgeschrieben werden (sollen), damit sich im Interesse der Wettbewerbsförderung grundsätzlich eine möglichst große Zahl von Unternehmen an den Ausschreibungen beteiligen kann und auf diese Weise eine „Streuung" der Aufträge erreicht wird; insbesondere soll dadurch den Unternehmen, die nur Software oder Entwicklung von IT-Verfahren anzubieten in der Lage sind, die Gelegenheit gegeben werden, sich um den Auftrag zu bewerben."

B. I. 1. Hardware

Die reine Hardwarekomponente (matériel) umfaßt die Lieferung von einzelnen PC's bis hin zu Großrechnern. Dabei zerfällt die Hardware schematisch in Zentraleinheit, Schnittstellen sowie Peripherie- und Speichergeräte (z. B. Drucker, Modem, Maus, Tastatur etc.).[64]

B. I. 2. Software

Die Software wiederum unterteilt sich zum einen in die hardwarenahe System-Software, mithin Betriebssystem, Organisationsprogramme, Dienstprogramme oder

59 Müller-Hengstenberg/von Westphalen, a. a. O., S. 80, 113, 117;
60 Zahrnt, in: CR 1992, S. 84 ff. (85);
61 Zahrnt, in: CR 1992, S. 84 ff. (85);
62 Schneider, a. a. O., Anm. D, Rdnr. 204;
63 Bundesministerium des Innern, UfAB, S. 12 f.;
64 Ellenberger/Müller, a. a. O., S. 4;

Compiler, mit deren Hilfe z. B. die jeweiligen Quellprogramme[65] in eine auf dieser Hardware ablauffähige Objekt-Version (sog. object-code) übersetzt werden können, und zum anderen in die Anwendersoftware.[66] Während Standardsoftware (progiciel) für eine Vielzahl von Anwendungsfällen gleicher Art verwendet werden kann (z. B. Textverarbeitung, Tabellenkalkulation, Grafik), wird Individualsoftware (logiciel) nach den Spezifikationen des Anwenders speziell für diesen erstellt.

B. I. 3. Ergänzende Leistungen

Neben der Lieferung und Entwicklung der einzelnen Komponenten des DV-Systems können weitere Leistungen von Dritten zu erbringen sein. Hierunter fallen beispielsweise Beratung, Studien (auch Machbarkeitsstudien)[67], Anpassung der bestehenden Standardsoftware an die Bedingungen beim Anwender einschließlich Implementierung und Einweisung, Installation und Einweisung hinsichtlich Hardware, Wartung von Hardware oder Pflege von Software sowie Infrastrukturanpassungen.[68] Es gilt zu beachten, daß eine Vergabe dieser ergänzenden Leistungen sowohl im Zusammenhang mit der gesamten Anwenderlösung als auch als gesonderte Aufträge erfolgen kann.

B. I. 3. 1. Beratung

Die Beratung (conseil) kann zunächst auf die Phase vor der eigentlichen Beschaffung, also bis hin zur Spezifikation des Pflichtenheftes (cahier des charges) begrenzt sein (Planungsphase).[69] Hier umfaßt sie vor allem die Analyse und Beschreibung der Ist-Situation sowie des Bedarfs. Auch können Lösungsalternativen zu erarbeiten sein. Ferner kann sich die Beratung auf getrennte vorgeschaltete Projektstudien, Einsatzberatung durch Anbieter oder unabhängige Unternehmen, Unterstützung bei Systemerweiterung oder Umstieg auf andere Systeme, Einrichten von Netzwerken etc. beziehen.[70] Des weiteren ist eine punktuelle Beratung als Hilfe beim Vergabeverfahren, insbesondere bei der Wertung der Angebote, denkbar.[71] Die Beratung kann sich aber auch auf die Phase nach Auftragserteilung erstrecken, z. B. im Rahmen der Projektbegleitung bei der Erstellung von Software.[72] Schließlich ist

---

65 Unter Quellprogramm (bzw. Quellcode oder source-code) versteht man eine strukturierte Liste von Anweisungen, die im wesentlichen vier Informationen enthält: Beschreibung der zu verarbeitenden Daten und ihrer Anordnung (z. B. Datentypen und -formate, Dateien, Eingabe- bzw. Ausgabeformate), Beschreibung der Verarbeitungsprozeduren (z. B. Funktionen, Operationen, Verknüpfungen), Informationen in Text und/oder digitalisierter Grafik zum Dialog mit dem Benutzer und zu dessen Führung und Unterrichtung über Auswahlmöglichkeiten und Fehlersituationen (z. B. Menüs, Fehlermeldungen etc.) sowie schließlich Informationen für Personen, deren Aufgabe die Entwicklung, Fehlerbeseitigung und Weiterentwicklung des Programms ist; vgl. hierzu: Moritz/Tybusseck, a. a. O., Rdnr. 132;

66 Hayek, a. a. O., S. 13;

67 Inforep, a. a. O., S. 15;

68 Koch/Schnupp, a. a. O., S. 98;

69 vgl. hierzu das der BVB-Planung sowie BVB-Erstellung bzw. EVB-IT-Erstellung zugrunde liegende Phasenkonzept, 1. Abschnitt, vgl. Ziff. B.III.2.1.3.1; Féral-Schuhl/Vinay, a. a. O., S. 146; Schneider, a. a. O., Anm. D, Rdnr. 145;

70 Koch/Schnupp, a. a. O., S. 98;

71 Féral-Schuhl/Vinay, a. a. O., S. 146;

72 Koch/Schnupp, a. a. O., S. 98;

es auch möglich, das gesamte Projektmanagement als Beratungsleistung zu vergeben.[73]

B. I. 3. 2. Wartung/Pflege

Nach Ablauf der vertraglich vereinbarten oder gesetzlichen Gewährleistungsfrist bis zum Ende der wirtschaftlichen oder technischen Lebensdauer des Vertragsproduktes kommt der Wartung der Hardware (maintenance) bzw. der Pflege der Software (suivi) zur Erhaltung der Funktionsfähigkeit wesentliche Bedeutung zu.

Bei der Wartung unterscheidet man die vorbeugende Wartung (präventive Wartung), der eine regelmäßige Überprüfung der Funktionsfähigkeit des Systems vor Ort zugrunde liegt, die korrigierende Wartung (korrektive Wartung), die der Störungsbeseitigung dient, die anpassende Wartung (adaptive Wartung), die für die Anpassung des Produktes an technische Veränderungen der Umwelt zur Verfügung steht und schließlich die „evolutive Wartung" (perfektive Wartung), wodurch eine Verbesserung des ursprünglichen Leistungsniveaus im Hinblick auf technische und funktionelle Besonderheiten bewerkstelligt werden soll.[74]

Gleiches gilt inhaltlich für die Pflege von Software, die ebenfalls die Aktualisierung bzw. Weiterentwicklung, Störungsbeseitigung, Beratung, insbesondere Hotline-Unterstützung, oder Fernpflege umfassen kann.[75] Dabei unterliegt auch Standardsoftware einem ständigen Weiterentwicklungsprozeß, der neben der Fehlerbeseitigung der Überarbeitung und Erweiterung der Funktionalität bedarf.[76] Zu beachten ist jedoch, daß eine Abänderung von Software nur dann möglich ist, wenn dem Anwender der Quellcode und die Entwurfsdokumentation[77] (Programmbeschreibung) mit übertragen wird.[78]

Da bei vorgefertigter Standardsoftware durch den Hersteller meist nur das Benutzer- und Bedienerhandbuch,[79] nicht aber die Programmbeschreibung und der Quellcode überlassen wird,[80] ist in der Regel keine Pflege durch Dritte möglich. Vielmehr konzipiert, definiert und implementiert der Hersteller die Standardsoftware und besitzt hieran das Ausschließlichkeitsrecht. Softwarepflege kommt in diesem Rahmen

---

73 Schneider, a. a. O., Anm. D, Rdnr. 149;
74 Heppner, a. a. O., S. 140; Schneider, a. a. O., Anm. D, Rdnrn. 163 f. und Anm. G, Rdnrn. 3 f. bezüglich Instandhaltung (vorbeugende Wartung) und Instandsetzung;
75 Schneider, a. a. O., Anm. D, Rdnr. 247 und Anm. D, Rdnr. 128; Ellenberger/Müller, a. a. O., S. 45;
76 Müller-Hengstenberg/von Westphalen, a. a. O., S. 102;
77 Die Entwurfsdokumentation umfaßt das Pflichtenheft, somit dasjenige, was das zu entwickelnde Programm leisten soll, nebst Schnittstellen sowie das Programmlogik-Handbuch mit einer vollständigen und detaillierten Programmbeschreibung; vgl. hierzu: Moritz/Tybusseck, a. a. O., Rdnrn. 135 f.;
78 Moritz/Tybusseck, a. a. O., Rdnr. 137; Müller-Hengstenberg, BVB-Computersoftware, S. 298;
79 Das Bediener- und Benutzerhandbuch zählt zur Anwendungsdokumentation, welche mit der Entwurfsdokumentation unter dem Oberbegriff „Dokumentation" zusammengefaßt wird; vgl. hierzu: Moritz/Tybusseck, a. a. O., Rdnrn. 135, 763;
80 Moritz/Tybusseck, a. a. O., Rdnrn. 763, 766 f.;

allenfalls als Service des Herstellers in Form von Updates oder Upgrades in Betracht.

Die eigentliche Softwarepflege wird somit überwiegend bei Individualsoftware relevant, bei der die Entwurfsdokumentation und der Quellcode vertraglich mit an den Anwender herauszugeben sind.[81] Fehlt eine ausdrückliche Vereinbarung, ist der Quellcode herauszugeben, wenn die Parteien übereinstimmend die Möglichkeit von Modifikationen vorgesehen haben,[82] insbesondere wenn das Softwarehaus keine Pflegemaßnahmen anbietet.[83] Die Herausgabe des Quellcodes ist neben der Änderungsmöglichkeit auch deshalb von großer Wichtigkeit, weil das Erstellungsteam nach Fertigstellung der Software in der Regel schnell aufgelöst wird und damit das Programmwissen beim Auftragnehmer schwindet. Hier wird zusätzlich eine genaue Einarbeitung des Auftraggebers unabdingbar sein.

Zu beachten ist ferner, daß die Phasen der Erstellung und Pflege von Software eng miteinander verbunden sind; insbesondere führt eine hohe Qualität des erstellten Produktes zu einer nur verminderten Pflegenotwendigkeit, während ein schlechtes Produkt hohe Folgekosten auslösen kann. Der Verwaltung ist es demzufolge daran gelegen, die Erstellung und Pflege über mehrere Jahre hinweg (zwei bis drei Jahre) zu regeln, da selbst eine am Anfang genau erfaßte Anwendung aufgrund fortschreitender technologischer Entwicklungen neue Anforderungen stellt, die ihre Grenze in der Schaffung neuer Produkte findet.[84]

Bevor auf das eigentliche öffentliche Auftragswesen in Frankreich und Deutschland sowie seine Anwendbarkeit auf standardisierte und komplexe IT-Beschaffungen eingegangen wird, sind die sich allgemein im Zusammenhang mit Software-Erstellungsverträgen ergebenden Besonderheiten herauszuarbeiten, um so ein besseres Verständnis für die Konflikte zu schaffen, die zwischen den Zweckmäßigkeitsanforderungen der Software-Entwicklung bzw. –Beschaffung und den Zwängen des Vergaberechts, hier vor allem des Wettbewerbsrechts, entstehen können.

B. II. Besonderheiten von Softwareerstellungsverträgen

B. II. 1. Vertragliche Einordnung

Die Erstellung von Computersoftware weist sowohl im französischen[85] als auch im deutschen[86] Recht einen werkvertraglichen Charakter auf. Der Auftragnehmer wird

---

81 vgl. Koch/Schnupp, a. a. O., S. 184;
82 Koch/Schnupp, a. a. O., S. 80;
83 Koch/Schnupp, a. a. O., S. 184;
84 circulaire du 2 mai 1988 relative au recours aux sociétés de services et d'ingénierie en informatique (S.S.I.I.), J.O. 8 mai 1988; C.S.M./I., Rapport d'activité pour l'année 1988, Annexe VI, Note sur le recours aux S.S.I.I. pour la définition des besoins et le développement d'applications informatiques;
85 Vivant/Le Stanc u. a., Lamy, Droit de l'informatique, n° 831; Hauser, a. a. O., Rdnr. 409; Huet/Maisl, a. a. O., Rdnr. 55; Féral-Schuhl/Vinay, a. a. O., S. 167;

sich also erst dann vertraglich binden und die Verantwortung aus dem betreffenden Vertrag übernehmen, wenn er Art und Umfang der Leistung abschätzen kann.

Zu beachten ist, daß im französischen Recht ein Werkunternehmer - im Gegensatz zum deutschen Recht - nicht unbedingt einen Erfolgseintritt schuldet; vielmehr kommt es auf den Einzelfall an, ob eine „obligation de résultat“ (Erfolgspflicht) oder eine „obligation de moyens“ (Handlungspflicht) geschuldet wird.[87] Man geht davon aus, daß es sich bei Individualsoftwareerstellungsverträgen aufgrund der im vornherein nicht abschätzbaren Risiken lediglich um eine „obligation de moyens“ handelt. Auch im Fall von Wartungsverträgen wird nur eine „obligation de moyens“ geschuldet.[88] Um Leistungen von Qualität zu erhalten, geht die Tendenz dahin, stets in Form von „résultats“ (Ergebnissen) zu spezifizieren.[89] Bei den vorbereitenden Studien oder reinen Gebrauchsüberlassungsverträgen handelt es sich um eine „obligation de résultat“, ebenso wie bei den Verträgen „clés en main“.[90] Im deutschen Recht sind Schulungs- und Beratungsverträge, die Unterstützungsleistungen erbringen, nach Dienstvertragsrecht zu beurteilen,[91] Wartungs- und Pflegeverträge nach Werkvertragsrecht[92] sowie Systemverträge als „Komplettlösung“ nach Kauf- oder Werkvertragsrecht.[93] Auf EDV-Verträge über Änderungen oder Anpassungen von Standardprogrammen auf individuelle Anwenderbedürfnisse findet, da ihr Risiko beherrschbar ist, ebenfalls das Werkvertragsrecht Anwendung.[94] Die reine Überlassung von Standardsoftware auf Dauer gegen Einmalentgelt unterfällt dem Kaufvertragsrecht.[95]

Im Bereich der Vergabe von komplexen Anwendungslösungen, und hier insbesondere unter dem speziellen Blickpunkt der Erstellung von Individualsoftware, ist man von dem typischen Bild des Werkvertragsrechts, welches auf einen punktuellen

---

86 Müller-Hengstenberg, BVB-Computersoftware, S. 168 f., 173; Junker, in: NJW 1993, S. 824 ff. (827); Junker, in: NJW 1998, S. 947 ff. (950); Moritz/Tybusseck, a. a. O., Rdnr. 514 f.; Schneider, a. a. O., Anm. D, Rdnrn. 117 und 154; Redeker, Der EDV-Prozeß, Rdnr. 166; BGH CR 1993, S. 759 ff.; BGH NJW 1990, S. 3011 f.; BGH NJW 1988, S. 406 f.; BGH BB 1971, S. 677; OLG Düsseldorf CR 1997, S. 732 ff.; bzgl. Anpassung von Standardsoftware, vgl. OLG Köln NJW-RR 1992, S. 1328; Müller-Hengstenberg, in: CR 1995, S. 198 ff. (201); differenzierend: Brandi-Dohrn, in: CR 1998, S. 645 ff. (646): Werkvertragsrecht gilt für EDV-Entwicklungsverträge, wenn der Entwickler selbständig tätig ist, Dienstvertragsrecht hingegen findet bei einer betrieblichen Eingliederung des Entwicklers Anwendung;

87 Hauser, a. a. O., Fn. 148, S. 543; Marcellin/Costes u. a., Lamy, Guide, n° 484; Ferid/Sonnenberger, a. a. O., Rdnrn. 2 K 104, 2 K 132;

88 De Lavergne, in: A.P.A.S.P., Les Dossiers d'Études, S. F-4;

89 De Lavergne, in: A.P.A.S.P., Les Dossiers d'Études, S. F-5;

90 Linant de Bellefonds/Hollande, Droit de l'informatique et de la télématique, chap. B[6], S. 22; Huet/Maisl, a. a. O., Rdnr. 419; Féral-Schuhl/Vinay, a. a. O., S. 167; vgl. auch instruction du 26 déc. 1978, Application du cahier des clauses administratives générales applicables aux marchés publics des prestations intellectuelles, J.O. 9 janv. 1979;

91 OLG Köln CR 1988, S. 734; Schneider, a. a. O., Anm. D, Rdnr. 117;

92 Volle, in: CR 1996, S. 139 m. w. N.; differenzierend: Schneider, a. a. O., Anm. D, Rdnr. 116: soweit die Fehlerbehebung betroffen ist, ist Werkvertragsrecht anzuwenden, soweit eine Update-Verpflichtung oder Hotline übernommen wird, hingegen Dienstvertragsrecht;

93 Volle, in: CR 1996, S. 139 m. w. N.; nach Schneider, a. a. O., Anm. D, Rdnr. 121, hat bei System- oder Projektverträgen eine den Teilbereichen entsprechende vertragstypologische Aufgliederung zu erfolgen.

94 Brandi-Dohrn, in: CR 1998, S. 645 ff. (647); Schneider, a. a. O., Anm. D, Rdnr. 142 m. w. N.: teils Kauf- und teils Werkvertragsrecht (sobald Installation);

95 Schneider, a. a. O., Anm. D, Rdnr. 122; BGH CR 2000, S. 207;

Austauschvertrag abzielt, bei dem der Unternehmer das Erfolgsrisiko bis zur Abnahme trägt, weit entfernt.[96] Die Informationstechnologie in ihrem gesamten Anwendungsspektrum verlangt verschiedene Arten von Leistungen und eröffnet den Wettbewerb in neuen Bereichen, wie beispielsweise der Softwarepflege. Gerade die Ingebrauchnahme komplexer DV-Systeme birgt technische und finanzielle Risiken in sich, was zu einer übergreifenden Beherrschung des Kostenfaktors, der Leistungsvielfalt, der Erfolgspflichten oder Fristen führen muß sowie - bei der Vielzahl der beteiligten Unternehmen - die Fixierung auf nur einen Ansprechpartner erfordert, der alles koordiniert. Hinzu kommt die Notwendigkeit eines fortwährenden Dialogs in technischer Hinsicht. Damit ist man hier inhaltlich bei der Problematik von Entwicklungs- und Fertigungsprozessen anderer Industriezweige,[97] insbesondere derjenigen von umfangreichen Bau- und Anlageprojekten.[98] Ausgehend von Nicklisch[99] lassen sich die wesentlichen Grundzüge dieser Vorhaben bezogen auf die Beschaffung von Informationstechnologie wie folgt beschreiben:

B. II. 2. Langzeitcharakter

Das Volumen (Anzahl der Befehle, Komplexität der Aufgabenstellung, zu leistende Vorarbeiten) und die Komplexität von DV-Projekten (Einbindung von Hardware, Standard- und/oder Individualsoftware) schließen eine kurzfristige Realisierung aus.[100] Vielmehr können diese mehrere Monate bis einige Jahre dauern.[101] Es kommt daher auf eine möglichst genaue Planung des Projektablaufes in den verschiedenen Phasen an, wie der Planungsphase, Herstellungsphase, Abnahmephase und Garantiephase.[102]

B. II. 3. Rahmencharakter

Bei Softwareerstellungsverträgen, aber auch bei Verträgen über schlüsselfertige Systeme,[103] können im Zeitpunkt des Vertragsschlusses noch nicht alle Einzelheiten der zu erbringenden Leistung festgelegt werden, so daß es später zu Konkretisierungen und Änderungen kommen wird, sei es, daß diese zur Projektausführung zwingend geboten oder doch empfehlenswert sind oder sei es, daß der Auftraggeber dies wünscht.[104]

---

96 vgl. Brandi-Dohrn, in: CR 1998, S. 645 ff. (646); Schneider, a. a. O., Anm. D, Rdnr. 46 und Anm. D, Rdnrn. 60 - 85;
97 Beims, a. a. O., S. 1 f.;
98 Ihde, in: CR 1999, S. 409 ff. (411); Viet, in: Gaz. Pal. mercredi 19/jeudi 20 févr. 1992, S. 17; Féral-Schuhl, in: 01 Informatique 15 avril 1994, S. 24; C.S.M./I., Rapport d'activité pour l'année 1988, Annexe VI, Note sur le recours aux S.S.I.I. pour la définition des besoins et le développement d'applications informatiques, S. 6; C.I.I.B.A., a. a. O., S. 1 f.; Rocfort, in: Rev.M.P. nov. 1990, n° 253, S. 29 ff. (31); vgl. Atzel, in: 01 Informatique 15 avril 1994, S. 24;
99 Nicklisch, in: JZ 1984, S. 757 ff. und Nicklisch, in: NJW 1985, S. 2361 ff. für den Bereich der Bau- und Anlageprojekte;
100 Schneider, a. a. O., Anm. D, Rdnr. 63;
101 Sommerville, Le génie logiciel, S. 58;
102 Nicklisch, in: JZ 1984, S. 757 ff. (760, 762); Nicklisch, in: NJW 1985, S. 2361 ff. (2362); Schneider, a. a. O., Anm. D, Rdnr. 64;
103 Schneider, a. a. O., Anm. D, Rdnr. 68;
104 Nicklisch, in: JZ 1984, S. 757 ff. (758); Nicklisch, in: NJW 1985, S. 2361 ff. (2362);

Es wird unterstellt, daß gerade der Planungsprozeß ein permanenter Dialog zwischen Auftraggeber und Auftragnehmer ist, bei dem nur durch einen ständigen Prozeß von Anpassungen und Änderungen der Leistungsvorgaben ein fachlich vertretbares Ergebnis erzielt werden kann. Die Änderungsnotwendigkeit ist in der Planungsphase umfassender als in der Realisierungsphase, die auf einem klar und präzise definierten Pflichtenheft (cahier des charges) aufbaut, gegebenenfalls nach einer gemeinsamen Erstellung der Vertragsunterlagen im Hinblick auf die besonderen Vertragsklauseln.[105]

Es muß daher bereits in den Vertragsunterlagen ein klares Änderungskonzept vorgegeben werden, welches die Änderung der vertraglichen Leistung einräumt und zugleich die Auswirkungen auf das übernommene Risiko, die Termine und Vergütung regelt.[106]

B. II. 4. Kooperationscharakter

Schließlich zeichnen sich komplexe Langzeitverträge durch eine mehr oder minder intensive Kooperation sämtlicher Beteiligten bei der Durchführung des gesamten Projektes aus,[107] insbesondere bei Planungsleistungen[108] und Konkretisierungen der Rahmenplanung während der Herstellung,[109] wobei sich die jeweiligen Aktionen von Phase zu Phase ändern.[110] Hieraus folgt die Erbringung von erheblichen gegenseitigen Informations-, Prüfungs- und Hinweispflichten seitens des Auftragnehmers sowie des Auftraggebers.[111]

B. II. 4. 1. Mitwirkungspflichten des Auftragnehmers

Im deutschen Recht ergeben sich die Mitwirkungspflichten des Auftragnehmers schon bei der Auftrags- und Spezifikationserstellung aus dem Vertragszweck und dem Grundsatz von Treu und Glauben nach § 242 BGB.[112] Im französischen Recht sind die Pflichten des Unternehmers durch eine umfangreiche Rechtsprechung entstanden,[113] können jedoch ebenfalls aus dem Grundsatz von Treu und Glauben nach Art. 1134 Abs. 3 C.C. entnommen werden, wonach Verträge „de bonne foi" (in gutem Glauben) zu erfüllen sind.[114]

---

105 De Lamberterie/Bréchon-Moulènes, a. a. O., S. 112: die allgemeinen Vertragsklauseln sind Standard und werden nicht abgeändert;
106 Müller-Hengstenberg, in: CR 1995, S. 198 ff. (199); Nicklisch, in: JZ 1984, S. 757 ff. (762); vgl. Zahrnt, in: CR 1992, S. 84 ff. (85); Sommerville, Le génie logiciel, S. 58;
107 Vivant/Le Stanc u. a., Lamy, Droit de l'informatique, n° 911; Ben Soussan, L'informatique et le droit, Anm. 8100; vgl. Redeker, in: CR 1999, S. 137 ff. (139); Heppner, a. a. O., S. 116;
108 Müller-Hengstenberg, in: CR 1988, S. 633 ff. (635);
109 Zahrnt, in: CR 1992, S. 84 ff. (85); Nicklisch, in: NJW 1985, S. 2361 ff. (2363);
110 Müller-Hengstenberg, in: CR 1995, S. 198 ff. (203);
111 Schneider, a. a. O., Anm. D, Rdnrn. 75 f.;
112 Palandt-Thomas, a. a. O., § 631, Rdnr. 13;
113 vgl. Ferid/Sonnenberger, a. a. O., Rdnr. 2 K 123;
114 Hauser, a. a. O., Rdnr. 453, Fn. 206;

Der Auftragnehmer hat aufgrund der innovativen Technik sowie der häufigen Unkenntnis des Auftraggebers auf dem Gebiet der Informationstechnologie eine verstärkte Beratungsverpflichtung (devoir de conseil)[115] sowie die Pflicht zur Zusammenarbeit (devoir de collaboration).[116] Diese Pflichten konkretisieren sich, neben der Beratung an sich, in der Pflicht sich selbst zu informieren (obligation de s'informer), der Pflicht andere zu informieren (obligation d'informer) sowie Warnpflichten (obligation de mettre en garde).[117] Insbesondere muß der Auftragnehmer den Auftraggeber im Einzelfall befähigen, die Spezifikationen seines Softwaresystems zu verstehen und hinsichtlich der Auswirkungen auf die eigene Behörde beurteilen zu können.[118] Der Auftragnehmer kennt seine Produkte und die Voraussetzungen für den beabsichtigten Einsatz.[119] Er muß den Auftraggeber über die Eigenschaften und Grenzen der von ihm vorgeschlagenen Lösung, die technischen Spezifikationen des Softwaresystems sowie die Forderungen an die Systemumgebung informieren und beraten.[120] Andererseits muß sich der Anbieter von sich aus über die innerbetrieblichen Erfordernisse des Anwenders informieren, erkennbare Unklarheiten und Bedürfnisse bis zum Ablauf der Angebotsfrist aufklären und bei der Formulierung der Aufgabenstellung mitwirken.[121] Der Auftragnehmer hat daher insbesondere die Pflicht, das Pflichtenheft zu prüfen und auf Bedenken hinzuweisen.[122]

B. II. 4. 2. Mitwirkungspflichten des Auftraggebers

Die Mitwirkungspflichten und damit auch die Mitwirkungsverantwortung des Auftraggebers ergeben sich im französischen Recht wiederum aus Art. 1134 Abs. 3 C.C.,[123] im deutschen Recht explizit aus dem Werkvertragsrecht, und hier insbesondere den §§ 642, 643 und 645 BGB.[124] Hieraus folgt, daß der Auftraggeber - gerade im Rahmen der Planung von Systemverträgen[125] - alle erforderlichen Unterlagen, wie z. B. Testdaten, und Informationen, welche aus seinem Einwirkungs- und Sphärenbereich stammen, über das zu erstellende oder zu erwerbende Programm zu liefern hat.[126] Er ist verpflichtet, insbesondere seine Sachkunde über die betrieblichen Abläufe einzubringen, die technischen Randbedingungen zu beschreiben und den für die Erteilung verbindlicher Angaben zu organisatorischen Fragen zuständigen

---

115 Marcellin/Costes u. a., Lamy, Guide, n° 485;

116 Huet/Maisl, a. a. O., Rdnr. 61; De Lamberterie, a. a. O., Rdnr. 27; Ben Soussan, L'informatique et le droit, Anm. 8130 und 23240;

117 De Canart d'Hamale, in: Droit de l'informatique et des télécoms n° 90/3, S. 33 ff.; De Lamberterie, a. a. O., Rdnrn. 27, 35; Ben Soussan, L'informatique et le droit, Anm. 8131 ff.;

118 vgl. Lesshafft, in: CR 1989, S. 146 ff. (148);

119 Bömer, a. a. O., S. 65;

120 Marcellin/Costes u. a., Lamy, Guide, n° 459; Hauser, a. a. O., Rdnr. 453;

121 vgl. OLG Köln CR 1998, S. 459 ff.; Marcellin/Costes u. a., Lamy, Guide, n° 459;

122 Junker, in: NJW 1993, S. 824 ff. (829); Schneider, a. a. O., Anm. A, Rdnr. 105 und Anm. L, Rdnr. 18; Hauser, a. a. O., Rdnr. 463;

123 vgl. Ferid/Sonnenberger, a. a. O., Rdnr. 2 K 150;

124 Junker, in: NJW 1993, S. 824 ff. (829); Köhler, in: CR 1988, S. 623 ff. (628);

125 Schneider, a. a. O., Anm. L, Rdnr. 17;

126 Junker, in: NJW 1998, S. 947 ff. (952); vgl. Nicklisch, in: BB 1979, S. 533 ff. (534); Schneider, a. a. O., Anm. D, Rdnr. 59; Schaub, in: CR 1993, S. 329 ff. (332 f.); Zahrnt, Vertragsrecht für Datenverarbeiter, S. 300 ff.;

Mitarbeiter zu benennen.[127] Hintergrund hierfür ist, daß bei der Planung und Erstellung von DV-Programmen die individuellen Voraussetzungen des Anwenders von viel größerer Bedeutung sind als bei der reinen Überlassung von Standardsoftware. Der Auftraggeber hat sich daher über alle Charakteristika des Systems zu informieren, zusätzliche Erkundigungen durchzuführen, Veröffentlichungen in der Fachpresse zu konsultieren und sich beraten zu lassen.[128] Die Mitwirkung des Auftraggebers ist somit unabdingbar, denn dieser kennt alleine am besten seine Organisation, seine betrieblichen Probleme und Anforderungen.[129] Während im deutschen Recht diese Mitwirkungshandlungen rechtlich nicht nur als eine Obliegenheit betrachtet werden, sondern eine echte vertragliche - und damit einklagbare – Mitwirkungsverpflichtung darstellen,[130] wird in Frankreich - basierend auf dem Prinzip von Treu und Glauben - keine echte Mitwirkungspflicht postuliert.[131]

B. II. 5. Notwendigkeit von Projektmanagement

Die sich aus Vorgenanntem ergebende Notwendigkeit einer umfassenden Planung, Steuerung und Kontrolle von Software-Entwicklungsprojekten[132] entspricht inhaltlich der Problematik der aus der Betriebswirtschaftslehre stammenden Lehre des Projektmanagements.[133] So existiert bei Software-Projekten insbesondere die Anforderung, mit den vorgegebenen Ressourcen an Zeit, Geld, Personal und Hardware, ein akzeptables Produkt herzustellen, welches den gewünschten Qualitätskriterien entspricht.[134] Der Erfolg und die Qualität von Individualsoftwareerstellungsverträgen hängt damit von einem qualifizierten Projektmanagement ab.[135]

B. II. 5. 1. Anwendbarkeit

Unter „Projekt" versteht man ein „Vorhaben, das im wesentlichen durch die Einmaligkeit der Bedingungen in ihrer Gesamtheit gekennzeichnet ist, wie zum Beispiel Zielvorgabe, zeitliche, finanzielle, personelle oder andere Begrenzungen, Abgrenzung gegenüber anderen Vorhaben" und eine „projektspezifische Organisation".[136] Rinza[137] definiert „Projekt" als ein „Vorhaben, dessen Ablauf zumindest weitgehend einmalig ist, dessen Struktur eine bestimmte Komplexität aufweist" und „dessen festgelegte Zielsetzung in vorgegebener Zeit und mit den gegebenen Mitteln zu

---

[127] Schneider, a. a. O., Anm. L, Rdnr. 27, Anm. D, Rdnr. 59; Müller-Hengstenberg/von Westphalen, a. a. O., S. 61; Köhler, in: CR 1988, S. 623 ff. (625);
[128] Marcellin/Costes u. a., Lamy, Guide, n° 460; Rec. D.-S. chr. XIX, S. 101 ff. (102); Petetin, in: Rev. M.P. 1981, n° 180, S. 23 ff. (26); Viricel, a. a. O., Rdnr. 88; Lucas, a. a. O., Rdnr. 347; De Lamberterie, Les contrats en informatique, Rdnrn. 22 f.;
[129] Müller-Hengstenberg, in: CR 1988, S. 633 ff. (635);
[130] Müller-Hengstenberg, Einführung in das EDV-Vertragsrecht, S. 319; Müller-Hengstenberg, BVB-Computersoftware, S. 181; Nicklisch, in: BB 1979, S. 533 ff. (537, 544); MüKo-Soergel, a. a. O., § 642, Rdnr. 11;
[131] Linant de Bellefonds/Hollande, Droit de l'informatique et de la télématique, chap. B^5, S. 21; De Lamberterie, Les contrats en informatique, Rdnrn. 17 ff.;
[132] Dornhoff, a. a. O., S. 6; Madauss, a. a. O., S. 529; Heppner, a. a. O., S. 79;
[133] vgl. Beims, a. a. O., S. 1 f.; vgl. Rinza, a. a. O., S. 7 f.;
[134] Beims, a. a. O., S. 5; vgl. auch Heppner, a. a. O., S. 119;
[135] vgl. Müller-Hengstenberg/von Westphalen, a. a. O., S. 17;
[136] DIN 69901 (1987), S. 1;
[137] Rinza, a. a. O., S. 3;

erreichen ist.“ Nach Litke[138] stellen die Merkmale eines Projektes vor allem eine innovative, komplexe, einmalige Aufgabenstellung, eine formulierte Zielsetzung, einen bestimmten finanziellen und personellen Rahmen bei zeitlicher Begrenzung und die fachübergreifende Zusammenarbeit mehrerer Mitarbeiter dar.

Pietsch[139] wendet diese Vorgaben auf Software-Entwicklungsprojekte wie folgt an: Bei Software-Projekten überlagern sich mehrere Projektarten, da mehrere Aufgabenstellungen, wie beispielsweise Erforschung von Benutzerwünschen, Implementierung und Einführung, zusammenkommen. Hinzu kommen weitere Teilprojekte, die für das Gesamtprojekt von Bedeutung sind. Es wird ferner der Einsatz von interdisziplinärem Know-how vorausgesetzt, so vor allem neben softwaretechnischem Wissen auch organisatorisches Wissen. Des weiteren können sich trotz einer angemessenen Definition der Anforderungen und Integration der Teilbereiche Veränderungen in der Struktur des Einsatzgebietes, der Eigenschaften oder der Trägerorganisation ergeben, die die Voraussetzungen des Projektes in Frage stellen und durch die sich Teile des zu entwickelnden Software-Systems als veraltet, und damit nicht mehr geeignet, erweisen können (Moving target).[140] Auch ist die Organisation und Kommunikation von großer Bedeutung, da die einzelnen Arbeits- und Aufgabenbereiche schwer zu definieren sind und Schnittstellen zwischen unterschiedlichen Teams nur begrenzt im voraus geplant und eindeutig festgelegt werden können.

Unter „Management“ kann man sowohl eine Institution als auch eine Funktion verstehen. Institutionell gesehen entspricht Management der Gruppe von Menschen, die anderen Weisungen erteilen können. Die Funktion von Management ist als Gesamtheit dispositiver Aufgaben, insbesondere Planung, Anordnung und Kontrolle, zu betrachten.[141]

„Projektmanagement“ ist die „Gesamtheit von Führungsaufgaben, -organisation, -techniken und -mitteln für die Abwicklung eines Projektes“.[142] Rinza[143] definiert Projektmanagement als „Konzept für die Leitung eines komplexen Vorhabens und die Institution, die dieses Vorhaben leitet“. Die Projektkomplexität ergibt sich dabei aus dem wissenschaftlichen Neuheitsgrad, dem Risiko, das Projektziel zu erreichen, der speziellen Projektgröße, der Anzahl der beteiligten Organisationseinheiten sowie den starken Abhängigkeiten zwischen den einzelnen Arbeitspaketen.[144] Bei Pietsch[145] umfaßt Projektmanagement drei Aspekte: den institutionellen Aspekt, mithin die organisatorische Einheit, die die Aufgaben ausführt, den funktionalen Aspekt, also die Gesamtheit aller Führungsaufgaben zur Erreichung der Projektziele und schließlich den methodischen Aspekt, der die Vorgehensweise, Führungstechniken und

---

138 Litke, a. a. O., S. 10;
139 Pietsch, a. a. O., S. 37 - 48;
140 vgl. hierzu auch: Dornhoff, a. a. O., S. 6;
141 Hayek, a. a. O., S. 8; Rinza, a. a. O., S. 3;
142 DIN 69901 (1987), S. 1;
143 Rinza, a. a. O., S. 3;
144 Rinza, a. a. O., S. 9;
145 Pietsch, a. a. O., S. 5 f.;

-mittel zur Abwicklung des Projektes abdeckt. Nach dem Entwicklungsstandard für IT-Systeme des Bundes (Vorgehensmodell)[146] schließlich werden in dem Submodell Projektmanagement „alle technischen Aspekte der Projektabwicklung geregelt. Dazu gehören Planung, Steuerung und Kontrolle aller projektinternen Tätigkeiten sowie projektinterne und projektexterne Kommunikation. Nicht abgedeckt sind jedoch System-Management und Finanzplanung."

B. II. 5. 2. Aufgaben

Die unmittelbare Aufgabe des Projektmanagements ist es, Sachziele, Kosten, Termine und Ressourcen zu planen, zu steuern und zu überwachen.[147] Die Planung umfaßt die Festlegung von Möglichkeiten und Grenzen des Projektes durch eine quantitative, qualitative und konkrete Zielformulierung und Situationsanalyse.[148] Unter Kontrolle versteht man die Steuerung des Projektfortschritts und die Überprüfung der Ergebnisse mit den Planungsdaten, des weiteren die Organisation, welche die Bildung einer Aufbau- und Ablaufstruktur des Projektes sowie der Verteilung der Projektaufgaben umfaßt. Hinzu kommt die Information, womit eine regelmäßige Kommunikation mit allen Projektbeteiligten zu verstehen ist nebst Dokumentation der Ergebnisse. Schließlich ist die Aufgabe des Projektmanagements die Personalführung durch Motivation, Konfliktlösung und Koordination der Projektmitglieder.[149]

Nur mittelbare Managementaufgaben sind die Analyse und Beeinflussung der Projektumwelt, die Weiterentwicklung der Projektorganisation, die Teambildung, das Risikomanagement und die Know-how-Sicherung.[150]

B. II. 5. 3. Methoden

Zur Lösung der vorgenannten Aufgaben, insbesondere um die Projektrisiken zu reduzieren,[151] können verschiedene Methoden zum Einsatz kommen, wie die strukturierte Analyse (analyse structurée),[152] der phasenweise Projektablauf,[153] die Risikoanalyse[154] oder die Netzplantechnik.[155]

---

[146] Bundesministerium des Innern, Vorgehensmodell (V-Modell), Teil 1, Anhang, S. A-15;
[147] Rinza, a. a. O., S. 15; Gareis, a. a. O., S. 114; Schulte/Stumme, in: Kleinaltenkamp/Plinke, a. a. O., S. 235, 247;
[148] Jendrosch, a. a. O., S. 27; vgl. Rinza, a. a. O., S. 16 f.; Schulte/Stumme, in: Kleinaltenkamp/Plinke, a. a. O., S. 237;
[149] Jendrosch, a. a. O., S. 27;
[150] Schulte/Stumme, in: Kleinaltenkamp/Plinke, a. a. O., S. 235;
[151] Gareis, a. a. O., S. 116;
[152] Hier erfolgt eine Aufgliederung des Projektes in seine Projektteile bzw. -aufgaben (Projektstrukturplan), aus welchem sich die einzelnen Arbeitspakete ergeben; vgl. Sobermann, a. a. O., S. 27; Belleiche, a. a. O., S. 145 ff.; Rinza, a. a. O., S. 37 ff.; Beims, a. a. O., S. 41;
[153] Hierbei wird das Projekt in eine Konzeptions-, Definitions-, Realisierungs- und Verwendungsphase unterteilt, wobei am Ende jeder Phase eine Beurteilung und Dokumentation sowie eventuelle Anpassung und Planung der nächsten Phase erfolgt; vgl. Rinza, a. a. O., S. 43 ff.;
[154] vgl. hierzu: Rinza, a. a O., S. 55 ff.;
[155] vgl. hierzu: Rinza, a. a. O., S. 68 ff.;

Die konventionellen Vorgehensweisen und Methoden der Planung und Kontrolle von industriellen Fertigungsprodukten sind jedoch nur unzureichend auf Software-Projekte zu übertragen.[156] Dies liegt in der Eigenart der Software-Projekte, insbesondere der Inflexibilität hinsichtlich personeller Umdisponierung, Verwertung einzelner Aufgabenbereiche und dem Bedürfnis nach häufigem Informationsaustausch.[157] Für den Bereich der Softwareentwicklung wurden daher eigene Vorgehensmodelle entwickelt, wobei im Bereich der öffentlichen Auftragsvergabe insbesondere „Merise" in Frankreich und das „Vorgehensmodell (V-Modell) des Bundes"[158] in Deutschland von Bedeutung sind.

B. II. 5. 3. 1. Merise

Die „méthode Merise", entwickelt in den Jahren 1977 und 1978,[159] findet bereits seit Beginn der 80iger Jahre breite Anwendung in der Verwaltung.[160] Sie umfaßt drei wesentliche Aspekte (cycles) eines Informationssystems: den gesamten „Lebenszyklus" (cycle de vie) während eines Zeitraumes von insgesamt etwa 10 bis 15 Jahren, von der Verfahrensidee über den Systementwurf und die eigentliche Entwicklung bis hin zur Pflege,[161] den „Spezifikationszyklus" (cycle d'abstraction), welcher die wichtigsten Konzepte für die Datenverarbeitung auf konzeptioneller, organisatorischer und operativer Basis[162] beinhaltet und schließlich den „Entscheidungszyklus" (cycle de décisions), der die zu treffenden Entscheidungen während der gesamten „Lebensphase" des DV-Systems betrifft.[163] Dabei ist „Merise" von der jeweiligen Behördenstruktur unabhängig.[164]

Wie aus der nachfolgenden Abbildung zu entnehmen ist, untergliedert sich dieser letzte Zyklus, welcher das eigentliche Vorgehen der Entwicklung eines DV-Systems betrifft, wiederum in verschiedene Etappen, die zu folgenden Ergebnissen führen:

Zunächst ist ein „schéma directeur" (Organisationsplan)[165] zu erstellen,[166] welches für die gesamte Behörde die IT-Beschaffung in politischer, organisatorischer, technischer Hinsicht sowie die Migration vom alten zum neuen System enthält.[167] Ein

---

156 vgl. Dornhoff, a. a. O., S. 7;
157 Dornhoff, a. a. O., S. 7 f., 16;
158 Bundesministerium des Innern, Vorgehensmodell (V-Modell), Teil 1;
159 Tardieu/Rochfeld/Colletti, a. a. O., Tome 1, S. 13;
160 Tardieu/Rochfeld/Colletti, a. a. O., Tome 1, S. 15;
161 Tardieu/Rochfeld u. a., a. a. O., Tome 2, S. 11;
162 vgl. Soberman, a. a. O., S. 30: konzeptionell (was will man machen), organisatorisch (wer macht was, wann, wo) und operativ (mit welchen Mitteln); vgl. auch Belleiche, a. a. O., S. 165;
163 Tardieu/Rochfeld u. a., a. a. O., Tome 2, S. 13; Soberman, a. a. O., S. 29;
164 Tardieu/Rochfeld/Colletti, a. a. O., Tome 1, S. 11 f.;
165 vgl. hierzu in Deutschland die sogenannten IT-Rahmenkonzepte bei den Bundesbehörden;
166 vgl. décret n° 86-1301 du 22 déc. 1986 relatif au développement de l'informatique, de la bureaucratique et des réseaux de communication dans l'administration, J.O. 24 déc. 1986, S. 15545 f.: Es ist unter der Verantwortlichkeit eines jeden Ministers ein "schéma directeur de l'informatique, de la bureautique et des réseaux de communications" einzurichten; Soberman, a. a. O., S. 36; Frayssinet, La bureaucratique, S. 124; Barcella/Bernard/Berbari, in: Rev.M.P. juillet - août 1991, n° 259, S. 51 ff.; vgl. Belleiche, a. a. O., S. 17; Inforep, a. a. O., S. 28;
167 Tardieu/Rochfeld u. a., a. a. O., Tome 2, S. 13;

„schéma directeur" projektiert und plant auf drei bis fünf Jahre die materiellen, finanziellen und menschlichen Mittel und Aktivitäten, um ein Informationssystem auszuarbeiten.[168] Hinzu kommen die Vorteile, Nachteile, Zwänge und Risiken aus wirtschaftlicher, sozialer, zeitlicher und technischer Sicht.[169] Die einzelnen Arbeitsschritte und Entscheidungen bzw. Etappen der Ausarbeitung eines „schéma directeur" erfolgen dabei nach der „méthode Racines (Rationalisation des choix informatiques)".[170] Die Erstellung eines „schéma directeur" kann als Leistung im Rahmen der öffentlichen Auftragsvergabe gesondert vergeben werden.[171]

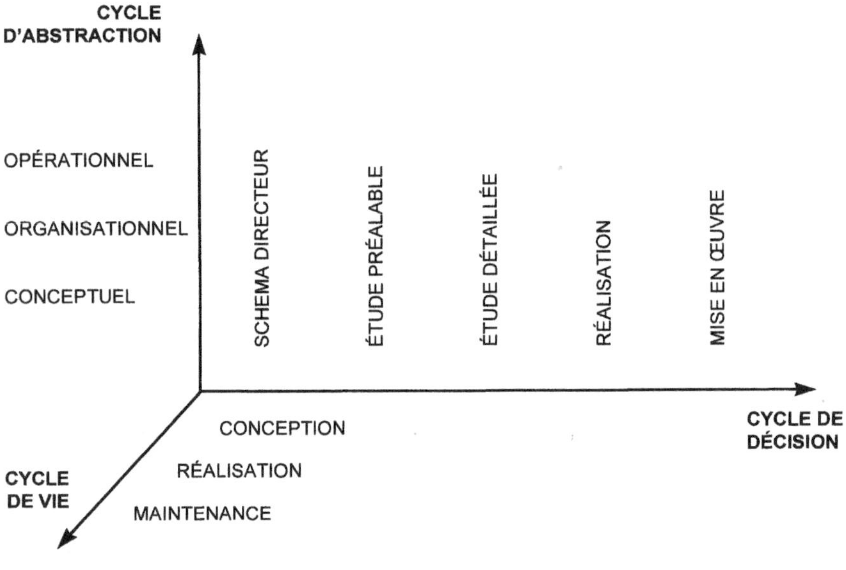

Abbildung: cycles du système d'information[172]

[168] Belleiche, a. a. O., S. 17; Frayssinet, La bureaucratique, S. 124; Barcella/Bernard/Berbari, in: Rev.M.P. juillet - août 1991, n° 259, S. 51 ff. (52);
[169] Frayssinet, La bureaucratique, S. 124;
[170] Diese Methode umfaßt die Phase der Vorbereitung (préparation et lancement), die der Motivation der obersten betroffenen staatlichen Instanzen dient, die Phase der Ist-Analyse (bilan de l'existant), der Auswahl der verschiedenen Anwendungsszenarien (proposition de différents scénarios), die detaillierte Darstellung des ausgewählten Szenarios (détails du scénario retenu) und die sich hieran anschließende Pflege dieses „schéma directeur", vgl. Barcella/Bernard/Berbari, in: Rev.M.P. juillet - août 1991, n° 259, S. 51 ff. (53 ff.); Belleiche, a. a. O., S. 119;
[171] Barcella/Bernard/Berbari, in: Rev.M.P. sept. - oct. 1991, n° 260, S. 35;
[172] nach: Sobermann, a. a. O., S. 29;

Innerhalb eines Bereiches, der informatisiert werden soll, erfolgt sodann die „étude préalable“ (Vorstudie), die den konzeptionellen, organisatorischen und technischen Rahmen in Form einzelner Projekte konkretisiert. Die „étude détaillée“ (Detailstudie) umfaßt die einzelnen Projekte hinsichtlich ihrer funktionellen Spezifikationen. Die „étude technique“ (DV-spezifische Studie) führt zur Systemarchitektur. Über die „production du logiciel“, also die Programmierung mit anschließenden Tests, gelangt man schließlich zur „mise en oeuvre“ (Implementierung).[173]

B. II. 5. 3. 2. Vorgehensmodell des Bundes

Das Vorgehensmodell des Bundes (V-Modell)[174] dient dem Ziel der Vereinheitlichung und Standardisierung von Entwicklungen sowie der Pflege und Änderung im Bereich der Informationstechnologie im gesamten Bundesgebiet. Es wurde - im Vergleich zu Frankreich - erst im Jahre 1992 von der Koordinierungs- und Beratungsstelle der Bundesregierung für Informationstechnik in der Bundesverwaltung zur Verfügung gestellt und existiert nunmehr in einer überarbeiteten Version 1997.[175] Es gibt die durchzuführenden Aktivitäten und die sich hieraus ergebenden Ergebnisse (Produkte) einheitlich und verbindlich vor, regelt jedoch nicht die Methoden, wie vorzugehen ist,[176] oder die Werkzeuge hierzu. Man unterscheidet insgesamt vier Submodelle: die Systemerstellung, die begleitenden Tätigkeiten für Qualitätssicherung, das Konfigurationsmanagement und das technische Projektmanagement.[177] Das V-Modell legt, wie „Merise“ in Frankreich, insbesondere nicht fest, welche Aktivitäten konkret welchen Organisationseinheiten innerhalb einer Behörde zuzuordnen sind. Das Vorgehensmodell ist durch Allgemeingültigkeit gekennzeichnet. Daher sind die vorhandenen Regelungen durch Streichung oder Zusammenfassung von Aktivitäten oder Produkten an das jeweilige Projekt anzupassen (projektspezifisches V-Modell), was im Projekthandbuch dokumentiert wird. Des weiteren müssen die organisatorischen Zuordnungen erfolgen.[178]

Die Systemerstellung reicht dabei von der System-Anforderungsanalyse, über den System-Entwurf, die Software- bzw. Hardware-Anforderungsanalyse, den Software- bzw. Hardware-Grobentwurf, Software- bzw. Hardware-Feinentwurf, die Software- bzw. Hardware-Implementierung bis hin zur Software- bzw. Hardware-Integration, System-Integration und schließlich Überleitung in die Nutzung.[179]

---

173 Tardieu/Rochfeld u. a., a. a. O., Tome 2, S. 13 f.;
174 Bundesministerium des Innern, Vorgehensmodell (V-Modell), Teil 1;
175 Bundesministerium des Innern, Vorgehensmodell (V-Modell), Teil 1, S. 0-1;
176 vgl. hierzu: Bundesministerium des Innern, Vorgehensmodell (V-Modell), Methodenzuordnung (in Vorbereitung);
177 Bundesministerium des Innern, Vorgehensmodell (V-Modell), Teil 1, S. 1-1;
178 Bundesministerium des Innern, Vorgehensmodell (V-Modell), Teil 1, S. 1-2;
179 Bundesministerium des Innern, Vorgehensmodell (V-Modell), Teil 1, S. 4-49;

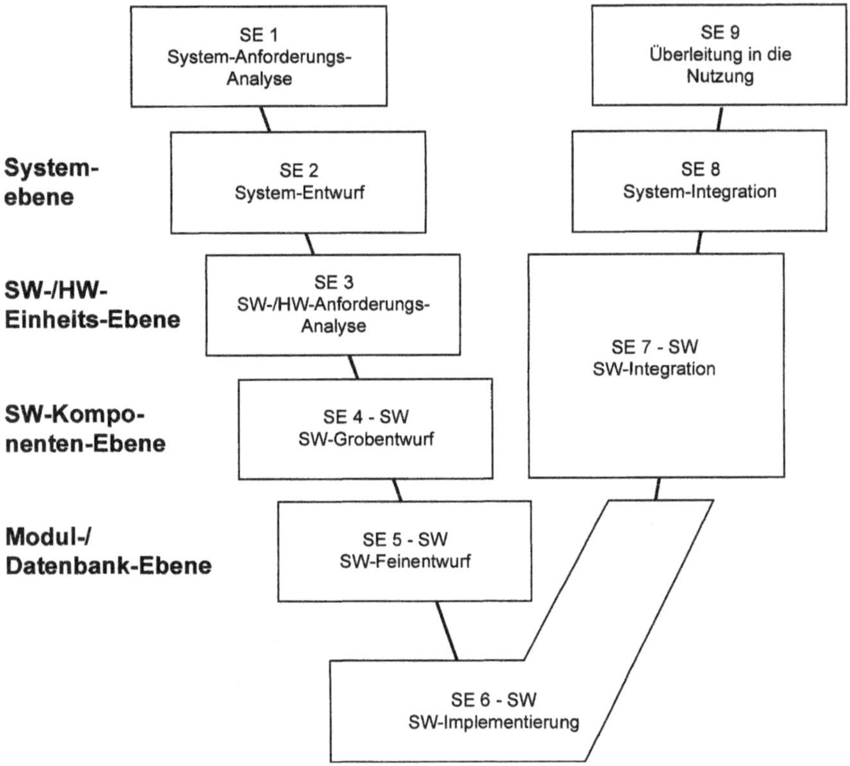

Abbildung: Funktionsüberblick Submodell Systemerstellung (vereinfachte Darstellung)[180]

Zu untersuchen gilt nun im folgenden, auf welche Weise im Bereich der Informationstechnologie die Leistungen bzw. Lieferungen konkret durch die öffentliche Hand vergeben werden und welche Schwierigkeiten dabei unter besonderer Berücksichtigung komplexer Systembeschaffungen und Softwareentwicklungen von der Leistungsbeschreibung bis hin zur Zuschlagserteilung auftreten können.

---

180 entnommen aus: Bundesministerium des Innern, Vorgehensmodell (V-Modell), Teil 1, S. 4-50;

B. III. Vergabeverfahren

Hierzu sind zunächst die allgemeinen rechtlichen Grundlagen für die Vergabe öffentlicher Aufträge im Bereich der Informationstechnologie in Frankreich und Deutschland aufzuzeigen.

B. III. 1. Überblick: Rechtsgrundlagen

Bei den Rechtsgrundlagen ist danach zu unterscheiden, ob sie auf rein nationalem Recht oder EG-Recht basieren.

B. III. 1. 1. Nicht harmonisiertes Vergaberecht

B. III. 1. 1. 1. Code des marchés publics

Im französischen Recht ergeben sich die Regelungen für die öffentliche Auftragsvergabe vorwiegend[181] aus dem „Code des marchés publics" (C.M.P.), und hier aus den ersten vier der fünf Bücher.

Der C.M.P. stellt in formeller Hinsicht eine Rechtsverordnung[182] dar, wobei einige Artikel direkt oder indirekt auf gesetzlichen Regelungen beruhen.[183] Dem C.M.P. unterliegen zwingend zum einen die Aufträge des Staates (marchés de l'État) und der nationalen öffentlichen Einrichtungen (établissements publics nationaux) mit Ausnahme derjenigen, die einen industriellen oder gewerblichen Charakter haben,[184] sowie zum anderen die Aufträge der Gebietskörperschaften (collectivités locales: régions, départements, communes) und deren öffentliche Einrichtungen (établissements publics locaux).[185] Die Staatsunternehmen (entreprises publiques), d. h. die nationalen Monopolanbieter wie E.D.F., G.D.F., S.N.C.F., Poste et Télécoms, können hingegen ihre Aufträge nach dem C.M.P. abwickeln, müssen es aber nicht.[186] Von der Anwendung des C.M.P. befreit sind gemäß Art. 39, 123 C.M.P. bzw. 250, 321 C.M.P. die Aufträge unterhalb eines Auftragsvolumens von 300.000,00 FF T.T.C..[187]

---

[181] neben weiteren Bestimmungen in Gesetzen (lois), Rechtsverordnungen (décrets), Verwaltungsanordnungen (arrêtés), Rundschreiben (circulaires) etc.;

[182] Bréchon u. a., Droit des marchés publics, Anm. I.140.1/4;

[183] Bréchon u. a., Droit des marchés publics, Anm. I.140.1/4, für die Artikel 52, 59, 61, 66, 201 ter, 258, 265, 282 und 299 C.M.P.;

[184] vgl. Art. 39 C.M.P.;

[185] z. B. offices publics d'H.L.M., établissements hospitaliers, syndicats communaux et intercommunaux, vgl. hierzu: C.C.M., Le guide, S. 17;

[186] Dt. - frz. Industrie- und Handelskammer, a. a. O., S. 4;

[187] vgl. Art. 123 bzw. 321 C.M.P. (travaux sur mémoires et achats sur facture): bei Aufträgen bis zu einem Volumen von 300.000,00 FF inklusive Steuern pro Jahr besteht die Möglichkeit einer vereinfachten Auftrags- und Zahlungsabwicklung außerhalb den strengen Formvorschriften des C.M.P.;

B. III. 1. 1. 2. Verdingungsordnung für Leistungen

Im deutschen Recht finden, soweit eine Vergabe von Liefer- oder Dienstleistungen[188] unterhalb der EG-Schwellenwerte von derzeit 200.000,00 ECU[189] erfolgen soll, die Verfahrensvorschriften der Verdingungsordnung für Leistungen - ausgenommen Bauleistungen - Teil A (VOL/A) 1. Abschnitt (Basisparagraphen) Anwendung. Diese stellen rechtlich bindende Verwaltungsanweisungen ohne Außenwirkung (Verwaltungsvorschriften) für sämtliche öffentliche Auftraggeber dar, die durch die Bundeshaushaltsordnung sowie die entsprechenden Landeshaushaltsordnungen oder Gemeindehaushaltsordnungen zur Anwendung verpflichtet sind.[190]

B. III. 1. 2. Harmonisiertes Vergaberecht

Soweit die beabsichtigte Beschaffung einen geschätzten Umfang von derzeit 200.000,00 ECU oder mehr exklusive Mehrwertsteuer (EG-Schwellenwert) aufweist,[191] ergeben sich für die Vergaben zusätzliche Regelungen gerade im Hinblick auf verstärkte Veröffentlichungspflichten und verlängerte Fristen, die durch die Verwaltung Anwendung finden müssen. Bei der Überwachung der Einhaltung der Vergabevorschriften verdient daher ein besonderes Augenmerk der Umstand, daß ein geplanter Auftrag nicht in der Weise von der Verwaltung berechnet und aufgeteilt werden darf, daß er der Anwendung der entsprechenden Vorschriften entzogen ist.[192]

B. III. 1. 2. 1. EG-Richtlinien

Als Rechtsgrundlage sind zunächst die EG-Richtlinien zu beachten, wobei derzeit[193] drei Basisrichtlinien existieren, welche sich mit der Beschaffung von Informations-

---

188 Die VOL/A findet keine Anwendung auf Dienstleistungen, die im Rahmen einer freiberuflichen Tätigkeit oder im Wettbewerb mit freiberuflich Tätigen von Gewerbetreibenden erbracht werden und unterhalb des EG-Schwellenwertes liegen, vgl. § 1, 2. Teilstrich VOL/A;

189 1 ECU = 1 EURO entspricht einem unwiderruflich festgelegten Umrechnungskurs von DM 1,95583 bzw. FF 6,55957;

190 vgl. Marx, in: Jestaedt u. a., a. a. O., S. 145;

191 vgl. § 1 a Ziff. 1 Abs. 1 VOL/A, § 2 Abs. 2 VOF; arrêté du 9 févr. 1994, in: M.T.P. 4 mars 1994, suppl. T.O., S. 262; vgl. Bréchon u. a., Droit des marchés publics, Anm. I.110.4/4;

192 vgl. § 1 a Ziff. 4 Abs. 6 VOL/A, § 3 Abs. 2 VOF; vgl. auch Heussen, in: CR 1996, S. 692 ff. (693), der ausführt, daß dies im Bereich der Informationstechnologie wohl aus zwei Gründen nicht möglich ist: zum einen liegt in der Regel eine technisch und organisatorisch absolut unteilbare Leistung vor und zum anderen werden die Einzelaufträge spätestens bei der Nachprüfung zusammengefaßt.

193 Zwischenzeitlich liegt ein Vorschlag der EG-Kommission für eine Richtlinie des Europäischen Parlaments und des Rates über die Koordinierung der Verfahren zur Vergabe öffentlicher Lieferaufträge, Dienstleistungsaufträge und Bauaufträge vor, die insbesondere der Vereinfachung und Änderung des Rechtsrahmens sowie der Anpassung an das digitale Zeitalter dienen soll, vgl. KOM(2000) 275 endg. vom 30.08.2000;

technologie beschäftigen: die Lieferkoordinierungsrichtlinie,[194] die Dienstleistungsrichtlinie[195] und die Sektorenrichtlinie.[196]

B. III. 1. 2. 2. Umsetzung in nationales Recht

In Frankreich sind die Basisrichtlinien mittels entsprechender Dekrete in nationales Recht umgesetzt worden[197] und haben zur Schaffung und Modifizierung von Buch V des C.M.P. (Art. 378 ff. C.M.P.) geführt.

Im deutschen Recht erfolgte eine Umsetzung dieser vorbenannten EG-Richtlinien zunächst im Rahmen einer „haushaltsrechtlichen Lösung". Die Vorgaben der Lieferkoordinierungsrichtlinie haben dabei in den a - Paragraphen der VOL/A 2. Abschnitt Eingang gefunden und die Regelungen der Sektorenrichtlinie in den b - Paragraphen der VOL/A 3. Abschnitt bzw. 4. Abschnitt. Während die Vorschriften der VOL/A 1. Abschnitt nur interne Verwaltungsvorschriften[198] darstellen, erhielten die Regelungen der VOL/A 2. - 4. Abschnitt den Charakter einer Rechtsverordnung.[199] Hintergrund hierfür war § 57 a Abs. 2 HGrG,[200] welcher die Ermächtigung zum Erlaß einer Rechtsverordnung durch die Bundesregierung zur Regelung der Vergabe enthielt. Diese Ermächtigung bezieht sich auf die Bereiche: Bekanntmachung, Ablauf und

---

[194] Richtlinie 77/62/EWG vom 21.12.1976, ABl. EG Nr. L 13/1 vom 15.01.1977, geändert durch Richtlinie 93/36/EWG vom 14.06.1993 über die Koordinierung der Verfahren zur Vergabe öffentlicher Lieferaufträge, ABl. EG Nr. L 199/1 vom 09.08.1993, zuletzt geändert durch die Richtlinie 97/52/EG vom 13.10.1997 über die Koordinierung der Verfahren zur Vergabe öffentlicher Dienstleistungs-, Liefer- und Bauaufträge, ABl. EG Nr. L 328 vom 28.11.1997;

[195] Richtlinie 92/50/EWG vom 18.06.1992, ABl. EG Nr. L 209/1 vom 24.07.1992 über die Koordinierung der Verfahren zur Vergabe öffentlicher Dienstleistungsaufträge, zuletzt geändert durch Richtlinie 97/52/EG vom 13.10.1997 über die Koordinierung der Verfahren zur Vergabe öffentlicher Dienstleistungs-, Liefer- und Bauaufträge, ABl. EG Nr. L 328 vom 28.11.1997;

[196] Richtlinie 90/531/EWG vom 17.09.1990, ABl. EG Nr. L 297/1 vom 29.10.1990, kodifiziert durch Richtlinie 93/38/EWG vom 14.06.1993, ABl. EG Nr. L 199/84 vom 09.08.1993 zur Koordinierung der Auftragsvergabe durch Auftraggeber im Bereich der Wasser-, Energie- und Verkehrsversorgung sowie im Telekommunikationssektor in der Fassung der Richtlinie 98/4/EG vom 16.02.1998, ABl. EG Nr. L 101 vom 01.04.1998;

[197] Lieferkoordinierungsrichtlinie: décret n° 89-236 du 17 avril 1989 modifiant le code des marchés publics (abrogé par décret n° 90-824 en ce qui concerne les marchés public de travaux), J.O. 19 avril 1989; Dienstleistungsrichtlinie: décret n° 98-111 du 27 févr. 1998 modifiant le code des marchés publics en ce qui concerne les règles de mise en concurrence et de publicité des marchés de services, modifié par le décret n° 99-634 du 19 juillet 1999; circulaire du 20 déc. 1999 relative à la transposition de la directive 92/50 C.E.E. du Conseil de 18 juin 1992 portant coordination des procédures de passation des marchés publics de services, organisation des concours de maîtrise d'œuvre prévus aux articles 108 ter et 314 ter du code des marchés publics, lorsque le montant estimé du marché est supérieur aux seuils prévus à l'article 378 du code des marchés publics, J.O. 29 déc. 1999, S. 19621 ff.; Sektorenrichtlinie: loi n° 92-1282 du 11 déc. 1992 sowie décret n° 93-990 du 3 août 1993 relatif aux procédures de passation des contrats et marchés dans les secteurs de l'eau, de l'énergie, des transports et des télécommunications, J.O. 10 août 1993;

[198] vgl. Ziff. B.III.1.1.2;

[199] Heuer - Güntzel, a. a. O., §§ 57 a ff. HGrG, Rdnr. 2;

[200] §§ 54 a - c HGrG eingefügt durch das Zweite Gesetz zur Änderung des Haushaltsgrundsätzegesetzes vom 26. Nov. 1993, BGBl. I 1993, S. 1928; vgl. hierzu: Richtlinie 89/665/EWG vom 21.12.1989, ABl. EG Nr. L 395/33 vom 30.12.1989 zur Koordinierung der Rechts- und Verwaltungsvorschriften für die Anwendung der Nachprüfungsverfahren im Rahmen der Vergabe öffentlicher Liefer- und Bauaufträge; Richtlinie 92/13/EWG vom 25.02.1992, ABl. EG Nr. L 76/7 vom 23.03.1992 zur Koordinierung der Rechts- und Verwaltungsvorschriften für die Anwendung der Gemeinschaftsvorschriften über die Auftragsvergabe durch Auftraggeber im Bereich der Wasser-, Energie- und Verkehrsversorgung sowie im Telekommunikationssektor;

Arten der Vergabe, Auswahl und Prüfung der Unternehmen und der Angebote, Abschluß der Verträge und sonstige Fragen des Vergabe- oder Wettbewerbsverfahrens. Auf der Grundlage des § 57 a Abs. 1 und 2 HGrG ist die Vergabeverordnung (VgV)[201] erlassen worden, die in der Fassung der Ersten Verordnung zur Änderung der Vergabeverordnung vom 28.09.1997[202] mit Wirkung zum 01.11.1997 vorliegt und ihrerseits die öffentlichen Auftraggeber bestimmt, die zur Beachtung der Abschnitte 2. - 4. der VOL/A verpflichtet sind. Nachdem jedoch weiterhin keine individuellen einklagbaren Rechtsansprüche der Bieter auf Einhaltung der Vergaberegeln existierten,[203] wurde am 26.08.1998 das Gesetz zur Änderung der Rechtsgrundlagen für die Vergabe öffentlicher Aufträge (Vergaberechtsänderungsgesetz - VgRÄG)[204] erlassen, wodurch gemäß Art. 3 Ziff. 1 VgRÄG ab 01.01.1999 die §§ 57 a bis 57 c HGrG aufgehoben und das Gesetz gegen Wettbewerbsbeschränkungen[205] (GWB) unter dem Titel „Vergabe öffentlicher Aufträge" (§§ 97 ff. GWB) neu gefaßt wurde. Der erste Abschnitt enthält dabei die allgemeinen Grundsätze und Begriffsbestimmungen zum Vergabeverfahren (§ 97 GWB). Es bezieht sich jedoch nur auf Aufträge, welche die EG-Schwellenwerte überschreiten (vgl. § 100 Abs. 1 GWB).[206] Am 18.01.2001 wurde nunmehr die neue Vergabeverordnung verkündet,[207] die die bisherige Vergabeverordnung zum 01.02.2001 außer Kraft setzt. Die auf der Grundlage der §§ 97 Abs. 6, 127 GWB erlassene Vergabeverordnung dient der Umsetzung der Richtlinie 97/52/EG vom 13.10.1997 über die Koordinierung der Verfahren zur Vergabe öffentlicher Dienstleistungs-, Liefer- und Bauaufträge[208] und der Richtlinie 98/4/EG vom 16.02.1998 zur Koordinierung der Auftragsvergabe durch Auftraggeber im Bereich der Wasser-, Energie- und Verkehrsversorgung sowie im Telekommunikationssektor.[209] Mit Inkrafttreten der neuen Vergabeverordnung werden die bisherigen Verdingungsordnungen VOL (Ausgabe 1997) bzw. VOF (Ausgabe 1997) durch die VOL (Ausgabe 2000) bzw. VOF (Ausgabe 2000) abgelöst.

Die Dienstleistungsrichtlinie ist ebenfalls durch die Neufassung der VOL/A umgesetzt worden. Lediglich soweit freiberufliche Leistungen[210] über dem EG-Schwellenwert betroffen sind, ist sie in der Verdingungsordnung für freiberufliche Leistungen (VOF) wiederzufinden. Zu beachten ist aber, daß § 2 Abs. 2 Satz 2 VOF bestimmt, daß eindeutig und erschöpfend beschreibbare freiberufliche Leistungen wiederum nach VOL zu vergeben sind. Dies kann Abgrenzungsschwierigkeiten in zweifacher Hinsicht mit sich bringen: Zum einen obliegt die Frage, ob eine Leistung „eindeutig und erschöpfend beschreibbar" ist, der subjektiven Einschätzung der betreffenden Behör-

---

201 Verordnung über die Vergabebestimmungen für öffentliche Aufträge vom 22.02.1994, BGBl. I 1994, S. 321;
202 BGBl. I 1997, S. 2384;
203 vgl. hierzu: EuGH EuZW 1995, S. 635 (Kommission/Deutschland); Rogmans, in: NJW 1994, S. 3134; Lötzsch/Bornheim, in: NJW 1995, S. 2134 ff. (2135); Hailbronner, in: WiVerw 1994, S. 173 ff. (234); Hermes, in: JZ 1997, S. 909 ff. (911); Boesen, in: EuZW 1998, S. 551; Meiborn/Byok, in: EuZW 1995, S. 629 ff. (630);
204 BGBl. I 1998, S. 2512 ff.;
205 in der Fassung der Bekanntmachung vom 20. Februar 1990 (BGBl. I 1990, S. 235), zuletzt geändert durch Art. 1, 2 Abs. 3 des Gesetzes vom 26. August 1998 (BGBl. I 1998, S. 2512 ff.);
206 Gröning, in: ZIP 1998, S. 370 ff. (372); Rust, in: EuZW 1999, S. 453;
207 BGBl. I 2001, S.110 vom 18.01.2001;
208 ABl. EG Nr. L 328 vom 28.11.1997;
209 ABl. EG Nr. L 101 vom 01.04.1998;
210 vgl. § 18 Abs. 1 Ziff. 1 EStG;

de und zum anderen treten Probleme auch insofern auf, als man derzeit nicht abschätzen kann, ob irgendein Bieter aus einem anderen EG-Nachbarland die Leistungen als freiberufliche Leistungen anbietet, obwohl sie in Deutschland nicht als solche angesehen werden. Es müßte dann konsequenterweise die VOF auf die Vergabe Anwendung finden.

B. III. 1. 3. «Doctrine» administrative

In Deutschland ist vorwiegend die Koordinierungs- und Beratungsstelle der Bundesregierung für Informationstechnik in der Bundesverwaltung (KBSt) für die Weiterentwicklung der Beschaffung von Informationstechnologie zuständig, insbesondere durch Veröffentlichungen von Entwicklungsstandards, Studien oder Leitfäden.[211] In Frankreich kommt der „Lehre“ der verwaltungsnahen Einrichtungen («doctrine» administrative) bei der Ausgestaltung der öffentlichen Auftragsvergabe besondere Bedeutung zu, die den Konsens zwischen den Unternehmen und der Verwaltung widerspiegelt. Zu diesen Organismen zählen für den Bereich der Informationstechnologie die „Commission centrale des marchés“ (C.C.M.),[212] die „Commission spécialisée des marchés d'informatique“ (C.S.M./I.),[213] die „Groupe permanent d'étude des marchés informatique et communication“ (G.P.E.M/I.C.),[214] das „Comité interministériel de l'informatique et de la bureautique dans l'administration“ (C.I.I.B.A.)[215] und die „Commission ministérielle de l'informatique et de la bureautique“ (C.O.M.I.B.).[216]

B. III. 1. 3. 1. Commission centrale des marchés

Die „Commission centrale des marchés“ (zentraler Ausschuß für öffentliche Aufträge) untersteht direkt dem Wirtschafts- und Finanzministerium und ist gemäß Art. 4 C.M.P. in drei Hauptabteilungen untergliedert, welche sich ihre eigene Geschäftsordnung geben:

---

211 z. B.: Ephos, vgl. Ziff. B.III.2.1.4.2; V-Modell, vgl. Ziff. B.II.5.3.2; UfAB, vgl. Ziff. B.III.5.4.3.2;

212 Art. 3 bis 21 C.M.P.; vgl. Belva, La doctrine de la commission centrale des marchés, in: A.D.P.E., Les marchés publics de prestations intellectuelles, S. 76 ff.;

213 vgl. Art. 206 bis 221 C.M.P.; décret n° 72-199 du 13 mars 1972 relatif aux commissions spécialisées des marchés pris en application de l'art. 207 du Code des marchés publics, J.O. 14 mars 1972, modifié par décret du 15 mai 1981, J.O. 19 mai 1981 et décret du 26 mars 1984, J.O. 28 mars 1984; Duranton, La doctrine des commissions spécialisées, in: A.D.P.E., Les marchés publics de prestations intellectuelles, S. 91 ff.;

214 institué par arrêté du ministre de l'Économie et des Finances du 21 sept. 1977; vgl. Art. 22 bis 26 C.M.P.;

215 vgl. décret n° 84-468 du 18 juin 1984 relatif aux commissions de l'informatique et de la bureautique à la création d'un comité interministériel de l'informatique et de la bureautique dans l'administration et au comité restreint chargé de donner un avis sur les projets d'équipements, J.O. 19 juin 1984, S. 1887;

216 vgl. Ziff. B.III.1.3.5;

Die allgemeine Verwaltungsabteilung (section administrative)[217] wird zunächst zu Rate gezogen, soweit ein beabsichtigtes Vorhaben mit einer Änderung des C.M.P. einhergeht. Sie ist für die Weiterentwicklung und Verbesserung der Vorschriften über öffentliche Aufträge und damit für die rechtliche und organisatorische Gestaltung des öffentlichen Auftragswesens in Frankreich zuständig. Dies äußert sich beispielsweise in der Schaffung von allgemeinen Vertragsbedingungen (C.C.A.G.).[218] Auch die Einführung des Wettbewerbsgedankens bei der freihändigen Vergabe wurde durch die C.C.M. initiiert.[219] Die Wirtschaftsabteilung (section économique)[220] ihrerseits unterreitet vor allem Vorschläge zur Verbesserung der Vergabeverfahren bei öffentlichen Aufträgen und zu einer effizienteren Abstimmung der Vergabepolitik unterschiedlicher öffentlicher Einkäufer. Sie berät die öffentlichen Auftraggeber auch hinsichtlich einer günstigen Preisbildung.[221] Die technische Abteilung (section technique)[222] schließlich ist hauptsächlich mit einer Reduzierung der technischen Typenvielfalt und damit Vereinheitlichung und Rationalisierung bei der öffentlichen Beschaffung beschäftigt. Sie erarbeitet hierzu technische Richtlinien mit Unterstützung durch die G.P.E.M/I.C.,[223] die in die allgemeinen technischen Vertragsbedingungen (C.C.T.G.) eingehen.[224]

Jede dieser Abteilungen bringt ihre Stellungnahmen, Vorschläge und Empfehlungen an den zuständigen Minister zur Kenntnis, welcher über das weitere Vorgehen entscheidet und die C.C.M. hiervon in Kenntnis setzt. Zu beachten ist jedoch, daß die C.C.M. immer nur beratende Funktion (autorité consultative) innehat und etwaige Aussagen gegenüber öffentlichen Auftraggebern oder beteiligten Unternehmen nicht bindend sind.[225]

B. III. 1. 3. 2. Commission spécialisée des marchés d'informatique

Die „Commission spécialisée des marchés d'informatique"[226] (Fachausschuß für öffentliche Aufträge auf dem Gebiet der Informationstechnologie) ist eine von fünf Auschüssen gemäß den Art. 206 bis 221 C.M.P.,[227] deren Kompetenz in der Über-

[217] Diese setzt sich gemäß Art. 6 C.M.P. aus einem Mitglied des Staatrats, einem Beamten des Rechnungshofes, Vertretern einzelner Ministerien, einem Vertreter eines Staatsbetriebes und drei Vertretern bestimmter Berufsgruppen zusammen.
[218] vgl. Art. 5 C.M.P.;
[219] vgl. Laguerre, Concurrence, S. 21;
[220] Diese setzt sich nach Art. 11 C.M.P. aus einer vom Wirtschafts- und Finanzminister ernannte Person, dem Hauptplanbeauftragten sowie Vertretern einzelner Ministerien zusammen.
[221] vgl. Art. 10 C.M.P.;
[222] Die Zusammensetzung folgt aus Art. 13 C.M.P. wie folgt: eine vom Wirtschafts- und Finanzminister ernannte Person, Vertreter einzelner Ministerien, ein ressort-übergreifender Beauftragter für Normung, Vertreter bestimmter Berufsgruppen sowie zwei Vertreter von staatlichen Unternehmen.
[223] vgl. hierzu: Ziff. B.III.1.3.3;
[224] vgl. Art. 12 C.M.P.;
[225] Laguerre, Concurrence, S. 21 f.;
[226] décret n° 72-199 du 13 mars 1972 relatif aux commissions spécialisées des marchés pris en application de l'art. 207 du Code des marchés publics, J.O. 14 mars 1972, modifié par décret du 15 mai 1981, J.O. 19 mai 1981, et décret du 26 mars 1984, J.O. 28 mars 1984; vgl. hierzu auch: Ziff. C.I.1;
[227] vgl. hierzu allgemein: C.C.M., in: Rev.M.P. 1981, n° 180, S. 40 ff.;

prüfung der Rechtmäßigkeit (contrôle à priori)[228] folgender öffentlicher Aufträge liegt:[229]

- Lieferung und Instandhaltung von Datenerfassungs- und Datenverarbeitungsmaterialien sowie von Büromaterial,
- Studien, Spezifikation und Auswahl von Hardware,
- Lieferung und Wartung von Hardware mit integrierter Software,
- Studien und Erstellung von Software sowie
- Annex-Leistungen, insbesondere Dienstleistungen, die mit den aufgezählten Gebieten in Verbindung stehen.

Voraussetzung hierfür ist allerdings, daß ein gewisses Auftragsvolumen erreicht wird:[230]

- Gesamtanwendungslösungen mit Lieferung von Hardware, Nutzungsrechtsübertragung an Software, Erstellung von Software, Wartung bzw. Pflege und Annex - Leistungen:
    - 6.000.000,00 FF T.T.C. im Falle eines Kaufes;
    - 1.000.000,00 FF T.T.C. im Falle wiederkehrender Vergütungen;
- einzelne Wartungs- bzw. Pflegeaufträge:
    - 1.000.000,00 FF T.T.C.;
- Studienaufträge, Nutzungsrechtsübertragungen und andere Dienstleistungsaufträge:
    - 1.000.000,00 FF T.T.C..

Die Fachausschüsse setzen sich sowohl aus stimmberechtigten als auch rein beratenden Mitgliedern zusammen. Stimmberechtigt sind stets der Vorsitzende, welcher durch den Premierminister nominiert wird und entweder ein Mitglied des Staatsrates oder des Rechnungshofes sein muß, der Generaldirektor für Wettbewerbs-, Verbraucher- und Betrugsangelegenheiten, der Generalsekretär der C.C.M., Finanzprüfer und der Generalberichterstatter. Hinzu kommen für den Fachausschuß Vertreter der Ministerien für Wirtschaft, Verteidigung, Erziehungswesen und Industrie

---

[228] Vivant/Le Stanc u. a., Lamy, Droit de l'informatique, n° 1413; Solovieff, in: Rev.M.P. 1995, n° 1, S. 52; Laguerre, Concurrence, S. 53; Frayssinet, La bureaucratique, S. 121; Caballero, a. a. O., S. 68; Dufau, a. a. O., Rdnr. 235: „consultations préablables", aber eigentlich „contrôle préalable";

[229] Bréchon u. a., Droit des marchés publics, Anm. II.310.2/2; Art. 212 bis 214 C.M.P. i. V. m. Art. 7 arrêté du 23 déc. 1999 fixant les attributions et les seuils de compétence des commissions spécialisées des marchés, J.O. 28 déc. 1999;

[230] Bréchon u. a., Droit des marchés publics, Anm. II.310.2/2; Art. 212 bis 214 C.M.P. i. V. m. Art. 8 arrêté du 23 déc. 1999 fixant les attributions et les seuils de compétence des commissions spécialisées des marchés, J.O. 28 déc. 1999; vgl. Vivant/Le Stanc u. a., Lamy, Droit de l'informatique, n° 1414;

sowie ein Vertreter der C.I.I.B.A.. Beratende Funktion haben der Vertreter des Ministers, in dessen Ressort der Auftrag fällt, sowie der betroffene Auftraggeber.

Das Prüfungsverfahren ergibt sich aus den Art. 216 mit 218 C.M.P.. Dieses erfolgt, wenn der Auftrag zwar unterzeichnet, aber noch nicht an den zukünftigen Auftragnehmer bekanntgegeben worden ist, in Dringlichkeitsfällen auch nach Bekanntgabe.[231] Zu beachten ist, daß der Fachausschuß lediglich fachliche Stellungnahmen abgibt, die das Vergabeverfahren oder Preisniveau betreffen. Die verantwortlichen Auftraggeber sind jedoch hieran gemäß Art. 218 C.M.P. nicht gebunden.[232] Der Auftraggeber muß jedoch in dem Fall einer abschlägigen Stellungnahme (avis défavorable) oder einer Stellungnahme mit Vorbehalten (avis favorable assorti de réserves) den Fachausschuß schriftlich und mit Begründung über seine weitere Entscheidung in Kenntnis setzen; der Vorsitzende des Fachausschusses kann hierzu Stellung nehmen.[233] Seine Empfehlungen und Bemerkungen sind den betroffenen Ministern vorzulegen.[234]

B. III. 1. 3. 3. Groupe permanent d'étude des marchés informatique et communication

Des weiteren zählen zur „doctrine administrative" die Ausführungen der „Groupe permanent d'étude des marchés informatique et communication" (G.P.E.M/I.C.)[235], welche ihrerseits der „Commission centrale des marchés" angegliedert und in folgende Gremien untergliedert ist: Rechtsangelegenheiten (questions juridiques), Kommunikation und Normung (communication et normalisation), Ergonomie (ergonomie) und Telekommunikation (télécommunications).[236]

Die G.P.E.M/I.C. bereitet die Durchführungsbestimmungen und Dokumente für die öffentlichen Aufträge auf dem Informatik-Sektor vor,[237] berät die C.S.M./I., verfaßt Informationsbroschüren für die Lieferanten der Verwaltung und wacht insbesondere über die Einhaltung der internationalen Normen.[238] Dabei sind im Rahmen der G.P.E.M/I.C. Vertreter von öffentlichen Auftraggebern, Berufsverbänden (SFIB, SYNTEC etc.), Repräsentanten der französischen Vereinigung für Normung (AFNOR) sowie weitere Institutionen (z. B. C.I.I.B.A.) und Vertreter aus Industrie und Wirtschaft vereinigt.[239]

---

231 Solovieff, in: Rev.M.P. 1995, n° 1, S. 52;
232 Dufau, a. a. O., Rdnr. 235; Caballero, a. a. O., S. 93; Solovieff, in: Rev.M.P. 1995, n° 1, S. 52;
233 vgl. Art. 219 C.M.P.;
234 Huet/Maisl, a. a. O., Rdnr. 153;
235 institué par arrêté du 21 sept. 1977 des ministres de l'Économie et des Finances et de l'Industrie, J.O. 15 oct. 1977, S. 6756; vgl. auch Art. 22 bis 26 C.M.P.;
236 Abraham, in: Rev.M.P. janv. - févr. 1991, n° 255, S. 50 ff. (51); vgl. G.C.C.Q., Guide, Annexe 8, Ziff. 2, S. 69;
237 z. B. Guide à l'intention des acheteurs de micro-ordinateurs; recommandations, cahiers des charges, chap. VII C.C.A.G.-F.C.S. etc.;
238 Bréchon u. a., Droit des marchés publics, Anm. II.310.2/2.; Huet/Maisl, a. a. O., Rdnr. 154;
239 Abraham, in: Rev.M.P. janv. - févr. 1991, n° 255, S. 50 ff. (51); Frayssinet, La bureaucratique, S. 123;

B. III. 1. 3. 4. Comité interministériel de l'informatique et de la bureautique dans l'administration

Das „Comité interministériel de l'informatique et de la bureautique dans l'administration" (C.I.I.B.A.) wurde im Jahre 1984 eingerichtet,[240] untersteht dem Premierminister und setzt sich vorwiegend aus dem Vizepräsidenten, Ministern, sowie Staatssekretären zusammen.[241] Es ist zunächst der Empfänger der sog. „schémas directeurs informatiques ministériels",[242] welche durch die jeweiligen Ministerien ausgearbeitet und vorgelegt werden. Ferner sammelt das Komitee sämtliche Informationen, welche die Verwirklichung der Projekte auf dem Sektor der Informationstechnologie, der Büro-EDV und der Kommunikationsnetze betreffen. Hierbei überwacht es die Kompatibilität von Kommunikationssystemen, die von der Verwaltung verwendet werden und untersucht die Probleme, die im Bereich der Informatik von allgemeinem Interesse sind,[243] beispielsweise die Schwierigkeiten bei der fachlichen Ausbildung des Personals und der entsprechenden Umsetzung.[244] Damit übt diese Organisation hauptsächlich eine Orientierungs- und Zentralisierungsfunktion der Vorhaben auf dem Gebiet der Computerisierung der öffentlichen Hand aus.[245] Die „schémas directeurs" sowie ihre gegebenenfalls jährlichen Aktualisierungen werden dabei von dem „Comité technique", welches im Inneren des „Comité interministériel de l'informatique et de la bureautique dans l'administration" besteht,[246] untersucht und mit entsprechenden Berichten an dieses weitergeleitet.[247]

---

[240] vgl. décret n° 84-468 du 18 juin 1984 relatif aux commissions de l'informatique et de la bureautique à la création d'un comité interministériel de l'informatique et de la bureautique dans l'administration et au comité restreint chargé de donner un avis sur les projets d'équipements, J.O. 19 juin 1984, S. 1887, confirmé par décret du 22 déc. 1986 relatif au développement de l'informatique, de la bureautique et des réseaux de communication dans l'administration, J.O. 24 déc. 1986, S. 15545 f.;

[241] vgl. Art. 7 du décret n° 86-1301 du 22 décembre 1986 relatif au développement de l'informatique, de la bureautique et des réseaux de communication dans l'administration, J.O. 24 déc. 1986, S. 15545 f.;

[242] Ein "schéma directeur" der Verwaltung entspricht einem Organisationsplan im Zivilrecht und stellt eine übergreifende Planung der jährlichen Unternehmungen der öffentlichen Hand in zeitlicher und quantitativer Hinsicht dar, vgl. Art. 4 des décret n° 86-1301 du 22 décembre 1986 relatif au développement de l'informatique, de la bureautique et des réseaux de communication dans l'administration, J.O. 24 déc. 1986, S. 15545; allgemein hierzu: Barcella/Bernard/Berbari, in: Rev.M.P. juillet - août 1991, n° 259, S. 51 ff.;

[243] vgl. Art. 8 du décret n° 86-1301 du 22 décembre 1986 relatif au développement de l'informatique, de la bureautique et des réseaux de communication dans l'administration, J.O. 24 déc. 1986, S. 15545 f. (15546): „Le comité interministériel de l'informatique et de la bureautique dans l'administration est chargé de l'animation et de la coordination de l'informatisation de l'administration";

[244] vgl. Art. 6 du décret n° 86-1301 du 22 décembre 1986 relatif au développement de l'informatique, de la bureautique et des réseaux de communication dans l'administration, J.O. 24 déc. 1986, S. 15545 f.;

[245] Bréchon u. a., Droit des marchés publics, Anm. II.310.2/2;

[246] Art. 9 du décret n° 86-1301 du 22 décembre 1986 relatif au développement de l'informatique, de la bureautique et des réseaux de communication dans l'administration, J.O. 24 déc. 1986, S. 15545 f. (15546);

[247] Vivant/Le Stanc u. a., Lamy, Droit de l'informatique, n° 1411; Art. 10 du décret n° 86-1301 du 22 décembre 1986 relatif au développement de l'informatique, de la bureautique et des réseaux de communication dans l'administration, J.O. 24 déc. 1986, S. 15545 f. (15546);

B. III. 1. 3. 5. Commission ministérielle de l'informatique et de la bureautique

Schließlich ist die „Commission ministérielle de l'informatique et de la bureautique" (C.O.M.I.B.) aufzuführen, welche, soweit sie bei einem Ministerium existiert,[248] Inhalt und Zweckmäßigkeit von öffentlichen Aufträgen im Bereich der Informatik vor ihrer Unterzeichnung und Übersendung an die C.S.M./I. ohne weitere rechtliche Konsequenz überprüft.[249] Sie schlägt ferner die Erstellung eines „schéma directeur informatique" vor und assistiert bei dessen Ausarbeitung und erarbeitet hierzu einen jährlichen Bericht.[250]

Abgesehen von diesen allgemeinen Rechtsgrundlagen des Vergabeverfahrens, die der öffentliche Auftraggeber zu beachten hat und die im Verlauf dieser Arbeit noch konkret hinsichtlich ihres Inhalts untersucht werden, sind die vor der eigentlichen Auftragsvergabe zu erstellenden und im Anschluß dem Verfahren zugrunde zu legenden Vergabeunterlagen näher zu betrachten. Sie enthalten zum einen eine allgemeine Beschreibung des Auftrages und zum anderen die notwendigen technischen und juristischen Regelungen.

B. III. 2. Vergabeunterlagen

Unter Vergabeunterlagen versteht man in Frankreich den „avis d'appel public à la concurrence"[251] (Aufforderung zur Angebotsabgabe), das „règlement de la consultation"[252] (Verdingungsunterlagen) sowie die „cahiers des charges"[253] (Pflichtenheft). In ähnlicher Weise bestehen in Deutschland die Unterlagen aus der allgemeinen Aufforderung zur Angebotsabgabe[254] und den Verdingungsunterlagen,[255] wobei letztere zwingend die Allgemeinen Vertragsbedingungen als Vertragsbestandteil vorschreiben und die Einbeziehung von weiteren Vertragsbedingungen vorsehen.[256]

---

248 Art. 1 du décret n° 84-468 du 18 juin 1984 relatif aux commissions de l'informatique et de la bureautique à la création d'un comité interministériel de l'informatique et de la bureautique dans l'administration et au comité restreint chargé de donner un avis sur les projets d'équipements, J.O. 19 juin 1984, S. 1887, bestimmte, daß bei jedem Ministerium eine C.O.M.I.B. eingerichtet werden sollte; dieses wurde durch das décret n° 86-1301 du 22 décembre 1986 relatif au développement de l'informatique, de la bureautique et des réseaux de communication dans l'administration, J.O. 24 déc. 1986, S. 15545 f. ersetzt, welches diese Bestimmung zwar nicht wiederholte, die Schaffung der C.O.M.I.B. jedoch auch nicht in Frage stellte, so daß heute noch bei vielen Ministerien (z. B. beim Wirtschafts- und Finanzministerium oder Verteidigungsministerium) solche C.O.M.I.B. bestehen.

249 Bréchon u. a., Droit des marchés publics, Anm. II.310.2/2;

250 Vivant/Le Stanc u. a., Lamy, Droit de l'informatique, n° 1412; Huet/Maisl, a. a. O., Rdnr. 152;

251 vgl. Art. 38 C.M.P.; im Falle der freihändigen Vergabe des Art. 104 II C.M.P. sind die öffentlichen Auftraggeber jedoch von dem „avis d'appel public à la concurrence" befreit;

252 vgl. Art. 38 bis C.M.P.;

253 vgl. Art. 39 bzw. 250 C.M.P.;

254 § 17 Ziff. 3 VOL/A;

255 § 9 Ziff. 1 VOL/A;

256 vgl. § 9 Ziff. 2 VOL/A: Zusätzliche, Ergänzende, Besondere und Technische Vertragsbedingungen;

Während die allgemeine Aufforderung zur Angebotsabgabe (avis d'appel public à la concurrence) keine Besonderheiten aufweist, ergeben sich im Bereich der Informationstechnologie erste Schwierigkeiten bei der exakten Beschreibung des zu vergebenden öffentlichen Auftrags dann, wenn es sich nicht nur um standardisierte Lieferleistungen handelt, sondern um komplexe DV-Beschaffungsvorgänge, die insbesondere die Erstellung von Individualsoftware umfassen. Dies läßt sich vor allem auf die Schwierigkeiten bei der Bedürfnisanalyse sowie den evolutiven Charakter[257] der Informationstechnologie zurückführen.[258]

B. III. 2. 1. Leistungsbeschreibung

Dem Begriff der „Leistung" können die Bedeutungen „Funktionalität", „Zeitbezogenheit" und „Zuverlässigkeit" beigemessen werden.[259] Nur eine exakte Beschreibung der Leistung nebst eindeutiger Gliederung kann zu einer anschließenden Vergleichbarkeit der Angebote führen.[260] Zudem stellt die Leistungsbeschreibung die Vertragsgrundlage für die Softwareentwicklung, insbesondere die Abnahme, dar.[261]

Art. 75 al. 1 C.M.P. bestimmt daher, daß die Verwaltung gehalten ist, so genau wie möglich die Spezifikation und die Beschaffenheit der Leistungen vor Auftragsvergabe zu bestimmen.[262] In ähnlicher Weise sind die Leistungen gemäß § 8 Ziff. 1 Abs. 1 VOL/A eindeutig und so erschöpfend zu beschreiben, daß alle Bewerber sie im gleichen Sinn verstehen müssen und die Angebote miteinander verglichen werden können. § 16 Ziff. 1 VOL/A bestimmt zusätzlich, daß der Auftraggeber erst dann ausschreiben soll, wenn alle Verdingungsunterlagen fertiggestellt sind und die Leistung aus Sicht des Auftraggebers innerhalb der angegebenen Frist ausgeführt werden kann. Als Grund hierfür nennt das deutsche Recht explizit, daß dem Unternehmer keine ungewöhnlichen Wagnisse für Umstände und Ereignisse aufgebürdet werden sollen, auf die er keinen Einfluß hat und deren Auswirkung auf die Preise und Fristen nicht im voraus zu schätzen sind.[263]

Im französischen Recht unterscheidet man die „définition des besoins", also die Beschreibung in natürlicher Sprache desjenigen, was das DV-System abstrakt liefern soll,[264] die „spécification des besoins", mithin die Spezifizierung der funktionalen und nicht funktionalen Bedürfnisse,[265] und schließlich die „cahiers des charges", also die Pflichtenhefte, welche zum einen die „spécifications techniques et fonctionnelles"

---

[257] Montero, in: Droit de l'informatique & des télécoms 1992/1, S. 57 ff. (58);
[258] vgl. hierzu: Ziff. A.I, S. 15 ff.;
[259] Dirlewanger, in: CR 1988, S. 588;
[260] Daub/Eberstein-Zdzieblo, a. a. O., § 8, Rdnr. 32; Siegrist/Jürgensen, a. a. O., S. 83;
[261] Daub/Eberstein-Zdzieblo, a. a. O., § 8, Rdnr. 24; Schneider, a. a. O., Anm. D, Rdnr. 605;
[262] vgl. Emery, in: J.C.P. G. 17 mars 1999, S. 513;
[263] § 8 Ziff. 1 Abs. 3 VOL/A;
[264] Sommerville, Le génie logiciel, S. 47, 54;
[265] Sommerville, Le génie logiciel, S. 47;

(technische und funktionelle Spezifikationen) und zum anderen die eigentlichen vertraglichen Regelungen zwischen den Parteien enthalten.[266]

Eine entsprechende Unterscheidung wird auch im deutschen Recht getroffen. Das sogenannte „Lastenheft" gibt das Ergebnis der Problemanalyse des öffentlichen Auftraggebers aus Anwendersicht wieder und dient als Grundlage für die folgende Spezifikation des Softwaresystems.[267] Es stellt in verbaler und grafischer Form die Vorgaben aus technischen, wirtschaftlichen und organisatorischen Gesichtspunkten dar, die das spätere Programm aufweisen soll.[268] Der Begriff der „Leistungsbeschreibung" betrifft die eigentliche Spezifikation der Leistung, also die Festlegung der Eigenschaften des betreffenden Softwareprogramms. Dies kann nach § 8 Ziff. 2 Abs. 1 VOL/A entweder mittels verkehrsüblicher Bezeichnung nach Art, Beschaffenheit und Umfang oder mittels funktionaler Leistungsbeschreibung durch Darstellung des Zweckes, der Funktion sowie der an die Leistung gestellten Anforderungen, gegebenenfalls auch mittels konstruktiver Leistungsbeschreibung sowie einer Verbindung der genannten Leistungsbeschreibungen erfolgen. Der Begriff des „Pflichtenhefts"[269] schließlich wird vorwiegend im Rahmen der Definition von Vorgaben und Anforderungsspezifika von Individualsoftware verwendet,[270] der Begriff der „Leistungsbeschreibung" hingegen bei Standardprogrammen.[271]

Die Verpflichtung zur Erstellung eines Pflichtenheftes bzw. der Leistungsbeschreibung trifft grundsätzlich den Auftraggeber.[272] Der Auftraggeber kann im Rahmen eines eigenständigen Auftrages einen fachkundigen Dritten mit der Erstellung des Pflichtenheftes beauftragen.[273]

B. III. 2. 1. 1. Lieferung von Standardprodukten

Für standardisierte Leistungen, wie die Lieferung von Hardware und die Überlassung von Standardsoftware, gibt es im Hinblick auf die exakte Leistungsbeschreibung mittels verkehrsüblicher Bezeichnung nach Art, Beschaffenheit und Umfang kaum Schwierigkeiten.[274]

---

266 Inforep, a. a. O., S. 31; Sommerville, Le génie logiciel, S. 48; Vivant/Le Stanc u. a., Lamy, Droit de l'informatique, n° 749 f.;
267 Lesshafft, in: CR 1989, S. 146 ff. (147);
268 Lesshafft, in: CR 1989, S. 146 ff. (147);
269 Nach den BVB ist das „Pflichtenheft" mit dem „fachlichen Feinkonzept" gleichzusetzen, wobei unter „fachlichem Feinkonzept" die vollständige Feststellung eines Verfahrens durch detaillierte Beschreibung seiner Funktionen, der Schnittstellen und des Zusammenwirkens der Funktionen sowie der von ihnen benötigten und zu erzeugenden Informationen zu verstehen ist, vgl. BVB-Erstellung, Anhang 1, in: Müller-Hengstenberg, BVB-Computersoftware, S. 215; Schneider, a. a. O., Anm. A, Rdnr. 100;
270 Schneider, a. a. O., Anm. A, Rdnr. 98;
271 Schaub, in: CR 1993, S. 329 ff. (330);
272 vgl. Daub/Eberstein-Zdzieblo, a. a. O., § 8, Rdnr. 23; Schneider, a. a. O., Anm. A, Rdnr. 98; Ihde, in: CR 1999, S. 409 ff. (410);
273 Daub/Eberstein-Zdzieblo, a. a. O., § 8, Rdnr. 26; Schneider, a. a. O., Anm. A, Rdnr. 99;
274 Daub/Eberstein-Zdzieblo, a. a. O., § 8, Rdnr. 45;

Bei standardisierten Lieferleistungen im PC- bzw. Bürokommunikationsbereich besteht auch die Möglichkeit, die Leistung konstruktiv zu beschreiben, d. h. die sich aus der zu beschaffenden IT-Leistung ergebenden technischen Forderungen an das Beschaffungsobjekt (wie Größe des Hauptspeichers, Prozessortyp etc.) produktorientiert anhand der wesentlichen Merkmale und konstruktiven Einzelheiten (descriptif détaillé des caractéristiques), insbesondere durch Schemata, Muster oder Skizzen[275] darzustellen, wobei der Preis fest fixiert ist, was die Vergleichbarkeit der Leistungen erleichtert.[276]

Die Leistungsbeschreibung bei der Beschaffung von Betriebssystemen, systemnaher Software, wie Dienstprogramme, Tools oder Compiler, sowie Standardsoftware erfolgt zumeist funktional anwendungsneutral. Dies bedeutet, daß zum einen eine Übersicht über die geforderten Funktionen erstellt wird, wie beispielsweise Verknüpfung der Daten- und Textverarbeitung, Erstellung und Bearbeitung von Dokumenten sowie Verknüpfung mit anderen Funktionen (z. B. Grafiken, Tabellen etc.) und zum anderen über die technischen Randbedingungen, die insbesondere dann von besonderem Interesse sind, wenn das Beschaffungsobjekt in ein bestehendes Konzept integriert werden muß.[277] Nicht als funktionale Anforderungen werden diejenigen angesehen, die als Beschränkung oder Zwang auf dem System lasten, wie z. B. gesetzliche Regelungen, Kosten, Interoperabilität, Nutzbarkeit oder Portabilität.[278]

B. III. 2. 1. 2. Softwareentwicklung

Sobald aber - gerade bei innovativen Produkten - Erstellungs- oder Anpassungsleistungen Vertragsgegenstand sind, bietet sich häufig weder eine konstruktive, produktorientierte noch funktional anwendungsneutrale Leistungsbeschreibung an. Eine produktorientierte Beschreibung ist bei Individualsoftware in der Regel technisch nicht möglich, da es kein „fertiges" Produkt gibt, das alle funktionalen Leistungsmerkmale erfüllt. Soweit Teilaspekte der zu entwickelnden Individualsoftware durch Standardsoftware abgedeckt werden können, sind diese entsprechend konstruktiv oder funktional anwendungsneutral ausschreibbar. In den restlichen Fällen hat die ausschreibende Stelle jedoch die Möglichkeit, die zu vergebende Leistung funktional anwendungsbezogen zu beschreiben, da sie aufgrund der genauen Kenntnis der zu erfüllenden Aufgabe am besten in der Lage ist, die für eine optimale Aufgabenerfüllung wichtigen Fragen und Forderungen zu erkennen und zu formulieren,[279] wofür der Auftragnehmer anschließend die Lösung zu liefern hat.

Die Ausschreibung ist dann funktional anwendungsbezogen aufgebaut, wenn die zu erfüllende Aufgabe im Hinblick auf die zu beschaffende IT-Leistung durch Darstel-

---

275 Féral-Schuhl/Vinay, a. a. O., S. 115; Daub/Eberstein-Zdzieblo, a. a. O., § 8, Rdnr. 50;
276 Daub/Eberstein-Zdzieblo, a. a. O., § 8, Rdnr. 50;
277 Bundesministerium des Innern, UfAB, S. 28;
278 vgl. hierzu: Sommerville, Le génie logiciel, S. 54, 90;
279 Bundesministerium des Innern, UfAB, S. 9; Daub/Eberstein-Zdzieblo, a. a. O., § 8, Rdnr. 81;

lung des Aufgabenbereichs ausführlich beschrieben ist. Insbesondere wird meist sogar davon abgesehen, technische Hardware- oder Softwarespezifikationen (z. B. Hardwarekonfiguration, Programmiersprache etc.) vorzugeben, um mehr Freiheit bei der Ausarbeitung der optimalen Angebote zu belassen; ausgeschlossen sind diese Angaben jedoch nicht.[280] Die Forderungen für die zu vergebende Leistung werden im Leistungsverzeichnis entsprechend gegliedert und strukturiert sowie anhand der einzelnen Bewertungskriterien angegeben.[281]

Während bei der konstruktiven aufgabenorientierten Leistungsbeschreibung die öffentliche Hand vornehmlich die Verantwortung und insbesondere das Konfigurationsrisiko trägt, ist bei einer lösungsorientierten funktional anwendungsbezogenen Leistungsbeschreibung hauptsächlich der Bieter für die von ihm angebotenen Leistungen verantwortlich.[282] Dies läßt sich schematisch wie folgt darstellen:

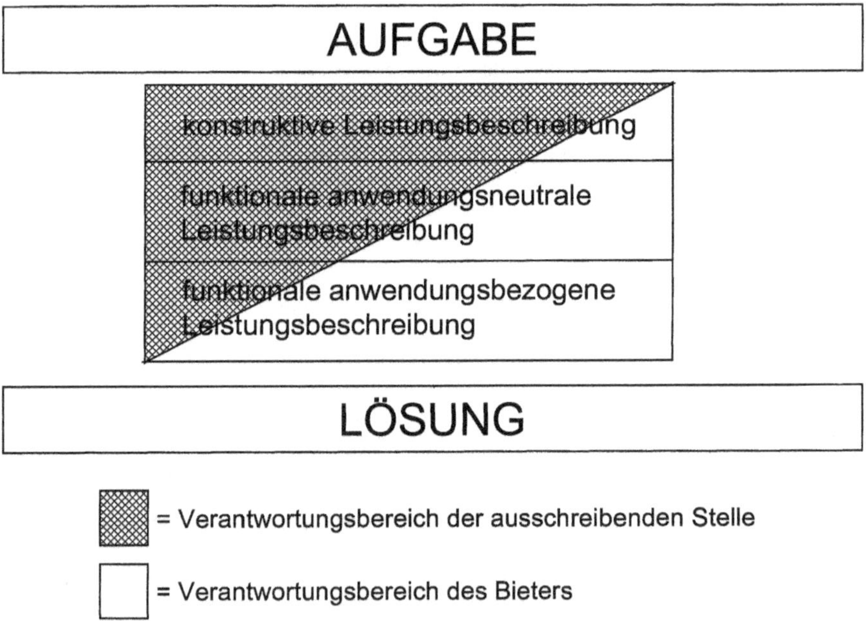

Abbildung: Schwerpunkte bei den Kategorien der Leistungsbeschreibungen[283]

---

280 Bundesministerium des Innern, UfAB, S. 27 f.;
281 Bundesministerium des Innern, UfAB, S. 87 ff.;
282 vgl. BGH NJW 1997, S. 1772 f. zu § 9 VOB/A;
283 entnommen aus: Bundesministerium des Innern, UfAB, S. 11;

Im französischen Recht ergibt sich die Möglichkeit funktional auszuschreiben explizit aus Art. 99 al. 1 bzw. 303 al. 1 C.M.P.. Danach kann die Verwaltung in Abweichung zu Art. 75 C.M.P.[284] ihre Bedürfnisse und technischen Spezifikationen funktional in Form eines „programme fonctionnel détaillé"[285] beschreiben, wenn dies aus technischen oder finanziellen Gründen (motifs d'ordre technique ou financier)[286] geboten ist.[287] Dieses „programme" enthält die konstitutiven Elemente des Auftrags in Form der Spezifikationen der einzelnen „performances" (Leistungsanforderungen),[288] auf dessen Basis wiederum die Unternehmen angehört werden.[289] Im einzelnen sind dies:

- die genaue Konzeption des gesamten Vorhabens in strategischer und finanzieller Hinsicht,
- die speziellen Forderungen sowie technischen und logistischen Zwänge, die sich beispielsweise aus den technischen Normen und der Qualitätssicherung ergeben sowie die verifizierbaren bzw. nachprüfbaren Resultate oder zu befriedigenden Bedürfnisse,
- die eigentliche Leistungsbeschreibung sowie
- der Bewertungskatalog.[290]

Auch ist es erlaubt, bereits in diesem Stadium den Maximalpreis bekanntzugeben.[291]

Die funktionale Leistungsbeschreibung hat zur Folge, daß von den Bewerbern im Rahmen der Angebotserstellung verlangt wird, ihr Angebot als Abbild des Leistungsverzeichnisses zu gestalten und die entsprechenden technischen Lösungen zur Befriedigung dieser Bedürfnisse im Rahmen einer Erfolgspflicht[292] (obligation de résultats) mit verifizierbaren Resultaten (vgl. Benchmark, Testreihen, Metrik etc.) zu liefern,[293] die eine Vergleichbarkeit der Leistung garantieren sollen.[294] Bei der Erstellung von Individualsoftware kann es beispielsweise auf das Antwortzeitverhalten oder die Entwicklungsproduktivität (Menge der realisierten Produkte/Einheit der benutzten Ressourcen) ankommen, bei Dienstleistungen können die Verfügbarkeit,

---

284 vgl. Rocfort, in: Rev.M.P. janv. - févr. 1994, n° 279, S. 31 ff. (32);

285 Unter „programme" versteht man: „un document d'étude préablable à une opération d'investissement concernant outre les objectifs de l'opération ..., les besoins fonctionnels à couvrir ... et les exigences du maître de l'ouvrage", vgl. Lescure, a. a. O., S. 21;

286 was jedoch sehr weit auszulegen ist, vgl. Rocfort, in: Rev.M.P. nov. 1994, n° 285, S. 40;

287 Das „programme fonctionnel détaillé" ist von dem „programme exigentiel" zu unterscheiden, welches die Bedürfnisse und Zielvorstellungen der Verwaltung umfaßt, die in einer autonomen vorgeschalteten Etappe vor der eigentlichen Projektvergabe erfaßt werden, und welches dazu dient, das Vorprojekt (avant-projet performanciel) auszuarbeiten sowie die abgegebenen Vorschläge zu verifizieren.

288 „L'exigence est la question, la performance la caractéristique technique qui y répond", vgl. Lescure, a. a. O., S. 7;

289 Domergue, a. a. O., S. 215;

290 Domergue, a. a. O., S. 215;

291 vgl. Rocfort, in: Rev.M.P. janv. - févr. 1994, n° 279, S. 31 ff. (32); Laguerre, Concurrence, S. 74 f.;

292 Bréchon u. a., Droit des marchés publics, Anm. III.233.2; Lescure, a. a. O., S. 6 f.; Rozenfeld, in: Expertise des systèmes d'informations, mars 1993, S. 92; C.C.M., in: Rev.M.P. 1995 - 1996, n° 3, S. 4; Flash, Achats Publics nov. 93, S. 16; Berbari, in: M.T.P. 15 sept. 1995, S. 36 ff. (38);

293 Bréchon u. a., Droit des marchés publics, Anm. II.233.2.; Lescure, a. a. O., S. 7;

294 Lescure, a. a. O., S. 6 f.: „performance doit être objective, contrôlable, repérable dans le classement préexistant et réproductible";

Produktivität, Funktionssicherheit, Einhaltung von Fristen etc. ausschlaggebend sein.[295]

Der Vorteil der funktionalen Leistungsbeschreibung besteht darin, daß die Zahl der angebotenen Alternativen im Rahmen der Angebotsabgabe in preislicher und qualitativer Hinsicht zunimmt, da die Bieter aus der Fülle ihrer Produkte wählen können, die sie besser als die ausschreibende Stelle kennen.[296] Auch können hieraus innovative Vorschläge resultieren, die auf neuen Technologien, neuen Methoden und insbesondere dem Know-how (savoir-faire) der einzelnen Unternehmen basieren, was auch gerade für die sparsame Verwendung öffentlicher Mittel wichtig ist. Um die Motivation und Investitionsbereitschaft der Unternehmen für eine umfangreiche Angebotserstellung[297] zu fördern,[298] wird die Verwaltung sowohl in Frankreich[299] als auch in Deutschland[300] bereits in den Ausschreibungsunterlagen für diese Bieter eine angemessene Kostenerstattung vorsehen.

Nachteilig ist im Hinblick auf einen effektiven Wettbewerb, daß sich nicht alle Unternehmen an dem Vergabeverfahren beteiligen können, da sie aufgrund ihrer Größe nicht in der Lage sind, die vorausgesetzten Studien und Forschungen durchzuführen.[301] Auch ist der größere Aufwand für die Bearbeitung der Verdingungsunterlagen und die technische Prüfung[302] der abgegebenen Angebote zu beachten.

Die funktionale Leistungsbeschreibung darf jedoch nicht dazu dienen, die Aufgaben der Projektklärung auf den Bieter zu verlagern.[303] Der öffentliche Auftraggeber trägt primär als „Herr des Vergabeverfahrens" die Verantwortung für die Erstellung der Leistungsbeschreibung.[304] Er hat sich die Mittel zu geben, um seine Bedürfnisse klar und vollständig beurteilen sowie die technischen Forderungen spezifizieren zu können, sich notfalls assistieren zu lassen sowie sich zu erkundigen, zu informieren und

---

295 Rocfort, in: Rev.M.P. nov. 1994, n° 285, S. 40 ff. (41);
296 Bundesministerium des Innern, UfAB, S. 9;
297 z. B. Ausarbeitung von Entwürfen, Plänen, Berechnungen etc.;
298 Rocfort, in: Rev.M.P. janv. - févr. 1994, n° 279, S. 31 ff. (33); vgl. C.C.M., in: T.M.P. mai 1994, n° 185, S. 1 f. (2); C.C.M./I.C. A. 1-93: Recommandation relative à l'usage, en informatique, des appels d'offres sur performances et des marchés de définition, proposée par le Groupe permanent d'étude des marchés de traitement d'information, des matériels de communication et prestations connexes (G.P.E.M./I.C.), adoptée le 15 déc. 1993 par la section technique de la Commission centrale des marchés, B.O.C.C.R.F. 28 janv. 1994, S. 49 f.;
299 Art. 99 al. 6 C.M.P. bzw. Art. 303 al. 6 C.M.P.;
300 § 20 Ziff. 2 VOL/A;
301 Laguerre, Concurrence, S. 75;
302 Daub/Eberstein-Zdzieblo, a. a. O., § 8, Rdnr. 46;
303 Daub/Eberstein-Zdzieblo, a. a. O., § 8 Rdnr. 47; Müller-Hengstenberg, BVB-Computersoftware, S. 167 f.; Van Dorsselaere, Thieffry & associés, a. a. O., S. 49: Unternehmer sind nur subsidiär für die Planung zuständig;
304 Daub/Eberstein-Zdzieblo, a. a. O., § 8, Rdnr. 26; vgl. auch Redeker, a. a. O., Rdnr. 168, S. 87; Junker, in: NJW 1993, S. 824 ff. (828) mit Hinweisen auf OLG Köln NJW-RR 1992, S. 761 und BGH NJW-RR 1988, S. 1396; De Lamberterie/Bréchon-Moulènes, a. a. O., S. 111; Vivant/Le Stanc u. a., Lamy, Droit de l'informatique, n° 911; Junker, in: NJW 1999, S. 1294 ff. (1298) mit Hinweis auf OLG Köln NJW-RR 1999, S. 51; Schaub, in: CR 1993, S. 329 ff. (332); Müller-Hengstenberg, in: CR 1995, S. 198 ff. (199);

gegebenenfalls belehren zu lassen.[305] Eine Anhörung potentieller Bieter bei der Erstellung der Leistungsbeschreibung, die an sich zweckmäßig wäre, scheidet wegen Verstoßes gegen das Gebot der Gleichbehandlung und produktneutralen Leistungsbeschreibung aus.[306]

B. III. 2. 1. 3. Planung

Wegen der Forderung nach Eindeutigkeit der Leistungsbeschreibung und Vergleichbarkeit der Angebote im Zusammenhang mit der Vergabe komplexer DV-Systeme müssen insbesondere bei der Softwareentwicklung einige Entwicklungsschritte bereits abgeschlossen sein, bevor die eigentlichen Erstellungsleistungen ausgeschrieben werden können. Zu untersuchen ist daher einerseits, welche Strategie der Entwicklung von Individualsoftware im öffentlichen Auftragswesen zugrunde liegt und andererseits, inwieweit eigenständige Planungsaufträge zu vergeben sind.

B. III. 2. 1. 3. 1. Wasserfallmodell (modèle de la cascade)

Der Entwicklungsprozeß basiert im Rahmen der öffentlichen Auftragsvergabe sowohl in Frankreich als auch in Deutschland bislang auf dem sogenannten zeitlich linearen Phasen- bzw. Wasserfallmodell (modèle de la cascade).[307] Danach muß das gesamte Projekt umfassend geplant sein, um es im Anschluß daran auf dieser Grundlage als Erstellungsleistung ausschreiben zu können. Vor der Programmierung müssen daher die genauen Spezifikationen vollständig, widerspruchsfrei und eindeutig vorliegen.[308]

Im französischen Recht gliedert sich dieses „modèle de la cascade“ nach Sommerville[309] in folgende Phasen: „analyse et définition des besoins“ (Analyse und Definition des Bedarfs), „conception du système et du logiciel“ (System- und Softwareentwurf), „implémentation et test unitaire“ (Implementierung und Bausteintest) sowie „intégration et test du système“ (Integration und Systemtest). Mit Belleiche[310] kann man das Entwicklungsvorgehen in fünf Schritte untergliedern, und zwar in die „étude préalable“ (Vorstudie), „étude détaillée“ (Detailstudie), „étude technique“ (technische Studie), „réalisation“ (Entwicklung) und schließlich in die „mise en œuvre“ (Verfahrenseinführung). Die „étude préalable“ dient der Risikoidentifizierung, der Kostenabschätzung, der Auswahl unter mehreren Lösungen, der Abänderung oder Ergänzung von Anwenderforderungen und schließlich der Bewertung. Die „étude détaillée“ ihrerseits ist für die Ausarbeitung der detaillierten funktionalen Anwenderforderungen und dem Vertiefen der technischen Lösung zuständig. Der eigentliche technische

---

305 De Lamberterie, a. a. O., Rdnr. 17 ff.; Romeuf, a. a. O., Anm. D^7, S. 49; Marcellin/Costes u. a., Lamy, Guide, n° 461;
306 VÜA Bund, Beschluß vom 11.10.1996, 1 VÜ 15/96, in: VgR 6/1997, S. 45;
307 vgl. BVB-Phasenkonzept, in: Müller-Hengstenberg, BVB-Computersoftware, S. 217 ff.; Sommerville, Le génie logiciel, S. 15;
308 Müller-Hengstenberg, in: CR 1988, S. 633;
309 Sommerville, Le génie logiciel, S. 5;
310 Belleiche, a. a. O., S. 166;

Entwurf erfolgt in der „étude technique“, anhand dessen die Software erstellt bzw. programmiert (réalisation) und schließlich nach Durchführung entsprechender Verfahrenstests eingeführt wird (mise en œuvre). Zu beachten ist, daß vor der Vergabe der Erstellungsleistungen eine „étude préalable“ sowie „étude détaillée“ stattgefunden haben muß, wobei am Ende der Phase der „étude détaillée“ die „cahiers des charges“ für die Entwicklung vorliegen sollten.[311]

Bei der Vergabe von Softwareerstellungsleistungen im deutschen Recht muß - vergleichend zum französischen Recht - zumindest die Voruntersuchung und das fachliche Feinkonzept vorliegen.[312] Dies ergibt sich aus dem sogenannten „Phasenkonzept“,[313] welches die Verfahrensplanung, Verfahrensrealisierung und Verfahrenseinführung umfaßt. Nur so wird es dem Auftragnehmer ermöglicht, ein Angebot zu machen, in dem er sich vollständig der werkvertraglichen Verantwortung mit einem klar definierten Preis unterwerfen kann.[314]

Der Abschnitt Verfahrensplanung umfaßt dabei die Verfahrensidee, die Ist-Analyse (Datenvolumen, Frequenz der Bearbeitung etc.), die Forderungen, das Grobkonzept bis hin zum fachlichen Feinkonzept (Definition der Verknüpfungen, Datenschutz, Datensicherungsmaßnahmen etc.), nicht jedoch die Realisierung der geplanten Anwendung. Die Systemrealisierung erfolgt vielmehr durch die DV-technische Umsetzung in Form des DV-spezifischen Feinkonzeptes. Dieses legt den Informationsbedarf (Umfang, Zeitpunkt, Ort etc.), die Informationsbasis (Mengengerüste etc.), den Informationsfluß (Datenschutzmaßnahmen), die Verarbeitungsregeln (z. B. Schnittstellen Mensch/Verfahren), sonstige Eigenschaften wie Zuverlässigkeit, Benutzerfreundlichkeit, Pflegefreundlichkeit und schließlich die Verfahrenstest-Spezifikationen fest. Hinzu kommt ferner die Programmierung, Integration und der Systemtest. Die Systemrealisierung endet ihrerseits zusammen mit den Einführungsvorbereitungen, wie technische und organisatorische Vorbereitung sowie Schulung, im Verfahrenstest und schließlich der Verfahrenseinführung.

---

311 Belleiche, a. a. O., S. 172; Linant de Bellefonds/Hollande, Contrats, S. B^1 ff.;
312 Bundesministerium des Innern, UfAB, S. 12; Müller-Hengstenberg, BVB-Computersoftware, S. 169;
313 vgl. Phasenkonzept zur BVB-Erstellung bzw. BVB-Planung, in: Müller-Hengstenberg, BVB-Computersoftware, S. 223;
314 Müller-Hengstenberg, in: CR 1988, S. 633 ff. (634);

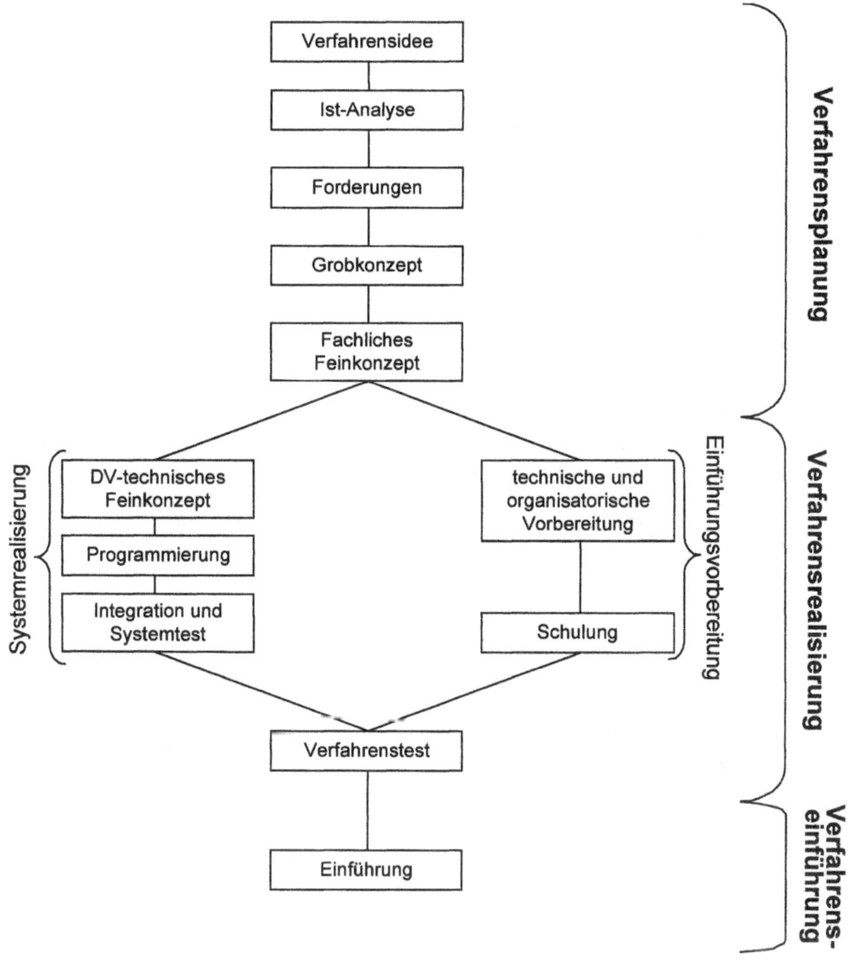

Abbildung: Phasenkonzept[315]

Falls es der Verwaltung intern jedoch nicht möglich ist, die zur Vergabe komplexer IT-Beschaffungen notwendigen Spezifizierungen der Leistung vorzunehmen, insbesondere bei der Softwareentwicklung die „étude préalable" und „étude détaillée" bzw. die Voruntersuchung durchzuführen und das fachliche Feinkonzept zu erarbeiten,

[315] entnommen aus: Müller-Hengstenberg, BVB-Computersoftware, S. 223;

und das Projekt damit noch nicht vergabereif ist, muß es durch vorgeschaltete Studien-, Konstruktions- oder Spezifizierungsverträge vergabereif gemacht werden.[316] Ziel der Planung kann neben der Abgabe einer Studie insbesondere der Entwurf der Ausschreibungsunterlagen für den Realisierungsauftrag der Softwareerstellung sein.

B. III. 2. 1. 3. 2. Marchés d'études

Im französischen Recht stehen hierfür zunächst die „marchés d'études" zur Verfügung, worunter Studien- und Forschungs- bzw. Entwicklungsaufträge zu verstehen sind.[317] Diese zeichnen sich dadurch aus, daß die dem Auftrag zugrunde liegenden Bedürfnisse ihrerseits nur in Form von Forderungen, nicht hingegen von Lösungen definiert werden müssen.[318] Auch sind die „marchés d'études" durch eine partnerschaftliche Zusammenarbeit zwischen Arbeitgeber und Arbeitnehmer geprägt,[319] da sich das konkrete Objekt erst im Laufe der Auftragsdurchführung entwickelt. Die Aufträge können dabei in verschiedene technische Phasen unterteilt sein, vor allem unter dem Aspekt, daß die Ausführung nach der einen oder anderen Phase unterbrochen oder beendet werden kann, um weitere unnötige Ausgaben zu vermeiden.[320] Den Verträgen ist daher ein evolutives Pflichtenheft mit sukzessiven Abnahmen (validations) sowie ein Recht der Verwaltung auf einseitige Abänderung zu eigen.[321]

Nachdem jedoch auch die Vergaben von „marchés d'études" der Vorschrift des Art. 75 C.M.P. unterliegen, so daß zumindest die Bedürfnisse vorab genau spezifiziert sein müssen, kann es nötig sein, einen „marché de définition" (Spezifizierungsauftrag) vorweg zu vergeben.[322] Während der „marché de définition" ursprünglich darauf begrenzt war, nur einem „marché d'études" vorgeschaltet zu sein,[323] umfaßt sein Anwendungsbereich nunmehr auch sonstige Liefer- oder Dienstleistungsaufträge, die besondere Schwierigkeiten aufweisen. Diesen letztgenannten Aufträgen kann der „marché de définition" im Rahmen einer „définition - réalisation" (Spezifizierung - Erstellung) vorangehen,[324] und ist damit gerade für die Erstellung von Individualsoftware von besonderer Bedeutung.

---

[316] Daub/Eberstein-Zdzieblo, a. a. O., § 8, Rdnr. 47;
[317] Art. 106 – 111 C.M.P., vgl. instruction du 29 déc. 1972 modifiée, in: Mogenet, a. a. O., S. 461 ff.; Art. 313 – 317 C.M.P., vgl. instruction du 10 nov. 1976 modifiée, in: Mogenet, a. a. O., S. 466 ff.;
[318] Bréchon u. a., Droit des marchés publics, Anm. III.230.1/3; Peyrical, in: M.T.P. 29 avril 1994, S. 54;
[319] Blanchard, in: C.J.E.G. mars 1991, n° 464, chr., S. 85 ff. (86);
[320] Art. 109 al. 2 bzw. 315 al. 2 C.M.P.; Dillemann, a. a. O., S. 27; Romeuf, a. a. O., Anm. D[7];
[321] Blanchard, in: C.J.E.G. mars 1991, n° 464, chr., S. 85 ff. (88 f.);
[322] vgl. Ziff. A.1 instruction du 29 déc. 1972 modifiée, in: Mogenet, a. a. O., S. 461 ff.;
[323] vgl. instruction du 26 déc. 1978, Application du cahier des clauses administratives générales applicables aux marchés publics de prestations intellectuelles, J.O. 9 janv. 1979, in: Mogenet, a. a. O., S. 457 f. (458);
[324] François, in: Rev.M.P. oct. - nov. 1989, n° 245, S. 63;

B. III. 2. 1. 3. 3. Marchés de définition

Der „marché de définition"[325] (Spezifizierungsauftrag) dient grundsätzlich dazu, die Zweckmäßigkeit und Durchführbarkeit des eigentlichen Auftrages, der im Anschluß vergeben wird, zu überprüfen (Art. 108 bzw. 314 C.M.P.). Dabei kann sich der Inhalt auf finanzielle Fragen, wie die geschätzten Kosten und ihre Eingrenzungsmöglichkeiten, die zu erwartenden Ziele und Leistungen, die zu verwendenden Basistechniken, das benötigte Personal und Material, die mögliche Aufgliederung der Aufträge in Phasen oder die Erstellung der „cahiers des charges" für den künftigen Auftrag erstrecken.[326] Jeder Vertragspartner im Rahmen eines „marché de définition" wird auf der Grundlage einer Pauschale entlohnt, die bereits in den Verdingungsunterlagen festgeschrieben und nicht revisibel[327] ist. Diese Entlohnung soll als Anregung dienen, die notwendigen Ressourcen aufzuwenden, um bessere Vorschläge zu erbringen. In der Regel liegt den „marchés de définition" eine „obligation de résultat" (Erfolgspflicht) zugrunde, da vom Auftraggeber verlangt wird, genau zu beschreiben, was von dem zu erstellenden Werk erwartet wird.[328]

Bei der Vergabe eines „marché de définition" sind zwei Fälle zu unterscheiden:[329]

Zunächst besteht die Möglichkeit, einen einzelnen „marché de définition" an ein Unternehmen zu vergeben und im Anschluß hieran ein neues Vergabeverfahren unter Beachtung sämtlicher Wettbewerbsvorschriften bezüglich des „Folgeauftrages" durchzuführen. Der Unternehmer des „marché de définition" ist damit nicht notwendigerweise derjenige des eigentlichen Auftrages.[330] Gerade wenn es sich um technische Hilfestellungen handelt, kann somit ein „marché de définition" mit einer Softwarefirma abgeschlossen werden, während hinsichtlich der eigentlichen Individualsoftwareerstellung andere Unternehmen in Konkurrenz zueinander gesetzt werden können.

Des weiteren können aber auch mehrere „marchés de définition" mit dem gleichen Inhalt an mehrere Unternehmen vergeben werden, wobei der weiterführende Auftrag ohne weitere förmliche Vergabe demjenigen erteilt werden kann, dessen Lösung als die beste angesehen worden ist. Dem Auftraggeber ist es dadurch möglich, in mini-

---

325 vgl. (ohne Verf.), La lettre du maire 7 mai 1986, n° 239, S. 7;

326 vgl. Art. 108 bzw. Art. 314 C.M.P.; François, in: Rev.M.P. oct. - nov. 1989, n° 245, S. 63; Peyrical, in: M.T.P. 29 avril 1994, S. 54; vgl. instruction du 26 déc. 1978, Application du cahier des clauses administratives générales applicables aux marchés publics de prestations intellectuelles, J.O. 9 janv. 1979, in: Mogenet, a. a. O., S. 457 ff. (458); Barcella/Bernard/Berbari, in: Rev.M.P. sept. - oct. 1991, n° 260, S. 35 ff. (36);

327 vgl. instruction du 10 nov. 1976 modifiée zu Art. 313 - 317 C.M.P., in: Mogenet, a. a. O., S. 466 ff.; vgl. instruction du 29 déc. 1972 modifiée par l'instruction du 7 mai 1984 zu Art. 106 - 111 C.M.P., in: Mogenet, a. a. O., S. 461 ff.; Romeuf, a. a. O., Anm. D[8];

328 Belva, Débats, in: A.D.P.E., Les marchés publics de prestations intellectuelles, S. 46 ff. (52);

329 vgl. C.C.M./I.C. A. 1-93: Recommandation relative à l'usage, en informatique, des appels d'offres sur performances et des marchés de définition, proposée par le Groupe permanent d'étude des marchés de traitement d'information, des matériels de communication et prestations connexes (G.P.E.M./I.C.), adoptée le 15 déc. 1993 par la section technique de la Commission centrale des marchés, B.O.C.C.R.F. 28 janv. 1994, S. 49 f.;

330 vgl. François, in: Rev.M.P. oct. - nov. 1989, n° 245, S. 63;

maler Zeit und mit relativ geringem Aufwand die für ihn beste Lösung zu erlangen.[331] Der Vorteil mehrerer inhaltsgleicher „marchés de définition“ liegt zudem darin, daß die Verwaltung die ihrer Ansicht nach besten Ergebnisse und Vorschläge kombinieren kann.[332]

In beiden vorgenannten Fällen ist es somit denkbar, daß sowohl die Entwurfs- und Planungsarbeiten bis hin zur Erstellung der Leistungsbeschreibung als auch der Realisierungsauftrag an einen Auftragnehmer vergeben werden. Dies bietet sich im Bereich der komplexen Individualsoftwareerstellung auch an, da hier die Planung bereits einen Teil der später zu entwickelnden Software darstellen wird, Ausschließlichkeitsrechte entstanden sein können und der Auftragnehmer bereits weitgehend mit den technischen und organisatorischen Randbedingungen vertraut ist. Dieses Vorgehen steht jedoch nicht mit den Grundprinzipien des Vergaberechts im Einklang, die ein Zusammenwirken in den einzelnen Stadien der Beschaffung aus Gründen der formalen Gleichheit nicht zulassen. So hat der Bieter, der mit der Planung bereits befaßt war, den Vorteil, daß er die einzelnen Gegebenheiten und Erfordernisse aufgrund seiner erworbenen Kenntnisse und Erfahrungen besser beurteilen und sein Vertragsangebot hierauf abstellen kann. Falls die Verdingungsunterlagen für andere Bieter nicht eindeutig oder mißverständlich sind, so kennt er die Anforderungen und weiß, was von der Verwaltung gewollt ist. Schließlich ist auch die Verwaltung ihrerseits auf den bereits bekannten Bieter fixiert.

Während im deutschen Recht wegen des Verstoßes gegen die Chancengleichheit bzw. das Diskriminierungsverbot des § 2 Ziff. 2 VOL/A der Bieter bei vorheriger Befassung mit Planungsaufgaben nicht mehr zum Wettbewerb um die Vergabe des Erstellungsauftrages zugelassen werden darf,[333] sieht man im französischen Recht den Gleichheits- und Wettbewerbsgrundsatz dann gewahrt, wenn die Verwaltung bei der Vergabe eines „marché de définition“ bereits in der Aufforderung zur Angebotsabgabe (avis d'appel public à la concurrence) angibt, ob der zukünftige Auftragnehmer auch an der eventuell sich anschließenden Realisierung des Projektes teilhaben kann oder nicht, und wenn vor Vergabe des beabsichtigten Folgeauftrages bei mehreren kombinierten „marchés de définition“ noch eine weitere Konsultation mit sämtlichen bisher Beteiligten unter Einhaltung der Verschwiegenheitspflicht durchgeführt wird.[334]

---

331 vgl. Art. 108 C.M.P. am Ende; vgl. C.C.M./I.C. A. 1-93: Recommandation relative à l'usage, en informatique, des appels d'offres sur performances et des marchés de définition, proposée par le Groupe permanent d'étude des marchés de traitement d'information, des matériels de communication et prestations connexes (G.P.E.M./I.C.), adoptée le 15 déc. 1993 par la section technique de la Commission centrale des marchés, B.O.C.C.R.F. 28 janv. 1994, S. 49 f.; François, in: Rev.M.P. oct. - nov. 1989, n° 245, S. 63;

332 François, in: Rev.M.P. oct. - nov. 1989, n° 245, S. 63;

333 Daub/Eberstein-Zdzieblo, a. a. O., § 8, Rdnr. 27; Noch, Vergaberecht kompakt, S. 121, 125; vgl. C.E. 29 juillet 1998, Garde des Sceaux, Ministre de la Justice c/Société «GENICORP», req. n° 177952, zitiert in: Rev.M.P. n° 4/1998, S. 25 f.: hier nahm ein Bieter bereits an einem „marché de définition“ teil und sodann am „marché d'exécution“; es hätte bereits im „règlement de consultation“ des „marché de définition“ angegeben werden müssen, ob die Beteiligung an dem Folgeauftrag zugelassen wird; alle Bieter hätten sodann hiervon informiert werden sowie ausreichende Zeit zur Angebotsabgabe erhalten müssen.

334 François, in: Rev.M.P. oct. - nov. 1989, n° 245, S. 63;

Nachdem der „marché de définition" bereits bei den Aufträgen im Bereich des Bauwesens geläufig ist und dort seine Wirksamkeit in einem Kontext bewiesen hat, welcher der Entwicklung auf dem Gebiet der Anwendersoftware ähnelt, wird die Inanspruchnahme der „marchés de définition" im Bereich der Informationstechnologie auch durch die G.P.E.M/I.C.[335] angeraten,[336] die in ihren Empfehlungen[337] sinngemäß ausführt:

'Die Verwaltungen sollen zur Festlegung ihrer Bedürfnisse, und damit zur Ausarbeitung ihrer „cahiers des charges", die Vergabe von „marchés de définition" in Betracht ziehen, um so zu vermeiden, daß zahlreiche förmliche Vergabeverfahren aufgrund der Verwendung nur von unpräzisen „cahiers des charges" nach der Anhörung der Kandidaten für ungültig erklärt werden müssen. Nur wenn die „cahiers des charges" hinreichend konkret formuliert sind, können entsprechende Angebote der Bieter hierzu abgegeben werden, so daß es bei der späteren Auftragsdurchführung nicht zu einem Zeitverlust und einer unbrauchbaren Endlösung kommt, die sehr teuer werden kann. Nur eine gute Spezifikation der Bedürfnisse erlaubt somit eine wirtschaftliche Ausführung und sichert eine geeignete EDV-Lösung.'

B. III. 2. 1. 3. 4. IT-Studien/IT-Konzepte

Im deutschen Recht finden sich in den zur Vergabe von Leistungen auf dem Gebiet der Informationstechnologie entsprechenden Verdingungsordnungen (VOL/VOF) keine ergänzenden Regelungen über entsprechende Studien- bzw. Spezifizierungsaufträge. Auch werden Verträge zur Planung von DV-Projekten in der EDV-Rechtsliteratur weitgehend vernachlässigt. Lediglich in den der Vergabe zugrunde liegenden Vertragsbedingungen wird auf die Erstellung von IT-Studien und IT-Konzepten Bezug genommen, und zwar bislang im Planungsschein der BVB-Planung.[338]

B. III. 2. 1. 4. Normung

Bei der Erstellung der Leistungsbeschreibung, und damit auch der Pflichtenhefte (cahiers des charges), kommt es vor allem im Hinblick auf eine spätere Objekti-

---

[335] vgl. Ziff. B.III.1.3.3; Abraham, in: Rev.M.P. janv. - févr. 1991, n° 255, S. 50 ff. (51); vgl. G.C.C.Q., Guide, Annexe 8, Ziff. 2, S. 69;

[336] vgl. C.C.M./I.C. A. 1-89: Recommandation relative à l'usage des appels d'offres avec concours et des marchés de définition, B.O.C.C.R.F. 29 juin 1989, S. 165 f., abrogé par C.C.M./I.C. A. 1-93: Recommandation relative à l'usage, en informatique, des appels d'offres sur performances et des marchés de définition, proposée par le Groupe permanent d'étude des marchés de traitement d'information, des matériels de communication et prestations connexes (G.P.E.M./I.C.), adoptée le 15 déc. 1993 par la section technique de la Commission centrale des marchés, B.O.C.C.R.F. 28 janv. 1994, S. 49 f.;

[337] vgl. C.C.M./I.C. A. 1-89: Recommandation relative à l'usage des appels d'offres avec concours et des marchés de définition, B.O.C.C.R.F. 29 juin 1989, S. 165 f.; C.C.M./I.C. A. 1-93: Recommandation relative à l'usage, en informatique, des appels d'offres sur performances et des marchés de définition, proposée par le Groupe permanent d'étude des marchés de traitement d'information, des matériels de communication et prestations connexes (G.P.E.M./I.C.), adoptée le 15 déc. 1993 par la section technique de la Commission centrale des marchés, B.O.C.C.R.F. 28 janv. 1994, S. 49 f.;

[338] vgl. Müller-Hengstenberg, BVB-Computersoftware, S. 333 ff.; vgl. auch: EVB-IT-Erstellungsschein (IT-Studien/IT-Konzepte), Entwurf, Stand: 24.02.1998;

vierung und Vergleichbarkeit der Angebote[339] darauf an, möglichst einheitliche technische oder funktionale Vorgaben festzulegen. Dies wird um so bedeutsamer, wenn die Aufträge auch EG-weit ausgeschrieben werden sollen. Eine solche Möglichkeit der Harmonisierung der Vorgaben stellt die Normung auf dem Gebiet der Informationstechnologie dar.

Unter „Norm" versteht man eine technische Spezifikation, die von einer anerkannten Normenorganisation zur wiederholten oder ständigen Anwendung gebilligt worden, deren Einhaltung jedoch nicht zwingend vorgeschrieben ist.[340] Eine „technische Spezifikation" stellt ihrerseits die Spezifikation dar, die in einem Schriftstück enthalten ist, das Merkmale eines Erzeugnisses, wie Qualitätsstufen, Gebrauchstauglichkeit, Sicherheit oder Abmessungen einschließlich Vorschriften für das Erzeugnis hinsichtlich Terminologie, Bildzeichen, Prüfungen und Prüfverfahren, Verpackung, Kennzeichnung und Beschriftung vorschreibt.[341]

Die Normung führt durch die einheitliche Vorgabe der Funktionalitäten zu mehr Wettbewerb unter den Anbietern und für die Beschaffer zu einer geringeren Bindung an die einzelnen Unternehmen. Folge hiervon können verstärkt Kostensenkungen, mehr Markttransparenz und höhere Leistungsmerkmale wie Qualität, Sicherheit[342] und vor allem Kompatibilität (Verträglichkeit der beschafften Produkte untereinander und mit separat beschafften Systemen) sein. Insbesondere Normen für offene Systeme[343] beschreiben eine vorgegebene Funktionalität, zu der jeder Hersteller ein passendes Produkt entwickeln und vermarkten kann,[344] wodurch ein offener Informationsaustausch ermöglicht wird.

Art. 75 al. 2 bzw. Art. 272 al. 2 C.M.P. bestimmen ausdrücklich, daß die Leistungen durch Bezugnahme auf „normes homologuées" (amtlich bestätigte Normen) oder andere Normen, die aufgrund internationaler Abkommen in Frankreich Anwendung

---

339 Rocfort, in: Rev.M.P. janv. - févr. 1992, n° 263, S. 23 ff. (25);
340 vgl. Art. 1 Ziff. 3 des Beschlusses 87/95/EWG des Rates vom 22.12.1986 über die Normung auf dem Gebiet der Informationstechnologie und der Telekommunikation (ABl. EG Nr. L 36 vom 07.02.1987, S. 31);
341 vgl. Art. 1 Ziff. 1 des Beschlusses 87/95/EWG des Rates vom 22.12.1986 über die Normung auf dem Gebiet der Informationstechnologie und der Telekommunikation (ABl. EG Nr. L 36 vom 07.02.1987, S. 31);
342 Cloix, a. a. O., S. 21;
343 Ein offenes System basiert auf einem umfassenden Satz von Schnittstellen, Diensten und unterstützenden Formaten, die durch Standards und Profile der Informationstechnologie definiert werden sowie Benutzeraspekten, um das Zusammenwirken oder die Übertragbarkeit von Anwendungen, Daten oder den flexiblen Einsatz von Menschen zu ermöglichen, vgl. Heppner, a. a. O., S. 45, Rdnr. 17;
344 vgl. Bundesministerium des Innern, EPHOS, Leitfaden zum Handbuch, S. 5;

finden, bestimmt werden.[345] § 8 Ziff. 3 Abs. 2 VOL/A hingegen bietet für Vergaben unterhalb der EG-Schwellenwerte grundsätzlich nur die Möglichkeit, nicht aber die Pflicht, auf einschlägige Normen Bezug zu nehmen. Für Vergaben oberhalb der EG-Schwellenwerte findet sich in § 8 a Ziff. 1 VOL/A[346] die Regelung, daß bei der Beschreibung der Leistung die technischen Anforderungen in den Verdingungsunterlagen unter Bezugnahme auf europäische Spezifikationen festzulegen sind; hierunter fallen die in innerstaatliche Normen übernommenen europäischen Normen, europäische technische Zulassungen und gemeinsame technische Spezifikationen. Die Ausnahmen von dieser Verpflichtung ergeben sich aus § 8 a Ziff. 2 VOL/A.

Gerade im Bereich der Informationstechnologie besteht jedoch - vorwiegend aufgrund des stark evolutorischen Charakters - ein Mangel an Einheitlichkeit der in der Europäischen Union bestehenden technischen Normen.[347]

B. III. 2. 1. 4. 1. Beschluß 87/95/EWG

Zu beachten ist ferner der Beschluß 87/95/EWG,[348] welcher nach Art. 3 Abs. 2, 1. Teilstrich für Normen im Bereich der Informationstechnologie im Sinne des Art. 5 des Beschlusses gilt.

Art. 5 Abs. 1 des Beschlusses 87/95/EWG bestimmt, daß in Anbetracht der unterschiedlichen nationalen Verfahren die Mitgliedstaaten die erforderlichen Maßnahmen ergreifen, um sicherzustellen, daß bei öffentlichen Lieferaufträgen auf dem Gebiet der Informationstechnik auf europäische Normen (EN) und europäischen Vornormen (ENV) nach Artikel 2 Buchstabe b, sowie auf internationale Normen dann, wenn diese im Land des Auftraggebers übernommen worden sind, Bezug genommen wird, so daß diese Normen bei der Übermittlung und dem Austausch von Informationen und Daten und für die Kompatibilität der Systeme zugrunde gelegt werden können. Nach Art. 5 Abs. 3 des Beschlusses ist die Verwendung anderer, in diesem Be-

---

[345] vgl. Goossens, in: Rev.M.P. 1995, n° 1, S. 48 ff. (50): „ La référence aux normes françaises homologuées est obligatoire, ..., pour toutes les entités soumises aux dispositions des livres II et III du Code des marchés publics“ (vgl. décret n° 86-450 du 13 mars 1986); als Ausnahmen hiervon nennt Art. 18 du décret n° 84-74 du 26 janvier 1984 in der Fassung des décret n° 93-1235 du 15 nov. 1993 beispielsweise innovatorische Projektteile oder die Wahrung der Kontinuität bestehender Systeme; vgl. auch Vivant/Le Stanc u. a., Lamy, Droit de l'informatique, n° 1368: eine Bezugnahme auf Normen ist dann nicht zwingend, wenn diese technisch inadäquat oder nicht vorhanden bzw. im Hinblick auf das Kosten-/Nutzen-Verhältnis nicht opportun sind; vgl. circulaire du 5 juillet 1994, référence aux normes dans les marchés publics contrats soumis à certaines procédures communautaires, J.O. 26 août 1994;

[346] Art. 8 der Lieferkoordinierungsrichtlinie 93/36/EWG vom 14.06.1993, ABl. EG Nr. L 199/1 vom 09.08.1993, hat die Beschaffer von Produkten generell zur Bezugnahme auf europäische oder internationale Normen verpflichtet;

[347] Müglich, in: CR 1997, S. 453 ff. (458); Die EU-Kommission hat eine Empfehlung über die Verwendung des Gemeinsamen Vokabulars für die Beschreibung des Auftragsgegenstandes bei öffentlichen Aufträgen verabschiedet (CPV); ABl. EG Nr. S 169 vom 03.09.1996;

[348] Beschluß des Rates vom 22.12.86 über die Normung auf dem Gebiet der Informationstechnologie und der Telekommunikation 87/95/EWG (ABl. EG Nr. L 36 vom 07.02.1987, S. 31); dieser Beschluß ist an die Mitgliedstaaten gerichtet und gilt somit unmittelbar, ohne daß er durch nationale Vorschriften umgesetzt werden muß (vgl. Bundesministerium des Innern, EPHOS, Leitfaden zum Handbuch, S. 5);

schluß nicht vorgesehener Normen und Spezifikationen nur dann gerechtfertigt, wenn entweder ein kontinuierlicher Betrieb im Falle bereits vorhandener Systeme notwendig ist, das bestimmte Vorhaben eine wirkliche Neuerung mit sich bringt, die Norm oder funktionelle Spezifikation für ihren Zweck keine hinreichende technische Eignung aufweist oder wichtige wirtschaftliche Gründe vorliegen.

B. III. 2. 1. 4. 2. EPHOS

Eine Hilfe im Bereich der Normung stellt ferner das Europäische Beschaffungshandbuch für offene Systeme (EPHOS)[349] dar, welches gemeinschaftlich von den Mitgliedstaaten der EG erstellt worden ist und von der EG-Kommission unterstützt wird.[350] Offene Systeme führen zu einer weitestgehenden Herstellerunabhängigkeit, was sowohl dem Schutz neuer Investitionen dient als auch zu mehr Wettbewerb zwischen vergleichbaren Produkten und Dienstleistungen führt. Durch EPHOS sollen öffentliche Beschaffer im IT-Bereich ihren Bedarf mittels Normen präzise formulieren können, um so ihre speziellen fachlichen Anforderungen, soweit möglich, mit Hilfe von offenen Systemen zu realisieren.[351] Ferner unterstützt EPHOS sämtliche Beteiligte des IT-Marktes (öffentliche Verwaltung, private Unternehmen, IT-Hersteller und Dienstleister) bei der Umsetzung der rechtlichen Anforderungen und der Überlegung, daß getrennt beschaffte Systeme miteinander - durch Angleichung der Spezifikationen - verträglich (interoperabel) sein sollen. EPHOS findet daher sowohl dann Anwendung, wenn ein System durch die Verwaltung selbst betrieben wird als auch dann, wenn IT-Dienstleistungen vollständig einem eigenständigen Unternehmen übertragen werden sollen.

EPHOS dient somit zum einen als Leitfaden hinsichtlich technischer Spezifikationen und zum anderen als Formulierungshilfe bei der Erstellung der Ausschreibungsunterlagen durch Bereitstellung von vorformulierten Spezifikationstexten, die unmittelbar übernommen werden können.

B. III. 2. 2. Vertragsgestaltung

Inhaltlich in engem Zusammenhang mit den einzelnen zu vergebenden Leistungen bzw. die dem jeweiligen Beschaffungsvorgang zugrunde gelegten Anwenderforderungen stehen die hierauf bezogenen Vertragsbedingungen, aus welchen sich die Rechte und Pflichten der Vertragsparteien, insbesondere im Hinblick auf Gewährleistung, Nutzungsrechte, künftige optionale Leistungen etc. ergeben. Neben den

---

349 EPHOS = European Procurement Handbook for Open Systems; offene Systeme sind solche Systeme, die Normen verwenden, um den gemeinsamen Betrieb von getrennt beschafften und bei unterschiedlichen Lieferanten bezogenen Lösungen für beliebige IT-Aufgaben zu ermöglichen;

350 Bundesministerium des Innern, EPHOS, Leitfaden zum Handbuch, S. 3;

351 Weitere Standardisierungsversuche werden EG-weit durch die EG-Kommission im Rahmen des Projekts „EUROMETHOD" unternommen; dieses dient der besseren Verständigung zwischen Käufer und Lieferant sowie der präziseren Ausarbeitung der Pflichtenhefte durch Angleichung der unterschiedlichen methodischen Vorgehensweisen in Europa, wie Merise in Frankreich oder das V-Modell in Deutschland, vgl. Rocfort, in: Rev.M.P. oct. 94, n° 284, S. 50 f.; vgl. hierzu: ferner G.P.E.M/I.C. u. a., Euromethode, S. 1 ff.;

allgemeinen Vertragsbedingungen, die in Frankreich zum Teil im C.M.P.[352] und in Deutschland in Teil B der VOL geregelt sind, können weitere Vertragsbedingungen zum Inhalt der Verdingungsunterlagen gemacht werden.

Im französischen Recht verweisen die Art. 112, 113 bzw. 318, 318 bis C.M.P. hinsichtlich der Durchführung und inhaltlichen Gestaltung der öffentlichen Aufträge auf die „cahiers des charges" (Pflichtenhefte), die von der „Commission centrale des marchés" (C.C.M.) entwickelt werden,[353] und die man - abgesehen vom eigentlichen Vertragsblatt (acte d'engagement) - nach allgemeinen (C.C.A.G./C.C.T.G.)[354] und speziellen (C.C.A.P./C.C.T.P.)[355] Vertragsbedingungen unterteilt. Zu beachten ist, daß immer nur ein „cahier des clauses administratives générales" (C.C.A.G.) durch expliziten Hinweis hierauf im „acte d'engagement" oder im „cahier des clauses administratives particulières" (C.C.A.P.) zur Vertragsgrundlage des jeweiligen öffentlichen Auftrages gemacht werden kann.[356]

Dem öffentlichen Auftraggeber in Deutschland stehen derzeit die noch geltenden „Besonderen Vertragsbedingungen der öffentlichen Hand" (BVB)[357] zur Verfügung, welche eigentlich „Ergänzende Vertragsbedingungen" im Sinne des § 9 Ziff. 3 Abs. 2 Satz 1 VOL/A darstellen, also die besonderen Erfordernisse einer Gruppe gleichgelagerter Fälle regeln. Zu beachten ist, daß diese BVB keinen allgemein anerkannten Standard darstellen[358] und daher nach der Rechtsprechung des BGH nicht als ausgewogen im Sinne einer Entlastung von der AGB-Kontrolle[359] zu bezeichnen sind. Diese BVB stehen unmittelbar vor ihrer Ablösung durch die „Ergänzenden

---

352 z. B. Art. 125 ff. C.M.P. zur Sicherheitsleistung;

353 Zuständig hierfür ist im Rahmen der C.C.M. zum einen die allgemeine Verwaltungsabteilung, welche für die Weiterentwicklung und Verbesserung der Vorschriften über öffentliche Aufträge und damit für die rechtliche und organisatorische Gestaltung des öffentlichen Auftragswesens in Frankreich zuständig ist, insbesondere durch die Schaffung der C.C.A.G. (Art. 5 C.M.P.), und zum anderen die technische Abteilung, welche hauptsächlich eine Reduzierung der Typenvielfalt und damit Vereinheitlichung und Rationalisierung bei der öffentlichen Beschaffung durch die Erarbeitung von technischen Richtlinien mit Unterstützung durch die G.P.E.M/I.C. zu erreichen versucht, die in die C.C.T.G. eingehen (Art. 12 C.M.P.).

354 C.C.A.G. (cahier des clauses administratives générales): allgemeine Verwaltungsvorschriften, die auf eine bestimmte Kategorie von Aufträgen anwendbar sind; C.C.T.G. (cahier des clauses techniques générales): allgemeine technische Vorschriften, die auf alle Leistungen einer bestimmten Art anwendbar sind;

355 C.C.A.P. (cahier des clauses administratives particulières): besondere Verwaltungsvorschriften, die die Bedingungen des jeweiligen Auftrages festschreiben; C.C.T.P. (cahier des clauses techniques particulières): technische Richtlinien, die zur Ausführung des konkreten Auftrags vonnöten sind;

356 vgl. Art. 1er C.C.A.G.-F.C.S., Art. 1er C.C.A.G.-M.I., Art. 1er C.C.A.G.-P.I.; Belva, Débats, in: A.D.P.E., Les marchés publics de prestations intellectuelles, S. 46 ff. (50); Lenoir, in: Rev.M.P. 1984, n° 202, S. 17 ff. (18); Vedel/Delvolvé, a. a. O., Rdnr. 992; Lenoir, in: Rev.M.P. janv. - févr. 1987, n° 223, S. 41; Flash, Achats Publics oct. 95, n° 26, S. 19 f. (20); Guibal/Rapp, a. a. O., Rdnr. 506;

357 vgl. Hentschel, in: CR 1989, S. 568: Es handelt sich hierbei um Beschaffungsrichtlinien i. S. d. § 55 Abs. 2 BHO. Welche Bestimmungen als einheitliche Richtlinien i. S. d. § 55 Abs. 2 BHO anzuwenden sind, ergibt sich aus der „Vorläufigen Verwaltungsvorschrift zur BHO (Vorl. VV-BHO); vgl. Heussen/Seidel, a. a. O., S. 26: Sie sind das Ergebnis jahrelanger Detailarbeiten, an denen sich sowohl die öffentliche Hand als auch die großen Computerhersteller und Softwareproduzenten beteiligt haben;

358 BGHZ 113, S. 55;

359 BGH CR 1991, S. 273; BGH CR 1997, S. 476; Hoene, in: CR 1998, S. 567; a. A. Müller-Hengstenberg, BVB-Computersoftware, S. 17; Gessert, in: ÖVD 1973, S. 29 ff. (30);

Vertragsbedingungen für IT-Leistungen" (EVB-IT).[360] Hintergrund hierfür ist, daß die BVB das heutige Leistungsspektrum nicht mehr widerspiegeln und daher nicht mehr zu angemessenen Lösungen herangezogen werden können.[361] Insbesondere in technologischer, rechtlicher und vertrieblicher Hinsicht hat sich vieles gerade aufgrund weltweit verbundener Informations- und Kommunikationstechnologie (anstelle einfacher Rechenzentrumsbetriebe) geändert.[362] Leistungsarten, die den derzeitigen Marktgegebenheiten (Outsourcing, Consultingverträge) entsprächen, sind nicht in den Regelungswerken vorhanden.[363] Die BVB sind ohne Vorerfahrung entstanden und basierten auf einer IT-Umgebung, in der die Hardware dominierte.[364] Fraglich ist auch, ob überhaupt noch gesonderte Regelungswerke für Kauf, Miete, Instandhaltung und Pflege benötigt werden, da Besonderheiten heutzutage nur noch im Bereich von IT-Produkten auftreten, die durch eine intensive Kooperation über einen längeren Zeitraum hinweg, erhöhte Risiken im Hinblick auf die technische Machbarkeit, Unsicherheiten bei der Aufwandskalkulation und eine dynamische Leistungsdefinition gekennzeichnet sind.[365] Andererseits verfügen viele Vorschriften in der BVB über ausführlichere Regelungen als in den Entwürfen der EVB-IT[366] vorgesehen ist, so daß sich die Frage stellt, warum diese vollständig ersetzt werden sollen.[367]

Auch in Deutschland gelten für einen Auftrag die BVB bzw. EVB-IT sowie weitere zusätzliche Vertragsklauseln nur, wenn diese durch ausdrückliche oder bezugnehmende Vereinbarung im Vertrag einbezogen worden sind.[368]

Während in Deutschland eine Einordnung der Vertragsbedingungen nach einzelnen Vertragstypen (Miete, Kauf etc.) bzw. Vertragsgegenständen (Systembeschaffung, Softwareerstellung, Pflege, Instandhaltung) erfolgt, wird in Frankreich zum einen nach standardisierten Leistungen (Lieferung von Standardsoftware, Lieferung von Hardware etc.) und zum anderen nach im vornherein nicht genau konkretisierbaren - meist geistigen - Leistungen (Individualsoftwareerstellung) unterschieden. Wenn mehrere verschiedenartige Leistungen im Raum stehen, ist der Ausgabenanteil je Leistungsposten zu ermitteln und dasjenige Pflichtenheft zugrunde zu legen, welches die Leistungen mit den höchsten geschätzten Kosten umfaßt.[369] Bei inhaltlichen Überschneidungen steht es der Verwaltung ferner offen, entsprechende Regelungen eines anderen C.C.A.G. in dem C.C.A.P. des konkreten Auftrages zu integrieren oder Artikel, die nicht in Bezug zum Auftrag/Vertragsobjekt stehen, auszulassen.[370]

---

[360] Entwurf, Stand: 24.02.1998;
[361] Müglich, in: CR 1996, S. 129;
[362] Müller-Hengstenberg, in: CR 1996, S. 441;
[363] Müller-Hengstenberg, in: CR 1998, S. 708 f. (709);
[364] Heussen, in: CR 1996, S. 692 ff. (693);
[365] Hoene, in: CR 1998, S. 567 ff. (568);
[366] Stand 24.02.1998;
[367] Müller-Hengstenberg, in: CR 1998, S. 708 f. (709);
[368] vgl. Ziff. 1.2 Leitfaden EVB-IT, Entwurf, Stand: 24.02.1998; Müller-Hengstenberg, BVB-Computersoftware, S. 23;
[369] Flash, Achats Publics oct. 95, n° 26, S. 19 f. (20);
[370] Lenoir, in: Rev.M.P. 1984, n° 202, S. 17 ff. (18); Ministère du Budget, a. a. O., S. 37;

Eine Zusammenfassung von verschiedenen Leistungsarten in einem Musterwerk, wie in Frankreich, ist aus wettbewerbspolitischer Sicht nachteilig, da dies der Vielfalt der Marktanbieter nicht gerecht wird und Globalanbieter bevorzugt.[371] Der Vorteil der Einordnung im französischen Recht liegt aber darin, daß einerseits weniger Vertragsbedingungen geschaffen werden müssen und andererseits eine Unabhängigkeit von Einzelvertragstypen gewährleistet ist. Annäherungen an die französische Lösung sind im deutschen Recht insoweit beabsichtigt, als beispielsweise die neuen EVB-IT-Kauf[372] eine Zusammenfassung der BVB-Kauf (Lieferung von Hardware) und BVB-DV-Überlassung (Überlassung von Standardsoftware) vorsehen und die EVB-IT-Erstellung[373] sowohl die BVB-Planung als auch die BVB-Erstellung umfassen sollen.[374] Insbesondere werden auch die einzelnen Vertragstypen im deutschen Recht nicht den ihnen zugrunde liegenden Anforderungen gerecht, da weder der Erwerb von Software-Lizenzen (durch das häufige Hinzutreten von Pflegeleistungen) noch die Entwicklung von Individualsoftware punktuelle Rechtsgeschäfte darstellen, auf die die Regelungen des Kauf- oder Werkvertrages ohne weiteres Anwendung finden können.[375]

Dieser Einordnung nach französischem Recht soll im weiteren gefolgt werden, da sie der Problemstellung der Arbeit entspricht.

B. III. 2. 2. 1. Abdingbarkeit der Vertragsbedingungen

In Frankreich können die Standardvertragsbedingungen entweder akzeptiert oder zurückgewiesen werden.[376] Für staatliche Aufträge (Buch II C.M.P.) ist die Bezugnahme auf ein C.C.A.G. verpflichtend, nicht hingegen für Aufträge der Gebietskörperschaften (Buch III C.M.P.).[377] Aus Art. 112 C.M.P. folgt jedoch auch für staatliche Aufträge die Möglichkeit der Derogation von einzelnen Klauseln.[378] Zu beachten ist, daß nur diejenigen Klauseln derogationsfähig sind, die nicht aus Gesetzes- oder Verordnungstexten abgeleitet sind.[379] Insoweit somit kein Modelltyp C.C.A.G./C.C.T.G. Anwendung finden soll, können in den besonderen Vertragsbedingungen völlig eigenständige Regelungen vereinbart oder nur teilweise die C.C.A.G./C.C.T.G. zur Grundlage der Vergabe gemacht werden, wobei in diesem Fall die Klauseln angegeben werden müssen, die derogiert werden.[380] Dies wird in der Praxis auch angewandt, insbesondere dort wo es nützlich erscheint, Klauseln

371 Müller-Hengstenberg, in: CR 1996, S. 441 ff. (442);
372 Entwurf, Stand: 24.02.1998;
373 Entwurf, Stand: 24.02.1998;
374 Müller-Hengstenberg, in: CR 1996, S. 441 ff. (442);
375 vgl. Schneider, a. a. O., Anm. D, Rdnrn. 48 f.;
376 Lindner, a. a. O., S. 42; Vivant/Le Stanc u. a., Lamy, Droit de l'informatique, n° 1432: „référence à un des quatre C.C.A.G. n'étant pas une obligation";
377 Flash, Achats Publics oct. 95, n° 26, S. 19 f. (20); Lindner, a. a. O., S. 43;
378 vgl. Vivant/Le Stanc u. a., Lamy, Droit de l'informatique, n° 1370;
379 Moderne, Les dérogations aux textes-type en matière de marchés publics, in: A.D.P.E., Réglementation et pratique des marchés publics, S. 58 ff. (72 f.);
380 Guibal, Code des marchés publics, Réglementation française, Komm. zu Art. 39 C.M.P., S. I.2/5; vgl. J.O., Débats parlementaires, Sénat, n° 45 (Q), 16 nov. 1995, S. 2161;

einzufügen, z. B. bezüglich der Eigentums- und Nutzungsrechte an Computersoftware (propriété et droit d'usage des logiciels ou progiciels).[381]

Nachdem in Deutschland die BVB Dienst- bzw. Verwaltungsanweisungen darstellen, zu deren Befolgung die Bediensteten der öffentlichen Hand nach § 37 BBRG bzw. § 55 Satz 2 BBG verpflichtet sind, müssen inhaltliche Abweichungen dem Bundesrechnungshof gegenüber begründet werden[382] und sind nur möglich, soweit die BVB (EVB-IT) dies selbst zulassen[383] oder soweit der konkrete Beschaffungsfall sachlich nicht mit der im jeweiligen BVB (EVB-IT)-Vertragstyp geregelten Interessenlage übereinstimmt oder die Anwendung aus besonderen Gründen nicht gerechtfertigt ist.[384]

Gemäß den Bestimmungen im Leitfaden EVB-IT[385] kann insbesondere von der Anwendung der Vertragsbedingungen ganz Abstand genommen werden, wenn für die Leistung aus besonderen Gründen (z. B. besondere Erfahrungen und Einrichtungen, Zuverlässigkeit, bestimmte Ausführungsarten) nur ein Unternehmen in Betracht kommt und dieses Unternehmen nicht oder nur gegen Zahlung eines höheren Preises bereit ist, die EVB-IT als Vertragsgrundlage vollständig oder teilweise anzuerkennen und hierdurch die Beschaffung insgesamt unwirtschaftlich wird. Ein Verzicht ist auch bei der Beschaffung von Verbrauchsmaterial (z. B. Datenträgern) möglich oder wenn der Auftragswert entweder bei Vereinbarung einer Einmalvergütung den Höchstwert gemäß § 3 Ziff. 4 p) VOL/A nicht übersteigt oder bei Vereinbarung periodischer Vergütung - bezogen auf 1 Jahr - unter 20% dieses Betrages liegt.[386]

Nach einem Überblick, welche Vertragsbedingungen hinsichtlich der einzelnen IT-Beschaffungen Anwendung finden können, wird in einem sich anschließenden knappen problemorientierten Vergleich aufgezeigt, welche Regelungen hinsichtlich der Mitwirkungspflichten der Vertragsparteien im französischen und deutschen Recht getroffen wurden. Die im Bereich der Softwareerstellung relevanten Vertragsbedingungen für Leistungsänderungen werden in einem eigenständigen Kapitel[387] behandelt.

---

381 Ministère du Budget, a. a. O., S. 37;
382 Müller-Hengstenberg, BVB-Computersoftware, S. 23;
383 Müller-Hengstenberg, BVB-Computersoftware, S. 23;
384 vgl. Ziff. 1.3.3 Leitfaden EVB-IT, Entwurf, Stand: 24.02.1998;
385 Entwurf, Stand: 24.02.1998;
386 vgl. Ziff. 1.3.2 Leitfaden EVB-IT, Entwurf, Stand: 24.02.1998; Müglich, in: CR 1996, S. 129 ff. (130);
387 vgl. Ziff. B.III.6;

B. III. 2. 2. 2. Lieferung von Standardprodukten

B. III. 2. 2. 2. 1. C.C.A.G.-F.C.S./C.C.A.G.-M.I.

Für die Lieferung von Standardprodukten steht in Frankreich zunächst das „C.C.A.G. - Fournitures courantes et services" (C.C.A.G.-F.C.S.)[388] zur Verfügung. Dieses C.C.A.G. ist allgemein auf standardisierte Liefer- sowie Dienstleistungen anwendbar, die weniger komplex sind, entsprechend den vorgegebenen technischen Spezifikationen realisiert werden können, nicht anwenderbezogen sind und deren Preise sich aus Katalogen oder Tabellen entnehmen lassen.[389]

Für den Bereich der Informatik wurde ein eigenes Kapitel VII in das C.C.A.G.-F.C.S. eingefügt:[390] „Stipulations spéciales aux marchés d'informatique ou de bureautique" (Art. 36 bis 56 C.C.A.G.-F.C.S.).[391] Entsprechend den Bestimmungen des Kommentars zu Art. 36 C.C.A.G.-F.C.S. werden hiervon die Lieferung oder Bereitstellung von Hardware mit Basissoftware oder Büro-EDV, deren Wartung bzw. Pflege und gegebenenfalls die Lieferung von Annex-Leistungen umfaßt, wobei unter Annex-Leistungen insbesondere die Nutzungsrechtsübertragung an der Standardsoftware, die Pflege der Standardsoftware, die Lieferung von Dokumentation, Disketten, Papier etc., die Lieferung von Vorabversionen der Anwenderprogramme zu Versuchszwecken und technischer Beistand oder Personalschulung zu verstehen sind. Aufgrund des anderen systematischen Ansatzpunktes im französischen Recht kommt es nicht darauf an, ob es sich hierbei um Kauf oder Miete bzw. Leasing handelt.[392]

Was Kapitel VII des C.C.A.G.-F.C.S. anbelangt, so ist grundsätzlich dessen ausdrückliche Einbeziehung in die Vertragsbedingungen nach Art. 36 C.C.A.G.-F.C.S. erforderlich.[393] Liegt der Betrag der Lieferleistung für Hardware oder Büro-EDV jedoch unterhalb eines Betrages von 140.000,00 FF T.T.C., kann wahlweise auch auf die allgemeinen Bestimmungen des C.C.A.G.-F.C.S. zurückgegriffen werden.

---

388 J.O. brochure n° 2014; approuvé par décret n° 77-699 du 27 mai 1977 modifié, J.O. 3 juillet 1977 et rectificatif au J.O. 10 août 1977;

389 J.O. brochure n° 2016, Komm. zu Art. 1er C.C.A.G.-M.I.; Laik, a. a. O., S. 22; Vivant/Le Stanc u. a., Lamy, Droit de l'informatique, n° 1369, 1429;

390 vgl. décret n° 86-619 du 14 mars 1986 portant approbation du chapitre VII du cahier des clauses administratives générales applicables aux marchés publics de fournitures courantes et de services, J.O. 20 mars 1986, S. 4704; Hintergrund hierfür war die beabsichtigte Zuweisung an das C.C.A.G.-F.C.S. und die Vermeidung der Schaffung eines neuen C.C.A.G., vgl. Vivant/Le Stanc u. a., Lamy, Droit de l'informatique, n° 1372;

391 Ursprünglich wurde im Bereich der IT-Beschaffung auf das C.C.A.G.-M.I. mit seinem CPC (cahier des prescriptions cummunes), also den allgemeinen Beschreibungen für DV-Materialien, zurückgegriffen. In den Jahren 1967 und 1976 wurden diese Beschreibungen jeweils sukzessive an die Erfordernisse des Informatiksektors angepaßt. Seit 1982 bestand insoweit ein Revisionsbedarf, als der Anwendungsbereich der IT-Beschaffung immer mehr standardisierte Lieferleistungen als Industrieaufträge umfaßte und sich so das C.C.A.G.-M.I. immer weniger rechtfertigte. Im Jahre 1986 wurde daher mittels décret n° 86-619 du 14 mars 1986 portant approbation du chapitre VII du cahier des clauses administratives générales applicables aux marchés publics de fournitures courantes et de services, J.O. 20 mars 1986, S. 4704, das Kapitel VII eingefügt und die CPC abgeschafft, vgl. De Lamberterie, in: Rev.M.P. juillet - août 1987, n° 227, S. 17; Lenoir, in: Rev.M.P. 1984, n° 202, S. 17 ff. (18);

392 vgl. J.O. brochure n° 2014, Komm. zu Art. 36 C.C.A.G.-F.C.S.;

393 De Lamberterie, in: Rev.M.P. juillet - août 1987, n° 227, S. 17;

Dies gilt unter zusätzlicher Bezugnahme auf Art. 40 C.C.A.G.-F.C.S. (progiciels) auch für separate Nutzungsrechtsübertragungen oder Pflegeleistungen im Hinblick auf Standardsoftware.[394] Für alle anderen Annex-Leistungen genügt die Bezugnahme auf die Bestimmungen des C.C.A.G.-F.C.S..

Des weiteren kann bei standardisierten Liefer- und Dienstleistungen das „C.C.A.G. - Marchés publics industriels" (C.C.A.G.-M.I.)[395] zur Anwendung kommen. Dieses ist anwendbar, wenn es sich um die Lieferung von Hardware handelt, welche auf einem Kostenvoranschlag der Industrie beruht und im Wege der industriellen Fertigung anhand der Spezifikationen des öffentlichen Auftraggebers unter Aufsicht vor Ort durch einen Bevollmächtigten desselben angefertigt wird.[396] Auch unterliegen der Anwendung dieses C.C.A.G. Studienaufträge, die der Schaffung von industriellen Prototypen dienen.[397]

B. III. 2. 2. 2. 2. BVB/EVB-IT

Im deutschen Recht stehen für die Beschaffung von DV-Anlagen und DV-Geräten bislang die Bedingungen der BVB-Miete,[398] BVB-Kauf[399] und BVB-Wartung[400] zur Verfügung sowie für den Erwerb von bereits erstellter Computersoftware, mithin Betriebs- oder Standardsoftware, die BVB-DV-Programmüberlassung.[401] Hinzu kommen die BVB-Pflege.[402] Der Geltungsbereich der BVB-DV-Programmüberlassung und der BVB-Miete bzw. BVB-Kauf, die auf die Beschaffung von Hardware abstellen, überschneiden sich dabei teilweise. So ist die „Grundsoftware" Bestandteil der Hardware nach § 1 BVB-Miete bzw. BVB-Kauf. Auch systemnahe Software und Standardsoftware kann bereits im entsprechenden Miet- oder Kaufschein vereinbart werden. Zu beachten ist, daß die BVB zwischen „Grundsoftware" und „systemnaher Software" unterscheiden, obwohl üblicherweise Begriffe wie Betriebssysteme, Dienstprogramme, Systemsteuerungsprogramme oder Anwendungsprogramme verwendet werden, die keine Aussage über die „Hardware-Nähe" treffen.[403] Dies bringt für den öffentlichen Auftraggeber Abgrenzungsschwierigkeiten mit sich.

Nach den zukünftigen Regelungen sollen die Beschaffung von reinen Standardprodukten den EVB-IT-Kauf, EVB-IT-Miete, EVB-IT-Instandhaltung oder EVB-IT-Pflege unterliegen. In Ziff. 1.1 der EVB-IT-Kauf[404] wird dabei geregelt, daß die zu liefernde Hardware und Software eine einheitliche Leistung bilden, soweit nichts anderes

---

[394] vgl. J.O. brochure n° 2014, Komm. zu Art. 36 C.C.A.G.-F.C.S.;
[395] J.O. brochure n° 2016, approuvé par le décret n° 80-809 du 14 oct. 1980 modifié, J.O. 16 oct. 1980;
[396] Vivant/Le Stanc u. a., Lamy, Droit de l'informatique, n° 1369; vgl. J.O. brochure n° 2016, Komm. zu Art. 1er C.C.A.G.-M.I.;
[397] J.O. brochure n° 2014, Komm. zu Art. 36 C.C.A.G.-F.C.S.; J.O. brochure n° 2016, Komm. zu Art. 1er C.C.A.G.-M.I.;
[398] GMBl. Nr. 3 vom 02.02.1973, S. 30 ff., Beilage Nr. 2/73 zum BAnz. Nr. 23 vom 02.02.1973;
[399] GMBl. Nr. 19 vom 25.07.1974, S. 327 ff., Beilage Nr. 15/74 zum BAnz. Nr. 135 vom 25.07.1974;
[400] GMBl. Nr. 19 vom 25.07.1974, S. 351 ff., Beilage Nr. 15/74 zum BAnz. Nr. 135 vom 25.07.1974;
[401] GMBl. Nr. 28 vom 22.11.1977, S. 529 ff., Beilage Nr. 26/77 zum BAnz. Nr. 216 vom 19.11.1977;
[402] GMBl. Nr. 35 vom 21.12.1979, S. 715 ff., Beilage Nr. 41/79 zum BAnz. Nr. 239a vom 21.12.1977;
[403] Müller-Hengstenberg, BVB-Computersoftware, S. 31;
[404] Entwurf, Stand: 24.02.1998;

vereinbart ist. Auch die EVB-IT-Miete geht in Ziff. 1.2 davon aus, daß Software zusammen mit Hardware geliefert werden kann.

B. III. 2. 2. 2. 3. Inhaltlicher Vergleich

Die Mitwirkungspflichten der Vertragsparteien sind im Bereich der Beschaffung von Standardprodukten weit weniger von Bedeutung als bei der Erstellung von Individualsoftware.[405] So konzipiert, definiert und erstellt der Hersteller Computerprogramme nach den ermittelten Branchenbedürfnissen, ohne dabei jedoch jede spezielle Anforderung des Anwenders zu berücksichtigen.[406] Ein Zusammenwirken wird aber beispielsweise da notwendig, wo eine Anpassung der Standardsoftware an die konkrete Anwenderumgebung erfolgen soll.

Es sind daher sowohl im französischen als auch im deutschen Recht nur wenige einschlägige Regelungen diesbezüglich vorhanden. So hat nach Art. 40.3. C.C.A.G.-F.C.S. der Auftragnehmer den Auftraggeber umgehend zu informieren, wenn sich inhaltliche Änderungen im Hinblick auf die gelieferte Standardsoftware oder die beigefügte Dokumentation ergeben, die jedoch keine neuen Funktionen umfassen dürfen. Binnen einer Frist von sechs Monaten hat der Auftragnehmer die Änderungen ohne zusätzliche Kosten beim Auftraggeber zu installieren. Ähnlich bestimmt § 17 Ziff. 1 BVB-DV-Programmüberlassung, daß Programmänderungen (z. B. neue Programmversionen) des Auftragnehmers während der Vertragsdurchführung dann vom Auftraggeber zuzulassen sind, wenn hierdurch für ihn keine Ausgaben und keine unzumutbaren Nachteile entstehen. Der Auftragnehmer hat dabei die Programmdokumentation anzupassen. Nach Ziff. 1.4 EVB-IT-Kauf[407] hat der Auftragnehmer ferner, wenn er erkennt, daß die Leistungsbeschreibung oder eine Anforderung des Auftraggebers zur Vertragsausführung unwirtschaftlich, fehlerhaft, unvollständig, nicht eindeutig oder objektiv nicht ausführbar ist, dies und die sich hieraus ergebenden Folgen dem Auftraggeber unverzüglich mitzuteilen und dessen weitere Entschließung abzuwarten. Auch hat der Auftragnehmer auf neuere Entwicklungen oder sonstige Umstände hinzuweisen, die eine Änderung der Leistung als wirtschaftlich oder technisch sinnvoll erscheinen lassen.

Der Auftraggeber seinerseits hat auf seine Kosten die Umgebung für die Installation der Hardware zu schaffen (Art. 41.1. C.C.A.G.-F.C.S.) und aufrechtzuerhalten (Art. 41.2. C.C.A.G.-F.C.S.), was sich im deutschen Recht aus § 7 Ziff. 2 Abs. 2 BVB-DV-Programmüberlassung ergibt, wonach der Auftraggeber verpflichtet ist, die in der Leistungsbeschreibung festgelegten Einsatzvoraussetzungen (z. B. Mindestanforderungen an Anlagen, Geräte und Programme, benötigte Speicherkapazitäten und Rechenzeiten) bis zum Beginn der Einführungsarbeiten zu schaffen und während der Einführung aufrechtzuerhalten. Auch hat der Auftraggeber den Auftragnehmer

---

405 vgl. Ziff. B.II.4;
406 Müller-Hengstenberg, BVB-Computersoftware, S. 29;
407 Entwurf, Stand: 24.02.1998;

bei der Fehlermeldung und Mängelbeseitigung zu unterstützen, vgl. § 10 Nr. 4 BVB-DV-Programmüberlassung.

B. III. 2. 2. 3. Softwareentwicklung

B. III. 2. 2. 3. 1. C.C.A.G.-P.I.

Im französischen Recht unterliegen die Erstellung oder Ergänzung von Individualsoftware oder von Schnittstellen mit einem Standardprogramm oder die Anpassung von Standardprogrammen sowie Studien dem „C.C.A.G. - Prestations intellectuelles" (C.C.A.G.-P.I.).[408] Das C.C.A.G.-P.I. ist also immer dann anwendbar, wenn es sich vorwiegend um geistige Leistungen (matière grise) handelt.[409] Die geistige Leistung kann zu einem „prototype de laboratoire" (Versuchsmodell) führen, welcher die Studienergebnisse mit den wesentlichen Anforderungen materiell darzustellen versucht. Den Gegensatz hierzu bildet der „prototype industriel" (industrielle Prototyp), welcher bereits ein betriebsfähiges System mit sämtlichen erforderlichen Funktionen - vorwiegend im Rahmen kommerzialisierter Serienproduktion – darstellt.[410] Auf diesen findet das C.C.A.G.-M.I. Anwendung.[411] Zudem zeichnen sich die Verträge, denen eine geistige Leistung zugrunde liegt, meist dadurch aus, daß sie mit dem Entstehen von Rechten an dem industriellen, künstlerischen oder literarischen Eigentum verbunden sind.[412]

B. III. 2. 2. 3. 2. BVB/EVB-IT

Als vorformulierte Vertragsbedingungen für den Bereich der Softwareentwicklung stehen in Deutschland bislang die BVB-Planung[413] und BVB-Erstellung[414] mit dem Phasenkonzept als Abgrenzungskriterium zur Verfügung.[415] In Zukunft sollen diese durch die einheitlichen EVB-IT-Erstellung[416] abgelöst werden, wobei zwei verschiedene Leistungsscheine existieren sollen, zum einen für den Bereich der Planung der EVB-IT-Erstellungsschein (IT-Studien/IT-Konzepte) und zum anderen für die eigentliche Realisierung der EVB-IT-Erstellungsschein (Software).[417]

---

408 J.O. brochure n° 2012, approuvé par décret n° 78-1306 du 26 déc. 1978, J.O. 9 janv. 1979; Vivant/Le Stanc u. a., Lamy, Droit de l'informatique, n° 1369; Lenoir, in: Rev.M.P. 1984, n° 202, S. 17 ff. (18); Domergue, a. a. O., S. 228;
409 J.O. brochure n° 2012, Komm. zu Art. 1er C.C.A.G.-P.I.; Belva, in: Rev.M.P. 1982, n° 186, S. 21 ff. (22);
410 Pietsch, a. a. O., S. 61;
411 Domergue, a. a. O., S. 34;
412 Belva, La notion de prestations intellectuelles, in: A.D.P.E., Les marchés publics de prestations intellectuelles, S. 28 ff. (31); vgl. hierzu: Kap. IV C.C.A.G.-P.I. (Utilisation des résultats);
413 GMBl. Nr. 30 vom 21.11.1988, S. 586 ff., Beilage Nr. 227 a/88 zum BAnz. Nr. 227 vom 06.12.1988;
414 GMBl. Nr. 3 vom 21.01.1986, S. 27 ff., Beilage Nr. 13 a/86 zum BAnz. Nr. 13 vom 21.02.1986;
415 vgl. Ziff. B.III.2.1.3.1;
416 Entwurf, Stand: 24.02.1998;
417 Entwurf, Stand: 24.02.1998;

B. III. 2. 2. 3. 3. Inhaltlicher Vergleich

Wie bereits unter Ziffer B.II.4. ausgeführt, haben sowohl der Auftraggeber als auch der Auftragnehmer im Zusammenhang mit der Erstellung von Software erhebliche Mitwirkungspflichten. Soweit diese nicht im Zusammenhang mit Leistungsänderungen stehen,[418] finden sich vor allem folgende vertraglichen Regelungen wieder:

So bestimmt in Frankreich Art. 2.21. C.C.A.G.-P.I., daß der Auftragnehmer dem Auftraggeber einen oder mehrere Ansprechpartner zu benennen hat, die ihn im Zusammenhang mit der Vertragsausführung vertreten. Gleiches gilt nach § 3 Ziff. 3 Abs. 1 Satz 1 BVB-Erstellung bzw. § 3 Ziff. 5 Abs. 1 Satz 1 BVB-Planung, wonach Auftragnehmer und Auftraggeber jeweils eine Ansprechstelle zu benennen haben. Die Ansprechstelle des Auftragebers ist für verbindliche Auskünfte zu den Forderungen des Auftraggebers zur Vertragsausführung sowie für alle sich aus der Vertragserfüllung ergebenden Fragen einzuschalten, insbesondere, wenn sich der Auftraggeber die Mitwirkung vorbehalten hat.[419] Hinter dieser Regelung verbirgt sich das im Zusammenhang mit der Softwareentwicklung zu fordernde Projektmanagement.[420] Der Projektleiter ist für die Steuerung der Termine, Aufwand und Erfolg verantwortlich. Diese Verantwortung wird in der Regel zwischen Auftraggeber und Auftragnehmer geteilt.[421] Nach Art. 2.22. C.C.A.G.-P.I. hat der Auftragnehmer dem Auftraggeber unverzüglich mitzuteilen, wenn sich Änderungen im Laufe der Vertragsdurchführung ergeben, die seine Person betreffen. Hier sind aber nur Änderungen von Bedeutung, die Einfluß auf die Durchführung des Vertrages haben können.[422] Aus Art. 13.2. C.C.A.G.-M.I. und § 3 Ziff. 1 Abs. 2 Satz 1 BVB-Erstellung ergeben sich die Verpflichtungen des Auftragnehmers, die ihm überlassenen technischen Dokumente zu überprüfen und auf Irrtümer, Auslassungen oder Gegensätze hinzuweisen. Nach § 3 Ziff. 1 Abs. 2 BVB-Planung wird der Auftragnehmer den Auftraggeber bis zum Zeitpunkt der Abnahme über die nach Vertragsschluß eingetretenen Änderungen des Standes von Wissenschaft und Technik und über die am Markt bekanntgewordenen neuen Produkte, die möglicherweise Auswirkungen auf den Vertragsgegenstand haben, informieren. Ebenso hat er den Auftraggeber nach § 3 Ziff. 4 BVB-Planung auf Verlangen über den Stand der Arbeiten zu unterrichten.

Ausdrückliche Mitwirkungspflichten des Auftraggebers fehlen fast vollständig im C.C.A.G.-P.I. bzw. -M.I.. Indirekt ergibt sich aus Art. 7.11. C.C.A.G.-P.I. und Art. 6.11. C.C.A.G.-M.I., daß der Auftraggeber dem Auftragnehmer Unterlagen, Informationen und Gegenstände zur Verfügung stellen muß. Im deutschen Recht folgt dies aus § 4 BVB-Erstellung bzw. § 4 BVB-Planung, welche vorwiegend die Information über und die Bereitstellung von Personal, Anlagen, Geräten und Programmen, Rechenzeiten und Testdaten betreffen. Diese Mitwirkungsleistungen hat der

418 vgl. Ziff. B.III.6;
419 vgl. § 3 Ziff. 3 Abs. 1 Satz 2 BVB-Erstellung; § 3 Ziff. 5 Abs. 1 Satz 2 BVB-Planung;
420 Müller-Hengstenberg, BVB-Computersoftware, S. 180;
421 Müller-Hengstenberg, BVB-Computersoftware, S. 180;
422 J.O. brochure n° 2012, Komm. zu Art. 2 C.C.A.G.-P.I.;

Besteller auf eigene Kosten zu erbringen.[423] Weitere Mitwirkungspflichten ergeben sich aus § 11 Ziff. 1 BVB-Erstellung, § 9 Abs. 1 BVB-Planung bzw. Art. 33.1. al. 1 C.C.A.G.-P.I., nämlich die Verpflichtung des Auftraggebers zur schriftlichen, unverzüglichen Abnahmeerklärung oder § 11 Ziff. 4 BVB-Erstellung mit der Mitteilungspflicht von bei der Funktionsprüfung auftretenden Abweichungen. Gemäß § 12 Ziff. 4 BVB-Erstellung, § 10 Ziff. 3 Abs. 1 BVB-Planung bzw. Ziff. 6.2 EVB-IT-Erstellung[424] hat der Auftraggeber den Auftragnehmer bei der Fehlermeldung und -beseitigung zu unterstützen. In den EVB-IT-Erstellung[425] ist die Mitwirkung des Auftraggebers ansonsten noch stark verkürzt in Ziff. 3 geregelt und umfaßt die pauschale Pflicht, den Auftragnehmer bei der Erbringung der vertraglichen Leistungen in angemessenem Umfang zu unterstützen sowie vereinbarte Zwischenergebnisse zu überprüfen. Weitere Mitwirkungshandlungen (z. B. Bereitstellung von personellen und sachlichen Mitteln) bedürfen einer gesonderten Vereinbarung.[426]

Faßt man den Inhalt dieser Vorschriften im französischen und deutschen Recht zusammen, so regeln diese zwar allgemeine Prüf-, Hinweis- und Beistandspflichten, berücksichtigen jedoch nicht ausreichend das hohe Maß an notwendiger Kooperation. So ist beispielsweise nicht geregelt, daß der Auftragnehmer die Anforderungen des Auftraggebers, soweit sich diese noch nicht präzise aus der Aufgabenstellung ergeben, mit dessen Unterstützung zu detaillieren und festzuschreiben hat. Auch fehlen Klauseln, die vertraglich festlegen, daß ein stetiger Informationsaustausch vonnöten ist, um auftretende Probleme zu klären und das weitere Vorgehen aufeinander abzustimmen. Gerade diese geforderte fortwährende Rückkopplung verstößt jedoch gegen die Grundsätze des fairen Wettbewerbs, da der Vertragsvollzug nicht mehr der Situation entspricht, die der Ausschreibung und den darauf beruhenden Angeboten zugrunde lag. Das Fehlen von Regelungen, die diese gegenseitigen Mitwirkungspflichten zum Inhalt haben, führt damit sowohl im französischen als auch im deutschen Recht zu einer Scheinkonformität mit dem Formalismus der Vergaberegeln.

B. III. 2. 2. 4. Systembeschaffung

In Frankreich kann jedes der drei C.C.A.G.,[427] nämlich das C.C.A.G.-F.C.S., das C.C.A.G.-P.I. und schließlich das C.C.A.G.-M.I. auf Verträge schlüsselfertiger DV-Systeme (systèmes clés en main) Anwendung finden,[428] und zwar je nach der inhaltlichen Ausgestaltung der Hauptleistung. Soweit die Systembeschaffungsleistungen vorwiegend die Lieferung von Hardware und Standardsoftware, Integration, Anpassung, Installation, Einweisung und Schulung betreffen, wird in der Praxis auf

---

423 Köhler, in: CR 1988, S. 623 ff. (625); vgl. auch: § 4 Ziff. 2 Abs. 2 Satz 1 BVB-Erstellung bzw. § 4 Abs. 3 Satz 1 BVB-Planung;

424 Entwurf, Stand: 24.02.1998;

425 Entwurf, Stand: 24.02.1998;

426 vgl. Ziff. 5 EVB-IT-Erstellungsschein (Software) und (IT-Studien/IT-Konzepte), Entwurf, Stand: 24.02.1998;

427 aber insgesamt nur jeweils eins;

428 Gery, Débats, in: A.D.P.E., Les marchés publics de prestations intellectuelles, S. 46 ff. (54); Lenoir, in: Rev.M.P. 1984, n° 202, S. 17 ff. (18); Lenoir, in: Rev.M.P. janv. - févr. 1987, n° 223, S. 41; De Lamberterie, in: Rev.M.P. juillet - août 1987, n° 227, S. 17 ff. (18);

das C.C.A.G.-M.I. zurückgegriffen, da dieses seit fast 20 Jahren bekannt und erprobt ist[429] und sämtliche notwendigen Regelungen bezüglich Preis, Fristen, Abnahme, Gewährleistung und Kündigung enthält. Auch für die Einbeziehung von Studien finden sich Vorschriften in Chap. VII des C.C.A.G.-M.I.. Wenn jedoch der Anteil an Studien und die Erstellung von Individualsoftware im Vordergrund steht, unterliegen diese dem C.C.A.G.-P.I.,[430] da hier aufgrund der vorwiegend geistigen Leistungen weitergehende Vorschriften, beispielsweise im Hinblick auf Nutzungsrechte, vonnöten sind.

Während es ursprünglich in Deutschland für den Komplex von kompletten Systembeschaffungen keinerlei gesonderte Regelungen gab, sollen zukünftig die EVB-IT-Systembeschaffung[431] zur Verfügung gestellt werden. Diese umfassen sowohl die Lieferung von Standardprodukten (also Hardware, Betriebs- und Standardsoftware) als auch zusätzliche Leistungen mit werkvertraglichem Charakter, wie Installation, Einweisung, Vernetzung, Integration, Anpassung, Ergänzungsprogrammierung, Herbeiführung und Erklärung der Funktionsbereitschaft und Abnahme. Problematisch ist aber, daß bei Systembeschaffungen in der Regel auch die Erstellung von Individualsoftware mit umfaßt sein kann.[432] Hoene[433] hält daher die Bezeichnung „Systembeschaffung" für irreführend, da das Leistungsbild (Anpassung von Standardsoftware und Erstellung von Individualsoftware) einem „Projektvertrag" ähnelt. In den EVB-IT-Systembeschaffung selbst wird jedoch weder ein direkter Bezug auf den Inhalt der EVB-IT-Erstellung vorgenommen noch werden eigenständige Regelungen getroffen. Vielmehr erfolgt eine Einbeziehung der EVB-IT-Erstellung über Ziff. 1.6 des Systembeschaffungsscheines,[434] welcher in einer vereinfachten und einer ausführlichen Form vorliegt. Nach Ziff. 7 EVB-IT-Systembeschaffung[435] hat der Auftraggeber auftretende Fehler unter Angabe der ihm bekannten und für deren Erkennung zweckdienlichen Informationen zu melden und den Auftragnehmer durch Bereithalten der für die Mängelbeseitigung vereinbarten Unterlagen zu unterstützen. In Ziff. 4 EVB-IT-Systembeschaffung[436] ist geregelt, daß der Auftraggeber den Auftragnehmer in angemessenem Umfang zu unterstützen hat und daß weitere Mitwirkungshandlungen einer gesonderten Vereinbarung bedürfen.[437] Zu beachten ist jedoch, daß Regelungen über die notwendige Projektorganisation (Projektteam, Projektlenkungsausschuß), Leistungsänderungen und Ergänzungen, Abnahme (Planung und Mitwirkungspflichten), Bereitstellung von Testdaten und Regelungen zum Ausgleich zwischen typischen und unvermeidbaren Kalkulationsrisiken und Risiken der technischen Machbarkeit in den EVB-IT-Systembeschaffung fehlen.[438]

---

[429] M. Aucagne, Débats, in: A.D.P.E., Les marchés publics de prestations intellectuelles, S. 46 ff. (55);
[430] Vivant/Le Stanc u. a., Lamy, Droit de l'informatique, n° 1369;
[431] Entwurf, Stand: 24.02.1998;
[432] vgl. hierzu: Ziff. 1.1 der EVB-IT-Systembeschaffung, Entwurf, Stand: 24.02.1998;
[433] Hoene, in: CR 1998, S. 567 ff. (569);
[434] vgl. Hinweise EVB-IT-Systembeschaffung, Entwurf, Stand: 24.02.1998;
[435] Entwurf, Stand: 24.02.1998;
[436] Entwurf, Stand: 24.02.1998;
[437] vgl. Ziff. 7 EVB-IT-Systemerstellungsschein, Entwurf, Stand: 24.02.1998;
[438] Hoene, in: CR 1998, S. 567 ff. (568, 570);

B. III. 2. 3. Nachträgliche Änderungen und Ergänzungen der Vergabeunterlagen nach Einleitung des Vergabeverfahrens

Soweit sich bei Ausschreibungen oder freihändigen Vergaben bereits vor Einleitung des Vergabeverfahrens aufgrund eines veränderten Bedarfs, Absicherungsverlangens oder veränderter Planung die Notwendigkeit ergibt, die Vertragsunterlagen, also entweder das Anschreiben, die Leistungsbeschreibung oder die Vertragsbedingungen im engeren Sinn, zu ändern, so ist dies - da Rechte der Bieter zu diesem Zeitpunkt noch nicht tangiert werden - grundsätzlich möglich.[439] Nach Einleitung des Vergabeverfahrens ist die Verwaltung an den Inhalt ihrer Vergabeunterlagen gebunden, da diese den Bewerbern und Bietern als Grundlage für die Erstellung ihrer Angebote dienen.[440] Es gilt daher grundsätzlich ein Änderungs- und Ergänzungsverbot.[441]

In begrenzten Ausnahmefällen sind jedoch Änderungen oder Ergänzungen der Vergabeunterlagen zulässig. Voraussetzung hierfür ist, daß das Vertragsobjekt bzw. die Ausgangsbasis der Auftragsvergabe, und hier vor allem der Preis, nicht geändert und der Wettbewerb nicht verfälscht wird.[442] Korrekturen von Fehlern und Ungenauigkeiten (mißverständliche Formulierungen) sowie Änderungen oder Ergänzungen geringen Umfanges sind damit zuzulassen,[443] soweit diese Änderungen sämtlichen Teilnehmern vor Ablauf der Angebotsfrist mitgeteilt werden und die Fristen zur Abgabe des Angebotes gegebenenfalls entsprechend verlängert werden,[444] so daß alle Interessenten die gleiche Chance haben, auf die veränderte Situation zu reagieren.[445] Weitergehende nachträgliche Änderungen sind jedoch nicht zulässig. In diesem Fall müßte ein erneutes Vergabeverfahren stattfinden.

Im Bereich der Softwareerstellung ist häufig nur der Anbieter aus seinem DV-technischen Verständnis heraus in der Lage, Mängel der Leistungsspezifikation zu erkennen und bei einer entsprechenden Formulierung der gewünschten Anforderungen mitzuwirken.[446] Er hat daher die Vergabestelle darauf hinzuweisen, daß die Leistungsbeschreibung unklar, unvollständig oder sonstwie fehlerhaft, vor allem objektiv nicht ausführbar, ist.[447] Selbständige Änderungen oder Ergänzungen der Verdingungsunterlagen sind ihm jedoch im deutschen Recht explizit nach § 21 Ziff. 1 Abs. 3 VOL/A untersagt. Auch die Verwaltung unterliegt den vorbezeichneten Einschränkungen aus dem der öffentlichen Auftragsvergabe zugrunde liegenden Wettbewerbsgedanken. Der Anbieter läuft damit Gefahr, daß das Vergabeverfahren

---

439 vgl. Daub/Eberstein-Zdzieblo, a. a. O., § 9, Rdnrn. 61, 63;
440 Daub/Eberstein-Zdzieblo, a. a. O., § 9, Rdnr. 61: Selbstbindung des Auftraggebers, Vertrauensschutz für die Teilnehmer am Wettbewerb;
441 Daub/Eberstein-Zdzieblo, a. a. O., § 9, Rdnr. 62;
442 C.E. 9 mars 1960, Massida, Rec. Leb. 1960, S. 187; Daub/Eberstein-Zdzieblo, a. a. O., § 9, Rdnr. 65;
443 Daub/Eberstein-Zdzieblo, a. a. O., § 9, Rdnr. 65;
444 Emery, in: J.C.P. G. 17 mars 1999, S. 513 ff. (514); Daub/Eberstein-Zdzieblo, a. a. O., § 9, Rdnr. 65;
445 Boesen, Das neue Vergaberecht, Anm. C. III. 6.;
446 vgl. Ziff. B.II.4.1;
447 Daub/Eberstein-Zdzieblo, a. a. O., § 8, Rdnr. 28;

aufgrund seines Hinweises insgesamt aufgehoben werden muß[448] oder er bei dem konkreten Auftrag nicht zum Zuge kommt. Die notwendige kooperative Vertragsanbahnung bei der Beschaffung von Individualsoftware führt somit zu einem Konflikt mit den formalen Vergabevorschriften.

B. III. 3. Projektbeteiligung

Heinrich[449] ist der Auffassung, „daß eine Verbesserung der Struktur und des Ablaufs von Projekten nicht allein durch mehr Planung erreicht werden kann, sondern daß es dazu - und dies vielleicht sogar primär - der Berücksichtigung psycho-sozialer Faktoren bedarf. Folglich kann auch »mehr juristisches Projektmanagement« keinen entscheidenden Beitrag zur Verbesserung liefern." Gerade die Planungsmängel offenbaren Defizite in der Anwendung des Planungsinstrumentariums (Methodik, Methoden und Werkzeuge), nicht Defizite in seiner Verfügbarkeit. Daher liegen die Ursachen für Schwachstellen primär in der nicht ausreichenden Qualifikation der Beteiligten, und zwar beim Management, bei der Projektleitung, bei den Projektmitarbeitern und bei den Benutzern. Ziel muß daher eine Verbesserung der fachlichen Qualifikation als auch der Führungsqualifikation sein.[450]

Es stellt sich daher die Frage nach der Einbeziehung Dritter in das Verhältnis des öffentlichen Auftraggebers und Auftragnehmers als Projektbeteiligte bei der Entwicklung von Software. Hierbei ist insbesondere zu beachten, daß es aus technischen und organisatorischen Gründen häufig schwierig ist, Anwender, Informatiker, Organisatoren etc. an einen Tisch zu bringen.[451]

B. III. 3. 1. Maîtrise d'ouvrage

Für den öffentlichen Auftraggeber ist es, wie bereits im Zusammenhang mit der Planung der Softwareentwicklung ersichtlich wurde, nicht mehr möglich, sämtliche ihm obliegende Aufgaben und Mitwirkungspflichten ohne professionelle Hilfe der Anbieter zu bewältigen. Entscheidend ist somit, daß Auftraggeberfunktionen delegiert werden.

In Frankreich versucht man aufgrund der sich ergebenden Ähnlichkeiten der Informationstechnologie mit dem Bereich des öffentlichen Bau- und Ingenieurwesens Anhaltspunkte zu gewinnen, und zwar insbesondere aus der Beteiligung mehrerer

---

[448] vgl. § 26 Ziff. 1 b) VOL/A;
[449] Heinrich, in: CR 1988, S. 584;
[450] Heinrich, in: CR 1988, S. 584 ff. (587);
[451] Adda, in: Rev.M.P. avril - mai 1988, n° 233, S. 20;

verschiedener, zusammenarbeitender Berufsgruppen in Form der klassischen Trilogie: „maître d'ouvrage“, „maître d'œuvre“ und „entrepreneur“.[452]

Während „entrepreneur“ den ausführenden Unternehmer darstellt, ist eine wörtliche Übersetzung der Begriffe „maîtrise d'ouvrage“ bzw. „maître d'ouvrage“ oder „maîtrise d'œuvre“ bzw. „maître d'œuvre“ schwer möglich, da sie sich vorwiegend durch ihre inhaltliche Ausgestaltung erklären. Grob entspricht die Einteilung im deutschen Baurecht der Unterscheidung Bauherr und Architekt. Die notwendigen inhaltlichen Regelungen hinsichtlich des Verhältnisses des „maître d'ouvrage“, des „maître d'œuvre“ sowie des „entrepreneur“ ergeben sich hauptsächlich aus dem Gesetz vom 12. Juli 1985.[453]

Gemäß Art. 2 dieses Gesetzes wird als „maître d'ouvrage“ diejenige juristische Person bezeichnet, auf deren Rechnung das Werk geschaffen wird. Dieser „maître d'ouvrage“ ist damit die Vertragspartei, in deren Namen der Vertrag geschlossen und die durch den Vertrag verpflichtet wird.[454] Der „maître d'ouvrage“, welcher als Verantwortlicher die notwendigen öffentlichen Mittel verwaltet, entscheidet also primär darüber, ob, mit welchem Inhalt und an wen ein Auftrag vergeben wird und trifft die wesentlichen Entscheidungen im weiteren Lauf des Verfahrens bis hin zur Abnahme des Werkes. Daneben hat er Direktionsbefugnisse und Änderungsbefugnisse inne.[455]

Diese Aufgaben können, nach eventueller Anpassung des Vokabulars, ohne Schwierigkeiten auf den Bereich der Informatik übertragen werden. Danach obliegen dem „maître d'ouvrage“ insbesondere folgende Aufgaben:[456]

- die Analyse und Bestimmung seiner Bedürfnisse,
- die Überprüfung der Durchführbarkeit und Zweckmäßigkeit der Operation und des Programmablaufs,
- die Fixierung des vorhersehbaren finanziellen Rahmens,
- die Auswahl der Entwicklungsstrategie, in deren Rahmen das Werk erstellt werden soll,
- die Auswahl des „maître d'œuvre“,

---

452 Viet, in: Gaz. Pal. mercredi 19/jeudi 20 févr. 1992, S. 17; Féral-Schuhl, in: 01 Informatique 15 avril 1994, S. 24; C.S.M./I., Rapport d'activité pour l'année 1988, Annexe VI, Note sur le recours aux S.S.I.I. pour la définition des besoins et le développement d'applications informatiques, S. 6; C.I.I.B.A., a. a. O., S. 1 f.; Rocfort, in: Rev.M.P. nov. 1990, n° 253, S. 29 ff. (31); vgl. Atzel, in: 01 Informatique 15 avril 1994, S. 24;

453 loi n° 85-704 du 12 juillet 1985 relative à la maîtrise d'ouvrage publique et à ses rapports avec la maîtrise d'œuvre privée, J.O. 13 juillet 1985;

454 vgl. Sabiani, a. a. O., Anm. C[2];

455 Rocfort, in: Rev.M.P. juin - juillet 1994, n° 282, S. 39 ff. (40);

456 Rocfort, in: Rev.M.P. oct. 1992, n° 268, S. 49; C.I.I.B.A., a. a. O., S. 3; C.S.M./I., Rapport d'activité pour l'année 1992, S. 35 f.; Ben Soussan, Le logiciel et le droit, Anm. 15100;

- die Vergabe von „marchés d'études“ (Studienaufträgen) und „marchés de réalisation“ (Realisierungsaufträge) an den „maître d'œuvre“ und die „entrepreneurs“ (Unternehmern) sowie
- die Abnahme des Werkes.

Nachdem jedoch die technischen - und teilweise auch verwaltungsrechtlichen – Fähigkeiten der verschiedenen Behörden nicht ausreichen, um in zufriedenstellender Art und Weise die notwendigen Aufträge zu vergeben und auszuführen, kann und muß sich der „maître d'ouvrage“ Hilfskräfte zunutze machen.

Zunächst seien hier die Hilfskräfte auf dem öffentlichen Sektor erwähnt. Dies können zum einen juristische Personen des öffentlichen Rechts oder des Privatrechts sein, die in Form eines „mandataire“[457] (Bevollmächtigten) im Namen des Auftraggebers und auf seine Rechnung einen Teil seiner ihm grundsätzlich obliegenden Verpflichtungen ausführen und zum anderen die sogenannten „conducteurs d'opérations“ (Verfahrensleiter), die hauptsächlich Beratungsfunktion innehaben.[458]

Was den „mandataire“ anbelangt, so kann der „maître d'ouvrage“ ihm fast alle seine Kompetenzen übertragen, wie beispielsweise:[459]

- Redaktion der besonderen Vertragsbedingungen (C.C.A.P., C.C.T.P.) oder anderer vertraglicher Dokumente,
- die Auswahl des „maître d'œuvre“,
- die Auswahl der „entrepreneurs“,
- die Folgeüberwachung der Vertragsdurchführung,
- die Bezahlung der Partner,
- die Abnahme des Werkes.

Zu beachten sind jedoch die von Art. 3 des Gesetzes gezogenen Grenzen hinsichtlich bestehender Übertragungsmöglichkeiten: so darf der „maître d'ouvrage“ weder die Festlegung des eigentlichen Leistungsprogramms noch die Definition des voraussichtlichen Preisrahmens übertragen.

Vertragliche Grundlage für die Kompetenzübertragung ist ein spezieller Auftrag (convention spéciale de mandat),[460] welcher nicht dem C.M.P., und damit insbesondere den Wettbewerbsvorschriften, unterliegt.[461]

---

457 auch: „maître d'ouvrage délégué“;
458 vgl. Sabiani, a. a. O., Anm. C7;
459 vgl. Sabiani, a. a. O., Anm. C6;
460 vgl. Sabiani, a. a. O., Anm. C5 f.; Chabanol/Jouguelet, a. a. O., S. 83;
461 Bréchon u. a., Droit des marchés publics, Anm. II.600.5/2; Chabanol/Jouguelet, a. a. O., S. 83;

Der „conducteur d'opérations" ist gemäß Art. 6 des Gesetzes eine juristische Person, welcher der „maître d'ouvrage" als Aufgabe die allgemeine Beistandschaft in verwaltungsrechtlicher, finanzieller oder technischer Hinsicht anvertrauen kann. Damit kann der „conducteur d'opérations" dem „maître d'ouvrage" in allen Bereichen assistieren, er kann diesen aber weder ersetzen noch verpflichten. Die Einbeziehung dieser Hilfskräfte erfolgt weitgehend nach Vergaberegeln („variété" de marché),[462] wobei der Kreis der zur Auswahl stehenden „conducteurs d'opérations" beschränkt ist, da diese Aufgabe zum einen nur jene juristischen Personen übernehmen können, die auch befugt sind, als Bevollmächtigte des „maître d'ouvrage" zu handeln, sowie zum anderen bestimmte Personen des Privatrechts mit interministerieller Genehmigung (vgl. Art. 6 des Gesetzes). Zu beachten ist, daß sich der Vertragsinhalt ausschließlich nach dem Willen der Parteien richtet. Insbesondere gibt der „maître d'ouvrage" bei dieser Art von Hilfskraft in rechtlicher Hinsicht nicht seine Kompetenzen aus der Hand.[463]

Eine weitere Form von Hilfskräften sind ferner die „maîtres d'œuvre (privés)". Art. 7 des Gesetzes definiert sie als Personen oder Personengruppen des Privatrechts, denen durch Vertrag anvertraut ist, eine architektonische, technische oder wirtschaftliche Antwort in Bezug auf ein Programm, welches von dem „maître d'ouvrage" definiert wurde, zu erbringen. Es handelt sich hierbei um professionelle Hilfskräfte, die dem „maître d'ouvrage" assistieren, ohne Bevollmächtigte zu sein: Architekten, Ingenieure, Geometer, technische Kontrolleure, Konstruktionsbüros etc.. Zu beachten ist jedoch, daß diese „maîtres d'œuvre" ergänzend zu dem Bevollmächtigten oder dem Konstruktionsleiter tätig werden können, wobei die jeweils zu übernehmenden Aufgaben genau verteilt sind. Die Vergabe eines „marché de maîtrise d'œuvre" unterliegt den besonderen Regelungen in Art. 108 bis, 108 ter bzw. 314 bis, 314 ter C.M.P..

Die Aufgaben, die dem „maître d'œuvre" dementsprechend anvertraut werden können, ergeben sich aus Art. 7 des Gesetzes wie folgt:

- Planung (Skizzen, Vorprojekte oder Projektstudien),
- Beistand bei der Vergabe öffentlicher Bauaufträge,
- Überprüfung der Vertragsausführung, insbesondere Kontrolle der Arbeiten, die durch die einzelnen Unternehmen ausgeführt werden,
- Leitung der Bauarbeiten,
- Fertigungskontrolle, Ablaufplanung und Koordinierung der Baustelle sowie
- Assistenz bei der Werkabnahme und während der Garantiezeit.

Auf den Bereich der Informatik angewandt bedeutet dies zunächst eine Konzeptionsfunktion (mission de conception) in der Form, daß der „maître d'œuvre" die Studien zur genauen Beschreibung der zu entwickelnden Software bzw. des

---

[462] Bréchon u. a., Droit des marchés publics, Anm. IV.210.4/3;
[463] vgl. Sabiani, a. a. O., Anm. C';

gesamten Informationssystems durchführt, die funktionale Analyse auf ihre Konformität mit der Leistungsbeschreibung hin überprüft und die „cahiers des charges" erstellt.[464] Des weiteren hat der „maître d'œuvre" eine Beistandsfunktion (mission d'accompagnement) inne, die vorwiegend die Durchführung des Vergabeverfahrens anbelangt, von der Ausgestaltung der Vergabeart, Angebotskontrolle und -bewertung bis zur Auswahl der Bewerber (auch Generalunternehmer und Subunternehmer), sowie die Kontrolle der Ausführungen, die Überwachung des Zeitplanes, die Projektabwicklung und Abänderungen, die Angemessenheit der Dokumentation sowie die Abnahme.[465] Schließlich überwacht er das Zusammenspiel der verschiedenen Leistungen der „conception" und „réalisation" im Bereich der Aufträge „clés en main" (mission de vente clés en main).[466]

Die hier vorherrschende Idee ist somit, daß der „maître d'œuvre", der „l'homme de l'art" (Sachverständige) ist, der den technischen Sachverstand mitbringt.[467] Er soll der Verwaltung erlauben, sich auf die ihr eigentlich obliegenden Aufgaben zu konzentrieren, nämlich die Definition der Spezifikationen und die Abnahme des Werkes.[468]

Fraglich ist, wer im Bereich der Informationstechnologie die Qualität zum „maître d'œuvre" hat. So kann der „maître d'ouvrage" diese Aufgaben in eigener Regie ausführen.[469] Im Rahmen von Dienstleistungsverträgen kann dies auch ein beratendes Unternehmen oder eine natürliche Person sein (z. B. bureau d'études, cabinet d'expertise comptable ou consultant indépendant). Am häufigsten jedoch wird eine „société de services et d'ingénierie en informatique" (S.S.I.I.), also ein Softwarehaus, eingeschaltet.[470] Hintergrund hierfür ist, daß diese eine dauernde Präsenz von Technikern bzw. Softwarespezialisten gewährleisten und bei den Systemen „clés en main" die Konzeption und Durchführung (missions de conception et de réalisation) übernehmen können.[471]

Die Inanspruchnahme der Softwarehäuser wird insbesondere durch den „circulaire du 2 mai 1988"[472] näher bestimmt, wobei hier bereits selbstverständlich die Begriffe der „maîtrise d'ouvrage" und der „maîtrise d'œuvre" verwendet werden. Dieser

---

464 Syntec, a. a. O., S. 142; Ben Soussan, Le logiciel et le droit, Anm. 15130;
465 Rocfort, in: Rev.M.P. oct. 1992, n° 268, S. 49 ff. (50); Syntec, a. a. O., S. 142; Ben Soussan, Le logiciel et le droit, Anm. 15130;
466 Viet, in: Gaz. Pal. mercredi 19/jeudi 20 févr. 1992, S. 17; Ben Soussan, Le logiciel et le droit, Anm. 15100;
467 Viet, in: Gaz. Pal. mercredi 19/jeudi 20 févr. 1992, S. 17;
468 Rocfort, in: Rev.M.P. oct. 1992, n° 268, S. 49; Syntec, a. a. O., S. 142; Viet, in: Gaz. Pal. mercredi 19/jeudi 20 févr. 1992, S. 17 ff. (18); C.S.M./I., Rapport d'activité pour l'année 1992, S. 36;
469 Viet, in: Gaz. Pal. mercredi 19/jeudi 20 févr. 1992, S. 17 ff. (18);
470 Ben Soussan, Le logiciel et le droit, Anm. 15110;
471 C.S.M./I., Rapport d'activité pour l'année 1992, S. 37; Viet, in: Gaz. Pal. mercredi 19/jeudi 20 févr. 1992, S. 17 ff. (18);
472 circulaire du 2 mai 1988 relative au recours aux sociétés de services et d'ingénierie en informatique (S.S.I.I.), J.O. 8 mai 1988, vgl. C.S.M./I., Rapport d'activité pour l'année 1988, Annexe VI, Note sur le recours aux S.S.I.I. pour la définition des besoins et le développement d'applications informatiques;

„circulaire" geht zunächst davon aus, daß die „maîtrise d'ouvrage" durch die Verwaltung selbst garantiert wird, welche insbesondere die Definition der Leistung, die Einrichtung und das Funktionieren von Entscheidungs- und Steuerungsstrukturen, die Wartung/Pflege sowie Kontrolle und Annahme der Leistungen umfaßt. Auf die S.S.I.I. können folgende Bereiche der „maîtrise d'œuvre" übertragen werden: die Erfassung oder Kontrolle von Daten, die vollständige und/oder teilweise Erstellung von Informatikprojekten und ihre Wartung bzw. Pflege sowie Studien. Die Übertragung der Aufgaben auf die sogenannten S.S.I.I. ist im Endeffekt jedoch problematisch, da hier der „entrepreneur" (Unternehmer bzw. Lieferant) und der „maître d'œuvre" ein und dieselbe Person sind. Damit fehlt in der Regel die notwendige Unabhängigkeit bei der Annahme der eigenen angebotenen Leistung.

B. III. 3. 2. Rollenverteilung nach V-Modell

Projektrollen wie Projektleiter, Projektteammitglied etc. werden durch ihre Aufgaben, Kompetenzen, Verantwortungen und Verhaltenserwartungen definiert.[473] Im öffentlichen Auftragswesen in Deutschland kann zur Untersuchung der Rollenverteilung auf das Vorgehensmodells des Bundes (V-Modell), und hier das Submodell Projektmanagement (PM) abgestellt werden. Dieses bezieht sich vorwiegend auf projektbezogene Aktivitäten, wie das Erstellen des Projektauftrages und die Organisationsplanung, die Vergabe/Beschaffung (Vorbereitung, Durchführung, Vertragserfüllung) sowie die Auswahl der Entwicklungsstrategien.[474] Die Organisationsplanung wiederum umfaßt die gesamte Aufbauorganisation und damit die Zuordnung von Aufgaben über die notwendigen Rollen an die vorgesehenen Personen,[475] wobei die Rollen nach den Kriterien: verantwortlich, mitwirkend und beratend unterschieden werden. Bei den Rollen im Rahmen des Submodells Systemerstellung (SE) wäre an den System-Analytiker, den System-Designer, den Software- bzw. Hardware-Entwickler, den Datenadministrator oder IT-Sicherheitsbeauftragten zu denken. Als weitere Rollen kämen der Projektmanager und Projektleiter beim Submodell Projektmanagement (PM), der Qualitätsprüfer und der Qualitätsverantwortliche beim Submodell Qualitätssicherung (QS) und schließlich der Konfigurationsverantwortliche beim Submodell Konfigurationsmanagement (KM) in Betracht. Nachdem das V-Modell für kleine und große Projekte gilt, kann im Rahmen von kleinen Projekten eine oder mehrere Rolle(n) von nur einem Mitarbeiter, bei großen Projekten auch von mehreren Mitarbeitern übernommen werden. Zu beachten ist aber bei der Zuordnung ausdrücklich, daß beispielsweise kein Entwickler seine Ergebnisse im Rahmen der Qualitätssicherung selbst prüfen darf oder der Projektleiter (zuständig für Kosten- und Terminüberwachung) nicht mit dem Qualitätsmanagement-Verantwortlichen (Qualitätssicherung) in einer Person vereint ist.

Unabhängig hiervon geht man auch im deutschen Recht davon aus, daß die Funktion des Projektleiters derjenigen des Architekten entspricht.[476] Dabei sind

---

[473] Gareis, a. a. O., S. 199;
[474] vgl. Bundesministerium des Innern, Vorgehensmodell (V-Modell), Teil 1, S. 7-1 ff.;
[475] Bundesministerium des Innern, Vorgehensmodell (V-Modell), Teil 1, S. 7-3;
[476] Schneider, a. a. O., Anm. E, Rdnr. 333;

jedoch einige Aufgaben nicht als originär dem Architekten zuzuordnen, so insbesondere die Vergabe von Aufträgen selbst, die Änderung der vertraglichen Vereinbarungen und die Abnahme.[477] Dem Bezug zum Baurecht und den daraus folgenden Verantwortlichen wird derzeit im französischen Recht jedoch insgesamt weit mehr Bedeutung beigemessen als im deutschen Recht.

B. III. 4. Formen der Vergabe

B. III. 4. 1. Einheitliche Vergabe als Standard

In der Regel wird ein Auftrag, z. B. Lieferung von Standardsoftware, Erstellung von Individualsoftware etc., an einen Bieter vergeben. Es können aber auch gleiche Aufträge an mehrere Bieter parallel vergeben werden, so beispielsweise im Rahmen von Studienaufträgen.[478]

Gerade bei komplexen, insbesondere sich über mehrere Jahre hinweg erstreckenden IT-Beschaffungen, wie der Software-Erstellung, besteht das bereits angesprochene Problem, daß die ausgeschriebene Leistung - teilweise selbst nach vorangeschalteten Spezifizierungs- oder Studienaufträgen - nicht genau und auf Dauer beschrieben werden kann, da sich die Technik in diesem Bereich ständig fortentwickelt und sich die Aufgabe selbst bei ihrer Abarbeitung verändert. Vor allem bei der Beschaffung einer Anwendungslösung wird bedeutsam, ob ein Unternehmer überhaupt in der Lage ist, sämtliche geforderten Leistungen aus einer Hand, möglicherweise als Generalunternehmer, zu erbringen, oder ob Teilleistungen getrennt vergeben werden müssen und können, unter besonderer Berücksichtigung der Gesichtspunkte der technischen und finanziellen Fähigkeiten der Unternehmens und der Kompatibilität der IT-Produkte. Es stellt sich daher die Frage, ob, und wenn ja, welche anderen Vergabeformen herangezogen werden können, die eine geteilte oder sukzessive Lieferung von Leistungen und Diensten berücksichtigen, bei denen im vorhinein weder die Mengen noch die Dauer ihrer Ausführung fest bestimmt sind und auch nicht bestimmt werden können.

B. III. 4. 2. Geteilte Aufträge

B. III. 4. 2. 1. Vergabe nach Losen

Einen ersten Ansatzpunkt stellt die Vergabe nach Losen dar, die ihren Ursprung im Bauwesen hat, da dort - wie im Bereich komplexer EDV-Beschaffungen - viele verschiedene Berufssparten aufeinander treffen, so beispielsweise im Rahmen von kompletten Anwendungslösungen Hardware-Konstrukteure einerseits und Softwarehäuser oder Entwickler andererseits.

---

[477] Schneider, a. a. O., Anm. E, Rdnr. 333;
[478] vgl. Ziff. B.III.2.1.3.2;

Die Aufteilung des Auftrags in verschiedene Lose (fractionnement en lots) ist im französischen Recht in Art. 77 bzw. 274 C.M.P. geregelt und hat dann zu erfolgen, wenn dies technische oder finanzielle Vorteile verspricht. Soweit ein oder mehrere Lose nicht zugeschlagen werden können, hat die ausschreibende Stelle die Gelegenheit, ein neues Vergabeverfahren, gegebenenfalls unter inhaltlicher Abänderung der einzelnen Lose durchzuführen.[479] Im deutschen Recht bestimmt § 5 VOL/A seinerseits, daß der Auftraggeber in jedem Fall, in dem dies nach Art und Umfang der Leistung zweckmäßig[480] ist, diese - zum Beispiel nach Menge oder Art - in Lose zu zerlegen hat, damit sich auch kleine und mittlere Unternehmen um Lose bewerben können.[481] Die einzelnen Lose müssen dabei so bemessen sein, daß eine unwirtschaftliche Zersplitterung vermieden wird.

Zu beachten ist, daß jedes Los einen eigenständigen Auftrag darstellt. Jeder Konkurrent kann daher ein Angebot für eines oder mehrere Lose abgeben. Jedes einzelne Los kann dann einem Unternehmen zugeschlagen werden oder es kann auch ein Unternehmen mehrere Lose zugeschlagen bekommen. Wenn somit die Hardware- bzw. Softwareleistungen und die ausschreibbaren Teile einer IT-Verfahrensentwicklung im Rahmen einer Gesamtanwendungslösung nach Losen ausgeschrieben werden, kann sich im Interesse der Wettbewerbsförderung eine möglichst große Zahl von Unternehmen an der Ausschreibung beteiligen. Auch kann dadurch erreicht werden, daß sich Unternehmen, die nur Teilaspekte des Gesamtauftrages, wie die Entwicklung von Software anbieten, um die einzelnen Lose bewerben können.[482]

Bei großen öffentlichen Aufträgen, die in Lose geteilt sind und an verschiedene Dienstleistungsunternehmen vergeben werden können, ist in der Regel ein Los mit der „maîtrise d'œuvre" vorgesehen, welches zur Überwachung der Durchführung der anderen Lose und zur Unterstützung bei der Abnahme des Gesamtwerkes dient.[483]

Es besteht aber auch die Möglichkeit, daß der gesamte Auftrag trotz Aufteilung in einzelne Lose an einen einzigen Generalunternehmer vergeben wird, der wiederum Teile durch Subunternehmer ausführen lassen kann. Die Vergabe an einen Generalunternehmer hat im Rahmen der Beschaffung eines DV-Systems den Vorteil, daß für die ausschreibende Stelle nur ein verantwortlicher und kompetenter Ansprechpartner vorhanden ist, der alles koordiniert und für Gewährleistungsrechte einzustehen hat. Probleme können hier aber dadurch auftreten, daß eventuelle Zulieferer blockiert sind und damit zu einer zeitlichen Verzögerung der Auftragsdurchführung

---

479 vgl. Art. 77 al. 2 bzw. 274 al. 2 C.M.P.;
480 wohl ebenfalls bei technischen und finanziellen Vorteilen der Aufspaltung;
481 vgl. hierzu: VÜA 5/96, Beschluß vom 03.05.1996, BauR 1997, S. 115 ff.; BGH DB 1999, S. 1055 f.;
482 vgl. sog. Mittelstandsrichtlinie (Beilage Nr. 16/76 zum BAnz. Nr. 111 vom 26.06.1976); vgl. Siegrist/Jürgensen, a. a. O., S. 16: im Interesse der Wettbewerbsförderung kleiner und mittlerer Unternehmen wurden Vergaben in Lose aufgeteilt, um die Zahl der potentiellen Bieter zu vergrößern; vgl. Bundesministerium des Innern, UfAB, S. 13;
483 vgl. C.I.I.B.A., a. a. O., S. 1: „pilotage de la réalisation des autres lots et l'assistance au maître de l'ouvrage pour la réception de l'ensemble";

führen oder die Gewährleistungsfrist von Subunternehmern nicht derjenigen des Generalunternehmers dem Auftragnehmer gegenüber entspricht. Hier kann es dazu kommen, daß entweder der Generalunternehmer keinen Regreß den Subunternehmern gegenüber nehmen kann oder die Verwaltung trotz bestehender Gewährleistungsfristen der einzelnen Subunternehmer dem Generalunternehmer gegenüber, da hier die Fristen bereits abgelaufen sind.

Die Vergabe nach Losen erlaubt jedoch nur eine Aufteilung des Gesamtauftrages in einzelne, bereits im vornherein genau nach Art und Umfang definierte Einzelaufträge. Auf die Unwägbarkeiten im Rahmen einer Individualsoftwareerstellung, insbesondere die fortdauernden technischen Weiterentwicklungen, geht diese Vergabeform jedoch nicht ein, so daß nach weiteren Aufteilungsmöglichkeiten der Auftragsvergabe im Softwarebereich zu fragen ist.

B. III. 4. 2. 2. Rahmenverträge

Ein weiterer Ansatzpunkt zur Handhabe komplexer IT-Beschaffungen könnte in dem Abschluß von Rahmenverträgen (marchés-cadres)[484] gesehen werden. Rahmenverträge sind von Kaufverträgen mit Teillieferungen sowie einseitigen Angeboten abzugrenzen. Ersteren liegen feste Abnahmemengen zu festen Terminen zugrunde; unter letzteren versteht man Angebote von Unternehmen, welche einerseits die Gegenstände, Laufzeit und Preise festlegen, andererseits aber für die Verwaltung weder eine Liefer- noch eine Abnahmeverpflichtung beinhalten.[485]

Im deutschen öffentlichen Auftragsrecht fallen unter Rahmenverträge im eigentlichen Sinne einheitliche Verträge mit Abnahmeverpflichtung, welche im Vertrag einzelne Öffnungsklauseln vor allem im Hinblick auf Abnahmemengen und -fristen enthalten können, auf die bereits in der Ausschreibung hinzuweisen ist. So bestimmt beispielsweise § 5 b VOL/A[486] explizit, daß eine Rahmenvereinbarung eine Vereinbarung mit einem oder mehreren Unternehmen ist, in der die Bedingungen für Einzelaufträge festgelegt werden, die im Laufe eines bestimmten Zeitraums vergeben werden sollen, insbesondere über den in Aussicht genommenen Preis und gegebenenfalls die in Aussicht genommene Menge. Sonstige Regelungen in der VOL/A bzw. VOF oder den Ergänzenden Vertragsbedingungen diesbezüglich sind bislang nicht vorhanden. Damit kommen diese Verträge fast ausnahmslos bei der Beschaffung von standardisierten Leistungen vor, wobei sich auch andere - an der ursprünglichen Vergabe nicht beteiligte - Behörden bezüglich ihrer Nachfrage nach IT-Produkten hieran beteiligen können.

---

[484] Bréchon u. a., Droit des marchés publics, Anm. III.310.1;
[485] vgl. Prieß, in: Jestaedt u. a., a. a. O., S. 51 f.;
[486] Basisparagraphen mit zusätzlichen Bestimmungen nach der EG-Sektorenrichtlinie;

Im französischen Recht finden sich eigenständige Regelungen zu den sogenannten „marchés fractionnés" (geteilte Aufträge)[487] in Art. 76 bzw. 273 C.M.P..[488] Diese „marchés fractionnés" werden entweder in Form von „marchés à bons de commande"[489] (Bestellaufträge) gemäß Art. 76 I bzw. 273 I C.M.P.[490] oder in Form von „marchés à tranches conditionnelles" (Festaufträge mit bedingten Anschlußaufträgen) nach Art. 76 II bzw. 273 II C.M.P. geschlossen.[491]

B. III. 4. 2. 2. 1. Marchés à bons de commande

Während bis zum Erlaß eines neuen Dekrets[492] im Jahre 1999 der „marché à bons de commande" (Bestellauftrag) die Natur und den Preis der Leistungseinheiten bestimmte und ein Minimum oder Maximum der Leistung entweder nach Werten oder Mengen festsetzte, ist in Art. 76 I - 1. C.M.P. n. F. nunmehr festgelegt, daß der „marché à bons de commande" die Spezifikationen, die Beschaffenheit und den Preis der Leistungen sowie das Minimum und Maximum in preislicher und quantitativer Hinsicht angibt, wobei das Maximum das Vierfache des Minimums nicht überschreiten darf, es sei denn, daß nach Art. 76 I - 2. C.M.P. n. F. weder ein Minimum noch ein Maximum angegeben werden muß, da der genaue Umfang der Leistungen und/oder der Rhythmus der zu befriedigenden Bedürfnisse im vornherein nicht exakt abgeschätzt werden kann[493] und dieses Abweichen vom Normalfall auch begründet wird.[494] Die Verwaltung ist somit nur in Bezug auf die Minimalhöhe verpflichtet. Der eigentliche Auftrag vollzieht sich durch die sukzessive Ausgabe der einzelnen „bons de commande" (Bestellscheine),[495] welche die jeweiligen Elemente der geforderten Leistung, wie Umfang der Leistung, Ausführungsfristen, Lieferbedingungen, Unternehmenskapazitäten und insbesondere Modalitäten der Preisbestimmung, die erst in diesem Zeitpunkt festgelegt werden können, in nachvollziehbarer Weise bestimmen.[496] Insbesondere müssen die besonderen technischen Vertragsbedingungen (C.C.T.P.) erst kurz vor Vertragsausführung vorliegen. Der „marché à bons de commande" vermeidet damit - wie der Rahmenvertrag im deutschen Recht -

---

[487] vgl. décret n° 99-331 du 29 avril 1999 relatif aux marchés à bons de commande et modifiant le Code des marchés publics, J.O. 2 mai 1999, S. 6549; Exbourse, in: M.T.P. 27 nov. 1992, S. 43; Cloix, a. a. O., S. 34;

[488] in der Fassung des décret n° 99-331 du 29 avril 1999 relatif aux marchés à bons de commande et modifiant le Code des marchés publics, J.O. 2 mai 1999, S. 6549;

[489] Sauvestre, in: Rev.M.P. juillet - août 1990, n° 251, S. 23 ff. (24); Saleur/Nguyen, in: M.T.P. 29 sept. 1995, S. 50;

[490] vgl. décret n° 92-1025 du 17 sept. 1992, in: M.T.P. 2 oct. 1992, suppl. T.O., S. 280, in der Fassung des décret n° 99-331 du 29 avril 1999 relatif aux marchés à bons de commande et modifiant le Code des marchés publics, J.O. 2 mai 1999, S. 6549;

[491] vgl. Ziff. II.2.1 circulaire du 24 janv. 2000 relative aux marchés fractionnés, in: Rev.M.P. 2000, n° 1, S. 12 ff. (13); Art. 1 décret n° 99-331 du 29 avril 1999 relatif aux marchés à bons de commande et modifiant le Code des marchés publics, J.O. 2 mai 1999, S. 6549; Clément/Bouchon/Cossalter, a. a. O., S. 47 ff.;

[492] décret n° 99-331 du 29 avril 1999 relatif aux marchés à bons de commande et modifiant le Code des marchés publics, J.O. 2 mai 1999, S. 6549;

[493] vgl. Ziff. III circulaire du 24 janv. 2000 relative aux marchés fractionnés, in: Rev.M.P. 2000, n° 1, S. 12 ff. (14 ff.); Art. 1 décret n° 99-331 du 29 avril 1999 relatif aux marchés à bons de commande et modifiant le Code des marchés publics, J.O. 2 mai 1999, S. 6549; Clément/Bouchon/Cossalter, a. a. O., S. 49;

[494] Art. 1 décret n° 99-331 du 29 avril 1999 relatif aux marchés à bons de commande et modifiant le Code des marchés publics, J.O. 2 mai 1999, S. 6549;

[495] Exbourse, in: M.T.P. 27 nov. 1992, S. 43;

[496] C.C.M., in: T.M.P. mai 1994, n° 185, S. 1;

viele kleine einzelne Aufträge[497] und ermöglicht aufgrund des potentiellen Umfangs des Vertrages beachtliche Rabatte.

Die Gültigkeitsdauer des Auftrages darf drei Jahre (Art. 76 I - 4. bzw. 273 I - 4. C.M.P.), wenn keine Angabe des Minimums und Maximums erfolgt, zwei Jahre, und im Falle des Art. 104 II - 1° und II - 2° C.M.P. fünf Jahre nicht übersteigen.[498] Die Dauer der hierdurch betroffenen Ausführungsarbeiten kann darüber hinausgehen, sofern die Ausgabe eines Bestellscheins vor Vertragsablauf erfolgt.

Damit wird diese Vergabeform immer dann gewählt, wenn die Bedürfnisse an sich zwar bekannt sind, diese aber aus wirtschaftlichen, technischen oder finanziellen Gründen nicht sofort nach Art. 75 C.M.P. spezifiziert und als Gesamtleistung auf einmal vergeben werden können. Insbesondere erlaubt diese Vergabeform zugleich die punktuelle Anpassung an sich ständig weiterentwickelnde Bedingungen, die im Bereich der Informatik vor allem durch technische Entwicklungen und Konkurrenzdruck (hauptsächlich im Bereich der Mikroinformatik) gekennzeichnet sind. Die sich ergebenden schnellen evolutorischen Änderungen konnten dabei bislang nach Art. 76 al. 2 bzw. 273 al. 2 CMP a. F. wie folgt in den Vertrag eingebunden werden: zum einen konnte der öffentliche Auftraggeber die Leistungen mittels einer „modification unilatérale" (einseitiges Abänderungsbegehren)[499] hinzufügen, zum anderen konnten neue Spezifikationen bei jeder neuen Ausgabe eines „bon de commande" mit dem Vertragspartner diskutiert und vertraglich festgeschrieben werden, so daß eigentlich freihändig vergebene „mini-avenants" (kleine Nachverträge) vorlagen. Beides war im Hinblick auf den Wettbewerbsgedanken problematisch,[500] da Dritte an den geänderten Aufträgen nicht beteiligt zu werden brauchten. Nunmehr ist explizit in Art. 76 I - 3. C.M.P. geregelt, daß der öffentliche Auftraggeber in begründeten Ausnahmefällen, wie bei starkem Preisverfall oder Schnellebigkeit der Produkte, zunächst ein beschränktes Vergabeverfahren durchführen und hinsichtlich der gleichen Leistungen Aufträge ohne Angabe eines Minimums oder Maximums mit mehreren Anbietern abschließen kann. In den Verdingungsunterlagen (règlement de la consultation) ist dabei anzuzeigen, daß bei Ausgabe der einzelnen Bestellscheine ein nochmaliger Wettbewerb stattfindet und wie vielen Vertragspartnern maximal der Zuschlag erteilt wird. Der exakte Preis für die jeweilige Leistung muß spätestens bei Emission des jeweiligen Bestellscheines festgeschrieben sein, wobei sich die preisbestimmenden Faktoren bereits aus den Auftragsunterlagen ergeben müssen. Ebenso ist anzugeben, daß bei einem sich ergebenden Mehrbedarf die Vertragspartner erneut auf der Basis des ursprünglichen „cahier des charges" in Wettbewerb zueinander gesetzt werden und die Auswahl des Zuschlagsempfängers sich am Preis und den

---

[497] vgl. Art. 123 bzw. 321 C.M.P. (travaux sur mémoires et achats sur facture);

[498] Diese festgelegte Dauer des Vertrages ist problematisch. Zwar wird einerseits Kontinuität beim Anwender erzielt, je länger die Vertragsdauer währt, z. B. die vorgesehenen zwei, drei bzw. fünf Jahre, andererseits kann ein Festhalten am Vertrag aber unwirtschaftlich sein und nachträgliche Abänderungen im Hinblick auf die Leistung und den Preis können den bestehenden Vergabegrundsätzen, Insbesondere dem Wettbewerbsprinzip, widersprechen, da keine neuen Vergabeverfahren durchgeführt werden. Als Kompromiß sollte man sich auf eine Vertragsdauer von etwa 1 Jahr beschränken, welche auch im Hinblick auf Garantiefälle sinnvoll ist.

[499] vgl. hierzu näher: Ziff. B.III.6.2.2;

[500] Exbourse, in: M.T.P. 27 nov. 1992, S. 43;

Ausführungsfristen orientiert. Der Wettbewerb erfolgt unter Wahrung des Gleichheitsgrundsatzes.[501]

Art. 76 bis C.M.P.[502] sieht ferner in Abweichung zu Art. 76 I - 3. C.M.P. für Produkte und Materialien, bei denen bestimmte Charakteristika erst in Abhängigkeit des Verlaufs eines wissenschaftlichen oder technischen Forschungsauftrages präzisiert werden können, explizit vor, daß hier nach Durchführung einer beschränkten Ausschreibung mehrere „marchés à bons de commandes“ ohne Angabe eines Minimums oder Maximums mit verschiedenen Anbietern bezüglich desselben Vertragsobjektes abgeschlossen werden können. Dabei sind im „cahier des charges“ die technischen Charakteristika anzugeben, die erst im Verlauf des Forschungsauftrages präzisiert werden können. Bei erneuter Durchführung des Wettbewerbs im Zusammenhang mit der Ausgabe der Bestellscheine hat der verantwortliche Auftraggeber die Auswahl der geforderten technischen Eigenschaften gesondert zu begründen.

Während daher von der Vergabeform der „marchés à bons de commande“ bislang nur die Beschaffung von Hardware sowie von zeitlich und quantitativ genau bestimmbaren geistigen Leistungen,[503] wie technischer Beistand, Studien[504] oder auch fortschreitende Wartungs- und Pflegeleistungen, umfaßt waren, nicht aber die Erstellung von Individualsoftware oder die Abänderung von Standardsoftware,[505] so hat sich dies nunmehr aufgrund Art. 76 bis C.M.P. geändert. Etwaige Erfahrungen hierzu liegen jedoch aufgrund der erst vor kurzem erfolgten Neuregelung noch nicht vor. Andererseits sieht Art. 76 I bzw. 273 I C.M.P., welcher in seinem 1. Absatz auch für Art. 76 bis C.M.P. gilt, nach seinem expliziten Wortlaut nur ein Abweichen von Art. 75 C.M.P. in Bezug auf den Rhythmus und den Umfang der zu befriedigenden Bedürfnisse vor, läßt aber diese Vergabeform nicht für Aufträge zu, bei denen das Vertragsobjekt selbst noch nicht genau bekannt oder bestimmbar ist.[506] Gerade hier befinden wir uns jedoch im Bereich der mehrjährigen Individualsoftwareerstellung, so daß nach weiteren passenderen Vergabeformen zu suchen ist.

B. III. 4. 2. 2. 2. Marchés à tranches conditionnelles

Für die Vergabe von „marchés d'études“ (Studienaufträgen), bei denen die Details der Leistung nicht genau bestimmbar sind oder deren Durchführbarkeit nicht sicher ist, und somit auch die Erstellung von Individualsoftware oder die Abänderung von Standardsoftware, eignet sich vielmehr die Form des „marché à tranches condi-

---

501 vgl. Ziff. III.3.4 circulaire du 24 janv. 2000 relative aux marchés fractionnés, in: Rev.M.P. 2000, n° 1, S. 12 ff. (15 ff.);

502 Art. 2 décret n° 99-331 du 29 avril 1999 relatif aux marchés à bons de commande et modifiant le Code des marchés publics, J.O. 2 mai 1999, S. 6549;

503 vgl. Ziff. 2.2.1 circulaire du 5 août 1993 relative aux marchés fractionnés, J.O. 31 août 1993, S. 12243 ff. (12245);

504 vgl. Art. 106 al. 2 C.M.P.;

505 C.C.M., in: T.M.P. mai 1994, n° 185, S. 1; C.C.M., in: T.M.P. janv. - févr. 1995, n° 192, S. 2; Saleur/Nguyen, in: M.T.P. 29 sept. 1995, S. 50;

506 C.C.M., in: T.M.P. janv. - févr. 1995, n° 192, S. 2;

tionnelles“ (Festauftrag mit bedingten Anschlußaufträgen).[507] Dieser besteht aus einem festgelegten Auftragsteil und einem oder mehreren bedingten Anschlußteilen, wobei diese Abschnitte funktional und technisch zusammenhängen.[508] Bei der Erstellung von Individualsoftware kommt es dabei nicht so sehr auf zeitliche bzw. chronologische Abschnitte, sondern vielmehr auf technische Abschnitte an.[509] Der Auftrag ist meist mehrjährig und betrifft ein Projekt, dessen Gesamtausführung aus finanziellen, technischen oder wirtschaftlichen Gründen nicht sicher ist.[510] Jede Phase ist aber in sich funktionsfähig, um nicht bereits getätigter Investitionskosten verlustig zu gehen.[511] Die Verwaltung ist grundsätzlich nur in Bezug auf den Festauftrag gebunden. Sie kann damit nach jedem einzelnen Abschnitt aufgrund ihres Ermessens die weiteren Anschlußteile aussetzen oder den Auftrag an sich beenden.[512] Wenn der Vertrag dieses vorsieht, kann zudem eine Entschädigung für verspätet oder überhaupt nicht abgerufene Anschlußaufträge verlangt werden.[513]

Die entsprechenden Vertragsbedingungen finden sich in Art. 18 C.C.A.G.-P.I. bzw. Art. 48 C.C.A.G.-M.I. wieder, nach denen in dem Fall, in welchem die Leistungen in einzelne technische Phasen unterteilt sind, der öffentliche Auftraggeber nach Abschluß jeder Phase entscheiden kann, ob er die weitere Durchführung des Auftrages beendet. Dies kann auch auf Verlangen des Auftragnehmers hin erfolgen. Voraussetzung hierfür ist jedoch, daß der Auftrag diese Möglichkeit vorsieht und jeder der Phasen ein eigener Betrag zugeordnet werden kann.[514] Art. 48 C.C.A.G.-M.I. unterfällt dabei Kapitel VII des C.C.A.G.-M.I., welches ausdrücklich den Fall betrifft, daß entweder ein industrieller Prototyp geliefert werden soll oder ein Auftrag einen bedeutenden Anteil an Studien in einem Los enthält.

Zu beachten ist schließlich, daß auch die Kombination der Vergabeformen der „marchés à tranches conditionnelles“ und „marchés à bons de commande“ dergestalt möglich ist, daß einzelne „tranches“ (Anschlußteile) in Form von „bons de commande“ (Bestellscheinen) ausgestaltet sind. Im Auftragsdokument müssen bereits die Zusammensetzung, der Preis und die Ausführungsmodalitäten der Leistungen sowohl für den Festauftrag als auch seine Anschlußteile festgelegt sein. Die Entscheidung über die Ausführung der Leistung des jeweils folgenden

---

507 Saleur/Nguyen, in: M.T.P. 29 sept. 1995, S. 50; vgl. Ziff. II.2.1, IV circulaire du 24 janv. 2000 relative aux marchés fractionnés, in: Rev.M.P. 2000, n° 1, S. 12 ff. (13, 20);

508 Clément/Bouchon/Cossalter, a. a. O., S. 48; vgl. Ziff. IV.4.1 circulaire du 24 janv. 2000 relative aux marchés fractionnés, in: Rev.M.P. 2000, n° 1, S. 12 ff. (20);

509 vgl. J.O. brochure n° 2012, Komm. zu Art. 18 C.C.A.G.-P.I.;

510 vgl. Ziff. IV.4.3.1 circulaire du 24 janv. 2000 relative aux marchés fractionnés, in: Rev.M.P. 2000, n° 1, S. 12 ff. (20);

511 Clément/Bouchon/Cossalter, a. a. O., S. 48; vgl. Ziff. IV.4.2 circulaire du 24 janv. 2000 relative aux marchés fractionnés, in: Rev.M.P. 2000, n° 1, S. 12 ff. (20);

512 vgl. Ziff. IV.4.3.2 circulaire du 24 janv. 2000 relative aux marchés fractionnés, in: Rev.M.P. 2000, n° 1, S. 12 ff. (20 f.); ein ähnlicher Mechanismus liegt Art. 18 C.C.A.G.-P.I. zugrunde, der in entsprechender Weise bestimmt, daß die Durchführung des Auftrags nach jedem einzelnen Abschnitt beendet werden kann, wenn der Auftrag diese Möglichkeit ausdrücklich vorsieht und jeder Phase ein gewisser Betrag entspricht;

513 vgl. Ziff. IV.4.3.2 circulaire du 24 janv. 2000 relative aux marchés fractionnés, in: Rev.M.P. 2000, n° 1, S. 12 ff. (20 f.);

514 vgl. hierzu: § 11 Ziff. 2 BVB-Erstellung bzw. Ziff. 1.2 und 5.1 EVB-IT-Erstellung, Entwurf, Stand: 24.02.1998, welche von „vereinbarten Zwischenergebnissen“ sprechen;

Teilauftrages fällt der für die Vergabe zuständige Beamte oder Vertreter und gibt diese mittels einseitiger schriftlicher Anweisung (décision écrite unilatérale) bekannt.[515]

Vorteil dieser Vergabeform ist somit ebenfalls die Vereinfachung des Vergabeverfahrens durch den Abschluß nur eines einzigen Vertrages mit einem Unternehmer und schließlich - wie bereits beim „marché à bons de commande" - möglicherweise ein besserer Preis.[516] Die Vergabeform eignet sich zudem sehr gut für die Erstellung von Individualsoftware, da hier einzelne Funktionseinheiten in stetiger Weiterentwicklung geplant, bewertet, realisiert, implementiert sowie im folgenden bis hin zu Prototypen und funktionsfähigen Versionen weiter ausgebaut oder aufgegeben werden können, falls Teilentwicklungen zu keinem Ergebnis führen.

Nachteilig ist im Bereich der öffentlichen Auftragsvergabe jedoch, daß nach Erstellung einer funktionsfähigen Version aufgrund der vorab getätigten umfassenden Planung eine sich weiter fortentwickelnde Softwareerstellung ausscheidet, da bislang das Wasserfallmodell (modèle de la cascade)[517] zur Anwendung kommt.

Die EG-Kommission hat in ihrem Richtlinien-Vorschlag über die Koordinierung der Verfahren zur Vergabe öffentlicher Lieferaufträge, Dienstleistungsaufträge und Bauaufträge[518] den Abschluß von Rahmenvereinbarungen nunmehr konkret als flexiblere Beschaffungstechnik mit aufgenommen. Als Grund hierfür wird die Notwendigkeit für den Auftraggeber gesehen, gerade auf dem Waren- und Dienstleistungsmarkt im Bereich der Informationstechnologie von der Entwicklung der Waren und Preise zu profitieren.[519] Gemäß Art. 1 Abs. 7 des Richtlinien-Vorschlags ist eine Rahmenvereinbarung eine Vereinbarung zwischen mehreren Wirtschaftsteilnehmern und einem Auftraggeber, aufgrund deren der Auftraggeber, nach Durchführung der Verfahren gemäß dieser Richtlinie bis zum Zeitpunkt der Vergabe, die Parteien dieser Vereinbarung auf der Grundlage der Angebote, die sie eingereicht haben, nach objektiven Kriterien, wie Qualität, Quantität, technischer Wert, Lieferfristen bzw. Ausführung der Arbeiten und Preisen den Auftragnehmer auswählt;[520] mit dieser Vereinbarung verpflichten sich die Wirtschaftsteilnehmer zur Einhaltung bestimmter, vom Auftraggeber festgelegter Bedingungen für die Aufträge, die im Rahmen der Vereinbarung vergeben werden. Die Laufzeit darf 3 Jahre, in begründeten Ausnahmefällen 5 Jahre, nicht überschreiten.[521] Zu beachten ist aber auch hier, daß die Rahmenvereinbarungen nur für wiederkehrende Beschaffungen zu verwenden sind,[522] und damit für standardisierte Lieferleistungen (Hardware,

---

[515] vgl. Ziff. IV.4.3.2 circulaire du 24 janv. 2000 relative aux marchés fractionnés, in: Rev.M.P. 2000, n° 1, S. 12 ff. (20 f.);
[516] Clément/Bouchon/Cossalter, a. a. O., S. 48;
[517] vgl. hierzu: Ziff. B.III.2.1.3.1;
[518] KOM(2000) 275 endg. vom 30.08.2000,
[519] vgl. Ziff. 4.1 Abs. 1 der Begründung KOM(2000) 275 endg. vom 30.08.2000;
[520] vgl. Art. 32 Ziff. 1 KOM(2000) 275 endg. vom 30.08.2000;
[521] vgl. Art. 32 Ziff. 3 Abs. 2 KOM(2000) 275 endg. vom 30.08.2000;
[522] vgl. Ziff. 4.2 Abs. 1 der Begründung KOM(2000) 275 endg. vom 30.08.2000;

Standardsoftware etc.) oder geistig-schöpferische Dienstleistungen, wie technischer Beistand.

Wenn die Verwaltung die nach außen zu vergebende Leistung somit inhaltlich beschrieben, die entsprechenden Verdingungsunterlagen erstellt und die geeignete Form der Vergabe gewählt hat, stellt sich im Bereich der komplexen IT-Beschaffungen nunmehr die Frage, welche Verfahrensart der Vergabe zugrunde gelegt werden kann und soll. Dabei kommt vor allem der Wahrung des Wettbewerbsprinzips eine bedeutende Rolle zu.

B. III. 5. Arten der Vergabe

Die der Vergabe zugrunde liegende Vergabeart hat Einfluß auf das gesamte Vergabeverfahren, insbesondere auf die Wertung der Angebote und die Möglichkeit von Verhandlungen mit den Bietern.

B. III. 5. 1. Überblick[523]

nach französischem Recht			nach deutschem Recht		
	unterhalb EG-Schwellenwert	oberhalb EG-Schwellenwert		unterhalb EG-Schwellenwert	oberhalb EG-Schwellenwert
adjudication ouverte, appel d'offres ouvert	Art. 85 ff. i. V. m. Art. 280 C.M.P.; Art. 94 ff. i. V. m. Art. 296 ff. C.M.P.	Art. 384 C.M.P.	öffentliche Ausschreibung	§ 3 Ziff. 2 i. V. m. Ziff. 1 Abs. 1 VOL/A	§§ 101 Abs. 2, 97 Abs. 6 GWB, § 3 a Ziff. 1 Abs. 1, 1. HS VOL/A
adjudication restreinte, appel d'offres restreint	Art. 91 f.; 96 ff. C.M.P.; 295, 298 bis ff. C.M.P.	Art. 385 C.M.P.	beschränkte Ausschreibung		
			a) mit öffentlichen Teilnahmewettbewerb	§ 3 Ziff. 3 i. V. m. Ziff. 1 Abs. 2, 4 VOL/A	§§ 101 Abs. 3, 97 Abs. 6 GWB, § 3 a Ziff. 1 Abs. 1, 2. HS VOL/A
			b) ohne öffentlichen Teilnahmewettbewerb	§ 3 Ziff. 3 i. V. m. Ziff. 1 Abs. 2 VOL/A	
marchés négociés			freihändige Vergabe		
précédés d'une mise en concurrence	Art. 104 I i. V. m. 103 C.M.P.; 308 C.M.P.	Art. 387 C.M.P.	a) mit öffentlichen Teilnahmewettbewerb	§ 3 Ziff. 4 i. V. m. Ziff. 1 Abs. 3, 4 VOL/A	§§ 101 Abs. 4, 97 Abs. 6 GWB, § 3 a Ziff. 1 Abs. 4 VOL/A
sans mise en concurrence	Art. 104 II C.M.P.; 308 C.M.P.	Art. 388 C.M.P.	b) ohne öffentlichen Teilnahmewettbewerb	§ 3 Ziff. 4 i. V. m. Ziff. 1 Abs. 3 VOL/A	§§ 101 Abs. 4, 97 Abs. 6 GWB, § 3 a Ziff. 2 VOL/A

Der Verwaltung ist es daran gelegen, möglichst frei ihren Vertragspartner auszuwählen und Verhandlungen - vor allem auch über den Preis - bis zum Vertragsschluß hin zu führen. Im Bereich der Informationstechnologie, und hier hauptsächlich der komplexen Softwareentwicklungen, wird dies meist mit der sich technisch und

---

[523] ohne Regelungen nach der EG-Sektorenrichtlinie (sog. b- Paragraphen);

organisatorisch häufig ergebenden Notwendigkeit zur Leistungsänderung bzw. –anpassung während des Vergabeverfahrens, und selbst danach, begründet.

Damit wird verstärkt auf das Verfahren der freihändigen Vergabe (marchés négociés) bzw. das Verhandlungsverfahren oberhalb der EG-Schwellenwerte zurückgegriffen, welches sowohl in Frankreich als auch in Deutschland nur minimalen Formerfordernissen unterliegt und jede Art von Verhandlung mit den Bietern, also auch gerade Preisverhandlungen,[524] erlaubt (engager librement les discussions). Vor allem besteht eine freie Entscheidungsmöglichkeit im Hinblick auf die Auswahl des zukünftigen Auftragnehmers.[525] Der freihändigen Vergabe kann ein öffentlicher Teilnahmewettbewerb (marchés négociés précédés d'une mise en concurrence) vorausgehen. Dies entspricht dem EG-Verhandlungsverfahren mit vorheriger öffentlicher Vergabebekanntmachung.[526]

Dieser auf den ersten Blick angemessenen Vergabeart stehen jedoch die förmlichen Verfahren der öffentlichen (adjudication ouverte bzw. appel d'offres ouvert) und beschränkten Ausschreibung (adjudication restreinte bzw. appel d'offres restreint) gegenüber, welche insbesondere durch umfangreiche Vorschriften zur Wahrung eines effektiven Wettbewerbs, wie beispielsweise Veröffentlichungspflichten und –fristen, gekennzeichnet sind. Die öffentliche Ausschreibung, die bei Vergaben oberhalb der EG-Schwellenwerte dem offenen Verfahren entspricht,[527] ist dabei dadurch gekennzeichnet, daß die Leistungen im vorgeschriebenen Verfahren nach öffentlicher Aufforderung einer unbeschränkten Zahl von Unternehmen zur Einreichung von Angeboten vergeben wird. Die beschränkte Ausschreibung, welche ebenfalls im Rahmen eines vorgeschriebenen Verfahrens nach öffentlicher Aufforderung einer beschränkten Zahl von Unternehmern zur Einreichung von Angeboten erfolgt, entspricht dem nichtoffenen Verfahren[528] bei Vergaben über dem EG-Schwellenwert.

Nachdem die freihändige Vergabe weitgehend ohne förmliches Verfahren erfolgt und damit nur eine geringe Justitiabilität ermöglicht wird, legen sowohl der C.M.P. als auch die VOL/A bzw. das GWB teilweise eine Rangfolge bei der Auswahl der Vergabeart fest, so daß der Verwaltung zumindest gewisse Grenzen bei der Auswahl der Vergabeart gesetzt sind.

B. III. 5. 2. Rangordnung

Im französischen Recht stellen der „appel d'offres" (Vergabe im Leistungswettbewerb) und die „adjudication" (Vergabe im Preiswettbewerb) die Hauptanwendungsfälle der Vergabe im öffentlichen Auftragswesen dar. Eine Hierarchie zwischen dem

---

[524] Daub/Eberstein-Müller, a. a. O., § 3, Rdnr. 11;
[525] Laguerre, in: La Gazette des communes, des départements et des régions 16 janv. au 5 févr. 1989, S. 39; Laguerre, in: Rev.M.P. juillet 1988, n° 235, S. 21 ff. (22);
[526] vgl. Art. 1 lit. f), 6 Abs. 1, 2 LKR, Art. 1 lit. f), 8, 11 Abs. 1, 2 DLR;
[527] vgl. Art. 1 lit. d), 6 Abs. 1, 4 LKR; Art. 1 lit. d), 8, 11 Abs. 1, 4 DLR;
[528] vgl. Art. 1 lit. e), 6 Abs. 1, 4 LKR; Art. 1 lit. e), 8, 11 Art. 1, 4 DLR;

offenen und beschränkten Vergabeverfahren ist hingegen nicht festgelegt.[529] Lediglich die freihändige Vergabe ist als Ausnahmeregelung nur in den eigens aufgeführten Fällen des Art. 104 C.M.P. zulässig, vgl. Art. 103 al. 2 C.M.P..[530] Die getroffene Auswahl, insbesondere diejenige der freihändigen Vergabe, ist bei staatlichen Aufträgen durch den verantwortlichen Auftraggeber nach Art. 203 - 3° C.M.P. in einem Bericht gesondert zu begründen.

Im deutschen Recht ist eine Rangordnung[531] in § 3 VOL/A für Vergabeverfahren unterhalb der EG-Schwellenwerte festgelegt worden - von der öffentlichen Ausschreibung über die beschränkte Ausschreibung bis hin zur freihändigen Vergabe mit und ohne vorherigem Teilnahmewettbewerb. Die öffentliche Ausschreibung muß stattfinden, soweit die Natur des Geschäfts oder besondere Umstände keine Ausnahme rechtfertigen.[532] Die beschränkte Ausschreibung soll in den einzeln aufgeführten Fällen des § 3 Ziff. 3 VOL/A angewandt werden. Die freihändige Vergabe ihrerseits ist abschließend in § 3 Ziff. 4 VOL/A geregelt. Diese Rangordnung wird auch für Verfahren oberhalb der EG-Schwellenwerte gemäß § 101 Abs. 5 GWB i. V. m. § 97 Abs. 6 GWB, § 3 a Ziff. 1 Abs. 1 VOL/A durchgehalten. Im deutschen Recht ist stets aktenkundig zu machen, weshalb von einer öffentlichen oder beschränkten Ausschreibung abgesehen worden ist.[533]

Die freihändige Vergabe unterliegt damit im französischen wie im deutschen Recht den explizit und abschließend aufgezählten Voraussetzungen, die eng auszulegen sind.[534] Die Beweislast dafür, daß die Voraussetzungen für die Anwendung einer solchen Vorschrift vorliegen, obliegt demjenigen, der sich auf die Vorschrift beruft.[535]

Zu untersuchen ist daher, inwieweit dem Interesse der Verwaltung bei komplexen Beschaffungen von Informationstechnologie nur durch eine freihändige Vergabe Rechnung getragen werden kann oder ob die dem Wettbewerbsprinzip weitgehend gerecht werdenden förmlichen Ausschreibungen Anwendung finden können und müssen, gerade auch im Hinblick auf den Rechtsschutz eines zu Unrecht ausgeschlossenen Bieters.

B. III. 5. 3. Ausgangssituationen

B. III. 5. 3. 1. Genaue Leistungsbeschreibung

Ein erster Grund für die ausnahmsweise Zulässigkeit der freihändigen Vergabe durch die öffentliche Verwaltung könnte darin liegen, daß bei der Beschaffung eines

[529] De Lamberterie/Bréchon-Moulènes, a. a. O., S. 25; vgl. auch Art. 83, 84, 279 C.M.P.;
[530] Berbari, in: M.T.P. 15 sept. 1995, S. 36 ff. (37);
[531] vgl. Daub/Eberstein-Müller, a. a. O., § 3, Rdnr. 16;
[532] vgl. § 3 Ziff. 2 VOL/A;
[533] vgl. §§ 3 Ziff. 5, 30 VOL/A; §§ 3 a Ziff. 3, 30 a VOL/A;
[534] EUGH, Rs. C-199/85, Slg. 1987, I - 1039; Rs. C-1318/94, Slg. 1996, I - 1949;
[535] EUGH, Rs. C-57/94, Slg. 1995, I - 1249;

gesamten DV-Systems oder bei der Erstellung von Individualsoftware die geforderten Leistungen anders als bei standardisierten Lieferleistungen trotz der Möglichkeit der funktionalen Leistungsbeschreibung[536] im vorhinein nach Art und Umfang nicht so exakt zu beschreiben sind, daß vergleichbare Angebote erwartet werden können. Zudem besteht die Notwendigkeit der gegenseitigen Information und Unterstützung, die insbesondere dazu führt, daß die entsprechenden, in der Leistungsbeschreibung enthaltenen Leistungen, kontinuierlich an die immer klarer werdenden Bedürfnisse angepaßt werden.

Im deutschen Recht bestimmt daher § 3 Ziff. 4 h) VOL/A für Verfahren unterhalb der EG-Schwellenwerte, daß die freihändige Vergabe dann stattfinden kann, wenn die Leistung nach Art und Umfang vor der Vergabe nicht so eindeutig und erschöpfend beschrieben werden kann, daß hinreichend vergleichbare Angebote erwartet werden können. § 3 a Ziff. 1 Abs. 4 c) VOL/A läßt für Vergaben oberhalb der EG-Schwellenwerte das Verhandlungsverfahren mit vorheriger öffentlicher Vergabebekanntmachung dann zu, wenn Dienstleistungsaufträge, insbesondere geistig-schöpferische Dienstleistungen, dergestalt sind, daß vertragliche Spezifikationen nicht hinreichend genau festgelegt werden können.

Im französischen Recht ist keine diesbezügliche Ausnahmevorschrift für eine freihändige Vergabe gegeben, obwohl eine entsprechende Hinzufügung im C.M.P. bereits diskutiert wurde.[537] Vielmehr wird hier das Verfahren des „appel d'offres sur performances"[538] (Vergabe im Leistungswettbewerb aufgrund funktionaler Leistungsbeschreibung) zur Hilfe herangezogen, bei welchem dem zugelassenen Kandidaten die Möglichkeit gegeben wird, zunächst auf der Basis eines Vorprojektes (avant-projet) eine Lösung anzubieten, welche nach Anhörung sämtlicher Konkurrenten noch weitgehend angepaßt, ergänzt oder geändert werden kann und die dieser sodann selbst ausführt.[539] Das „avant-projet", welches vom „maître d'œuvre" erarbeitet wird, präzisiert den Inhalt der vom Auftraggeber vorab im „programme" festgelegten „exigences" (allgemeine Forderungen), indem diese in „performances" (konkrete Leistungsanforderungen) umgesetzt werden.[540]

B. III. 5. 3. 2. Auftragsvolumen

Eine weitere Möglichkeit, einen Auftrag freihändig zu vergeben, läßt das französische Recht in Art. 104 I - 10° C.M.P. bis zu einem Auftragsvolumen von

---

536 vgl. hierzu: Ziff. B.III.2.1.2;
537 vgl. C.S.M./I., Rapport d'activité pour l'année 1988, S. 3 für den damals geltenden Art. 103 C.M.P.;
538 vgl. décret n° 93-733 relatif à la transparence des procédures dans les marchés publics et modifiant le Code des Marchés Publics du 27 mars 1993, J.O. 30 mars 1993, S. 5583; vgl. hierzu: Ben Soussan, in: Interface sept. 1993, n° 16, S. 29 ff.; vgl. ferner: loi de normalisation du 29 janv. 1993 et décrets d'application des 24, 26, 27 mars 1993 pris en application de la loi n° 85-704 du 12 juillet 1982 relative à la maîtrise d'ouvrage publique et à ses rapports avec la maîtrise d'œuvre privée, in: M.T.P. 19 juillet 1985, suppl. T.O., S. 2;
539 François, in: Rev.M.P. avril - mai 1993, n° 273, S. 29 f.;
540 vgl. Rocfort, in: Rev.M.P. nov. 1994, n° 285, S. 40; Lescure, a. a. O., S. 12 f.;

700.000,00 FF T.T.C.[541] zu, während das deutsche Recht nach § 3 Ziff. 4 p) VOL/A einen Auftragswert von lediglich 10.000,00 DM vorsieht. Dieser zuletzt genannte Betrag im deutschen Recht entspricht in etwa der Beschaffung nach Art. 123 bzw. 321 C.M.P. (travaux sur mémoires et achats sur factures) im französischen Recht, bei welchem für Aufträge bis zu einem Volumen von 300.000,00 FF T.T.C. pro Jahr die Möglichkeit einer vereinfachten Auftrags- und Zahlungsabwicklung außerhalb der strengen Formvorschriften des C.M.P. vorgesehen ist.

Gerade aufgrund der Technik und Verschiedenheit der Leistungen bei komplexen Beschaffungen, insbesondere wenn es um Modernisierung eines Informationsnetzes oder die Beschaffung einer gesamten Anwendungslösung nebst Entwicklung von Individualsoftware anstelle der Lieferung von Hardware und/oder Standardsoftware geht, wird dieser Ausnahmefall in der Regel jedoch selten eintreten, da diese Beschaffungen sehr kostenintensiv sind.[542]

Dies führt nun häufig dazu, daß die Auftragsvergabe sowohl in Frankreich[543] als auch in Deutschland[544] aufgespaltet wird, um die jeweiligen Auftragswerte nicht zu überschreiten und somit einem förmlichen Verfahren zu entgehen.[545] Falls diese Intention offenkundig ist (der Beweis wird dennoch schwer zu führen sein), ist die Aufspaltung rechtswidrig und die darauf beruhenden Aufträge sind nichtig.[546]

Es wird daher aufgrund des Ausnahmecharakters der freihändigen Vergabe im französischen Recht gefordert, daß bereits der „avis d'appel public à la concurrence" (Aufforderung zur Angebotsabgabe) die allgemeinen Hinweise und Leistungsbedingungen des Auftrags enthalten sowie die mögliche Auftragsvergabe in Lose und deren Anzahl angeben soll.[547] Die Verwaltung ist somit gehalten, vor dem eigentlichen Vergabeverfahren bereits die Aufträge, die sie in dieser Art und Weise ausführen will, näher zu kennzeichnen. Unterbleibt diese Kennzeichnung der Vergabe, führt dies zur Rechtswidrigkeit des zu vergebenden Auftrags.[548]

---

541 vgl. décret «simplification» du 15 déc. 1992, in: M.T.P. 25 déc. 1992, suppl. T.O., S. 196, complété par décret du 27 mars 1993, in: M.T.P. 9 avril 1993, suppl. T.O., S. 252;

542 Saleur/Nguyen, in: M.T.P. 29 sept. 1995, S. 50;

543 Clément/Bouchon/Cossalter, a. a. O., S. 108;

544 Heussen, in: CR 1996, S. 692 ff. (693);

545 T.A. de Toulouse 2 mars 1984, Commissaire de la République de la Haute-Garonne c/Commune de Saint-Lys, zitiert in: Rev.M.P. 1986, n° 216, S. 19; Laguerre, in: Rev.M.P. juillet 1988, n° 235, S. 21 ff. (23); Clément/Bouchon/Cossalter, a. a. O., S. 108; vgl. Müglich, in: CR 1997, S. 453 ff. (459); Laguerre, Concurrence, S. 59; vgl. auch: Müglich, in: CR 1997, S. 453 ff. (459) mit Hinweis auf die Stellungnahme des Wirtschafts- und Sozialausschusses zum „öffentlichen Beschaffungswesen": Aufteilung von Globalverträgen in kleinere Vorhaben in der Absicht, den Mindestschwellenwert für die Eröffnung der gemeinschaftlichen Auftragsvergabe zu umgehen; vgl. auch EUGH, Rs C-31/87, Slg. 1987, I - 4635 ff.; Rs. C-272/91, Slg. 1994, I - 1409;

546 T.A. Rennes 20 mars 1991, Préfet du département du Morbihan c/Ville de Vannes, req. n° 901818, zitiert in: Berbari, in: M.T.P. 26 août 1994, S. 22; vgl. auch: Peyrical, in: M.T.P. 4 mars 1994, S. 38; C.E. sect. 26. juillet 1991, Cne de Sainte-Marie de la Réunion, zitiert in: R.F.D.A. 1991, S. 966;

547 Peyrical, in: M.T.P. 1er avril 1994, S. 36 f. (37);

548 C.E. 30 mai 1986, Syndicat départemental d'électrification des Hautes-Pyrénées, Rec. Leb. 1986, S. 607;

Trotz einer Spaltung der Auftragsvergabe kann die Verwaltung jedoch dann nicht mehr die freihändige Vergabe wählen, wenn die Gesamtschau der „opération" ein Volumen oberhalb der festgesetzten Grenze im C.M.P. ergibt.[549] Was unter dem Begriff der „opération", der nicht mit demjenigen des „marché" (Auftrages) übereinstimmen muß, zu verstehen ist, ergibt sich dabei nicht aus dem C.M.P. selbst und kann auf verschiedene Weise interpretiert werden.[550]

Für den Praktiker umfaßt der Begriff der „opération" alle Tätigkeiten, die notwendig sind, um das Bedürfnis der Verwaltung zu bestimmen und die in einem logischen, technischen, funktionalen oder eventuell auch wirtschaftlichen und finanziellen Zusammenhang stehen,[551] also sämtliche Leistungen, die vonnöten sind, um ein einheitliches Bedürfnis zu befriedigen. Bei Liefer- und Dienstleistungen handelt es sich vorwiegend um Fragen der betroffenen Funktionalitäten und des Budgetrahmens.[552] Damit kann eine „opération" sowohl die vorhergehenden Studien als auch die sich anschließenden Lieferleistungen betreffen.[553] Auf den Bereich der Informationstechnologie bezogen gilt beispielsweise:[554]

> „Une opération est un ensemble fonctionnel répondant à l'usage que l'administration veut avoir de la prestation, un exemple étant l'achat d'un matériel informatique avec ses logiciels d'application et sa maintenance, l'ensemble représentant une même opération."

Eine „opération" stellt somit ein funktionales Gebilde dar, welches sämtliche Leistungen umfaßt, die von der Verwaltung zum Gebrauch erwartet werden können, z. B. der Kauf von Hardware mit Betriebssoftware nebst Wartung. Diese Auslegung wird entsprechend auch auf die Beschaffung eines gesamten DV-Systems mit den zusätzlichen Komponenten der Softwareerstellung, -pflege und sonstigen Annex-Leistungen anzuwenden sein.

Für die C.C.M.[555] umfaßt der Begriff der „opération" lediglich Leistungen gleicher Natur, d. h. gleicher Leistungskategorien, also beispielsweise mehrere Studienaufträge,[556] wobei auch hier das einheitliche Finanzierungskonzept eine Rolle spielen kann.[557]

---

549 C.E. sect. 29 janv. 1982, Martin, Rec. Leb. 1982, S. 44; C.E. 26 juillet 1991, Commune de Sainte-Marie-de-la-Réunion, req. n° 117.717, zitiert in: Rev.M.P. déc. 1991, n° 262, S. 9; C.E. 14 janv. 1998, Conseil régional de la région Centre, zitiert in: Rev.M.P. 1999, n° 3, S. 5; T.A. de Rennes, 1er mars 1995, Préfet, commissaire de la République d'Ille-et-Vilaine, in: Rev.M.P. 1995 - 1996, n° 5, S. 13 f.;

550 Laguerre, Concurrence, S. 92;

551 vgl. C.C.M., in: Rev.M.P. mars 1994, n° 280, S. 5;

552 Clément/Bouchon/Cossalter, a. a. O., S. 107;

553 Berbari, in: M.T.P. 26 août 1994, S. 22;

554 Flash, Achats publics oct. 1995, n° 26, S. 20 ff. (21);

555 vgl. Ziff. B.III.1.3.1;

556 Berbari, in: M.T.P. 26 août 1994, S. 22;

557 Peyrical, in: M.T.P. 1er avril 1994, S. 36 ff. (37);

Der Auftragswert wird dabei

> „pour l'ensemble de l'opération et non par marché,
> par lot, par fournisseur ou par an“

bestimmt, somit für das gesamte Projekt und nicht pro Auftrag, pro Los, pro Unternehmer oder pro Jahr. Beim „marché à bons de commande“ (Bestellauftrag) ist damit der maximale Auftragswert entscheidend,[558] wobei aufgrund des Ausnahmecharakters eine weite Interpretation zu wählen ist.[559]

Peyrical[560] regt daher an, anstelle der Einführung weiterer Zwänge beim Verfahren der „marchés négociés“, welche das Verfahren denaturieren, einige Begriffe, wie denjenigen der „opération“, genauer nach Inhalt und Umfang zu fassen.

Da gerade im Bereich der Erstellung von Individualsoftware häufig eine technisch und organisatorisch absolut unteilbare Leistung gegeben sein wird, die einer entsprechenden Nachprüfung zugänglich ist, läßt sich der Plan der willkürlichen Trennung der Beschaffung hier schwer realisieren.[561]

B. III. 5. 3. 3. Beschränkter Kreis an Unternehmern bzw. nur ein einziger Unternehmer

Während im Bereich der Hardware und Standardsoftware eine große Anzahl an potentiellen Bietern vorhanden ist, sind in der Regel nur wenige Unternehmen in der Lage, komplexe Systemerstellungen durchzuführen bzw. ganze DV-Systeme zu liefern. Häufig steht sogar nur ein einziger Unternehmer (entrepreneur unique/déterminé) zur Verfügung. Die beschränkte Ausschreibung rechtfertigt sich dann nicht, da zahlreiche Bewerber zur Teilnahme veranlaßt würden - mit dem daraus resultierenden höheren Aufwand -, deren Angebote mangels einer entsprechenden Eignung bei der Wertung ausgeschieden werden müßten.[562]

Das französische Recht sieht daher eine Vergabe im Wege der „marchés négociés“ einerseits dann für zulässig an, wenn die geforderte Leistung die Verwendung von patentierten Erfindungen, Lizenzen oder Ausschließlichkeitsrechten erfordert, die nur ein bestimmtes Unternehmen besitzt (Art. 104 II - 1° C.M.P.), oder andererseits dann, wenn die Bedürfnisse nur durch Leistungen befriedigt werden können, die aufgrund von technischen Notwendigkeiten, umfangreichen vorherigen Investitionen, besonderen Installationen oder Know-how (savoir-faire) nur einem bestimmten

---

558 C.C.M., in: T.M.P. janv. 1993, n° 172, S. 2;
559 C.C.M., in: Rev.M.P. mars 1994, n° 280, S. 5;
560 Peyrical, in: M.T.P. 4 mars 1994, S. 38;
561 Heussen, in: CR 1996, S. 692 ff. (693);
562 Daub/Eberstein-Müller, a. a. O., § 3, Rdnr. 18;

Unternehmen anvertraut werden können (Art. 104 II - 2° C.M.P.).[563] Kontinuität und vor allem Homogenität der Beschaffungen sowie insbesondere Softwarepflege stellen einen Grund für Art. 104 II - 2° C.M.P. dar.[564] Nicht ausreichend ist jedoch das Kriterium, daß die früheren Arbeiten zufriedenstellend ausgeführt wurden.[565] Insbesondere genügt auch nicht, daß eine Softwarefirma bereits bei anderen Behörden Anwendersoftware erstellt hat.[566] Unter dem Gesichtspunkt eines effektiven Wettbewerbs sollten zudem mindestens drei Unternehmen im Rahmen der Vergabe konsultiert werden.[567]

Im deutschen Recht kann bei Vergaben unterhalb der EG-Schwellenwerte in ähnlicher Weise eine freihändige Vergabe dann stattfinden, wenn für die Leistung aus besonderen Gründen (z. B. Erfahrungen, Zuverlässigkeit, besondere Einrichtungen, spezielles Personal oder bestimmte Ausführungsarten) nur ein einziges Unternehmen in Betracht kommt (§ 3 Ziff. 4 a) VOL/A). Bei Vergaben oberhalb der EG-Schwellenwerte gilt dies für Aufträge, die wegen ihrer technischen oder künstlerischen Besonderheiten oder aufgrund des Schutzes eines Ausschließlichkeitsrechtes (z. B. Patent- oder Urheberrecht) nur von einem bestimmten Unternehmen ausgeführt werden können.[568] Dies setzt jedoch voraus, daß der öffentliche Auftraggeber genaue und aktuelle Kenntnisse des Marktes bereits vor dem eigentlichen Beginn des Beschaffungsprozesses erlangt hat und diesen zuverlässig übersieht.[569] Soweit aber nach § 3 Ziff. 3 a) VOL/A die Leistung nach ihrer Eigenart von einem beschränkten Kreis von Unternehmen in geeigneter Weise ausgeführt werden kann, besonders, was die außergewöhnliche Fachkunde (d. h. spezielle, ungewöhnliche Kenntnisse auf dem betreffenden Gebiet), Zuverlässigkeit (d. h. finanzielle/wirtschaftliche Situation, Qualität etc.) oder Leistungsfähigkeit (z. B. Nachweis erbrachter Leistungen, Kundendienst, vorteilhafte örtliche Lage etc.) anbelangt, ist grundsätzlich die beschränkte Auftragsvergabe durchzuführen.[570] Müller[571] regt daher an, insbesondere aufgrund der raschen wirtschaftlichen Entwicklung der Märkte, nach mehrmaliger freihändiger Vergabe immer wieder öffentlich auszuschreiben oder zumindest einen Teilnahmewettbewerb nach § 3 Ziff. 1 Abs. 4 VOL/A durchzuführen, um so eine optimale objektive Markterkundung zu gewährleisten.

B. III. 5. 3. 4. Forschungs- und Entwicklungsaufträge

Forschungs- und Entwicklungsaufträge sind durch ihre Unsicherheit hinsichtlich des Erreichens ihres angestrebten Ziels, der geplanten Kosten und der hierfür ange-

---

563 C. E. 21 mai 1986, Sté Schlumberger et S.I.V.E.E.R. c/Corep de la Vienne, req. n° 56848, zitiert in: Guibal, Code des marchés publics, Réglementation française, Art. 104, S. I.2/76;
564 Sauvestre, in: Rev.M.P. juillet - août 1990, n° 251, S. 23 ff. (26);
565 C.E. 13 févr. 1987 Bonhenry c/Préfet de l'Yonne, req. n° 47971, zitiert in: Guibal, Code des marchés publics, Réglementation française, Art. 104, S. I.2/76;
566 C.E. 2 nov. 1988, Corep des Hauts-de-Seine, Rec. Leb. 1988, tables, S. 891;
567 vgl. C.S.M./I., Rapport d'activité pour l'année 1992, S. 11;
568 vgl. § 3 a Ziff. 2 c) VOL/A bzw. § 5 Abs. 2 b) VOF;
569 Daub/Eberstein-Müller, a. a. O., § 3, Rdnr. 28; Trybus, in: VgR 1/1998, S. 24; vgl. § 4 Ziff. 1 VOL/A;
570 Daub/Eberstein-Müller, a. a. O., § 3, Rdnr. 28; Bartl, a. a. O., Rdnr. 92 ff.;
571 Daub/Eberstein-Müller, a. a. O., § 3, Rdnr. 28;

setzten Zeit gekennzeichnet.[572] Dies trifft inhaltlich sowohl auf IT-Studien als auch die Entwicklung von Individualsoftware zu.

Nach Art. 104 I - 1° bzw. Art. 308 C.M.P. kann daher in Frankreich bei Aufträgen, die zum Zwecke von Forschung, Untersuchungen, Versuchen oder Verbesserungen durchgeführt werden, der Weg der freihändigen Vergabe gewählt werden. Dies gilt sowohl für Liefer- als auch Dienstleistungsaufträge.

§ 3 Ziff. 4 Abs. 1 VOL/A bestimmt im deutschen Recht, daß die freihändige Vergabe dann zulässig ist, wenn es sich um Leistungen handelt, die besondere schöpferische Fähigkeiten verlangen. Für den Bereich oberhalb der EG-Schwellenwerte kann nach § 3 a Ziff. 2 b) VOL/A ein Auftrag im Verhandlungsverfahren ohne vorherige öffentliche Vergabebekanntmachung vergeben werden, wenn es sich um die Lieferung von Waren handelt, die nur zum Zwecke von Forschung, Versuchen, Untersuchungen, Entwicklungen oder Verbesserungen hergestellt werden, was jedoch gerade auf den Bereich der Softwareerstellung nicht zutrifft. Nachdem Studien, Entwicklung von Software-Paketen, geistig-schöpferische Dienstleistungen, bzw. Leistungen, die nicht präzise festlegbar sind,[573] Leistungen nach Anhang I A, Kat. 7 (Datenverarbeitung und verbundene Tätigkeiten) der Dienstleistungsrichtlinie darstellen,[574] ist ferner § 5 VOF zu beachten, der bei Leistungen eines freiberuflich Tätigen[575] mit grenzüberschreitender Relevanz (z. B. EDV-Berater für Systemsoftwareentwicklung)[576] generell die Vergabe im sogenannten Verhandlungsverfahren vorsieht und die öffentliche oder beschränkte Ausschreibung grundsätzlich ausschließt.[577]

Zu beachten ist, daß viele Unternehmen nur dann Planungs- bzw. Entwicklungsleistungen ausführen, wenn sie in der Folge auch einen angemessenen Lieferauftrag erhalten,[578] was im folgenden Abschnitt erörtert werden soll.

B. III. 5. 3. 5. Folgeaufträge im Anschluß an Entwicklungsleistungen

Wie bereits im Zusammenhang mit der Planung von IT-Vorhaben und der Problematik der funktionalen Leistungsbeschreibung angesprochen,[579] kann es gerade im Rahmen der Individualsoftwareerstellung sinnvoll sein, im Anschluß an Studien bzw.

[572] Daub/Eberstein-Zdzieblo, a. a. O., § 8, Rdnr. 48, Fn. 16; Müller-Hengstenberg, BVB-Computersoftware, S. 170 f.;
[573] Unter Leistungen, die vorab nicht beschreibbar sind, versteht man geistig-schöpferische Leistungen für eine Aufgabe, deren Lösung sich erst durch diese Leistungen entwickelt, vgl. Kaufhold/Mayerhofer/Reichl, a. a. O., Anm. VI, § 2, Rdnr. 27;
[574] vgl. Kaufhold/Mayerhofer/Reichl, a. a. O., Anm. VI, § 2, Rdnr. 9; Schabel, in: CR 1999, S. 477 ff. (479);
[575] Die Entwicklung von Anwendersoftware selbst ist eine gewerbliche Tätigkeit;
[576] vgl. Schabel, in: CR 1999, S. 477 ff. (480);
[577] Brandi-Dohrn, in: NJW 1998, S. 857 ff. (858);
[578] Daub/Eberstein-Müller, a. a. O., § 3, Rdnr. 34;
[579] vgl. hierzu: Ziff. B.III.2.1.2;

Entwicklungsleistungen Aufträge in angemessenem Umfang und für angemessene Zeit an solche Unternehmen zu vergeben, die bereits an der Entwicklung beteiligt waren.[580] Zum einen ist hier der Kostenfaktor zu berücksichtigen, da jede Planung und Studie bereits einen Teil der zu erstellenden Individualsoftware oder angepaßten Standardsoftware darstellen wird. Zum anderen muß bedacht werden, daß bei der Vergabe von Studienaufträgen nach außen im Bereich der Softwareentwicklung bereits Schutz- und Verwertungsrechte eines Unternehmers resultieren können, die die Verwaltung an den Erstunternehmer binden. Es werden daher in Teilbereichen gegebenenfalls Parallelentwicklungen vergeben, um nebeneinander mehrere Lösungen der Entwicklungsaufgabe zur Auswahl zu erhalten. Zudem wird man hierdurch für die eigentliche Erstellung nicht auf einen einzigen Bieter beschränkt und kann erreichen, daß die Entwickler den Auftraggebern eventuelle Nutzungsrechte eher und billiger einräumen.[581] Jedenfalls setzt die Weiterentwicklung durch ein anderes Unternehmen voraus, daß mit den Studien eine ausreichende Dokumentation mitgeliefert wird.

Im französischen Recht ist für Vergaben von Folgeleistungen an diejenigen Unternehmen, deren Lösungsvorschlag im Rahmen der zuvor durchgeführten Spezifizierungsaufträge ausgewählt wurde, die freihändige Vergabe (marchés négociés) ohne vorherigen Teilnahmewettbewerb zulässig.[582] Jedoch kann auch hier das Verfahren des „appel d'offres sur performances“ (Vergabe im Leistungswettbewerb aufgrund funktionaler Leistungsbeschreibung) für die Vergabe gewählt werden.[583] Das Verfahren des „appel d'offres sur performances“ entspricht inhaltlich dem früheren „appel d'offres avec concours“[584] (Vergabe im Leistungswettbewerb nach öffentlicher Ausschreibung, vgl. Art. 98 bzw. 302 C.M.P.) und kann sowohl die Planung eines Projekts als auch die anschließende Ausführung oder die teilweise oder vollständige Ausführung eines zuvor teilweise oder vollständig ausgearbeiteten Projekts betreffen.[585] Dabei ist dieses Verfahren von den Aufträgen „conception - réalisation“[586]

---

[580] Bartl, a. a. O., Rdnr. 102;
[581] Daub/Eberstein-Müller, a. a. O., § 3, Rdnr. 37;
[582] vgl. Art. 104 II - 3° i. V. m. Art. 108 C.M.P.;
[583] Lescure, a. a. O., S. 20; vgl. C.C.M./I.C. A. 1-93: Recommandation relative à l'usage, en informatique, des appels d'offres sur performances et des marchés de définition, proposée par le Groupe permanent d'étude des marchés de traitement d'information, des matériels de communication et prestations connexes (G.P.E.M./I.C.), adoptée le 15 déc. 1993 par la section technique de la Commission centrale des marchés, B.O.C.C.R.F. 28 janv. 1994, S. 49 f.;
[584] vgl. Art. 4 Abs. 1 décret n° 93-733 relatif à la transparence des procédures dans les marchés publics et modifiant le Code des Marchés Publics du 27 mars 1993, J.O. 30 mars 1993, S. 5583; Art. 3 Abs. 7 décret n° 94-96 du 28 janv. 1994, J.O. 4 févr. 1994; Der „appel d'offres avec concours“ war vor Einführung des „appel d'offres sur performances“ das angeratene Verfahren (vgl. hierzu: C.C.M./I.C. A. 1-89: Recommandation relative à l'usage des appels d'offres avec concours et des marchés de définition, B.O.C.C.R.F. 29 juin 1989, S. 165 f.; Saleur/Nguyen, in: M.T.P. 29 sept. 1995, S. 50). Die Einrichtung der Jury macht das Verfahren „schwer“ (lourdeur), so daß dieses nur bei sehr wichtigen Aufträgen, die zu einem Großteil die „matière grise“ (geistige Leistung) betreffen, angewandt werden sollte; es betrifft jetzt nur noch die Ausarbeitung eines Projektes, also die „prestations intellectuelles conduisant à préconiser un parti dans le domaine concerné“ (geistigen Leistungen, um einen Vorteil auf einem bestimmten Gebiet herauszufinden), somit einen Ideenwettbewerb (vgl. hierzu: François, in: Rev.M.P. avril - mai 1993, n° 273, S. 29 f.; Flash, Achats Publics nov. 1993, S. 16 f. (17); C.C.M., in: T.M.P. juillet 1993, n° 177, S. 1);
[585] Flash, Achats Publics nov. 1993, S. 16; Ben Soussan, in: Interface sept. 1993, n° 16, S. 29 ff. (30);
[586] vgl. décret n° 93-1270 du 29 nov. 1993, in: M.T.P. 3 déc. 1993, suppl. T.O., S. 232 bzw. J.O. 1er déc. 1993; Rouquette, in: M.T.P. 22 avril 1994, S. 52 ff.; Florence, in: Rev.M.P. 1988, n° 237, S. 29 ff.;

(Art. 100 C.M.P.) abzugrenzen. Diese betreffen zwar ebenfalls Aufträge, welche sowohl die Erarbeitung von Studien aufgrund des von der Verwaltung gelieferten Basisprogramms als auch die anschließende Ausführung der Arbeiten beinhalten, wenn es aufgrund technischer Gründe notwendig ist, daß der Unternehmer auch die Studien durchführt.[587] Zu beachten ist aber, daß der Anwendungsbereich der „marchés de conception - réalisation" stark begrenzt ist. Es werden hiervon grundsätzlich nur die Verwirklichung von Bauwerken (sozialer Wohnungsbau mit eingeschlossen) oder der Aufbau von Infrastruktur nebst deren industrieller Ausstattung umfaßt.[588]

Im deutschen Recht wurde für Folgeaufträge im Anschluß an Entwicklungsleistungen in § 3 Ziff. 4 b) VOL/A ebenfalls ein Ausnahmetatbestand für die freihändige Vergabe geschaffen. Für Vergaben oberhalb der EG-Schwellenwerte hingegen ist keine explizite Regelung vorhanden, so daß ein Verhandlungsverfahren insoweit unzulässig ist.

B. III. 5. 3. 6. Erneute Ausschreibung nach erfolglosem Verfahren

Hat eine Behörde bei der Beschaffung ihres DV-Systems den Weg der Ausschreibung im förmlichen Verfahren, in Frankreich den „appel d'offres" gewählt, so kann es beispielsweise dazu kommen, daß überhaupt kein Angebot abgegeben wird, die angebotenen Leistungen nicht den Bedürfnissen der Verwaltung entsprechen oder sich die Grundlagen der Ausschreibung wesentlich geändert haben.

Ursachen für ein solches erfolgloses Verfahren können dabei folgende sein:[589] Zunächst können durch die Verwaltung die Fristen bis zur Angebotsabgabe zu kurz bemessen worden sein, insbesondere wenn im Softwareerstellungsverfahren vorab beim Anbieter noch Studien bzw. Voruntersuchungen durchzuführen sind. Auch können im Falle einer beschränkten Ausschreibung zu wenige Unternehmen zur Angebotsabgabe ausgewählt worden sein. Ferner kommt es mangels der Möglichkeit, stets exakt im voraus die Leistungen bei komplexen IT-Beschaffungen definieren zu können, zu unzureichenden Pflichtenheften (cahiers des charges) oder zu sonstigen Fehlern und Unzulänglichkeiten in den Verdingungsunterlagen. Schließlich kann Hintergrund eines unbefriedigenden Angebotes eine Unterschätzung der effektiven Kosten der ausgeschriebenen Leistungen durch den für die Vergabe zuständigen Beamten sein. In diesem Fall können entweder - bei lediglich geringen finanziellen Auswirkungen - einige der beteiligten Unternehmen unter gleichzeitiger Streichung von Teilen der geforderten Leistung erneut ohne weiteres Vergabeverfahren angehört werden oder es werden in der Praxis die benötigten technischen Leistungen vollständig im Rahmen echter Verhandlungen (négociations) angepaßt.

---

[587] vgl. Art. 18 Abs. 1 de la loi n° 85-704 du 12 juillet 1985 modifiée relative à la maîtrise d'ouvrage public et à ses rapports avec la maîtrise d'oeuvre privé, J.O. 13 juillet 1985;

[588] vgl. Art. 1er de la loi n° 85-704 du 12 juillet 1985 modifiée relative à la maîtrise d'ouvrage public et à ses rapports avec la maîtrise d'oeuvre privé, J.O. 13 juillet 1985;

[589] C.C.M., in: M.T.P. 29 avril 1988, S. 78;

Im französischen Recht kann der verantwortliche Vertragspartner in dem Fall, in welchem ihm keines der Angebote akzeptabel erscheint, den Auftrag nicht vergeben und den „appel d'offres" für ungültig (infructueux) erklären.[590] Die Kandidaten werden hiervon in Kenntnis gesetzt und der verantwortliche Auftraggeber entscheidet, ob er nunmehr nach Behebung etwaiger Mängel, insbesondere nach Beseitigung derjenigen Elemente, die einen Wettbewerb begrenzt oder ausgeschlossen haben, eine neue förmliche oder eine freihändige Vergabe (vgl. Art. 104 I - 2° C.M.P.) durchführen will. Im letzteren Fall hat er mindestens die Hälfte der Kandidaten, die Angebote abgegeben haben, erneut zu konsultieren. Dies gilt auch dann, wenn zwar bereits ein Angebot ausgewählt wurde, die Verwaltung dann aber auf die Unterzeichnung und Durchführung des Auftrages verzichtet,[591] indem sie den „appel d'offres" nachträglich für ungültig erklärt.

Die Beurteilung des akzeptablen Charakters eines Angebots stellt dabei eine Ermessensentscheidung der Behörde dar, was teilweise zu einem Mißbrauch dahingehend führt, daß ein „appel d'offres" einzig aus dem Grunde für ungültig erklärt wird, daß im Anschluß daran eine freihändige Auftragsvergabe stattfinden kann.[592]

Im deutschen Recht kann ebenfalls auf die freihändige Vergabe zurückgegriffen werden, wenn nach Aufhebung einer öffentlichen oder beschränkten Ausschreibung[593] eine erneute förmliche Ausschreibung kein wirtschaftliches Ergebnis verspricht.[594]

B. III. 5. 3. 7. Zusätzliche Lieferungen/Leistungen

Im Zusammenhang mit der Beschaffung von Informationstechnologie kommt es häufig im Verhältnis zu den bislang vergebenen Aufträgen entweder aufgrund unvorhergesehener Ereignisse oder willentlicher Entscheidungen des öffentlichen Auftraggebers zu einem erhöhten oder erweiterten Bedarf an Lieferungen oder Leistungen. Hiervon sind jedoch inhaltliche Leistungsänderungen nach Vertragsschluß abzugrenzen.[595] Diese zusätzlichen Lieferungen und Leistungen können entsprechend den nachfolgenden Ausführungen in gewissem Umfang im Wege der freihändigen Vergabe vergeben werden.

---

590 vgl. Art. 95 ter al. 2 bzw. 298 al. 2, 97 quater al. 2 bzw. 300 bis al. 2 C.M.P.;
591 Sabiani, a. a. O., Anm. E[1];
592 vgl. hierzu: Gosselin, in: A.P.A.S.P., La négociation, S. B-3; De Lamberterie/Bréchon-Moulènes, a. a. O., S. 102 f., die davon ausgehen, daß die Verwaltung den „appel d'offres" als "Meinungsumfrage" gebraucht, um den Stand des Auftrages zu erfassen, insbesondere in einem evolutiven Bereich (wie der Informationstechnik);
593 vgl. § 26 VOL/A;
594 vgl. §§ 3 Ziff. 4 n), 3 a Ziff. 2 a) VOL/A;
595 vgl. Ziff. B.III.6;

So bestimmt im französischen Recht Art. 388 al. 2 C.M.P. für Vergaben oberhalb der EG-Schwellenwerte in Bezug auf die freihändige Vergabe, daß die Gesamtsumme des Auftrages, die aus zusätzlichen Arbeiten in Anwendung von Art. 104 II - 2° C.M.P. herrührt, nicht über 50% des Ausgangsvertrages hinausgehen darf.[596] Im deutschem Recht läßt § 3 Ziff. 4 d) VOL/A für Vergaben unterhalb der EG-Schwellenwerte die freihändige Vergabe bei geringfügigen Nachbestellungen im Anschluß an einen bestehenden Vertrag zu, wenn kein höherer Preis als für die ursprüngliche Leistung gefordert wird und von einer Ausschreibung kein wirtschaftlicheres Ergebnis zu erwarten ist. Die Nachbestellungen sollen insgesamt 20 % des Wertes der ursprünglichen Leistung nicht überschreiten. § 3 a Ziff. 2 e) VOL/A seinerseits regelt für die Vergaben oberhalb der EG-Schwellenwerte, daß die Auftraggeber Aufträge im Verhandlungsverfahren ohne vorherige öffentliche Vergabebekanntmachung bei zusätzlichen Lieferungen des ursprünglichen Auftragnehmers vergeben können, die entweder zur teilweisen Erneuerung von gelieferten Waren oder Einrichtungen zur laufenden Benutzung oder zur Erweiterung von Lieferungen oder bestehenden Einrichtungen bestimmt sind, wenn ein Wechsel des Unternehmens dazu führen würde, daß der Auftraggeber Waren mit unterschiedlichen technischen Merkmalen kaufen müßte und dies eine technische Unvereinbarkeit oder unverhältnismäßige technische Schwierigkeiten bei Gebrauch, Betrieb oder Wartung mit sich bringen würde. Gleiches gilt für zusätzliche Dienstleistungen nach § 3 a Ziff. 2 f) VOL/A bzw. § 5 Abs. 2 e) VOF, wobei hier der Gesamtwert der Aufträge für die zusätzlichen Dienstleistungen 50% des Wertes des Hauptauftrages nicht überschreiten darf.

Um zu einer abschließenden Stellungnahme hinsichtlich der Zweck- und Rechtmäßigkeit der einzelnen zur Verfügung stehenden Vergabeverfahren im Bereich der Beschaffung von Informationstechnologie zu gelangen, ist im folgenden zu überprüfen, welchen inhaltlichen Ausprägungen die einzelnen Vergabearten während des Verfahrens unterliegen.

B. III. 5. 4. Verfahren bis Zuschlagserteilung

Während bei der freihändigen Vergabe im Rahmen des Verfahrens kaum Probleme auftreten, da über die eingegangenen Angebote mit den zugelassenen Unternehmen frei verhandelt werden kann, insbesondere auch Leistungsänderungen und Preisanpassungen vorgenommen werden dürfen, was dem Interesse der Verwaltung bei komplexen IT-Beschaffungen sehr entgegen kommt, stellt sich die Frage, ob auch die stark formalisierten Vergabeverfahren der öffentlichen bzw. beschränkten Ausschreibung unter Berücksichtigung etwaiger zulässiger Verhandlungsmöglichkeiten (négociation) zu einer vernünftigen Zuschlagserteilung führen können.

---

[596] C.C.M., in: Rev.M.P. 1995 - 1996, n° 2, S. 3: dieser Wert stellt die Grenze für Schadensersatzleistungen dar;

B. III. 5. 4. 1. Eignungsprüfung

Sowohl im französischen als auch im deutschen Recht muß jeder Auftragnehmer zunächst gewisse persönliche Kriterien erfüllen, um eine Zugangsberechtigung zu öffentlichen Aufträgen zu haben.[597]

Diese Kriterien umfassen zunächst die allgemeine Rechts- bzw. Geschäftsfähigkeit (capacités juridiques). Die einzelnen Ausschlußgründe, wie Liquidationstatus, Insolvenz, verwaltungs-, straf- oder steuerrechtliche Verfehlungen, ergeben sich im französischen Recht aus den Art. 48 bis 56 C.M.P. und im deutschen Recht aus den §§ 7 Ziff. 5 und 25 Ziff. 1 Abs. 2 b) VOL/A.

Die Auftragnehmer müssen des weiteren die technischen und finanziellen Fähigkeiten (capacités techniques et financières) zur Durchführung des öffentlichen Auftrags nachweisen und aufbringen. Diese Voraussetzungen sind in Frankreich in Art. 50 bzw. 259 C.M.P. niedergelegt. Nach Art. 297 al. 1 C.M.P. kann der Auftraggeber daher ein Unternehmen aufgrund ungenügender Fähigkeiten vom Vergabeverfahren ausschließen.[598] Im deutschen Recht sind gemäß § 25 Ziff. 2 Abs. 1 VOL/A nur Bieter zu berücksichtigen, die für die Erfüllung der vertraglichen Verpflichtungen die erforderliche Fachkunde, Leistungsfähigkeit und Zuverlässigkeit besitzen. Für Aufträge, welche die EG-Schwellenwerte erreichen oder überschreiten ergibt sich dies aus § 97 Abs. 4 GWB. Der Wettbewerb darf insbesondere nicht durch vergabefremde Aspekte, wie z. B. Tariftreue, Lehrlingsausbildung etc.,[599] verzerrt werden.[600] Auch das Interesse der öffentlichen Hand an einer sparsamen und wirtschaftlichen Verwendung öffentlicher Mittel läßt es zweckmäßig erscheinen, systemfremde Kriterien nicht zu berücksichtigen.[601] Unzulässig ist auch eine nachträgliche Änderung der Kriterien zur Feststellung der Leistungsfähigkeit des Bewerbers.[602]

Bei IT-Beschaffungen kommt es gerade im Bereich der Leistungsfähigkeit auf das Vorhandensein der personellen, technischen und wirtschaftlichen Mittel an, welche die Ausführung der konkreten Systemerstellung auf Dauer sichern. Insbesondere müssen die erforderlichen Gerätschaften und das Know-how vorhanden sein.[603] Die Leistungsfähigkeit des zukünftigen Auftragnehmers kann dabei nicht durch die entsprechende Eignung von Subunternehmern ersetzt werden, die zur Auftragsdurchführung eingeschaltet werden. In Bezug auf die Fachkunde und Zuverlässigkeit

---

597 vgl. hierzu: C.C.M., in: Rev.M.P. 1995 - 1996, n° 3, S. 4;
598 C.E. 28 mars 1980, Centre hospitalier de Seclin, zitiert in: Rev.M.P. 1980, n° 176, S. 24 f., concl. de Mme Latournerie; C.E. 26 janv. 1966, Sté Ouest-peinture, Rec. Leb. 1966, S. 61 ff.; C.A.A. Bordeaux 3 avril 1990, S.A. Ets J. Richard Ducros, zitiert in: Chabanol/Jouguelet, a. a. O., S. 86;
599 vgl. Daub/Eberstein-Kulartz, a. a. O., § 25, Rdnr. 41;
600 Rust, in: EuZW 1999, S. 453 ff. (454);
601 Daub/Eberstein-Kulartz, a. a. O., § 25, Rdnr. 42;
602 Müglich, in: CR 1997, S. 453 ff. (459); vgl. auch EUGH, Rs. C-87/94, ABl. EG Nr. C 180 vom 22.06.1996, S. 12;
603 vgl. Lupp, a. a. O., S. 124;

kann zusätzlich auch die Durchführung von Präqualifikationsverfahren und das Vorhandensein etwaiger Zertifizierungen ausschlaggebend sein.[604]

Nach Aussonderung der für die Beschaffung von Informationstechnik, insbesondere umfangreichen Softwareentwicklungen, nicht geeigneten Bieter, sind die abgegebenen Angebote zu untersuchen.

B. III. 5. 4. 2. Angebotsabgabe

Soweit Vergaben unterhalb der EG-Schwellenwerte betroffen sind, beträgt die Angebotsfrist im französischen Recht bei der „adjudication ouverte" sowie dem „appel d'offres ouvert" mindestens 36 Tage.[605] Bei der „adjudication restreinte" und dem „appel d'offres restreint" beläuft sich die Frist für den vorgehenden Antrag auf Teilnahme auf mindestens 21 Tage[606] und für die Abgabe der Angebote ebenfalls auf mindestens 21 Tage.[607] Für die freihändige Vergabe sind keine Fristen vorgesehen. Im deutschen Recht sind nach § 18 Ziff. 1 Abs. 1 VOL/A für die Bearbeitung und Abgabe der Angebote lediglich „ausreichende" Fristen vorzusehen, wobei insbesondere der zusätzliche Aufwand für die Beschaffung von Unterlagen für die Angebotsbearbeitung, Erprobungen oder Besichtigungen zu berücksichtigen ist. Die Angebotsfrist für Vergaben oberhalb der EG-Schwellenwerte beträgt in Frankreich und Deutschland beim offenen Verfahren mindestens 52 Tage seit der Absendung der Bekanntmachung;[608] beim nichtoffenen Verfahren sowie im Verhandlungsverfahren mit Teilnahmewettbewerb beträgt die Frist für den Antrag auf Teilnahme mindestens 37 Tage seit Absendung der Bekanntmachung[609] sowie die Angebotsfrist mindestens 40 Tage seit Absendung der schriftlichen Aufforderung zur Angebotsabgabe.[610] Für das Verhandlungsverfahren ohne öffentlichen Teilnahmewettbewerb ist keine Mindestangebotsfrist vorgesehen.

Soweit die Zeitspanne zu kurz bemessen wird, leidet hierunter häufig die Sorgfalt bei der Ausarbeitung der Angebote oder der Wettbewerb wird beschränkt, da manche Unternehmen aufgrund der Zeitknappheit auf die Teilnahme verzichten.[611] Ist die Zeitspanne hingegen zu lang, so kann es zu Verhaltensabsprachen der Bieter kommen.[612]

Bei standardisierten Lieferleistungen kann eine Angebotsabgabe weitgehend problemlos und fristgerecht durch die Bieter erfolgen, da diese lediglich anhand der

---

604 Lupp, a. a. O., S. 134 ff.; De Lamberterie/Bréchon-Moulènes, a. a. O., S. 26 f.: Die Qualifizierung und Klassifizierung unterliegt öffentlich anerkannten Berufsorganisationen des privaten Rechts;
605 Art. 86 al. 1 bzw. 280 C.M.P. und Art. 94 al. 1 bzw. 296 al. 1 C.M.P.;
606 Art. 91 al. 2 bzw. 280 C.M.P. und 96 al. 1 bzw. 298 bis al. 1 C.M.P.;
607 Art. 91 al. 10 bzw. 280 C.M.P. und 97 al. 7 bzw. 299 bis al. 7 C.M.P.;
608 vgl. § 18 a Ziff. 1 Abs. 1 VOL/A; Art. 384 al. 1 C.M.P.;
609 vgl. § 18 a Ziff. 2 Abs. 1 VOL/A; Art. 385 al. 1 C.M.P.;
610 vgl. § 18 a Ziff. 2 Abs. 2 VOL/A; Art. 385 al. 2 C.M.P.;
611 Daub/Eberstein-Eberstein, a. a. O., § 18, Rdnr. 12;
612 Daub/Eberstein-Eberstein, a. a. O., § 18, Rdnr. 12;

meist konstruktiv oder funktional anwendungsneutral vorgegebenen Spezifikationen durch die Verwaltung ihre Produkte nebst Preis entsprechend der im Leistungsverzeichnis vorgegebenen Reihenfolge darlegen können und keine weiteren Mitwirkungspflichten, insbesondere Aufklärungspflichten, vonnöten sind. Bei der Entwicklung von Individualsoftware hingegen haben die Bieter anhand der im Leistungsverzeichnis vorwiegend funktional anwendungsbezogen beschriebenen Anwenderforderungen eine zufriedenstellende technische Lösung auf der Grundlage eines fachlichen Feinkonzeptes (étude fonctionnelle détaillée) unter Angabe der Mittel zur entsprechenden Bewerkstelligung anzubieten. Dies führt zum einen dazu, daß die Bieter bereits für die Angebotsabgabe umfangreiche zeitliche und finanzielle Aufwendungen erbringen müssen, und zum anderen, daß der Auftragnehmer, der über das nötige Know-how verfügt, den Auftraggeber auf Unstimmigkeiten aufmerksam zu machen, über sein Produkt aufzuklären und im Hinblick auf sachkundige Aufgabenstellungen zu beraten und Beistand zu leisten hat.[613] Er hat die Charakteristika der vorgeschlagenen technischen Lösung in einer dem Kunden verständlichen Sprache darzubringen, Grenzen der technischen Lösung aufzuzeigen, zukünftige Entwicklungen durchzusprechen, Bedarf des Kunden aufzuhellen, Zwänge beim Gebrauch des Systems zur Kenntnis zu bringen, die Forderungen an die Systemumgebung offenzulegen[614] und dem Auftraggeber bei der Formulierung seines Bedarfs beizustehen.[615] Gerade weil die Verwaltung bei Erstellung der Verdingungsunterlagen jedoch nicht immer exakt ihre konkreten Forderungen im vorhinein darstellen kann - häufig auch bedingt durch die fortlaufenden technischen Neuerungen -, muß der Bieter aufgrund seiner Fachkenntnisse auch eigene Vorstellungen über die technisch richtige und sachgerechte Ausführung offenbaren können.[616] Dies liegt wiederum im Interesse des Auftraggebers und fördert zugleich den Wettbewerb unter den Bietern. Für die Verwaltung ist im Zusammenhang mit der Angebotsabgabe wichtig, daß sie mit den Bietern über eingehende Angebote in irgendeiner Weise diskutieren kann, um Unklarheiten zu beseitigen.

Bei den Verfahren der „adjudication" und des „appel d'offres" können die Angebote nach Abgabe nicht mehr verändert werden.[617] Gleiches gilt für inhaltliche Änderungen und Ergänzungen an den Verdingungsunterlagen im Rahmen der Angebotsabgabe nach § 21 Ziff. 1 Abs. 3 VOL/A.[618]

Es ist daher nach inhaltlichen Ausgestaltungen im Rahmen der verschiedenen Vergabearten zu suchen, die die Bedürfnisse nach Zusammenarbeit und Kommunikation befriedigen.

---

[613] Junker, in: NJW 1993, S. 824 ff. (829); Redeker, a. a. O., Rdnr. 168; OLG Celle CR 1991, S. 610; OLG Köln CR 1993, S. 624; LG Augsburg CR 1989, S. 22, LG Ausburg IuR 1986, S. 208; Petetin, in: Rev.M.P. 1981, n° 180, S. 23 ff. (24); Linant de Bellefonds/Hollande, a. a. O., chap. B[4]; Vivant/Le Stanc u. a., Lamy, Droit de l'informatique, n° 1005 ff.; Le Tourneau, in: Rec. D.-S., 1987, chr. XIX, S. 101; De Cannart d'Hamale, in: Droit de l'informatique et des télécoms 1990/3, S. 33 ff.;

[614] Marcellin/Costes u. a., Lamy, Guide, n°s 459, 485;

[615] vgl. hierzu: Ziff. B.II.4.1;

[616] Ingenstau/Korbion, a. a. O., § 17, Rdnr. 71;

[617] Emery, in: J.C.P. G. 17 mars 1999, S. 513 ff. (515);

[618] vgl. Ziff. B.III.2.3;

B. III. 5. 4. 2. 1. Nebenangebote und Änderungsvorschläge

Zunächst besteht für die Bieter die Möglichkeit, in das eigentliche Angebot Nebenangebote (alternatives) oder Änderungsvorschläge (variantes) zu integrieren. Nebenangebote liegen dann vor, wenn es sich um die Abweichung entweder des gesamten oder zumindest eines wesentlichen Teils der Leistungsspezifikation handelt, während Änderungsvorschläge vorwiegend die auf das Objekt bezogenen Änderungen einzelner Leistungsteile oder Leistungsbestandteile betreffen.[619] Sowohl die Änderungsvorschläge als auch die Nebenangebote können sich jedoch auch auf sonstige Bedingungen, die Vertragsbestandteil werden sollen, beziehen, so beispielsweise Ausführungsfristen, Zahlungsmodalitäten etc..[620] Hiervon zu unterscheiden sind die sogenannten Alternativen (options), zu deren Abgabe der Auftraggeber ausdrücklich auffordern kann.[621]

Im französischen Recht sind für „variantes" im Rahmen des „appel d'offres ouvert ou restreint"[622] die Art. 95 bis al. 4, 97 ter al. 4 bzw. 297 bis al. 4, 300 al. 4 C.M.P. einschlägig. Bei Aufträgen oberhalb der EG-Schwellenwerte bestimmt Art. 389 C.M.P. zusätzlich, daß ein Angebot, welches eine „variante" enthält und die Mindestbedingungen des „cahier des charges" erfüllt, nicht allein deshalb ausgeschlossen werden kann, weil seine technischen Spezifikationen nicht den Normen entsprechen. So können im „règlement de la consultation" (Verdingungsunterlagen) oder C.C.A.P. ausdrücklich „variantes" zugelassen werden, die bei der Vergabe Berücksichtigung finden können. Zu beachten ist, daß manche Unternehmen auch ohne ausdrückliche Autorisierung „variantes" vorschlagen, die eventuell einen geringeren Preis als Anreiz bieten.[623] Die Zulassung von „variantes" verhindert ein „Einengen" der Auftragnehmer und eröffnet den Dialog, wodurch die Auftragnehmer ihre Kompetenz in fachlicher Hinsicht darstellen können. Jedoch verfälscht es den Zuschlag, wenn das Vertragsobjekt selbst schlecht definiert ist. Die „variantes" dürfen daher nur technische Fragen betreffen.[624] Aber auch beim „appel d'offres sur performances" (Vergabe im Leistungswettbewerb aufgrund funktionaler Leistungsbeschreibung) gemäß Art. 99 bzw. 303 C.M.P. gibt jeder Kandidat im Angebot die Art und Weise bekannt, wie er zum Erfolg kommen will und kann auch alternative Lösungen anbieten.[625]

Im deutschen Recht findet sich bei der öffentlichen und beschränkten Ausschreibung eine ähnliche Regelung in § 17 Ziff. 3 Abs. 5 VOL/A wieder:

---

[619] Ingenstau/Korbion, a. a. O., § 17, Rdnr. 67; Legouge, a. a. O., S. 110; Clément/Bouchon/Cossalter, a. a. O., S. 92; Emery, in: J.C.P. G. 17 mars 1999, S. 513 ff. (514);

[620] Legouge, a. a. O., S. 111;

[621] Ingenstau/Korbion, a. a. O., § 17, Rdnr. 68; Legouge, a. a. O., S. 111; Clément/Bouchon/Cossalter, a. a. O., S. 92;

[622] nicht bei der „adjudication", die nur auf das Preiskriterium abstellt;

[623] De Lamberterie/Bréchon-Moulènes, a. a. O., S. 51 f.;

[624] De Lamberterie/Bréchon-Moulènes, a. a. O., S. 99;

[625] vgl. Rocfort, in: Rev.M.P. janv. - févr. 1994, n° 279, S. 31 ff. (32); Emery, in: J.C.P. G. 17 mars 1999, S. 513 ff. (515);

„Wenn der Auftraggeber Nebenangebote und Änderungsvorschläge wünscht, ausdrücklich zulassen oder ausschließen will, so ist dies anzugeben; ebenso ist anzugeben, wenn Nebenangebote und Änderungsvorschläge ohne gleichzeitige Abgabe eines Hauptangebotes ausnahmsweise ausgeschlossen werden. Soweit der Bieter eine Leistung anbietet, die in den Verdingungsunterlagen nicht vorgesehen ist, sind von ihm im Angebot entsprechende Angaben über Ausführung und Beschaffenheit dieser Leistung zu verlangen."

Gerade unter dem Aspekt, die technische Innovation auf dem Gebiet der dynamischen und schnellebigen Informationstechnologie zu fördern, sollten Nebenangebote und Änderungsvorschläge grundsätzlich zugelassen werden,[626] da ansonsten die Gefahr besteht, daß die Leistungsbeschreibung „überholt" ist.[627]

B. III. 5. 4. 2. 2. Angebotspräzisierung

Der Auftraggeber hat ein berechtigtes Interesse an zusätzlichen Informationen über die Angebote, insbesondere wenn nur auf diese Weise anschließend eine objektive Wertung der Angebote möglich ist.[628] Was daher die Möglichkeit anbelangt, auch im Rahmen eines förmlichen Vergabeverfahrens mit den Bietern zu diskutieren, so bestimmen im französischen Recht die Art. 95 bis al. 1, 97 ter al. 1 bzw. Art. 297 bis al. 1, 300 al. 1 C.M.P. für den „appel d'offres ouvert et restreint", daß der verantwortliche Auftraggeber (P.R.M.) bei staatlichen Aufträgen (marchés de l'État) oder die Vergabekommission (commission d'appel d'offres) bei Aufträgen der Gebietskörperschaften (collectivités locales) insofern mit den Unternehmen verhandeln können, als sie diese auffordern können, ihre abgegebenen Angebote zu präzisieren oder zu ergänzen.[629] Diese Präzisierung umfaßt vor allem notwendige technische Änderungen geringen Umfangs oder die Berichtigung eines faktischen Fehlers, wie den der Preiskalkulation beispielsweise. Eine Abänderung des Angebots selbst kann die zuständige Stelle hingegen nicht verlangen, insbesondere keine Preisänderung nach Öffnung der Angebotsumschläge.[630] Zu beachten ist, daß solche Präzisierungen nur dann möglich sind, wenn die Auslassungen im Angebot nicht eine wesentliche Grundlage des Auftrages verkennen, sondern sich nur auf minder wichtige Punkte beziehen.[631]

Aber auch das Verfahren des „appel d'offres sur performances" sieht in Art. 99 al. 4 bzw. 303 al. 4 C.M.P. ausdrücklich vor, daß im Anschluß an die „consultation" (Anhörung), die unter Wahrung des Gleichheitsgrundsatzes zu erfolgen hat, jeder Konkurrent sein Angebot, welches die Beschreibung der Mittel zur Bewerkstelligung des ausgeschriebenen Auftrages beinhaltet,[632] präzisieren, modifizieren und

---

[626] vgl. Daub/Eberstein-Eberstein, a. a. O., § 17, Rdnr. 48; Bartl, a. a. O., S. 93;
[627] Bartl, a. a. O., S. 93;
[628] Riese, a. a. O., S. 140;
[629] Emery, in: J.C.P. G. 17 mars 1999, S. 513 ff. (515);
[630] Emery, in: J.C.P. G. 17 mars 1999, S. 513 ff. (517);
[631] Josse/Legreneur, in: Rev.M.P. oct. - nov. 1988, n° 237, S. 28;
[632] C.C.M., in: Rev.M.P. 1995 - 1996, n° 3, S. 4;

ergänzen kann.[633] Die sich somit anschließende Diskussion - die derjenigen der freihändigen Vergabe ähnelt - ermöglicht dabei die perfekte Anpassung der technischen Lösung an die Vorstellungen der Verwaltung, ausgedrückt in dem der Vergabe zugrunde liegenden „avant-projet" (Vorprojekt).[634] Insbesondere können die Vorschläge der einzelnen Unternehmen mit in dieses Vorprojekt der Konsultation aufgenommen und die besonderen Vertragsbedingungen (C.C.A.P./C.C.T.P.) nunmehr endgültig festgeschrieben werden, die vor diesem Zeitpunkt noch nicht im Detail bekannt sind.[635] Zu beachten ist aber, daß die Verwaltung grundsätzlich ihre festgelegten Bedürfnisse und Vorgaben selbst im Rahmen dieses Verfahrens nicht abändern kann, obgleich dies beispielsweise nach den mit den Konkurrenten geführten Verhandlungen teilweise angezeigt wäre. Auch hier ist vielmehr vonnöten, daß das gesamte Verfahren der „consultation" auf Grundlage dieses geänderten Bedarfs und eines neuen „cahier des charges" (Pflichtenheftes) wiederholt wird.[636] Ebenso ist es verboten, über den Preis an sich zu verhandeln, es sei denn in Verbindung mit gleichzeitigen Leistungsänderungen.[637] Ferner kann die Verwaltung aufgrund der Vorschriften über das geistige Eigentum (propriété intellectuelle) und das Informationsgeheimnis nicht die Vorschläge der verschiedenen Konkurrenten miteinander kombinieren und den Auftrag anschließend an einen von ihnen zur Durchführung vergeben.

Im deutschen Recht ist bei Ausschreibungen § 24 VOL/A einschlägig. Dieser bestimmt, daß nach Öffnung der Angebote bis zur Zuschlagserteilung mit den Bietern über ihre Angebote nur verhandelt werden darf, um Zweifel über die Angebote oder die Bieter zu beheben (z. B. Aufklärung bestimmter, auch technischer, Ausdrucksweisen, Erforschung des Angebotswillens bei unvollständiger oder mißverständlicher Äußerung). Verweigert ein Bieter die geforderten Aufklärungen und Angaben, so kann sein Angebot unberücksichtigt bleiben (§ 24 Ziff. 1 VOL/A). Andere Verhandlungen, besonders über Änderungen der Angebote oder Preise, sind unstatthaft (§ 24 Ziff. 2 Abs. 1 VOL/A). Damit bleibt das deutsche Recht erheblich hinter der Regelung im französischen Recht zurück, welches die Möglichkeit geringfügiger technischer Anpassungen zuläßt.[638]

B. III. 5. 4. 3. Wertung der Angebote

Es stellt sich nun die Frage, anhand welcher Kriterien und auf welche Weise überhaupt die von den einzelnen Bietern abgegebenen Angebote im Rahmen der Beschaffung von Informationstechnologie, und hier vorwiegend bei komplexen Softwareentwicklungen, bewertet werden können. Der Zielkonflikt liegt dabei

---

[633] vgl. hierzu auch: T.A. Paris 27 sept. 1994, Société Bachmann, zitiert in: Rev.M.P. 1995 -1996, n° 7, S. 27 f.: hierüber sind alle Kandidaten zu informieren; auch muß eine Frist zur Abgabe entsprechender neuer Angebote gesetzt werden; Rozenfeld, in: Expertise mars 1993, S. 92; François, in: Rev.M.P. avril - mai 1993, n° 273, S. 29 ff. (30); Emery, in: J.C.P. G. 17 mars 1999, S. 513 ff. (515);

[634] Frayssinet, in: M.T.P. 31 mai 1985, S. 32 f. (33);

[635] Rocfort, in: Rev.M.P. nov. 1994, n° 285, S. 40 ff. (42); C.C.M., in: T.M.P. juillet 1993, n° 177, S. 2;

[636] C.C.M., in: Rev.M.P. 1995 - 1996, n° 3, S. 4;

[637] Rozenfeld, in: Expertises mars 1993, S. 92; Rocfort, in: Rev.M.P. nov. 1994, n° 285, S. 40 ff. (42);

[638] Art. 99 al. 4 bzw. 303 al. 4 C.M.P.;

„zwischen einer möglichst starken Normierung der Bewertung, die ein großes Maß an Objektivität gewährleistet und einer möglichst großen Flexibilität, die Raum für eine individuelle Ausgestaltung des Auswahlprozesses bietet und damit die Anpassung an individuelle Gegebenheiten".[639] Eine zu genaue Beschreibung führt zur Vorbestimmung der Ergebnisse, Ungenauigkeit hingegen zieht eine Flut von Vorschlägen und Varianten nach sich.[640] Fraglich ist insbesondere, wie technische Angebote objektiv nachvollziehbar überprüft werden können, bei denen mehrdimensionale Wertungskriterien gewichtet und gegeneinander abgewogen werden müssen.[641] Wichtig ist somit ein effektiver Wettbewerb, der neue Talente zum Vorschein bringt, der Vergleich von vergleichbaren Dingen und die fachliche Qualifizierung der Jury, die die Angebote nach Wettbewerbsgesichtspunkten auswählt.[642]

Während in Deutschland die Wertung der Angebote und damit die Auswahl des Zuschlagsempfängers durch den jeweiligen Auftraggeber erfolgt, wird in Frankreich danach unterschieden, ob es sich um „marchés d'État" (staatliche Aufträge) oder „marchés des collectivités locales" (Aufträge der Gebietskörperschaften) handelt. Bei ersteren erfolgt die Wertung der Angebote im Rahmen des „appel d'offres" und der „marchés négociés" durch den Auftraggeber (P.R.M.) selbst,[643] bei den „marchés des collectivités locales" (Aufträgen der Gebietskörperschaften) hingegen durch die „commission d'appel d'offres".[644] Diese gibt bei staatlichen Aufträgen lediglich eine nicht bindende Stellungnahme (avis) ab, die dem Protokoll über die Angebotseröffnung beigefügt ist. Die Kommission verfügt dabei über einen gewissen Ermessensspielraum, der der begrenzten Kontrolle der Gerichte unterliegt.[645]

Zu beachten ist, daß im Rahmen des Verfahrens des „appel d'offres sur performances" die Zusammensetzung der „commission"[646] abweichend geregelt ist. Hier wird vorausgesetzt, daß mindestens 1/3 der Beteiligten auf demjenigen Gebiet, welches durch den Auftrag konkret betroffen ist, besondere Sachkunde aufweisen muß.[647] Für den Bereich der Informationstechnologie kann beispielsweise an Informatiker oder Softwarebenutzer gedacht werden, die bei der Auswahl der angebotenen technischen Leistungen fachliche Hilfestellung leisten können.

B. III. 5. 4. 3. 1. Vergabekriterien

Ausgehend von den EG-rechtlichen Vorgaben sind die quantitativen und qualitativen Zuschlagskriterien in allen Vergaberichtlinien die gleichen und als abschließend zu

[639] Gutdeutsch/Schneider, in: NJW-CoR 1997, S. 475;
[640] Domergue, a. a. O., S. 200;
[641] vgl. Lupp, a. a. O., S. 169;
[642] Flecheux, Le concurrence dans les marchés publics de prestations intellectuelles, in: A.D.P.E., Les marchés publics de prestations intellectuelles, S. 39 ff. (42 f.);
[643] vgl. Art. 97 bis al. 7, 99 al. 5, 103 al. 1 C.M.P.;
[644] vgl. Art. 297 bis, 300, 303 i. V. m. 279 C.M.P.;
[645] Clément/Richer, a. a. O., S. 72; Bréchon u. a., Droit des marchés publics, Anm. III.400.2;
[646] vgl. Art. 83 bzw. 279 C.M.P.;
[647] vgl. Art. 99 al. 3 bzw. 303 al. 3 C.M.P.;

betrachten.[648] So kann entweder nach dem Kriterium des niedrigsten Preises[649] oder nach dem Kriterium des wirtschaftlich günstigsten Angebotes[650] vergeben werden,[651] wobei man unter letzterem insbesondere[652] den Preis sowie Leistungsmerkmale wie Qualität, technischer Wert, Ästhetik und Zweckmäßigkeit, Betriebskosten, Rentabilität, Kundendienst und technische Hilfe, Lieferzeitpunkt, Ausführungszeitraum oder -frist und Versorgungssicherheit bewertet.[653] Ist in der Bekanntmachung oder den Verdingungsunterlagen nicht rechtswirksam festgelegt, welches Kriterium für die Entscheidung über den Zuschlag maßgebend ist, kann nach dem Wortlaut der EG-Richtlinien nur das Preiskriterium herangezogen werden.[654]

Während das deutsche Recht stets vom wirtschaftlich günstigsten Angebot (Preis-/ Leistungs-Verhältnis) als Zuschlagskriterium ausgeht und lediglich allgemein zwischen öffentlicher und beschränkter Ausschreibung unterscheidet, untergliedert das französische Recht zunächst nach den verschiedenen Vergabekriterien die „adjudication" (Preiswettbewerb) und den „appel d'offres" (Leistungswettbewerb) und nimmt erst hier die Aufspaltung in ein jeweils offenes bzw. beschränktes Verfahren vor.

Soweit in Frankreich - wie bei der „adjudication" (Vergabe im Preiswettbewerb) - nicht nur auf das Kriterium des niedrigsten Preises (moins-disant) mit der sich hieraus ergebenden eingeschränkten Flexibilität abgestellt wird (vgl. Art. 84 al. 3 i. V. m. 280 C.M.P.), nennt der C.M.P. im Verfahren des „appel d'offres" (Vergabe im Leistungswettbewerb) in seinen Art. 95 II al. 2 C.M.P. bzw. 297 II al. 2, 97 bis al. 7 bzw. 299 ter al. 7 C.M.P. folgende zulässige Auswahlkriterien: „prix des prestations" (Preis der Leistungen), „coût d'utilisation" (Gebrauchskosten), „valeur technique" (technischer Wert) sowie „délai d'exécution" (Durchführungsfrist).[655] Unter „coût d'utilisation" versteht man dabei vorwiegend die Anschaffungskosten nebst Steuern, den Energieverbrauch, die vorbeugende und korrigierende Wartung, Schulung etc.,[656] der „valeur technique" ergibt sich aus den Unterkriterien wie Ergonomie, Funktionalität und Robustheit etc..[657] Diese vier genannten Hauptkriterien sind bereits in den Verdingungsunterlagen mit anzugeben,[658] wobei sich im Falle des

---

648 Prieß, Das öffentliche Auftragswesen in der Europäischen Union, S. 101;

649 Art. 30 Abs. 1 lit. a) BKR, Art. 26 Abs. 1 lit. a) LKR, Art. 34 Abs. 1 lit. b) SKR und Art. 36 Abs. 1 lit. b) DLR;

650 Art. 30 Abs. 1 lit. b) BKR, Art. 26 Abs. 1 lit. b) LKR, Art. 34 Abs. 1 lit. a) SKR und Art. 36 Abs. 1 lit. a) DLR;

651 Noch, Diss., S. 62; Hailbronner, in: WiVerw 1994, S. 173 ff. (203);

652 Prieß, Das öffentliche Auftragswesen in der Europäischen Union, S. 104 mit Verweis auf die Schlußanträge des Generalanwaltes Darmon in der EuGH Rs. C-31/87, Slg. I - 1988, 4643, 4649 Nr. 35;

653 Art. 30 Abs. 1 lit. b) BKR, Art. 26 Abs. 1 lit. b) LKR, Art. 34 Abs. 1 lit. a) SKR und Art. 36 Abs. 1 lit. a) DLR;

654 dies gilt zumindest für das offene Verfahren, vgl. Anhang IV B. 13. LKR und Anhang III B. 13. DLR bzw. Anhang A I. 13. VOL/A und Anhang A II. 15. VOL/A;

655 vgl. hierzu: Bezançon, in: M.T.P. 26 févr. 1993, S. 48; Villard/Van Ruymbeke/Coudert, a. a. O., S. 97; Clément/Richer, a. a. O., S. 71; Domergue, a. a. O., S. 200; Bréchon u. a., Droit des marchés publics, Anm. III.430.2/2;

656 Legouge, a. a. O., S. 121;

657 Legouge, a. a. O., S. 123;

658 vgl. Art. 38 bis I - 10° C.M.P.;

„appel d'offres ouvert ou restreint" (offene oder beschränkte Vergabe im Leistungswettbewerb) zusätzliche Kriterien aus den „cahiers des charges" oder dem „règlement de la consultation" ergeben können, die sich nicht auf das Unternehmen selbst, sondern auf das Vertragsobjekt und dessen Durchführung beziehen.[659] Diese zusätzlichen Kriterien können „garanties professionnelles ou financières" (berufliche oder finanzielle Garantien), die Ausführungsbestimmungen der Arbeiten/Leistungen, ästhetische Forderungen, Ansprüche an die Qualität der Leistungen, Sicherheit und Komfort etc. betreffen.[660] Die meisten Zusatzkriterien beziehen sich allerdings auf den „valeur technique" (technischen Wert).[661] Im „règlement particulier de l'appel d'offres" (besondere Vergabebedingungen) ist geregelt, daß sämtliche Kriterien präzisiert und in einer hierarchischen Reihenfolge angegeben werden müssen.[662] Derjenige, welcher die Angebotsbewertung durchführt, darf sich auch nicht auf andere Kriterien stützen, die nicht zuvor bekanntgegeben worden sind.[663]

Bei der freihändigen Vergabe werden in der Regel keine speziellen Auswahlkriterien vorab festgelegt.[664]

Im deutschen Recht ist sowohl gemäß § 25 Ziff. 3 VOL/A für Aufträge unterhalb der EG-Schwellenwerte als auch nach § 97 Abs. 5 GWB für Aufträge oberhalb der EG-Schwellenwerte der Zuschlag auf das unter Berücksichtigung aller Umstände wirtschaftlichste Angebot zu erteilen. Unter den Begriff des wirtschaftlichsten Angebotes ist dasjenige zu subsumieren, welches das günstigste Verhältnis zwischen gewünschter Leistung und dem angebotenen Preis aufweist,[665] wobei unter Leistung alle auftragsbezogenen Umstände, wie technische, funktionsbedingte, gestalterische, ästhetische Gesichtspunkte, Kundendienst oder Folgekosten, hier insbesondere im Personalbereich, fallen.[666] Dies bedeutet, daß nicht ausschließlich der niedrigste Angebotspreis entscheidet.[667] Als technische Gesichtspunkte seien dabei die Ausführungsweise in allen Einzelheiten, die Betriebseinrichtung oder sonstige betriebliche Handhabung auf technischem Gebiet genannt.[668] Unter gestalterisch und funktionsbedingt können Ziel und Zweck des Angebots, der Geschmack des Auftraggebers sowie Beschreibungen und Erläuterungen zu verstehen sein.[669] Die einzelnen Bewertungskriterien sollen dabei bereits vor der

---

659 vgl. Art. 95 II al. 3, 97 al. 2 bzw. 297 II al. 3, 299 ter al. 8 C.M.P.; Bréchon u. a., Droit des marchés publics, Anm. III.430.2/3;

660 vgl. C.E. 26 janv. 1966, Sté Ouest Peinture, Rec. Leb. 1966, S. 62 für das Kriterium der Nähe zum Ausführungsort; Legouge, a. a. O., S. 124;

661 Clément/Bouchon/Cossalter, a. a. O., S. 96;

662 vgl. Bezançon, in: M.T.P. 26 févr. 1993, S. 48;

663 T.A. de Clermont-Ferrand 19 juin 1986, Préfet, commissaire de la République de la région Auvergne c/Président du conseil régional d'Auvergne, Société d'équipement de l'Auvergne, Entreprise Socae, req. n° 86584, in: A.J.D.A. 20 oct. 1986, S. 589 ff. (592), note Jean-Paul Briseul;

664 Guibal/Rapp, a. a. O., Rdnr. 489;

665 Daub/Eberstein-Kulartz, a. a. O., § 25, Rdnr. 37;

666 vgl. § 27 Ziff. 2 a) VOL/A; Siegrist/Jürgensen, a. a. O., S. 16; Daub/Eberstein-Kulartz, a. a. O., § 25, Rdnr. 37;

667 vgl. § 25 Ziff. 3 Satz 2 VOL/A; Daub/Eberstein-Kulartz, a. a. O., § 25, Rdnr. 37; Lupp, a. a. O., S. 118;

668 Ingenstau/Korbion, a. a. O., § 25, Rdnr. 74;

669 Ingenstau/Korbion, a. a. O., § 25, Rdnr. 65;

Angebotseinholung festgelegt werden,[670] wobei § 9 a VOL/A für Vergaben oberhalb der EG-Schwellenwerte explizit regelt, daß die Auftraggeber in den Verdingungsunterlagen oder in der Vergabebekanntmachung alle Zuschlagskriterien anzugeben haben, deren Verwendung sie vorsehen, möglichst in der Reihenfolge der ihnen zuerkannten Bedeutung.[671] Die Entscheidung kann sich nur auf die sachlichen und willkürfreien Kriterien stützen, die bei der Aufforderung zur Angebotsabgabe bekannt gemacht wurden.[672]

Nebenangebote und Änderungsvorschläge sind dabei ebenso zu werten wie die Hauptangebote selbst,[673] wobei eine Angebotsbewertung insbesondere dann schwierig ist, wenn ein Unternehmen umfangreiche Änderungsvorschläge (variantes larges) und Nebenangebote unterbreiten kann oder ein funktional ausgestaltetes Pflichtenheft vorliegt. Hier muß der Auftraggeber jede Variation im Hinblick auf ihre Merkmale und Preis gegeneinander abwägen.[674] Es ist daher besonders wichtig, die gewünschten Funktionen und Zwänge durch Kriterien und Niveaus auszudrücken.[675]

Während die Verwaltung bei Hardware-Geräten und fertigen Software-Produkten relativ problemlos nachprüfbare Kriterien bilden kann (z. B. Prozessortyp, Größe des Hauptspeichers etc. für Hardware oder Textverarbeitung, Anbieterdarstellung etc. für Standardsoftware), kann es bei Ausschreibungen von Teilen einer Verfahrensentwicklung schwierig sein, bewertbare Kriterien aus dem Anwendungsbereich zu bilden.[676] Diese müssen entweder aus der zu erfüllenden Fachaufgabe abgeleitet werden, z. B. Ergebnisgenauigkeit bei mathematischen Berechnungen, oder sich aus den Randbedingungen zwingend ergeben (z. B. Datenaustausch mit externen Stellen, Erfüllung bestimmter Schnittstellen etc.).[677] Zahrnt[678] führt als Bewertungskriterien bei der Erstellung von Programmen insbesondere den Preis, die Qualität der Aufwandsschätzung, Antworten zu den Qualitätsmerkmalen, Terminplanung, fachliche Kenntnisse, Kenntnisse des Projektes, Erfahrungen auf ähnlichen Gebieten etc. an.

Aus den einzelnen, vorab festgelegten Vergabekriterien läßt sich jedoch noch nicht entnehmen, wie die einzelnen Angebote - gerade im Hinblick auf die aufgrund der

---

670 Zahrnt, DV-Verträge: Gestaltung durch den Anwender, Kap. 4.4.3.(1), 4.2.2.(4); Gusy, in: JA 1989, S. 26 ff. (30);

671 Im 30. Erwägungsgrund des Richtlinien-Vorschlags der EG-Kommission über die Koordinierung der Verfahren zur Vergabe öffentlicher Lieferaufträge, Dienstleistungsaufträge und Bauaufträge (KOM(2000) 275 endg. vom 30.08.2000) wird explizit ausgeführt, daß zur Sicherstellung der Einhaltung des Gleichbehandlungsgrundsatzes der Auftraggeber bereits zu Beginn des Verfahrens anzugeben hat, wie er die einzelnen Kriterien gewichtet. Nicht ausreichend ist eine einfache Auflistung der Kriterien in absteigender Reihenfolge ihrer Bedeutung;

672 BGH DB 1998, S. 2416; BGH DB 1999, S. 1055 f.; vgl. (ohne Verf.), Vergaberechts-Report 6/1999, S. 1; Noch, Diss., S. 228;

673 vgl. § 25 Ziff. 4 VOL/A; Legouge, a. a. O., S. 110 f.; Bréchon u. a., Droit des marchés publics, Anm. III.433.2/2;

674 Daub/Eberstein-Kulartz, a. a. O., § 25, Rdnr. 38; vgl. Legouge, a. a. O., S. 110;

675 Laguerre, Concurrence, S. 109;

676 Bundesministerium des Innern, UfAB, S. 39;

677 Bundesministerium des Innern, UfAB, S. 45;

678 Zahrnt, DV-Verträge: Gestaltung durch den Anwender, Kap. 4.4.3.(1);

funktionalen Leistungsbeschreibung angebotenen großen Anzahl verschiedenartigster technischen Lösungen im Bereich der Informationstechnologie - bewertet werden können.

B. III. 5. 4. 3. 2. Bewertungsmethoden

In Frankreich findet sich kein Hinweis auf die zur Angebotsbewertung zur Verfügung stehenden Analysemethoden im C.M.P.. Vielmehr muß der Auftraggeber lediglich die drei Grundprinzipien der „égalité entre les entreprises“ (Gleichheit zwischen den Unternehmen), „transparence de la décision“ (Transparenz der Entscheidung) und „efficacité de la dépense publique“ (wirksame Verwendung öffentlicher Mittel) wahren.[679]

Auch im deutschen Recht lassen sich aus den Verdingungsordnungen (VOL/A bzw. VOF) selbst keine Hinweise auf die Durchführung der Angebotsbewertung entnehmen. Es bestehen jedoch für den Bereich der IT-Leistungen sogenannte „Unterlagen für Ausschreibung und Bewertung von IT-Leistungen, Version II“ (UfAB II), die vom Bundesministerium des Innern herausgegeben wurden[680] und Empfehlungen für die Durchführung von Ausschreibungen und für die Bewertung von Angeboten bei Beschaffungsvorhaben für den Bereich der Informationstechnologie in der Bundesverwaltung beinhalten. Hintergrund für die Erstellung solcher Unterlagen war insbesondere, daß für die Beschaffung von Informationstechnologie zumeist erhebliche Mittel im Bundeshaushalt vorgesehen sind, so daß es für unerläßlich erachtet wurde, die Informationstechnologie nach einheitlichen Grundsätzen zu beschaffen. Gerade im Hinblick auf die Angebotsbewertung sollen die Unterlagen ermöglichen, daß diese einfach, rationell, nachvollziehbar, objektiv und aus der Sicht der zu lösenden Fachaufgabe durchführbar wird und zu einer einheitlichen Meinungsbildung auf der Grundlage vergleichbarer Lösungen ohne technische Detailfunktionen führt.[681]

Die für die Angebotsbewertung nach „UfAB II“ einzusetzende Methode ist die „Multifaktorenmethode“.[682] Danach wird das zu beurteilende Objekt in verschiedene Beurteilungskriterien aufgegliedert, wobei man neben Kriterienhauptgruppen (z. B. Datensicherheit, Datenbankmanagement, Bürokommunikationsfunktionen) auch

---

679 Legouge, a. a. O., S. 127 f.;
680 Bundesministerium des Innern, UfAB, Stand: 01.07.1988, 3. Fassung;
681 Bundesministerium des Innern, UfAB, S. 7 ff., 35;
682 Im Bereich außerhalb der öffentlichen Auftragsvergabe gilt der im Jahre 1995 verabschiedete und unter der Leitung von Werner Gutdeutsch mit technischer Unterstützung der EDV – Sachverständigen aus dem Büro Dr. Streitz erstellte 3. Saarbrücker Standard als Gewichtungskatalog zur Softwarebewertung. Dieser ist ebenfalls in ähnlicher Weise in Kriterienbereiche, Kriteriengruppen und Einzelkriterien unterteilt. Die Kriterienbereiche umfassen Funktionsmerkmale, Ergonomie, Integration und Investitionsschutz, die sich ihrerseits wiederum aus Kriteriengruppen zusammensetzen wie beispielsweise Ergonomie aus Benutzerunterstützung, Hilfesystem, Programmkonzept, Benutzerdokumentation. Insbesondere im Bereich der Funktionsmerkmale sind für die Gruppe spezielle Funktionen jeweils neue Einzelkriterien zu ermitteln. Besonders wichtige Kriterien sind als K.O. - Kriterien zu behandeln, deren Nichterfüllung zum Ausschluß vom weiteren Bewertungsverfahren führt, vgl. hierzu: Gutdeutsch/Schneider, in: NJW-CoR 1997, S. 476; vgl. hierzu ferner: Schneider/Streitz in: NJW-CoR 1995, S. 270;

Kriteriengruppen (z. B. für Bürokommunikation: Textverarbeitung, Tabellenkalkulation, elektronische Post etc.) und Einzelkriterien (z. B. für elektronische Post: Empfang/Versand, Verteilerlisten etc.) bestimmt, denen eine gewisse Gewichtung zugeordnet wird. Die eigentliche Bewertung erfolgt anhand von zwei wahlweise zur Verfügung stehenden Varianten: Variante A geht von der Angabe einer maximal erreichbaren Punktzahl je Einzelkriterium, Kriteriengruppe etc. aus und summiert sämtliche Gewichte innerhalb des gleichen Kriteriums.[683] Die zumeist angewandte Variante B ihrerseits legt iterativ die absoluten Gewichte der Einzelkriterien entsprechend ihrer relativen Bedeutung fest.[684] Die Bewertungsmethode bzw. das Gewichtungsschema und die Liste der Ausschlußkriterien ist vor Versendung der Ausschreibungsunterlagen festzulegen und darf nach Angebotseröffnung nicht mehr geändert werden.[685]

Im französischen Recht werden ebenfalls die sogenannten Multifaktorenmethoden (tableaux multicritères) angewandt.[686] Legouge[687] beschreibt zwei Arten dieser „tableaux multicritères", wobei streng zwischen den qualitativen und preislichen Kriterien zu unterscheiden ist.

Hinsichtlich der qualitativen Kriterien empfiehlt Legouge zum einen die Methode des „classement des offres par ordre de mérite". Hierzu werden in einer Tabelle zunächst die einzelnen Vergabekriterien (Ergonomie, Ästhetik etc.) aufgelistet und gewichtet. Sodann werden die einzelnen Unternehmen rangmäßig klassifiziert und mit der Gewichtung für das jeweilige Kriterium multipliziert. Das Angebot mit der niedrigsten Zahl wird ermittelt. Zum anderen kann die Methode der „cotation des offres" herangezogen werden. Bei dieser Methode werden für die Erfüllung der jeweiligen Vergabekriterien durch die Unternehmen Punkte von sehr gut (+2) bis sehr schlecht (-2) vergeben, wobei zuvor durch die Verwaltung festgelegt wird, wie viele Punkte je Kriterium maximal zu erreichen sind (Gewichtung multipliziert mit Punktzahl) und bei welcher Punktzahl je Kriterium ein Angebot ausgeschlossen werden muß. Das Angebot mit der höchsten Punktzahl wird ausgewählt. Bei beiden Methoden erfolgt anschließend noch ein Preisvergleich mit den nachfolgenden Angeboten.

B. III. 5. 4. 3. 3. Äquivalenz mehrerer Angebote

Während sich in den Vergabevorschriften des deutschen Rechts keine explizite Regelung wiederfindet, regeln im französischen Recht die Art. 95 bis al. 1, 97 ter al. 1 bzw. 297 bis al. 1, 300 al. 1 C.M.P. den eher selten eintretenden Fall, daß dann, wenn sich bei der durchgeführten Bewertung mehrere Angebote als „équivalentes" (gleichwertig) erweisen, die Möglichkeit besteht, daß der verantwortliche Auftragge-

683 Bundesministerium des Innern, UfAB, S. 49;
684 Bundesministerium des Innern, UfAB, S. 52;
685 Bundesministerium des Innern, UfAB, S. 42;
686 Legouge, a. a. O., S. 129 ff.; C.C.M., in: T.M.P. mars 1997, S. 10;
687 Legouge, a. a. O., S. 129 ff.;

ber die Abgabe von neuen Angeboten fordern kann,[688] woraus sich im Rahmen des förmlichen Verfahrens eine weitere gewisse Diskussionsmöglichkeit ergibt.[689]

Was man dabei unter „équivalentes" zu verstehen hat, ist im C.M.P. selbst nicht geregelt. Die C.C.M. geht davon aus, daß sich die Angebote inhaltlich praktisch vollständig entsprechen müssen und beim Preis allenfalls einen Unterschied von etwa 3 - 4% aufweisen dürfen.[690] Soweit jedoch Gleichheit hinsichtlich aller Kriterien bis auf den Preis besteht, ist – streng genommen - das niedrigste (moins-disant) Angebot auszuwählen, da die Angebote gerade nicht als gleichwertig angesehen werden können.[691] Eine Äquivalenz kann sich also nur daraus ergeben, daß ein Preisunterschied exakt durch einen Leistungsunterschied kompensiert wird.

Bei standardisierten Leistungen im Bereich der Informationstechnologie erscheint eine solche technische und preisliche Gleichheit denkbar, nicht aber im Bereich der komplexen Individualsoftwareerstellung. Hier ist eine wirkliche Gleichheit der Angebote allenfalls hinsichtlich des Preiskriteriums möglich. Im technischen Bereich hingegen werden immer Unterschiede bestehen,[692] so daß diese Regelung im Bereich der Beschaffung von Anwendersoftware und komplexen DV-Systemen keine Anwendung finden wird.

B. III. 5. 4. 4. „mise au point" des ausgewählten Angebots

Abgesehen von den bislang bereits beschriebenen Diskussions- bzw. Verhandlungsmöglichkeiten, insbesondere im Verfahren des „appel d'offres sur performances", die es erlauben, die Funktionalitäten im Bereich der Softwareentwicklung an die Bedürfnisse der Verwaltung auch während des Vergabeverfahrens in angemessenem Maße anzupassen, besteht sowohl im französischen[693] als auch im deutschen[694] Recht die Möglichkeit, mit dem ausgewählten Unternehmen letzte Anpassungen (mise au point) des Angebots vorzunehmen. Diese in der Praxis häufig genutzte Chance resultiert meist daraus, daß zu Beginn des Vergabeverfahrens das Vertragsobjekt nicht hinreichend von dem Auftraggeber bestimmt wurde oder sich der Auftraggeber im Hinblick auf die geschätzte Arbeitsmenge erheblich geirrt hat. Es werden daher einige Verbesserungen notwendig (Irrtum bei Preiskalkulationen, Leistungsanpassungen, insbesondere in technischer Hinsicht, Anpassungen des Zeitplans etc.).[695] Eine Preissteigerung beim Auftragnehmer muß der Auftraggeber

---

688 Gosselin, in: A.P.A.S.P., La négociation, S. B-3;
689 Laguerre, in: La Gazette des communes, des départements, des régions 16 janv. au 5 févr. 1989, S. 39;
690 Gosselin, in: A.P.A.S.P., La négociation, S. B-3;
691 Josse/Legreneur, in: Rev.M.P. oct. - nov. 1988, n° 237, S. 27; vgl. auch: BGH DB 2000, S. 370 ff.;
692 De Lamberterie/Bréchon-Moulènes, a. a. O., S. 102;
693 vgl. Art. 95 ter, 97 quater bzw. 298, 300 bis C.M.P.; Bréchon u. a., Droit des marchés publics, Anm. III.436.3; Laguerre, in: M.T.P. 24 mars 1989, S. 60 f. (61); Guibal/Rapp, a. a. O., Rdnr. 486; Emery, in: J.C.P. G. 17 mars 1999, S. 513; Clément/Richer, a. a. O., S. 106;
694 vgl. § 24 Ziff. 2 Abs. 2 VOL/A;
695 De Lamberterie/Bréchon-Moulènes, a. a. O., S. 103; Clément/Richer, a. a. O., S. 107; Bréchon u. a., Droit des marchés publics, Anm. III.436.3/2;

jedoch nur dann akzeptieren, wenn diese durch eine Abänderung des Leistungsinhalts gerechtfertigt ist.[696] Bei standardisierten Leistungen wie der Lieferung von Hardware oder Standardsoftware ist die abschließende Leistungsanpassung daher nicht so wichtig wie im Rahmen der Beschaffungen von komplexen DV-Systemen mit integrierter Softwareerstellung, aufgrund der laufenden technischen Neuerungen.

Eine genaue Definition, was man unter der „mise au point" im französischen Recht zu verstehen hat, existiert nicht. Die „mise au point" ist jedoch von der sogenannten „négociation" (Verhandlung) abzugrenzen, die im Rahmen der förmlichen Verfahren (appel d'offres bzw. adjudication) grundsätzlich nicht erlaubt ist.[697] Was man wiederum unter „négociation" im einzelnen zu verstehen hat, ist ebenfalls nicht exakt definiert. Die „négociation" kann jedoch mit der Freiheit beschrieben werden, mit mehreren Kandidaten vor der eigentlichen Auswahl des Zuschlagsempfängers zu diskutieren,[698] und ist damit Hauptkriterium der freihändigen Vergabe. Die Anpassungen im Rahmen der „mise au point" erfolgen hingegen nur mit dem einen potentiellen Vertragspartner nach Zuschlagserteilung, aber vor dem eigentlichen Vertragsschluß.[699]

Auch im deutschen Recht darf ausnahmsweise laut § 24 Ziff. 2 Abs. 2 VOL/A bei einem Nebenangebot und Änderungsvorschlag (§ 17 Ziff. 3 Abs. 5 VOL/A) oder bei einem Angebot aufgrund funktionaler Leistungsbeschreibung (§ 8 Ziff. 2 Abs. 1 a) VOL/A) mit dem Bieter, dessen Angebot als das wirtschaftlichste gewertet wurde (§ 25 Ziff. 3 VOL/A) im Rahmen der geforderten Leistung über notwendige technische Änderungen geringen Umfangs verhandelt werden. Hierbei kann auch der Preis entsprechend angepaßt werden. Mit weiteren Bietern darf jedoch nicht verhandelt werden.

Die Konkretisierungen im Rahmen dieser Anpassungen (mise au point) dürfen aber nicht dazu führen, daß damit das Vergabeverfahren umgangen wird und die Prinzipien der Freiheit und Gleichheit zum Zugang zu den öffentlichen Aufträgen beschränkt werden.[700] Die Wettbewerbsbedingungen dürfen beispielsweise nicht dadurch in Frage gestellt werden, daß umfangreiche Änderungen der Auftragsmasse vorgenommen werden, denn dies hätte auf die Angebote der übrigen Bewerber, insbesondere im Hinblick auf den Preis, einen entscheidenden Einfluß. Ebenso darf keine Abänderung der Ausführungsfristen der Arbeiten im Rahmen der „mise au point" vorgenommen werden, denn dies kann ebenfalls einen Einfluß auf den Preis und somit den gesunden Wettbewerb haben. Insbesondere könnte hier eine

---

[696] Josse/Legreneur, in: Rev.M.P. oct. - nov. 1988, n° 237, S. 27 f. (28);
[697] Gosselin, in: A.P.A.S.P., La négociation, S. B-3; Clément/Bouchon/Cossalter, a. a. O., S. 96;
[698] Laguerre, in: Rev.M.P. juillet 1988, n° 235, S. 21;
[699] Pitiot, in: M.T.P. 1er juillet 1988, S. 46 f. (47);
[700] Pitiot, in: M.T.P. 1er juillet 1988, S. 46 f. (47); Clément/Richer, a. a. O., S. 106; T.A. de Clermont-Ferrand 19 juin 1986, Préfet, commissaire de la République de la région Auvergne c/Président du conseil régional d'Auvergne, Société d'équipement de l'Auvergne, Entreprise Socae, req. n° 86584, zitiert in: A.J.D.A. 20 oct. 1986, S. 589 ff. (593), note: Jean-Paul Briseul; Emery, in: J.C.P. G. 17 mars 1999, S. 513 ff. (518);

Bevorzugung von Unternehmen mit hinreichenden technischen und personellen Mitteln gegenüber kleinen und mittelständischen Betrieben vorgenommen werden.[701] Soweit nach EuGH[702] wesentliche Streichungen und nachträgliche Änderungen des Leistungsgegenstandes nötig werden, ist das laufende Verfahren abzubrechen bzw. für „infructueux“ (ungültig) zu erklären und sodann - soweit überhaupt noch eine Auftragsvergabe erfolgen soll - ein neues Verfahren einzuleiten.[703] Insbesondere erlischt im deutschen Recht bei wesentlichen Auftragsänderungen die Bindung der Anbieter an ihre Angebote. Die ergehende Vergabeentscheidung würde einen neuen Antrag nach § 150 Abs. 1 BGB darstellen.[704] Das neu einzuleitende Vergabeverfahren kann ein förmliches Vergabeverfahren oder eine freihändige Vergabe sein.[705]

B. III. 6. Sonderproblem der Leistungsänderung nach Vertragsabschluß

Wie bereits mehrfach angesprochen, kann bei komplexen Beschaffungsvorgängen in der Regel die Leistung hinsichtlich ihres Inhalts, ihrer Ausführungsfristen und damit auch hinsichtlich ihres Preises nicht von Anfang an genau bestimmt werden.[706] Entsprechende Abänderungen können somit selbst nach Vertragsschluß im Rahmen der Durchführung des Auftrags vonnöten werden, um Fehler zu korrigieren, Funktionen hinzuzufügen oder beiseite zu lassen.[707] Die Softwareentwicklung ist ein iterativer Prozeß, in welchem Abänderungen bzw. Anpassungen technischer und/oder wirtschaftlicher Art essentiell und unvermeidbar sind.[708] Abgesehen von der derzeit rasanten allgemeinen technischen Weiterentwicklung von Hard- und Software, versteht der Anwender beispielsweise im Laufe der Zeit mehr von den systemtechnischen Anforderungen und der Lieferant seinerseits erkennt zunehmend die betriebswirtschaftlichen und organisatorischen Änderungsnotwendigkeiten innerhalb der Behörde.[709] Aufgrund der dynamischen Weiterentwicklung der Leistungsbeschreibung je nach Projektfortschritt ergeben sich neue Erkenntnisse bei der Erörterung der Details, neue Bedarfsanforderungen oder Benutzererwartungen und dadurch erforderliche technische Konzeptionsänderungen.[710] Zu beachten ist schließlich, daß Pflegeleistungen Anpassungs- bzw. Änderungsleistungen in einem gewissen Umfang mit umfassen, so daß eine exakte Abgrenzung zu neuen Erstellungsleistungen zu erfolgen hat.[711]

Bei den Leistungsänderungen sind dabei diejenigen Änderungen voneinander abzugrenzen, die lediglich die - starr fixierten - Rechte und Pflichten der Vertrags-

---

701 Pitiot, in: M.T.P. 1er juillet 1988, S. 46 f. (47);
702 EUGH, Rs. C-87/94, Abl. EG Nr. C 180 vom 22.06.96, S. 12;
703 Müglich, in: CR 1997, S. 453 ff. (459);
704 Gusy, in: JA 1989, S. 26 ff. (33);
705 Pitiot, in: M.T.P. 1er juillet 1988, S. 46; Clément/Richer, a. a. O., S. 107; vgl. Ziff. B.III.5.3.6;
706 vgl. Heussen, in: CR 1996, S. 692 ff. (694);
707 Ellenberger/Müller, a. a. O., S. 53; Sommerville, Le génie logiciel et ses applications, S. 282; Müller-Hengstenberg/von Westphalen, a. a. O., S. 64; Köhler, in: CR 1988, S. 623 ff. (629 f.);
708 Sommerville, Le génie logiciel et ses applications, S. 282; Cloix, a. a. O., S. 18; Libert, in: A.J.D.A. 20 juillet/20 août 1994, S. 65 ff. (67);
709 Müller-Hengstenberg/von Westphalen, a. a. O., S. 64; Féral-Schuhl/Vinay, a. a. O., S. 17; Heppner, a. a. O., S. 131;
710 Ellenberger/Müller, a. a. O., S. 109; Bittner/Hesse/Schnath, in: Bittner, a. a. O., S. 31 ff. (33);
711 Müller-Hengstenberg, BVB-Computersoftware, S. 238 f.;

parteien selbst berühren, mithin beispielsweise Änderungen als Mängelbeseitigung, und diejenigen, die auch nachträglich Einfluß auf das vorangegangene Vergabeverfahren und die hieran beteiligten oder ausgeschlossenen Dritten haben können, beispielsweise Leistungsänderungen infolge willentlicher Auftragserweiterungen oder -einschränkungen der Verwaltung,[712] wenn diese bei Vertragsschluß versäumte, bestimmte Funktionen in die Planung mit einzubeziehen. Es stellt sich insbesondere die Frage, ob der Dritte die nunmehrigen abgeänderten und in Frage stehenden Leistungen auch und vielleicht sogar besser oder billiger hätte erbringen können. Damit muß gefordert werden, daß jegliche Modifikationen, die die ursprüngliche Wettbewerbssituation - gerade auch im Hinblick auf die geforderte Transparenz - in Frage stellen können,[713] unterbunden werden.[714]

Eine verfälschte Wettbewerbssituation kann sich insbesondere daraus ergeben, daß entweder fiktive zusätzliche Forderungen bereits bei der ursprünglichen Vergabe gestellt werden, die die Angebote sämtlicher Unternehmen verteuern oder nur ein eingeschränktes Programm bei der Vergabe vorgegeben wird, in welchem wichtige Leistungen unterschlagen werden, um im Anschluß daran mit dem vorab informierten Unternehmen, welches ein entsprechendes Angebot abgegeben hat, frei zu verhandeln. Vor allem darf eine quantitative Steigerung nicht dazu führen, daß die bestehenden Schwellenwerte mit den an sie geknüpften strengen Formalitäten nachträglich überschritten werden, so beispielsweise der Wert für die zugelassene freihändige Vergabe in Frankreich von 700.000,00 FF T.T.C. und in Deutschland von 10.000,00 DM oder der derzeitige EG-Schwellenwert von 200.000,00 ECU.[715]

Vertragsänderungen nach Erteilung des Auftrages sind dabei grundsätzlich wie einer neuer Vertragsschluß zu behandeln.[716] Ausnahmsweise sind jedoch die im folgenden dargestellten Leistungsänderungen zulässig.

B. III. 6. 1. Zulässigkeit

Im C.M.P. selbst fehlen hinreichende Regelungen zur Abänderung des Leistungsinhalts im Laufe der Vertragsausführung. Lediglich die Art. 45 bis bzw. 255 bis C.M.P. nehmen hierauf Bezug. Danach ist bei Erreichen der ursprünglichen Auftragssumme entweder ein „avenant" (Ergänzungsvertrag) abzuschließen oder, wenn dies der Ausgangsvertrag vorsieht, eine „décision de poursuivre" (Fortführungsentscheidung) des verantwortlichen öffentlichen Auftraggebers aufgrund einer „modification unilatérale" (einseitige Abänderungsbefugnis) zu treffen.[717] Außer im Falle von

[712] Köhler, in: CR 1988, S. 623;
[713] Rouquette, in: M.T.P. 11 sept. 1992, S. 45 mit Hinweis auf T.A. Orléans 5 mai 1989, Préfet d'Eure-et-Loir, zitiert in: Rev. M.P. oct. - nov. 1989, n° 245, S. 17;
[714] Rocfort, in: Rev.M.P. 1995 - 1996, n° 4, S. 35;
[715] Libert, in: A.J.D.A. 20 juillet/20 août 1994, S. 65 ff. (67);
[716] Gusy, in: JA 1989, S. 26 ff. (33);
[717] Libert, in: A.J.D.A. 20 juillet/20 août 1994, S. 65; Guibal/Rapp, a. a. O., Rdnr. 128 ff. (modification unilatérale) und Rdnr. 532 (avenant); De Laubadère/Venezia/Gaudamet, a. a. O., Tome 2, Rdnr. 702; a. A. Bénoit, in: J.C.P. G. 1963, S. 1775 ff.;

unvorhergesehenen technischen Zwängen (sujétions techniques imprévues), die nicht von der Handlung oder dem Willen einer der Parteien abhängen, dürfen die „avenants“ und „décisions de poursuivre“ über minimale Leistungsanpassungen nicht hinausgehen und weder zum Wegfall der bisherigen Geschäftsgrundlage führen (bouleverser l'économie du marché) noch den Vertragsgegenstand an sich grundlegend ändern (changer l'objet du marché).[718] Insbesondere darf es sich nicht um solche Veränderungen handeln, die in keinem Bezug zum Objekt des ursprünglichen Vertrages stehen.[719] Ansonsten ist bei einem „neuen Werk“ ein erneutes Vergabeverfahren und ein neuer Vertragsschluß vonnöten.[720] So sind beispielsweise „décisions de poursuivre“ (Fortführungsentscheidungen) für rechtswidrig erklärt worden, die bewirkten, daß die Höhe der ursprünglich vereinbarten Leistung um das zwei- bis dreifache überstiegen wurde. Hierdurch kam es zum Wegfall der Geschäftsgrundlage; ebenso blieb der Grundsatz unberücksichtigt, Leistungen im Wettbewerb zu vergeben.[721]

Als Anhaltspunkt für zulässige Leistungssteigerungen kann auf die Rechtsprechung zurückgegriffen werden, die davon ausgeht, daß das Gesamtvolumen des Auftrags den Ausgangsvertrag um nicht mehr als 15% übersteigen darf.[722]

In der VOL/A oder VOF hingegen finden sich keinerlei Hinweise auf Vereinbarungen zur Leistungsänderung oder einseitige Änderungsmöglichkeiten der Verwaltung.

In beiden Rechtsordnungen ergeben sich jedoch weitreichendere Regelungen aus den Allgemeinen und Ergänzenden Vertragsbedingungen, worauf im folgenden näher einzugehen ist.

---

718 vgl. Lettre collective n° 144 M du 31 oct. 1972 sur les avenants aux marchés publics, adaptée aux modifications apportées au Code des marchés publics par le décret n° 73-329 du 14 mars 1973, zitiert in: Mogenet, a. a. O., Annexe, S. 694 ff.; C.C.M., in: T.M.P. juin 1993, n° 176, S. 1; C.C.M., in: Rev.M.P. 1995 - 1996, n° 2, S. 3; C.C.M., in: Rev.M.P. 1985, n° 211, S. 4 f.; Guibal/Rapp, a. a. O., Rdnr. 532; C.C.M., in: T.M.P. juin 1995, n° 195, S. 1; De Laubadère/Moderne/Delvolvé, a. a. O., Tome 2, Rdnr. 1177; C.E. 13 mars 1998, Département du Pas-de-Calais, zitiert in: Rev.M.P. 1998, n° 3, S. 22 f.;

719 C.E. 25 juin 1971, Société Établissement Marius Sériès, Rec. Leb. 1971, S. 482 f.;

720 vgl. T.A. Rennes 8 oct. 1987, Préfet, commissaire de la République d'Ille-et-Vilaine c/Syndicat intercommunal d'électrification de Rennes Sud-Est, zitiert in: Rev.M.P. août - sept. 1988, n° 236, S. 15: in diesem Fall dauerten die Arbeiten (Elektrifizierung) über die Jahre 1982 - 1984 hinweg, wobei ursprünglich als minimaler Auftragswert 200.000,00 FF und als maximaler Auftragswert 850.000,00 FF angegeben wurde, in Wahrheit jedoch der Auftrag sich auf einen Wert von 2.342.280,30 FF belief; T.A. Orléans 5 mai 1989, Préfet d'Eure-et-Loir, zitiert in: Rev.M.P. oct. - nov. 1989, n° 245, S. 17; T.A. Rennes 2 déc. 1992, Préfet du Morbihan, zitiert in: Rev.M.P. mars 1993, S. 32; T.A. Orléans 6 juillet 1989, Préfet d'Eure et Loir, zitiert in: Rev.M.P. janv. - févr. 1990, n° 247, S. 50; C.C.M., in: T.M.P. juin 1995, n° 195, S. 1 f. (2);

721 T.A. Orléans 6 juillet 1989, Préfet d'Eure-et-Loir, zitiert in: Rev.M.P. janv. - févr. 1990, n° 247, S. 50: „les avenants ne peuvent bouleverser l'économie du marché ni en changer l'objet“;

722 vgl. hierzu: Millet, in: M.T.P. 8 janv. 1993, S. 11; Atzel, in: 01 Informatique 15 déc. 1995, S. 28;

B. III. 6. 2. Inhaltliche Ausgestaltung

B. III. 6. 2. 1. Ergänzungsvertrag

Der Ergänzungsvertrag (avenant)[723] wird von den Parteien des Ausgangsvertrages entsprechend ihrem übereinstimmenden Willen abgeschlossen. Er beinhaltet Änderungen der gegenseitigen Vertragspflichten wie Preis, technische Definition der Leistung, Lieferumfang, Ausführungsfristen, etc..[724]

B. III. 6. 2. 1. 1. Allgemeine Regelungen

Im französischen Recht kann insbesondere jegliche Abänderung oder Überarbeitung des „cahier des charges" (Pflichtenheftes) im Ganzen oder zu einem Teil nur mittels „avenant" erfolgen.[725] Damit stimmt der Nachvertrag durch den im vornherein festgelegten Vertragspartner der Verwaltung grundsätzlich mit einem „marché négocié sans mise en concurrence préalable" (freihändige Vergabe ohne vorgeschalteten Wettbewerb) überein und unterliegt weitgehend keinem besonderen Verfahren.[726] Lediglich Art. 49 - I des Gesetzes vom 29. Januar 1993[727] regelt im Hinblick auf die minimale Wahrung des Respekts eines anfänglichen Wettbewerbs[728] folgendes:

> „Tout projet d'avenant à un marché de ... fournitures ou de services ... entraînant une augmentation du montant global supérieure à 5 p. 100 est soumis pour avis à la commission d'appel d'offres ou à la commission visée à l'article 43. L'assemblée délibérante qui statue sur le projet d'avenant est préalablement informée de cet avis."

Sobald somit ein Projekt eines Ergänzungsvertrages, welches Liefer- oder Dienstleistungen betrifft, zu einer Steigerung der Gesamtauftragssumme um 5% führt, unterliegt dieses der Stellungnahme der betreffenden Kommission.[729] Die beschlußfassende Versammlung ist vor Abschluß eines „avenant" über diese Stellungnahme zu informieren. Dieser Artikel ist auch dann anzuwenden, wenn die Vergabe des Ausgangsauftrages im Wege der „marchés négociés" (freihändigen Vergabe) stattgefunden hat, obwohl hier an sich - außer im Rahmen der Vergabe von Aufträgen der „collectivités locales et ses établissements publics" im Fall des

---

[723] Libert, in: A.J.D.A. 20 juillet/20 août 1994, S. 65; Guibal/Rapp, a. a. O., Rdnr. 532; De Laubadère/Venezia/Gaudamet, a. a. O., Tome 2, Rdnr. 702;
[724] vgl. hierzu: Guibal/Rapp, a. a. O., Rdnr. 129; Rouquette, in: M.T.P. 11 sept. 1992, S. 45;
[725] Guibal/Rapp, a. a. O., Rdnr. 129;
[726] vgl. Lettre collective n° 144 M du 31 octobre 1972 sur les avenants aux marchés publics, adaptée aux modifications apportées au Code des marchés publics par le décret n° 73-329 du 14 mars 1973, in: Mogenet, a. a. O., Tome 2, Annexe, S. 694 ff.;
[727] vgl. Art. 49 - I loi n° 93-122 du 29 janv. 1993 relative à la prévention de la corruption et à la transparence de la vie économique et des procédures publiques, J.O. 30 janv. 1993, modifiée par loi n° 94-679 du 8 août 1994, J.O. 10 août 1994, eingefügt durch Art. 8 loi n° 95-127 du 8 févr. 1995 relative aux marchés publics et délégations de service public, J.O. 9 févr. 1995, S. 2186;
[728] C.C.M., in: T.M.P. juin 1995, n° 195, S. 1;
[729] Marcellin/Costes u. a., Lamy, Guide, n° 635;

Art. 104 I - 10° C.M.P.[730] - keine Einschaltung einer „commission“ vorgesehen ist. Gleiches gilt auch bei den „marchés de l'État“ (staatlichen Aufträgen), obwohl dort überhaupt keine „commission“ bei der Zuschlagserteilung beteiligt ist.[731] Die Vergabe soll durch die vorhergehende Einholung einer Stellungnahme zum einen transparenter gestaltet werden und zum anderen ist hierin die Aufforderung an den Auftraggeber enthalten, von Anfang an seine Bedürfnisse besser durch vorhergehende Analysen zu bestimmen.[732] Festzuhalten ist aber, daß die „commission“ nur eine „rôle consultatif“ (beratende Funktion) innehat und die Auftraggeber an die Stellungnahme nicht gebunden sind.[733]

Der „avenant“ unterliegt ferner den gleichen verwaltungsinternen Kontrollen wie der Ausgangsvertrag, d. h. bei staatlichen Aufträgen der Vorlage an die C.S.M./I., insbesondere dann, wenn bereits der Ausgangsvertrag durch diese schon überprüft wurde oder nunmehr die entsprechenden Auftragswerte erreicht werden.[734] Sobald die 5 % zusätzlich dazu führen, daß der EG-Schwellenwert von derzeit 200.000,00 ECU überschritten wird und damit die entsprechenden Vergaberegelungen hätten Anwendung finden müssen, ist der Auftrag trotz einer eventuell schon erteilten Zustimmung der „commission“ unrechtmäßig.[735] Bei mehreren „avenants“ hintereinander sind die 5 % dann erreicht, wenn der Auftrag insgesamt über dieser Prozentangabe liegt, selbst wenn die einzelnen „avenants“ einen niedrigeren Wert aufweisen. Bei einer Vergabe nach Losen (fractionnement en lots) kommt es darauf an, ob verschiedene Firmen am Auftrag beteiligt sind, und damit zugleich verschiedene Verträge vorliegen oder ob nur ein Vertrag abgeschlossen wurde, sei es in Form einer Arbeitsgemeinschaft (groupement) oder sei es, daß ein Auftragnehmer den Zuschlag von mehreren Losen erhalten hat. Im erstgenannten Fall kommt es auf den Wert der einzelnen Aufträge an, in den beiden zuletzt genannten Fällen auf das Überschreiten des Gesamtauftragswertes. Bei den „marchés à bons de commande“ (Bestellauftrag)[736] kommt es ebenfalls auf die maximale Auftragssumme an, während hingegen bei den „marchés à tranches conditionnelles“ (Festauftrag mit bedingten Anschlußaufträgen)[737] entscheidend ist, ob die einzelnen „tranches conditionnelles“ bereits im vornherein exakt bestimmt wurden. Ist dies der Fall, dann ist wiederum der Gesamtauftrag ausschlaggebend, ansonsten nur der Wert der „tranche ferme“, also derjenigen Tranche, hinsichtlich deren die Verwaltung gebunden ist.[738]

Im deutschen Recht finden sich Anhaltspunkte zu Ergänzungs- und Zusatzaufträgen, also sogenannte Nachtragsaufträge, die im unmittelbaren zeitlichen und sachlichen

[730] vgl. Art. 308 al. 2 C.M.P.;
[731] C.C.M., in: T.M.P. juin 1995, n° 195, S. 1 ff. (2);
[732] C.C.M., in: T.M.P. juin 1995, n° 195, S. 1;
[733] C.C.M., in: T.M.P. juin 1995, n° 195, S. 1 ff. (3);
[734] C.C.M., in: T.M.P. juin 1995, n° 195, S. 1 ff. (3); Laguerre, Concurrence, S. 125; vgl. hierzu: Ziff. B.III.1.3.2;
[735] C.C.M., in: Rev.M.P. 1995 - 1996, n° 2, S. 3;
[736] vgl. Ziff. B.III.4.2.2.1;
[737] vgl. Ziff. B.III.4.2.2.2;
[738] C.C.M., in: T.M.P. juin 1995, n° 195, S. 1 ff. (3); C.C.M., in: Rev.M.P. 1995 - 1996, n° 8, S. 3;

Zusammenhang mit derselben in Auftrag gegebenen Leistung stehen, zunächst in § 2 VOL/B, welcher in Absatz 3 bestimmt:

> „Werden durch Änderung in der Beschaffenheit der Leistung die Grundlagen des Preises für die im Vertrag vorgesehene Leistung geändert, so ist ein neuer Preis unter Berücksichtigung der Mehr- und Minderkosten zu vereinbaren. In der Vereinbarung sind etwaige Auswirkungen der Leistungsänderung auf sonstige Vertragsbedingungen, insbesondere auf Ausführungsfristen, zu berücksichtigen. Diese Vereinbarung ist unverzüglich zu treffen.“

Zu beachten ist, daß diese Regelung jedoch abschließend definierte Leistungen als Grundlage voraussetzt und nicht für Leistungsänderungen im Zusammenhang mit IT-Projekten herangezogen werden können, die ein formalisiertes und detailliertes Verfahren verlangen.[739]

B. III. 6. 2. 1. 2. Vertragsbedingungen

Insoweit geistige Leistungen (prestations intellectuelles) gerade im Rahmen von komplexen Softwareentwicklungen vergeben wurden und sich während der Auftragsdurchführung Abänderungen ergeben, so ist ferner zu überprüfen, ob bereits im Ausgangsvertrag, und hier vor allem in den entsprechenden allgemeinen Vertragsbedingungen (C.C.A.G.) bzw. „Ergänzenden Vertragsbedingungen“ (BVB/EVB-IT) entsprechende Regelungen getroffen wurden, die nachträgliche Anpassungen zulassen.[740]

So bestimmt Art. 17 al. 3 C.C.A.G.-P.I. (Modification en cours d'exécution) im französischen Recht, daß jede nachträgliche Leistungsänderung, die zugleich eine Abänderung des Preises zur Folge hat, des Abschlusses eines Ergänzungsvertrages bedarf.

In ähnlicher Form führt Art. 19.4. C.C.A.G.-M.I. (Modifications de caractère technique en cours d'exécution) aus, daß nach Einigung der Parteien über die definitiven Preise, diese die Grundlage eines Ergänzungsvertrages darstellen. Eine Ausnahme besteht in diesem Fall jedoch dann, wenn die Abänderungen nicht einen Betrag von 10% der ursprünglichen Auftragshöhe oder das 30fache des in den Art. 123 - 1° bzw. 321 C.M.P. vorgesehenen Wertes von derzeit 300.000,00 FF erreichen. Hier kann der Ergänzungsvertrag durch eine besondere, von beiden Vertragsparteien unterzeichnete Vereinbarung ersetzt werden.

---

[739] Hoene, in: CR 1998, S. 567 ff. (568);

[740] Soweit standardisierte Leistungen betroffen sind, enthält lediglich Art. 46 C.C.A.G.-F.C.S. (adjonction de matériels d'outre origine) eine Regelung.

Im deutschen Recht sind Ausführungen hierzu in den bisher geltenden „Ergänzenden Vertragsbedingungen" in § 3 BVB-Planung, §§ 3, 5 BVB-Erstellung sowie § 4 Ziff. 1 Abs. 4 BVB-Pflege und in den EVB-IT-Erstellung[741] enthalten.

So bestimmen § 3 Ziff. 1 Abs. 3 BVB-Planung, § 3 Ziff. 1 Abs. 2 BVB-Erstellung und Ziff. 1.4 EVB-IT-Erstellung[742] in ähnlicher Weise, daß der Auftragnehmer dem Auftraggeber unverzüglich schriftlich mitteilen muß, wenn er erkennt, daß eine vom Auftraggeber vorgegebene Forderung an das Verfahren fehlerhaft, unvollständig, unwirtschaftlich, nicht eindeutig oder objektiv nicht erfüllbar ist oder daß aufgrund des Fortganges der Arbeiten eine Anpassung der Leistungsbeschreibung oder von Forderungen zur Vertragsausführung notwendig ist und welche Folgen dies erkennbar nach sich zieht. Insbesondere hat der Auftragnehmer auf neuere Entwicklungen und sonstige Umstände hinzuweisen, die ein Änderung der Leistung als wirtschaftlich oder technisch sinnvoll erscheinen lassen. Der Auftraggeber hat seinerseits unverzüglich über eine Änderung der Leistungsbeschreibung oder von Forderungen zur Vertragsausführung zu entscheiden. Letztere sind nach § 3 Ziff. 3 Abs. 1 BVB-Erstellung nur verbindlich, wenn sie von der Anspruchstelle schriftlich vorgenommen oder bestätigt wurden. § 3 Ziff. 1 Abs. 4 BVB-Planung sowie § 5 Ziff. 2 Abs. 1 BVB-Erstellung regeln weiter, daß dann, wenn die Änderung einer Leistung oder einer Forderung zur Vertragsausführung vertragliche Regelungen, z. B. den Preis, die Ausführungsfristen oder die Abnahme, beeinflußt, unverzüglich eine Vereinbarung hierüber durch Anpassung im Erstellungsschein getroffen werden muß. Ziff. 9 EVB-IT-Erstellungsschein[743] (IT-Studien und IT-Konzepte) und Ziff. 10 EVB-IT-Erstellungsschein[744] (Software) betreffen ihrerseits die Leistungsänderungen nach vereinbartem Änderungsverfahren. Die Regelungen sind aber wesentlich kürzer gefaßt als in den BVB.

In § 4 Ziff. 1 Abs. 4 BVB-Pflege wird ausgeführt, daß der Auftragnehmer auf Verlangen des Auftraggebers im Rahmen der betrieblichen Möglichkeiten und soweit zumutbar, die Anpassung der Programme an geänderte oder neue Anlagen, Geräte oder Grundsoftware oder an geänderte Nutzungserfordernisse übernimmt. Die verlangten Leistungen und die Gegenleistung werden in der Leistungsbeschreibung oder in einem Nachtrag vereinbart; sie werden jedoch in einem gesonderten Vertrag vereinbart, wenn dies wegen des Umfangs der zu treffenden Vereinbarungen oder wegen der Bedeutung der zu erbringenden Leistungen zweckmäßig ist. Bezüglich optionaler künftigen Leistungen findet sich auch in Ziff. 7.1 EVB-IT-Erstellung[745] die Regelung, daß der Auftragnehmer auf Verlangen des Auftraggebers verpflichtet ist, gegen angemessene Vergütung die erstellte Software für die Dauer von mindestens fünf Jahren ab Abnahme zu ändern, zu erweitern und zu ergänzen. Auf Verlangen des Auftraggebers ist der Vertrag auf der Grundlage der EVB-IT-Erstellung abzuschließen.

---

[741] Entwurf, Stand: 24.02.1998;
[742] Entwurf, Stand: 24.02.1998;
[743] Entwurf, Stand: 24.02.1998;
[744] Entwurf, Stand: 24.02.1998;
[745] Entwurf, Stand: 24.02.1998;

B. III. 6. 2. 2. Einseitige Abänderungsbefugnis der Verwaltung

Die weitere Grundlage für nachträgliche Leistungsänderungen stellen einseitige Änderungsverlangen der öffentlichen Hand dar.

In Frankreich erfolgt die „modification unilatérale" dabei in Form einer „décision de poursuivre" (Fortführungsentscheidung). Diese basiert auf den allgemeinen Grundsätzen des französischen Verwaltungsrechts. Grundlage hierfür ist, daß es sich bei den öffentlichen Aufträgen vorwiegend um „contrats administratifs" (Verwaltungsverträge) handelt.[746] Dies folgt daraus, daß zumindest auf einer Seite die öffentliche Hand handelt und zum anderen „clauses exorbitantes du droit commun" (Vorbehaltsklauseln der öffentlichen Hand) vereinbart werden.[747] Bei der Auftragsvergabe im Bereich der Informationstechnologie erfolgt dies regelmäßig durch die Bezugnahme auf eines der Standardvertragsbedingungen (C.C.A.G.-F.C.S., C.C.A.G.-P.I. oder C.C.A.G.-M.I.),[748] die solche „clauses exorbitantes du droit commun" enthalten.[749] Einen solchen Vorbehalt stellt auch die Befugnis der Verwaltung zu einseitigen Leistungsabänderungen (pouvoir de modification unilatérale) dar.[750] Soweit dabei nicht die Voraussetzungen für den zwingenden Abschluß eines „avenant" vorliegen (vgl. Art. 17 al. 3 C.C.A.G.-P.I.), kann die Verwaltung einseitige Leistungsänderungen vornehmen und hat hierbei lediglich das öffentliche Interesse zu wahren.[751]

Der Umfang der Abänderungsbefugnis richtet sich danach, ob einseitige Änderungen vertraglich vorgesehen sind oder nicht. Soweit im Ausgangsvertrag keine Regelungen bezüglich etwaiger Modifikationen getroffen wurden,[752] können aufgrund des ausdrücklichen Wortlauts von Art. 45 bis al. 1 bzw. 255 bis al. 1 C.M.P. in quantitativer Hinsicht nur Minderungen der Arbeitsmenge oder sich gegenseitig aufhebende Steigerungen und Minderungen vorgenommen sowie schließlich qualitative Veränderungen angeordnet werden. Grenzen sind ferner die technischen und finanziellen Kapazitäten des Lieferanten oder Dienstleistungsunternehmens.[753] Weitergehende Änderungen sind jedoch möglich, falls diese bereits im Vertrag, und hier insbesondere in den allgemeinen oder besonderen Vertragsbedingungen (C.C.A.G. oder

---

[746] vgl. für Aufträge aus dem Bereich der Informationstechnologie: Ministère du Budget, a. a. O., S. 36; Moreau, a. a. O., Rdnr. 193;

[747] De Laubadère/Moderne/Delvolvé, a. a. O., Tome 1, Rdnr. 195; Moreau, a. a. O., Rdnr. 189; Marcellin/Costes u. a., Lamy, Guide, n° 619;

[748] Vivant/Le Stanc u. a., Lamy, Droit de l'informatique, n° 1381;

[749] Solche "clauses exorbitantes du droit commun" sind beispielsweise: Recht auf einseitige Intervention der öffentlichen Hand (Art. 13 C.C.A.G.-P.I., Art. 16 C.C.A.G.-F.C.S.), Abnahme der Lieferungen und Dienstleistungen (Art. 32, 33 C.C.A.G.-P.I.; Art. 18 - 20, 45 C.C.A.G.-F.C.S.) oder Kündigung des Vertrages durch die Verwaltung (Art. 35 - 39 C.C.A.G.-P.I.; Art. 45 C.C.A.G.-F.C.S.); De Laubadère/Moderne/Delvolvé, a. a. O., Tome 1, Rdnr. 195; Vivant/Le Stanc u. a., Lamy, Droit de l'informatique, n° 1381;

[750] vgl. hierzu allgemein: De Laubadère/Moderne/Delvolvé, a. a. O., Tome 2, Rdnrn. 1167 ff.; De Laubadère/Venezia/Gaudamet, a. a. O., Tome 1, Rdnrn. 1047 ff.; De Laubadère/Venezia/Gaudamet, a. a. O., Tome 2, Rdnrn. 701 ff.; Philippe, a. a. O., Rdnrn.: 202, 207 ff.; Guibal/Rapp, a. a. O., Rdnr. 128; Ben Soussan, L'informatique et le droit, Anm. 23280;

[751] Romeuf, a. a. O., Anm. G1;

[752] De Laubadère/Moderne/Delvolvé, a. a. O., Tome 2, Rdnr. 1259;

[753] De Laubadère/Moderne/Delvolvé, a. a. O., Tome 2, Rdnrn. 1260, 1272;

C.C.A.P.), vorgesehen sind.[754] So ergibt sich aus Art. 17 al. 1 und 2 C.C.A.G.-P.I. für den Bereich der geistigen Leistungen, und damit für die Aufträge zur Individualsoftwareerstellung, daß der öffentliche Auftraggeber während der Vertragsausführung dem Auftragnehmer Änderungen hinsichtlich der Leistungen vorschreiben oder Änderungen, die ihm vorgeschlagen werden, akzeptieren kann. Die Entscheidung des Auftraggebers wird dem Auftragnehmer schriftlich bekanntgegeben, und gilt mangels der Geltendmachung von Vorbehalten binnen einer Frist von 45 Tagen als von ihm angenommen.

Für den Bereich der Aufträge „clés en main" bestimmt Art. 19.1. C.C.A.G.-M.I. seinerseits, daß die öffentliche Hand Änderungen technischer Art vorschreiben oder akzeptieren kann und der Auftragnehmer binnen eines Monats seine eventuellen Vorbehalte geltend zu machen hat.

Zu beachten ist, daß die „décision de poursuivre" ebenfalls den minimalen Regelungen des Art. 49-I des Gesetzes vom 29. Januar 1993[755] zur Wahrung der Wettbewerbsvorschriften unterliegt[756] mit der Folge, daß die „commission" eine Stellungnahme abzugeben hat. Auch sind bei Vorliegen der entsprechenden Voraussetzungen die „décisions de poursuivre" der C.S.M./I. bei den „marchés de l'État" (Staatsaufträgen) vorzulegen bzw. das Einvernehmen mit der „assemblée délibérante" (beschlußfassenden Versammlung) bei den „collectivités locales" (Gebietskörperschaften) herbeizuführen,[757] selbst im Falle der „marchés négociés".[758]

Im deutschen Recht sind einseitige Änderungsvorbehalte der Verwaltung - im Gegensatz zum französischen Recht - ohne entsprechende vertragliche Regelung nicht zulässig.

Soweit vertragliche Vereinbarungen über Änderungen des Leistungsumfanges in den BVB bzw. EVB-IT erfolgen, sind diese aufgrund der zivilrechtlichen Natur der Verträge[759] nach dem Gesetz über Allgemeine Geschäftsbedingungen (AGBG) zu beurteilen,[760] und hier insbesondere die §§ 9 ff. AGBG.[761] So ist § 10 Nr. 4 AGBG zu beachten, der bestimmt, daß die Vereinbarung eines Rechts des Verwenders, die versprochene Leistung zu ändern oder von ihr abzuweichen, unwirksam ist, wenn

---

[754] Guibal/Rapp, a. a. O., Rdnr. 129; Romeuf, a. a. O., Anm. G[1];
[755] vgl. Art. 49-I loi n° 93-122 du 29 janv. 1993 relative à la prévention de la corruption et à la transparence de la vie économique et des procédures publiques, J.O. 30 janv. 1993, modifiée par loi n° 94 - 679 du 8 août 1994, J.O. 10 août 1994, eingefügt durch Art. 8 loi n° 95-127 du 8 févr. 1995 relative aux marchés publics et délégations de service public, J.O. 9 févr. 1995, S. 2186;
[756] C.C.M., in: T.M.P. juin 1995, n° 195, S. 1 ff. (2);
[757] Romeuf, a. a. O., Anm. G[1];
[758] Zwar ist bei den „marchés négociés" nur der „représentant légal de la collectivité sur délegation de son assemblée délibérante" bei der Vergabe des Ausgangsvertrags beteiligt. Für eine Fortführungsentscheidung bedarf er trotzdem der „autorisation" der „assemblée déliberante", vgl. Guibal/Rapp, a. a. O., Rdnr. 533; Rouquette, in: M.T.P. 11 sept. 1992, S. 45;
[759] vgl. Pitzcker, in: NVwZ 1983, S. 121 ff. (125);
[760] Heussen, in: CR 1996, S. 692 ff. (693);
[761] Ulmer/Brandner/Hensen-Brandner, a. a. O., § 9, Anm. 18;

nicht die Vereinbarung der Änderung oder Abweichung unter Berücksichtigung der Interessen des Verwenders für den anderen Vertragsteil zumutbar ist. Wegen § 24 AGBG ist diese Klausel an § 9 AGBG zu messen.[762] Danach unterliegen einseitige Änderungsvorbehalte strengen Voraussetzungen: der schwerwiegende Änderungsgrund muß in der Klausel benannt sein und die Klausel hat in Voraussetzung und Folgen die Interessen des Auftragnehmers angemessen zu berücksichtigen.[763] Hintergrund ist das Transparenzgebot, welches die Konkretisierung und Bestimmtheit des Klauselinhalts bezüglich Rechten und Pflichten fordert.[764] Ein einseitiges Bestimmungsrecht, welches sich der Verwender hinsichtlich der Vertragsleistungen vorbehält, ist nur zulässig, soweit sie bei „unsicherer Entwicklung der Verhältnisse als Instrument der Anpassung unumgänglich notwendig sind und die Änderung der Verhältnisse nicht in den dem Verwender nach Treu und Glauben zugeteilten Risikobereich fällt."[765]

§ 5 Ziff. 1 Abs. 1 BVB-Erstellung erfüllt diese Voraussetzungen und bestimmt, daß der Auftraggeber bis zur Abnahme oder dem im Erstellungsschein vereinbarten Zeitpunkt schriftlich die Änderung der im Erstellungsschein festgelegten Anforderungen an die Programme verlangen kann. Der Auftragnehmer hat die geänderten Leistungen auszuführen, soweit sie ihm im Rahmen seiner betrieblichen Leistungsfähigkeit nicht unzumutbar sind. Nicht mit enthalten ist die Anpassung von Terminen, Mitwirkungspflichten oder Qualitätsänderungen.[766] Auch ist keine prozentuale Einschränkung des Umfangs möglicher Leistungsänderungen festgeschrieben.

B. III. 7. Stellungnahme

Zusammenfassend ergibt die oben beschriebene Situation der herkömmlichen Vergabeverfahren bei der Beschaffung von Informationstechnologie folgendes Bild:

Das Verfahren der „adjudication" (Vergabe im Preiswettbewerb) ist zwar grundsätzlich auf alle IT-Beschaffungsvorgänge, und damit auch auf komplexe Softwareentwicklungen, anwendbar, es bietet jedoch der Verwaltung durch die Beschränkung auf das Preiskriterium die geringste Freiheit und Flexibilität[767] und stellt sich als innovations- und qualitätshemmend[768] dar, so daß es in der Regel nur zur Beschaffung von einfachen und stark standardisierten Produkten oder Dienstleistungen (Tastaturen, Papier, Druckerbänder etc.) herangezogen werden sollte.[769] Gerade im Bereich der Informatik ist aber selbst bei einem einfachen Kauf von Hardware oder Standardsoftware häufig eine Installations- oder Wartungs- bzw. Pflegeverpflichtung

---

[762] vgl. Müller-Hengstenberg/von Westphalen, a. a. O., S. 72;
[763] vgl. BGH NJW 1994, S. 1060 ff. (1063);
[764] Ulmer/Brandner/Hensen-Brandner, a. a. O., § 9, Anm. 97;
[765] Ulmer/Brandner/Hensen-Brandner, a. a. O., § 9, Anm. 100;
[766] Heussen, in: CR 1996, S. 692 ff. (695);
[767] Flash, Achats Publics oct. 1995, n° 26, S. 20 ff. (22); Villard/Van Ruymbeke/Coudert, a. a. O., S. 90; Dillemann, a. a. O., S. 57;
[768] Flash, Achats Publics oct. 1995, n° 26, S. 20 ff. (22);
[769] vgl. Vivant/Le Stanc u. a., Lamy, Droit de l'informatique, n° 1402; vgl. Montero, Les marchés publics d'acquisitions de logiciels, S. 32;

mit vorgesehen. Der Preis ist hier zwar weiterhin von großem Interesse - insbesondere im Hinblick auf eine sparsame Verwendung öffentlicher Mittel - jedoch kann er nicht das einzige Auswahlkriterium sein, vielmehr kommt es auf die Qualität der Leistung an.[770]

Der „appel d'offres“ (Vergabe im Leistungswettbewerb) bzw. die Ausschreibungen im deutschen Recht stellen grundsätzlich das Verfahren der Wahl dar,[771] da dort von Anfang an ein dem Bieterschutz dienendes förmliches Verfahren unter Wahrung des Wettbewerbsgedanken stattfindet und ein optimaler Vergleich der Angebote nach Konsultation der Bieter anhand von unterschiedlichen, vorab festgelegten Kriterien möglich ist.[772] Der öffentliche Auftraggeber ist insbesondere nicht an privilegierte Firmen gebunden,[773] vielmehr wird für einen großen Kreis von Unternehmen die Möglichkeit geschaffen, sich bekannt zu machen.[774] Bei dieser Vergabeart ist auch die weiterführende Unterscheidung in ein offenes (appel d'offres ouvert) oder beschränktes Verfahren (appel d'offres restreint) von Interesse.

Von Berbari[775] wird angeregt, Aufträge aufgrund der damit verbundenen größeren Wettbewerbsmöglichkeiten grundsätzlich offen (ouvert) zu vergeben, soweit hieraus keine größeren Nachteile für das Gemeinwesen zu erwarten sind. Eine beschränkte (restreint) Vergabe sollte aber dann erfolgen, wenn objektive Gründe dafür sprechen, wie in dem Beispielsfall der für eine Angebotserstellung notwendigen Vorstudien, die einen solchen Umfang einnehmen, daß eine offene Vergabe unvernünftig erscheint (études nécessaires à l'établissement des offres tellement élevés qu'il apparaîtrait déraisonnable). Hier findet man sich genau im Bereich der komplexen Softwareerstellungsaufträge wieder, die bereits bei der Angebotsausarbeitung für den Bieter enorme Kosten verursachen können.

Was den „appel d'offres ouvert“ und damit zugleich die öffentliche Ausschreibung im deutschen Recht bzw. das offene Verfahren nach den EG-Richtlinien anbelangt, so ist dieses Vergabeverfahren somit auf die bereits benannte Beschaffung von Hardware und Standardsoftware gut zugeschnitten. Hier kann eine Vielzahl von Bietern technisch vergleichbare Angebote abgeben, so daß der Wettbewerb gefördert und wiederum eine sparsame Haushaltspolitik ermöglicht wird. Bei komplexen Beschaffungen - gerade im Zusammenhang mit der Erstellung von Individualsoftware - scheidet das offene Verfahren hingegen zumeist aus. Für den Auftraggeber führt das Verfahren aufgrund der im vornherein nicht beherrschbaren Anzahl der Bewerber zu unverhältnismäßig hohen Kosten wegen der Herstellung und Verteilung der Verdingungsunterlagen an sämtliche potentielle Bieter. Es treten ferner Organisationsprobleme bei der Angebotsöffnung aufgrund der Vielzahl der

[770] Saleur/Nguyen, in: M.T.P. 29 sept. 1995, S. 50; Lucas, a. a. O., Rdnr. 354;
[771] Saleur/Nguyen, in: M.T.P. 29 sept. 1995, S. 50;
[772] Viricel, a. a. O., Rdnr. 23; Vivant/Le Stanc u. a., Lamy, Droit de l'informatique, n° 1402;
[773] De Lamberterie/Bréchon-Moulènes, a. a. O., S. 94;
[774] De Lamberterie/Bréchon-Moulènes, a. a. O., S. 93;
[775] Berbari, in: M.T.P. 15 sept. 1995, S. 36 ff. (37); Berbari, in: M.T.P. 2 févr. 1996, S. 48;

Angebote auf.[776] Das Verfahren ist langwierig und umfangreiche Projekte können damit möglicherweise nicht zügig genug realisiert werden. Hinzu kommt der Mangel an einem richtigen Dialog zwischen Auftraggeber und Auftragnehmer bis zum Zeitpunkt der Auftragsvergabe.[777] Deshalb ist es auch schwierig, eventuelle Präzisierungen allen Kandidaten gegenüber bekannt zu machen; dies paralysiert die Anpassung der vorgeschlagenen Lösungen an technische Evolutionen. Auch ist es für den Auftragnehmer teurer und zeitaufwendiger, detailliertere Angebote auszuarbeiten.[778] Dies ist insbesondere deshalb von betriebswirtschaftlicher Bedeutung, weil manche Anbieter eine relativ geringe Chance haben, den Zuschlag zu erhalten.

Doch auch der klassische „appel d'offres restreint" - was sinngemäß wiederum auf die beschränkte Ausschreibung bzw. das beschränkte Verfahren der EG-Richtlinien übertragen werden kann - wirft bei komplexen Beschaffungsvorgängen Probleme auf. Zwar wird hier durch den vorweggenommenen Teilnahmewettbewerb die gewünschte Begrenzung auf vermeintlich leistungsfähige und fachlich geeignete Bieter erreicht, und damit die Verfahrenskosten sowohl des Auftraggebers als auch des Auftragnehmers etwas minimiert, jedoch bleibt weiterhin das Problem, daß förmliche Ausschreibungen an sich eine bestimmte, im vorhinein exakt definierte Leistung voraussetzen, welche sich im „cahier des charges" (Pflichtenheft) widerspiegeln sollte. Auch besteht grundsätzlich keine Möglichkeit, den Leistungsinhalt während des Vergabeverfahren durch Verhandlungen abzuändern, was jedoch zwangsläufig bei komplexen IT-Beschaffungsvorgängen nötig ist. Gerade die Anpassung der von den Kandidaten abgegebenen Angebotsvorschläge und Ergänzungen (alternatives/ variantes) - hauptsächlich an den Inhalt der „cahiers des charges" - würde einen Dialog zwischen den Parteien voraussetzen, der jedoch das Verfahren ungültig macht.[779] Das Verfahren ist somit einerseits zu lang und zu langsam, Anpassungen der vorgeschlagenen Lösungen an technische Entwicklungen werden paralysiert und die Angebote sind anhand der vorgegebenen Auswahlkriterien häufig nicht vergleichbar.[780] Andererseits bedauern die Unternehmen, daß die Fristen zur Angebotsabgabe bei umfangreichen Leistungen zu kurz sind.[781]

Der Respekt des Formalismus des „appel d'offres" bzw. der Ausschreibungen im deutschen Recht ist damit insgesamt wenig kompatibel mit dem technischen und sich fortlaufend weiterentwickelnden, sehr evolutiven Charakter des DV-Sektors, insbesondere da die Verwaltungen zumindest bislang vorab keine vollständige und definitive Spezifikation ihrer Bedürfnisse liefern können, wie es normalerweise bei standardisierten Leistungen der Fall ist.[782]

---

[776] Barcella/Bernard/Berbari, in: Rev.M.P. sept. - oct. 1991, n° 260, S. 35 ff. (36);
[777] De Lamberterie/Bréchon-Moulènes, a. a. O., S. 42, 95;
[778] Laguerre, Concurrence, S. 91;
[779] vgl. C.S.M./I., Rapport d'activité pour l'année 1988, S. 3; Laguerre, in: La Gazette des communes, des départements et des régions 16 janv. au 5 févr. 1989, S. 39; vgl. Montero, Les marchés publics d'acquisition de logiciels, S. 32;
[780] De Lamberterie/Bréchon-Moulènes, a. a. O., S. 95;
[781] De Lamberterie/Bréchon-Moulènes, a. a. O., S. 96;
[782] Rocfort, in: Rev.M.P. janv. - févr. 1994, n° 279, S. 31;

Gerade die Komplexität im Bereich der Individualsoftwareerstellung sowie der beschränkte Kreis an fachlich qualifizierten und leistungsfähigen Bewerbern läßt verstärkt einen Rückgriff auf die freihändige Vergabe (marchés négociés) zu,[783] die sich vor allem durch Schnelligkeit und geringeren Verwaltungsaufwand auszeichnet.[784] Im französischen Recht kommt hinzu, daß bei den „marchés négociés" weitgehend[785] keine Einschaltung irgendeines Kollegialorgans (commission d'appel d'offres ou d'adjudication) vonnöten ist, welches - wie in den formalisierten Vergabeverfahren beispielsweise - die Bewerberlisten erstellt, die Umschläge der Bewerber öffnet, die ungeeigneten Angebote aussondert sowie teilweise das interessanteste Angebot selbst auswählt.[786] Vielmehr findet hier - wie im deutschen Recht - eine direkte Verhandlung zwischen Auftraggeber und Auftragnehmer statt, die jeweils ihren entsprechenden Willen ausdrücken und in den zukünftigen Vertrag mit einbringen. Damit ist die Form der Übereinstimmung der Vertragsparteien mit einem privatrechtlichen Vertrag vergleichbar, bei dem ebenfalls im Vorfeld der Inhalt und Ablauf ausgehandelt wird. Die Vertragsfreiheit wird lediglich durch die allgemeinen Vertragsgrundsätze (wie beispielsweise das Verbot, Verhandlungen grundlos abzubrechen) sowie die allgemeinen Zwänge des öffentlichen Auftragswesens, wie den zwingenden Rückgriff auf Normen, die Garantieforderungen oder Zahlungsmodalitäten und die Wettbewerbsregeln eingeschränkt.

Das Verfahren der freihändigen Vergabe ist somit inhaltlich weitestgehend angemessen, jedoch findet der Wettbewerbsgedanke in der Ausprägung des gleiches Zugangs zu den öffentlichen Aufträgen, die Forderung nach Transparenz und der wirksamen Verwendung öffentlicher Mittel bei diesem Verfahren kaum Anwendung, so daß dieses Verfahren auch weiterhin nur in Ausnahmefällen zur Anwendung gelangen kann.

Der Vorzug ist daher dem bislang so nur im französischen Recht existierenden Verfahren des „appel d'offres sur performances" (Vergabe im Leistungswettbewerb aufgrund funktionaler Leistungsbeschreibung) zu geben, welches einerseits zwingend ein beschränktes Vergabeverfahren darstellt, andererseits aber inhaltlich zwischen dem klassischen „appel d'offres restreint" und den „marchés négociés" anzusiedeln ist. Die Anwendung dieses Verfahrens im Informatiksektor wird auch durch die G.P.E.M/I.C. angeregt.[787] Ebenso befürwortet die C.C.M. auf dem Gebiet

---

783 Scheurer, in: Annales de la voirie et de l'environnement nov. 1986, n° 11, S. 324, der aber darauf hinweist, daß die Gründe für die Auswahl der Vergabeart weitgehend der subjektiven Einschätzung des öffentlichen Auftraggebers unterliegen;

784 Domergue, a. a. O., S. 213; Guibal/Rapp, a. a. O., Rdnr. 629;

785 Ausnahmsweise sieht Art. 308 al. 2 C.M.P. bei den Aufträgen der Gebietskörperschaften vor, daß - außer im Fall des Art. 104 I - 10° C.M.P. - vor Aufnahme der Verhandlungen eine positive und begründete Stellungnahme (avis favorable et motivé) der „commission" nach Art. 279 C.M.P. vorliegen muß.

786 vgl. Ziff. B.III.5.4.3;

787 vgl. C.C.M./I.C. A. 1-93: Recommandation relative à l'usage, en informatique, des appels d'offres sur performances et des marchés de définition, proposée par le Groupe permanent d'étude des marchés de traitement d'information, des matériels de communication et prestations connexes (G.P.E.M./I.C.), adoptée le 15 déc. 1993 par la section technique de la Commission centrale des marchés, B.O.C.C.R.F. 28 janv. 1994, S. 49 f.;

der Softwareentwicklung die Durchführung von „marchés d'études" nach diesem Verfahren.[788]

So sind, wie im „appel d'offres restreint", die Formalitäten, also Veröffentlichungspflichten, Fristen und Verfahrensgarantien, einzuhalten. Ebenso ist der Gleichbehandlungsgrundsatz im Hinblick auf die Kandidaten zu wahren und die Objektivität der Auswahlkriterien zu respektieren.[789] Insbesondere wird die Strenge (rigueur) eines förmlichen Verfahrens durch die „commission d'appel d'offres" gewährleistet, die bei staatlichen Aufträgen eine begründete Stellungnahme abgeben muß (motivation de l'appréciation de son avis) bzw. bei den Aufträgen der Gebietskörperschaften eine Begründung der getroffenen Auswahlentscheidung. Andererseits kann die Verwaltung während des gesamten Verfahrens des „appel d'offres sur performances" auf Basis der funktionalen Leistungsbeschreibung mit den Konkurrenten hinsichtlich der technischen Gegebenheiten Verhandlungen führen. Die besonderen Vertragsbedingungen (C.C.A.P./C.C.T.P.) müssen erst nach der endgültigen Auswahl des Auftragnehmers vorliegen.[790] Daraus ergibt sich auch die Bevorzugung dieses Verfahrens für den Bereich der Beschaffung von komplexer Informationstechnologie.[791]

Das Verfahren des „appel d'offres sur performances" (Vergabe im Leistungswettbewerb aufgrund funktionaler Leistungsbeschreibung) sieht ferner die Möglichkeit vor, daß die Vergabe sowohl den Projektentwurf als auch die Realisierung umfaßt (peut porter à la fois sur l'établissement d'un projet et son exécution).[792] Ein Verstoß gegen den Gleichheitsgrundsatz liegt hierin nicht, wenn dies allen Beteiligten vor Vergabe bereits bekannt ist.

Zu beachten ist, daß sich das Verfahren eventuell auch nur auf ein (oder auch mehrere) Los(e) beziehen kann, während im übrigen das klassische Verfahren des „appel d'offres restreint" Anwendung findet. Dies scheint gerade bei den Aufträgen „clés en main" interessant zu werden, da hier die Hardware und Standardsoftware nach den Regeln der klassischen Ausschreibung vergeben werden können, die Verfahrensentwicklung im Bereich der Individualsoftware jedoch anhand des „appel d'offres sur performances".

Atzel[793] führt indes als nachteilig aus, daß die Regelungen zur Durchführung des „appel d'offres sur performances" nicht sehr klar sind. Es werden auf die funktionale Leistungsbeschreibung hin voluminöse, gut gemachte Angebote von den Unterneh-

---

788 Peyrical, in: M.T.P. 29 avril 1994, S. 54 f. (55);
789 Rocfort, in: Rev.M.P. nov. 1994, n° 285, S. 40 ff. (41);
790 Rocfort, in: Rev.M.P. nov. 1994, n° 285, S. 40 ff. (42);
791 Saleur/Nguyen, in: M.T.P. 29 sept. 1995, S. 50;
792 vgl. Art. 99 al. 2 C.M.P.;
793 Atzel, in: 01 Informatique 15 déc. 1995, S. 28;

men erstellt, die teilweise zu übermäßigen Kosten für die Unternehmen führen.[794] Bei der sich daran anschließenden Anhörung profitiert die Verwaltung weitgehend ohne entsprechende Gegenleistung[795] von den Ideen der einzelnen Unternehmen und kann bei Unklarheiten Rückfragen stellen bis hin zur Wiederholung des „appel d'offres sur performances" nach Anpassung der ursprünglich geforderten Leistungen. Damit würden die an die Bieter gestellten Anforderungen explosionsartig in die Höhe gehen und der Wettbewerb verfälscht werden. Kleinere Projekte können laut Atzel[796] auf diese Weise bis zur endgültigen Vergabe an die 1 ½ Jahre benötigen.

Eine zufriedenstellende Lösung bei den vorhandenen Vergabeverfahren in Bezug auf die Informationstechnologie, und hier vorwiegend die komplexen Individualsoftwareerstellungen bzw. kompletten Anwenderlösungen, liegt somit in Deutschland bislang überhaupt nicht und in Frankreich nur begrenzt vor.

B. IV. Lösungsansätze

B. IV. 1. „viertes" Vergabeverfahren

In Frankreich wurde in den Jahren 1995 bis 1997 eine tiefgehende Reform des öffentlichen Auftragswesens und damit des C.M.P. erwogen.[797] Ziel war es insbesondere, geeignete Methoden zu schaffen, die die Innovation über stets zugelassene „variantes"[798] oder „cahiers des charges performanciels", und Besonderheiten, wie bei Informatik-Projekten, unter genauer Festschreibung der Verantwortungsbereiche (maîtrise d'œuvre und maîtrise d'ouvrage) berücksichtigen.[799] Das Gesetzesvorhaben ist an der französischen Nationalversammlung gescheitert.[800] Hieraus ergeben sich für die Beschaffung von Informationstechnologie jedoch folgende Anregungen:

Zunächst sollten die Vergabearten der „adjudication" (Vergabe im reinen Preiswettbewerb) und der „marchés négociés" (freihändige Vergabe) abgeschafft und letztere durch ein neues Verfahren ersetzt werden, die „consultation négociée" (wettbewerblicher Dialog).[801] Dieses Verfahren sollte die Verhandlungsmöglichkeit der Verwaltung mit den einzelnen Bietern eröffnen und zugleich die Einhaltung der Wettbewerbsvorschriften durch Einschaltung eines Kollegialorgans (commission de marchés) bei der Auswahl des Zuschlagsempfängers kontrollieren.[802] In diesem

[794] vgl. C.C.M., in: T.M.P. mai 1994, n° 185, S. 1 f. (2); C.C.M./I.C. A. 1-93: Recommandation relative à l'usage, en informatique, des appels d'offres sur performances et des marchés de définition, proposée par le Groupe permanent d'étude des marchés de traitement d'information, des matériels de communication et prestations connexes (G.P.E.M./I.C.), adoptée le 15 déc. 1993 par la section technique de la Commission centrale des marchés, B.O.C.C.R.F. 28 janv. 1994, S. 49 f.;
[795] mit Ausnahme begrenzter Kostenerstattungen bzw. Prämien, vgl. hierzu: Ziff. B.III.2.1.2; Rocfort, in: 01 Informatique 15 déc. 1995, S. 28;
[796] Atzel, in: 01 Informatique 15 déc. 1995, S. 28;
[797] vgl. C.C.M., in: T.M.P. mars 1997, S. 1 ff.; C.C.M., in: Rev.M.P. 1997, n° 1, S. 1 ff.;
[798] es sei denn, sie sind explizit ausgeschlossen, vgl. C.C.M., in: T.M.P. mars 1997, S. 23;
[799] C.C.M., in: T.M.P. mars 1997, S. 4;
[800] C.C.M., in: Rev.M.P. 1997, n° 1, S. 1;
[801] C.C.M., in: T.M.P. mars 1997, S. 17, 20; C.C.M., in: Rev.M.P. 1997, n° 1, S. 27;
[802] vgl. Art. 5 des Gesetzentwurfes in der Fassung vom 20. März 1997;

Zusammenhang sollten auch die unterschiedlichen Vorschriften für die „marchés d'État" und die „marchés des collectivités locales" in Frankreich aneinander angepaßt sowie die EG-rechtlichen Vorgaben in insgesamt einheitliche Bestimmungen eingearbeitet werden.[803] Außer in begrenzten Ausnahmefällen, die sich durch die Natur der Leistung (z. B. nur ein einziger Lieferant) oder gewisse Ausführungsbedingungen (Geheimhaltung, Dringlichkeit) ergeben, und die eine „consultation négociée" rechtfertigen, hat es bei einer Auftragsvergabe über 1,3 MF H.T.[804] beim „appel d'offres" als Regelvergabeart zu verbleiben, während unterhalb dieser Schwelle die „consultation négociée" die Regel darstellen sollte.[805]

Mit Abschaffung des reinen Preiswettbewerbs (adjudication) kommt es bei der Auswahl der Angebote - wie bereits im deutschen Recht - auf das wirtschaftlichste Angebot an. Hierzu wird eine genaue Definition der Bedürfnisse und eine entsprechende Zuordnung zu bestimmten Auswahlkriterien verlangt, wobei die Kriterien strikt an das Vertragsobjekt oder seine Durchführungsbedingungen geknüpft sein müssen.[806] Solche Kriterien sind beispielsweise die Akquisitions- oder Gebrauchskosten, die Fähigkeit, Ersparnisse im Funktionsbereich zu realisieren, der technische Wert, die Integrationsmöglichkeit in bestehende Systeme, die Sicherheit bei der Versorgung, die Qualitätsgarantien, die Ausführungsfristen, der Kundenservice oder die Wartungsbedingungen.[807]

Der aus dem Bereich des Bauwesens stammende Begriff der „maîtrise d'œuvre" sollte explizit auch in Bereichen wie der Informationstechnologie verwendet werden können.[808] Nach Art. 3 al. 2 des Gesetzentwurfes umfaßt die „maîtrise d'œuvre" dabei insbesondere die Aufgaben der Konzeption (mission de conception), der Synthese (mission de synthèse), der Integration (mission d'intégration), der Durchführungsverantwortung (mission de direction de l'exécution) und der Koordination (mission de coordination).

Zwischenzeitlich gibt es auch einen Vorschlag der EG-Kommission,[809] welcher die Einführung einer neuen Art des Verhandlungsverfahrens für die Fälle vorsieht, in denen es dem Auftraggeber objektiv unmöglich ist, die technischen oder sonstigen Mittel für die Erfüllung seiner Bedürfnisse zu definieren oder zu beurteilen, welche technischen oder finanziellen Lösungen der Markt zu bieten hat.[810] Danach soll für besonders komplexe und in ständiger Entwicklung sich befindende Märkte, wie z. B.

---

[803] C.C.M., in: T.M.P. mars 1997, S. 19;
[804] für Staat: 0,9 MF H.T.;
[805] vgl. Art. 17 des Gesetzentwurfes in der Fassung vom 20. März 1997; vgl. C.C.M., in: Rev.M.P. 1997, n° 1, S. 5; C.C.M., in: T.M.P. mars 1997, S. 13;
[806] vgl. Art. 4 des Gesetzentwurfes in der Fassung vom 20. März 1997; vgl. C.C.M., in: Rev.M.P. 1997, n° 1, S. 15; C.C.M., in: T.M.P. mars 1997, S. 16;
[807] C.C.M., in: T.M.P. mars 1997, S. 17;
[808] vgl. Art. 3 des Gesetzentwurfes in der Fassung vom 20. März 1997; vgl. C.C.M., in: Rev.M.P. 1997, n° 1, S. 4;
[809] vgl. Richtlinien-Vorschlag über die Koordinierung der Verfahren zur Vergabe öffentlicher Lieferaufträge, Dienstleistungsaufträge und Bauaufträge, KOM(2000) 275 endg. vom 30.08.2000;
[810] vgl. Art. 29 Ziff. 1 b) KOM(2000) 275 endg. vom 30.08.2000;

im Bereich der Informationstechnologie,[811] ein „Dialog" zwischen dem Auftraggeber und den verschiedenen Bewerbern ermöglicht werden, der dem Auftraggeber dazu dient, seine Erfordernisse so zu präzisieren, daß die Angebote formuliert und auf der Grundlage des Kriteriums des wirtschaftlich günstigsten Angebots objektiv beurteilt werden können. Die Verhandlung soll mit der Erstellung der Verdingungsunterlagen enden. Die Angebote, die auf der Grundlage der Verdingungsunterlagen erstellt werden, können nicht Gegenstand einer weiteren Verhandlung sein.[812] Abweichend von den Schlußfolgerungen der EG-Kommission in ihrer Mitteilung vom 11.03.1998[813] wird der „wettbewerbliche Dialog" jedoch nicht mehr als viertes Vergabeverfahren neben das offene und nicht offene Verfahren sowie das Verhandlungsverfahren mit Veröffentlichung einer Bekanntmachung hinzutreten. Vielmehr soll das Verhandlungsverfahren mit vorheriger Veröffentlichung einer Bekanntmachung auf diese Fälle ausgedehnt werden.

Das neugestaltete Verhandlungsverfahren würde folgendermaßen aussehen:[814]

Der Auftraggeber veröffentlicht eine Bekanntmachung, in der er die interessierten Parteien zur Teilnahme auffordert und seine Bedürfnisse und Anforderungen in Form von Zielen und gegebenenfalls in Form von Leistungs- und Funktionsanforderungen erläutert. Ferner führt er die Eignungs- und Zuschlagskriterien auf, welche für die gesamte Dauer des Verfahrens gelten. In der Bekanntmachung ist des weiteren anzugeben, ob der Auftraggeber von den Bewerbern lediglich die Unterlagen betreffend ihre Situation und ihre technische, wirtschaftliche und finanzielle Leistungsfähigkeit verlangt oder ob darüber hinaus auch ein „vorläufiges Lösungskonzept" nebst Schätzung der voraussichtlichen Kosten vorgelegt werden soll. Nach Eingang der Bewerbungen wählt der Auftraggeber die Teilnehmer an der Verhandlung aus und legt dabei die bereits festgelegten Eignungskriterien (wirtschaftliche, finanzielle und technische Leistungsfähigkeit) zugrunde. Die darauffolgende Verhandlung stützt sich auf das „vorläufige Lösungskonzept", welches entweder bereits Teilnahmevoraussetzung war oder nunmehr nach Aufforderung vorzulegen ist. Der Auftraggeber berät sich sodann mit den ausgewählten Teilnehmern, um festzustellen, mit welchen Mitteln und Lösungen seine Bedürfnisse am besten befriedigt werden können. Um eine Aneignung fremden geistigen Eigentums zu verhindern, darf der Auftraggeber bei diesen Beratungen die Lösungsvorschläge sowie die vertraulichen Informationen der einzelnen Bewerber nicht an die anderen Bewerber weitergeben. Nach Beendigung der Verhandlung definiert der Auftraggeber seine endgültigen technischen Spezifikationen entweder auf der Grundlage des Lösungsvorschlags eines Bewerbers oder einer Kombination mehrerer Lösungsvorschläge unter Einhaltung der Rechtsvorschriften betreffend den Schutz geistigen Eigentums. Der Auftraggeber fordert hierauf alle oder eine begrenzte Zahl[815] von Bewerbern zur Angebotsabgabe auf. Die Angebote werden – ohne über sie erneut

[811] Paetzold, in: ZVgR 2000, S. 191 ff. (192);
[812] vgl. 18. Erwägungsgrund des Richtlinien-Vorschlags der EG-Kommission KOM(2000) 275 endg. vom 30.08.2000;
[813] KOM(1998) 143 endg. vom 11.03.1998;
[814] vgl. Art. 30 KOM(2000) 275 endg. vom 30.08.2000; vgl. Ziff. 3.8 der Begründung KOM(2000) 275 endg. vom 30.08.2000;
[815] mindestens drei;

zu verhandeln - anhand der Zuschlagskriterien geprüft und bewertet sowie der Auftrag vergeben.

Bei einer späteren Umsetzung dieser EG-Richtlinie in nationales deutsches Recht bietet sich zugleich an, zum einen die für die unterschiedlichen Regelungsbereiche (Lieferaufträge, Dienstleistungsaufträge, Bauaufträge) existierenden Verdingungsordnungen in einer einheitlichen Verdingungsordnung zusammenzufassen und zum anderen die Vorschriften für Vergaben unterhalb und oberhalb der EG-Schwellenwerte zu vereinheitlichen.

Durch Einführung eines solchen „wettbewerblichen Dialogs" können die bisherigen Schwierigkeiten bezüglich Gleichbehandlung, Transparenz und Effektivität des Wettbewerbs im öffentlichen Auftragswesen gemildert werden, insbesondere durch die vorherige zwingende Festlegung der Vergabekriterien, die Zulassung von gewisser Kommunikation während der Vergabe und, wie bislang nur in Frankreich, durch Einschaltung eines unabhängigen Kollegialorgans bei der Auswahl des Zuschlagsempfängers, welches zumindest zu einem größeren Prozentsatz mit Softwareexperten bzw. Sachverständigen besetzt sein sollte. Selbst wenn man jedoch diese Art der Vergabe wählt, bleibt es bei dem Erfordernis, vor Vergabe die Bedürfnisse der Verwaltung exakt zu bestimmen, was gerade im Rahmen komplexer Individualsoftwareentwicklungen nicht hinreichend möglich ist. Auch wird die „consultation négociée" in Frankreich nur - wie bisher - in begrenzten Ausnahmefällen über 1,3 MF H.T. zugelassen, welche jedoch den Hauptanwendungsbereich der komplexen Softwareerstellungsverträge darstellt. Da somit weiterhin das noch nicht hinreichend gelöste Problem der exakten Leistungsbeschreibung auf der Basis eines umfassend geplanten Softwareentwicklungs-Projektes und der sich fortwährend - auch nachträglich - ergebenden Notwendigkeit der Leistungsabänderung bleibt, ist die Lösung auf technisch-organisatorischer Ebene zu suchen.

B. IV. 2. Technisch-organisatorische Lösung

Wie bereits ausgeführt, basiert die Entwicklungsstrategie von Individualsoftware bei der öffentlichen Auftragsvergabe sowohl in Deutschland als auch in Frankreich bislang fast ausschließlich auf dem Wasserfallmodell[816] (modèle de la cascade) mit der Folge von zeitlich und technisch linearen Phasen in Form von Planung und Erstellung, wobei jedoch vor der Auftragsvergabe bereits das gesamte Projekt in seinem Umfang (Anwenderforderungen), Preis und Zeitrahmen vollumfänglich festgeschrieben sein muß. Gerade die Entwicklung eines Systems oder Systemteils in einem einzigen Schritt, paßt aber nicht ausreichend zu den komplexen und variablen Prozessen wie demjenigen der Softwareentwicklung,[817] denn das Prinzip „alles oder nichts" ist hier schwierig zu handhaben: Die Zeit ist schwer beherrschbar

[816] auch traditionelle Entwicklung, Grand Design, Big Bang oder One Shot genannt;
[817] Sommerville, Le génie logiciel, S. 5;

und es kommt zu unzähligen Nachträgen aufgrund der mangelnden Flexibilität gegenüber unvorhergesehenen Umständen.[818]

Lineare Phasenmodelle bieten aufgrund ihres klaren und einheitlichen Konzepts für Kosten, Zeit und Verfahrensablauf zwar Vorteile,[819] jedoch sind die Anwender häufig nicht in der Lage, zu Beginn der Vergabe ihre konkreten Anforderungen auszudrücken. Dabei werden zumeist auch die Randbedingungen nicht ausreichend berücksichtigt. Fehler, die bereits bei der Anforderungsdefinition auftreten, werden damit über die weiteren Phasen fortgeführt. Selbst bei konkreter und zielgerichteter Anforderungsdefinition können bei linearen Modellen Probleme bei der Veränderung von Benutzeranforderungen während der Entwicklung auftreten und rückwirkend nicht mehr berücksichtigt werden.[820] Ebenso verändert die Programmentwicklung selbst das zu lösende Problem, so daß lineare Modelle fehl gehen müssen.[821] Eine starre Dokumentenstruktur führt zu Redundanzen und Ineffizienz.[822] Schließlich kommt es bei den Phasenübergängen zu Informationsverlusten, z. B. bei falscher Übertragung einer Spezifikation.[823] Ein weiterer Nachteil linearer Modelle ist nur eine bedingte Validierung, und somit Überprüfbarkeit des Wertes des Softwareproduktes hinsichtlich des Einsatzziels, da sich beispielsweise die Problemanalyse oder Pflichtenhefte aufgrund ihrer weitgehenden Abstraktheit nicht frühzeitig am realen Anwendungsproblem messen lassen.[824]

Es kommt somit auf eine globale und strategische Annäherung eines DV-Systems an.[825] Dies führt zu der Überlegung, andere Entwicklungsstrategien zur möglichen Verbesserung der derzeitigen Lage heranzuziehen und kritisch auf ihre Anwendbarkeit bei der öffentlichen Auftragsvergabe zu überprüfen.

B. IV. 2. 1. Modifikationen der linearen Phasenmodelle

Modifikationen der linearen Phasenmodelle stellen beispielsweise die Schleifenbildung oder die inkrementelle Entwicklung dar. Die Schleifenbildung sieht vor, daß bei jedem nicht zufriedenstellenden Ergebnis der Implementierung ein neuer Systementwurf und eine anschließende Modifikation der Implementierung oder sogar eine Neuentwicklung erforderlich ist.[826] Der entsprechende Lebenszyklus wird somit in einer Schleife innerhalb des Projektmodells nochmals durchlaufen und kann auch Änderungen der ursprünglichen Anforderungen berücksichtigen. Nachteilig ist jedoch der Aufwand, der nach bereits erfolgter Implementierung zur Beseitigung von Mängeln oder Änderungen notwendig sein kann.[827]

818 Rocfort, in: Rev.M.P. 1995 - 1996, n° 4, S. 35;
819 Hesse/Weltz, in: Bittner, a. a. O., S. 200;
820 Pietsch, a. a. O., S. 56; Hesse/Weltz, in: Bittner, a. a. O., S. 182;
821 vgl. Heppner, a. a. O., S. 146 f.;
822 vgl. Sommerville, Le génie logiciel, S. 14;
823 Pietsch, a. a. O., S. 57;
824 Pietsch, a. a. O., S. 55;
825 Perroud, in: La Gazette des communes, des départements et des régions 3 oct. 1994, S. 24;
826 Bally/Brittan/Wagner, a. a. O., S. 27;
827 Pietsch, a. a. O., S. 58;

Das inkrementelle Vorgehen (développement incrémental) ist im einzelnen dadurch gekennzeichnet, daß das vorher festgelegte System als Ganzes mit den wichtigsten Systemfunktionen (Anwenderforderungen) und Schnittstellen geplant, aber dann über kurze Zeitspannen in Form selbständiger modularer Bauteile sukzessive oder auch gleitend, d. h. phasenverschoben oder parallel, stufenweise realisiert und stabilisiert[828] wird mit einer schrittweise konstanten Verbesserung bzw. Anpassung der Funktionalitäten. Komplexe Systeme sind dabei über den gesamten Entwicklungszeitraum hinweg in unabhängig voneinander programmierbare Teilsysteme mit Meilensteinen und Kontrollmöglichkeiten zu zergliedern, die einzeln erstellt und ausgetestet werden.[829] Jedes der Teilsysteme ist hierbei voll betriebsfähig.[830] Wichtig ist jedoch, daß ein globaler Entwicklungsplan vorliegt, welcher festschreibt, wie alle Teilsysteme in einem Integrationstest und Systemtest zusammengeführt werden.[831] Für die unterschiedlichen Systemteile können jeweils unterschiedliche Entwicklungsstrategien ausgewählt[832] und bereits existierende Produkte den Entwicklungsstufen entsprechend durch einfachen Austausch von einzelnen Systemteilen fortgeschrieben werden. Die Unterteilung der Softwareentwicklung in einzelne Phasen erleichtert zudem die Kontrolle der einzelnen Phasen und ermöglicht eine problemlosere Einbringung von Änderungswünschen[833] sowie eine strukturierte Softwarepflege.

Diese inkrementelle Entwicklung eines DV-Systems wird in Deutschland auch durch das V-Modell[834] unterstützt, welches konkret folgende Schritte vorsieht: Nach Beschreibung des gesamten Anwendungssystems (SE 1.2.) ist eine Ist-Aufnahme/ -Analyse durchzuführen (SE 1.1.) und die Kritikalität[835] zu definieren. Ebenso sind die Qualitätsanforderungen und Randbedingungen (SE 1.4.) festzuschreiben (SE 1.3.). Sodann ist das System fachlich zu strukturieren (SE 1.5.) und das Risiko zu analysieren (SE 1.6.). Als Produkt dieser Aktivitäten ergeben sich die fachlichen Anforderungen für die einzelnen Versionen. Im Anschluß hieran ist das System technisch zu entwerfen, d. h. eine Wirksamkeitsanalyse durchzuführen, die Realisierbarkeit zu untersuchen, die Anwenderforderungen zuzuordnen und die Schnittstellen zu beschreiben (SE 2.1. bis 2.6.). Die Software- bzw. Hardware-Einheiten sind hierauf in Form von Software- bzw. Hardware-Komponenten und/oder einzelnen Software- bzw. Hardware-Modulen zu entwickeln bis hin zur jeweiligen System-Integration (SE 3 bis 8) und Überleitung in die Nutzung (SE 9). Dieses gesamte Vorgehen kann sich mehrmals wiederholen und zugleich Änderungen oder Erweiterungen in den fachlichen Anforderungen integrieren.

828 Rocfort, in: Rev.M.P. 1995 - 1996, n° 4, S. 35; Ellenberger/Müller, a. a. O., S. 39;
829 vgl. auch Schomisch, in: NJW-CoR 3/97, S. 154 ff.: dieser geht seinerseits davon aus, daß der Entwicklungsprozeß in kleine und überschaubare Einheiten (Phasen) zu gliedern ist mit der Möglichkeit zur Verifikation von definierten Zwischenergebnissen gegen Ende der Phase und der Möglichkeit zur Einbeziehung des Auftraggebers und Anwenders.
830 Pietsch, a. a. O., S. 58 f.; Hesse/Weltz, in: Bittner, a. a. O., S. 185;
831 vgl. Müller-Hengstenberg/von Westphalen, a. a. O., S. 10;
832 Bundesministerium des Innern, Vorgehensmodell (V-Modell), Teil 1, S. 3-3;
833 Bömer, a. a. O., S. 70;
834 Bundesministerium des Innern, Vorgehensmodell (V-Modell), Teil 3: Handbuchsammlung; vgl. hierzu auch: Ziff. B.II.5.3.2, Abbildung;
835 Kritikalität ist die Einstufung des Verhaltens von Software hinsichtlich ihrer Auswirkung bei Fehlverhalten auf Zuverlässigkeit, Sicherheit und „Wichtigkeit"; zu berücksichtigen sind dabei System und Umgebung.

Innerhalb dieses vorgegebenen Rahmens können die einzelnen Arbeiten eingehängt werden, wobei sämtliche Arbeitspakete getrennt ausschreibbar sind.[836] Nach Abnahme der jeweils vorgelegten Ergebnisse einer Version ist über das weitere Vorgehen zu entscheiden, möglicherweise nach Vergabe an einen neuen Auftragnehmer, welcher sich relativ problemlos[837] auswechseln läßt. Nachteilig ist jedoch, daß durch die Aufspaltung in Einzelteile, eine uneinheitliche Systemstruktur entstehen kann und auch nicht immer gewährleistet ist, daß das vorab festzulegende Gesamtsystem in Einzelteile aufgespaltet werden kann.

B. IV. 2. 2. Prototyping

Als Hilfestellung gerade bei unklaren Anforderungen oder sich ständig ändernden Ausgangsbedingungen[838] könnte ferner das aus den Ingenieurswissenschaften abgeleitete „prototyping" (prototypage) dienen. Hierbei werden zunächst vorläufige, jedoch betriebsfähige Versuchsmodelle entwickelt, mit deren Hilfe sodann Erfahrungen im Hinblick auf Entwurf, Konstruktion oder Benutzerakzeptanz gesammelt und in das nächste Modell eingebracht werden können.[839] Im Bereich der Entwicklung von Individualsoftware kommt dabei dem Prozeß der Entwicklung mehr Bedeutung zu, als dem eigentlichen Prototypen selbst.[840] Das Prototyping kann dabei in Form des sogenannten „Rapid Prototypings", also einer schnellstmöglichen Entwicklung eines vorführbaren Systems (Wegwerfprototypen), oder in Form des „evolutionären Prototypings" (Vorstufen des Endproduktes) erfolgen.[841] Beim „evolutionären Prototyping" wird die Anforderungsdefinition und der Systementwurf nicht durch einen einzigen Prototypen dargestellt, sondern durch eine Serie aufeinander aufbauender Prototypen mit der Folge eines geringeren Entwicklungsrisikos und höherer Produktivität sowie dadurch bedingter niedrigerer Kosten. Die Abnahme des Produktes erfolgt nach den einzelnen Entwicklungsstufen.

Beim Prototyping wird insbesondere das Interesse des Anwenders an zusätzlichen Funktionen geweckt, da dieser - anders als bei abstrakten Spezifikationen - den Prototypen in direkten Bezug zu seinen Aufgaben und Problemen setzen und verstehen kann. Die häufigen Änderungs- und Erweiterungswünsche lassen sich, solange die Entwicklung noch nicht abgeschlossen ist, grundsätzlich auch noch problemlos berücksichtigen.[842] Nachteilig am Prototyping ist jedoch, daß eine gewisse Werkzeug-Abhängigkeit erzeugt wird, erste Konkretisierungen dazu verleiten, möglichst viel hiervon auch zu implementieren und schließlich mit Präsentation eines ersten Prototyps die Lösungsmöglichkeiten eingeengt und falsche Erwartungen hinsichtlich der Leistungsfähigkeit des endgültigen Systems geweckt werden.[843] Hinzu kommt der Rückfall in eine unsystematische Arbeitsweise.[844]

---

836 IABG, a. a. O., S. 137;
837 soweit Quellcodeherausgabe erfolgt ist bzw. keine Ausschließlichkeitsrechte bestehen;
838 Pietsch, a. a. O., S. 60;
839 Pietsch, a. a. O., S. 60;
840 Pietsch, a. a. O., S. 61;
841 vgl. Pietsch, a. a. O., S. 69 f.;
842 Pietsch, a. a. O., S. 75; Sommerville, Le génie logiciel, S. 6;
843 Pietsch, a. a. O., S. 71 ff.;

Es bietet sich daher an, das Prototyping, und vor allem das „evolutionäre Prototyping“, als Entwicklungsstrategie in ein umfassenderes Vorgehensmodell zu integrieren und dort anzuwenden, wo es beispielsweise die Validität der Anforderungsdefinition zu verbessern gilt.[845]

B. IV. 2. 3. Spiralmodell

Als übergreifendes Lösungsmodell sollte daher das Spiralmodell[846] (modèle de la spirale) von Boehm[847] herangezogen und als Grundlage für die Beschaffung von Informationstechnologie in Form von komplexen Erstellungsverträgen verwendet werden, welches die Vorteile der vorbenannten Entwicklungsstrategien in sich vereinigt, ohne jedoch deren Nachteile zu übernehmen und in dessen Zentrum die Risikoanalyse steht.[848]

Dieses Spiralmodell stellt ein Phasenmodell dar, welches in vier Quadranten aufgeteilt ist, die zyklisch durchlaufen werden. Der erste Quadrant dient der Ausarbeitung der Ziele, wie derjenigen der zu realisierenden Funktionalitäten, sowie der Bestimmung der Alternativen und Beschränkungen. Der zweite Quadrant umfaßt die Bewertung der Alternativen sowie die Identifikation und Reduzierung von auftretenden Risiken. Dabei kommt es zur Auswahl eines konkreten Entwicklungsmodells für die jeweilige Ausbaustufe,[849] z. B. des „evolutionären Prototypings“[850] oder des Wasserfallmodells, falls das Hauptrisiko in der Integration der Untersysteme liegt.[851] In der dritten Phase erfolgt die eigentliche Entwicklung und Verifikation des Produktes. Kann hiernach bereits eine endgültige Implementierung erfolgen, so ist die Entwicklung abgeschlossen. Ansonsten erfolgt in dem letzten Quadranten des ersten Zyklus die Planung des nächsten Entwicklungs-Zyklus.[852] Funktionelle Entwicklungen werden damit erstmals nach Vorliegen einer ersten stabilen Version zu einem relativ frühen Zeitpunkt berücksichtigt.[853]

Das Spiralmodell hat den Vorteil, daß ein Lösungsmodell nicht bis zum Ende realisiert werden muß. Je nach Schwierigkeitsgrad der einzelnen Ausbaustufen kann ein entsprechendes Entwicklungsmodell herangezogen werden. Am Beginn jedes Quadranten stehen klare Aufgabenstellungen, die am Ende ein konkretes Ergebnis aufweisen. Nicht nur Neuentwicklungen, sondern auch Modifizierungen bereits bestehender Systeme sind hierdurch möglich.

---

844 Hesse/Weltz, in: Bittner, a. a. O., S. 184;
845 Pietsch, a. a. O., S. 76 f.;
846 Kostenkurve sieht wie eine Spirale aus;
847 vgl. Boehm, a. a. O., S. 47;
848 Hesse/Weltz, in: Bittner, a. a. O., S. 185; vgl. Soberman, a. a. O., S. 200 f.;
849 Sommerville, Le génie logiciel, S. 17;
850 vgl. Ziff. B.IV.2.2;
851 Sommerville, Le génie logiciel, S. 16;
852 Pietsch, a. a. O., S. 94 f.;
853 Soberman, a. a. O., S. 200; Rocfort, in: Rev.M.P. 1995 - 1996, n° 4, S. 35;

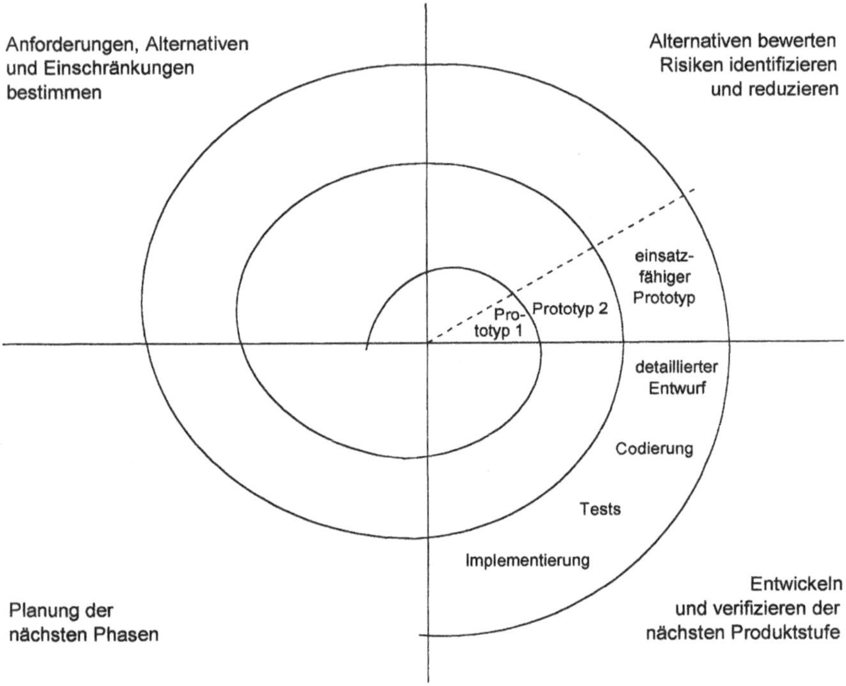

Abbildung: vereinfachte Darstellung des Spiralmodells der Softwareentwicklung[854]

Das Spiralmodell wird ebenfalls durch das Vorgehensmodell des Bundes[855] unterstützt: Zunächst hat eine Anforderungsanalyse der Projektversion (SE 1) zu erfolgen. Auf dieser Basis erster Überlegungen werden Betrachtungen zur Realisierbarkeit und Wirtschaftlichkeit angestellt, wobei die Ergebnisse des Forderungscontrollings (SE 1.7.) in einem Protokoll dokumentiert werden. Die Entscheidung über die Notwendigkeit der Durchführung eines Forderungscontrollings stellt eine Managemententscheidung dar (PM 6). Daneben sind die möglichen Bedrohungen und Risiken zu analysieren (SE 1.6.), die dem Risikomanagement unterfallen (PM 7). Für das Projekt wird sodann die Entwicklungsstrategie festgelegt (PM 1.2.), der Grobplan erstellt (PM 1.5.) sowie die Feinplanung durchgeführt (PM 4) und das Produkt anschließend entwickelt. Über die Projektkontrolle und -steuerung (PM 8) kann es zu einer Änderung der Prioritäten kommen, wodurch eine erneute Planung mit einem entsprechenden Forderungscontrolling in Gang gesetzt wird.

[854] Boehm, a. a. O., S. 47;
[855] Bundesministerium des Innern, Vorgehensmodell (V-Modell), Teil 1;

Da jeder Quadrant klar definierte Vorgaben und Ergebnisse aufweist, kann eine Vergabe aufgrund förmlicher Vergabeverfahren erfolgen. Auch können die Aufgaben der Identifikations- und Bewertungsphase getrennt von der eigentlichen Realisierung vergeben werden, solange die Herausgabe des Quellcodes mit ausreichender Dokumentation sichergestellt wird und keine Ausschließlichkeitsrechte bestehen. In strategischer Hinsicht ist aber zu berücksichtigen, daß sich ein neuer Auftragnehmer in die bestehende Situation, insbesondere die nicht in den Planungsunterlagen fixierten Randbedingungen, mit nicht unwesentlichem Aufwand an Kosten und Zeit einarbeiten muß[856] und auch Know-how-Barrieren bestehen können.[857] Durch die stufenweise Weiterentwicklung und Einbeziehung neuer Funktionalitäten können Leistungsänderungen zwanglos integriert werden.

Als Vergabeform bietet sich die Form der Vergabe anhand einzelner sukzessiven oder parallelen Lose (marchés en lots) an bzw. der Festauftrag mit bedingten Anschlußaufträgen (marchés à tranches conditionnelles), bei welchem jede Phase über eine einheitliche Verfahrensautonomie verfügt[858] und erst der zufriedenstellende Ablauf einer Phase die nächste Phase autorisiert.

Durch dieses Vorgehen wird auch der sparsamen Verwendung öffentlicher Haushaltsmittel Rechnung getragen. Nach jedem Spiraldurchlauf kann entschieden werden, ob eine neue Vergabe unter Einbeziehung der entsprechenden Vertragsbedingungen erfolgen soll. Schließlich ist das notwendige Projektmanagement und die entsprechende Koordination und Kooperation unter den Beteiligten gewährleistet.

Auf organisatorischer Ebene bedarf es der Einschaltung eines unabhängigen „Softwarearchitekten", der die Planung, Beratung und technische Leitung des zu erstellenden DV-Systems übernimmt und das Zusammenspiel der einzelnen Beteiligten und Leistungen überwacht. Zwar existiert bislang keine typische Rolle dieses „l'homme d'art" (Sachverständigen) im Bereich der Informationstechnologie, so daß es schwierig ist, die potentiellen Inhaber dieser Rolle und ihr Wissen zu bestimmen; es kann sich hierbei um reine EDV-Berater, Konstrukteure, Realisatoren oder Softwarehäuser handeln. Andererseits kann man auf die jahrelang erprobten Regelungen aus dem Bereich des Architektenwesens aufbauen und es können entsprechende Bestimmungen geschaffen sowie Verantwortlichkeiten zugewiesen werden unter Berücksichtigung der Kontrolle der technischen anwendbaren Normen, der Qualitätssicherung, der Fristen und der Kostenbeherrschung.[859]

Durch die vorangestellten Lösungsansätze bei der Beschaffung von Informationstechnologie kann im Rahmen der öffentlichen Auftragsvergabe bewirkt werden, daß die Vergabeverfahren unter Anwendung der Grundsätze des Wettbewerbs, der

---

[856] Heppner, a. a. O., S. 121;
[857] Heppner, a. a. O., S. 199;
[858] Rocfort, in: Rev.M.P. 1995 – 1996, n° 4, S. 35;
[859] Rocfort, in: Rev.M.P. nov. 1990, n° 253, S. 31;

Gleichbehandlung, der Transparenz sowie der sparsamen Verwendung öffentlicher Mittel erfolgen. In dem letzten Kapitel ist abschließend nach Darstellung des bislang bestehenden Rechtsschutzes eines Dritten zu überprüfen, ob die dargestellten Lösungsansätze auch hier zu einer nachweisbaren Verbesserung führen können.

C. Konkreter Rechtsschutz des Dritten

Für die Frage, was ein am Vergabeverfahren nicht beteiligter oder ausgeschlossener Dritter für rechtliche Möglichkeiten hat, um gegen rechtswidrige Vergabeverfahren sowie ungerechtfertigte nachträgliche Leistungsänderungen vorgehen zu können, soll es hier ausschließlich um den Primärrechtsschutz und nicht um etwaige Schadensersatzforderungen gehen. Ziel des Dritten ist es dabei, entweder selbst die Erteilung des Zuschlages zu erlangen oder zumindest einen (vermeintlich) rechtswidrig erteilten Zuschlag an einen Mitbewerber wieder aufheben zu lassen. Hierzu ist insbesondere von Interesse, möglichst frühzeitig - und damit vor Vertragsschluß - auf das Verfahren einwirken zu können, um zu einer effektiven Wahrung der Bieterrechte zu gelangen. Diesen Rechtsschutzinteressen der Bieter stehen in der Regel die Interessen der Vergabestelle an einer zügigen Vergabe gegenüber.[860]

Hintergrund für ein Tätigwerden Dritter können beispielsweise das Fehlen von Wettbewerb, ein unzureichender Wettbewerb (z. B. freihändige Vergabe, obwohl eine förmliche Ausschreibung hätte durchführt werden müssen; Stückelung von Aufträgen, um sie dem Anwendungsbereich der Vorschriften über dem EG-Schwellenwert bzw. den Vorschriften über förmliche Verfahren zu entziehen)[861] oder Verfahrensfehler (z. B. Anhörung trotz ungenauer Verdingungsunterlagen, Auswahl des Zuschlagsempfängers auf Basis zuvor nicht genannter Vergabekriterien) sein.

Zweck der folgenden Ausführungen ist es nicht, einen umfassenden Überblick über sämtliche möglichen Verfahrensverstöße und die hiergegen bestehenden außergerichtlichen und gerichtlichen Rechtsbehelfe zu geben, sondern - nach Darstellung der allgemeinen verwaltungsinternen Kontrollen - konkrete Probleme bei der Beschaffung von Individualsoftware herauszugreifen und die diesbezüglich bestehenden effektiven Rechtsschutzmöglichkeiten des Dritten vor den nationalen Gerichten[862] zu diskutieren.

Eröffnet ist hierzu im französischen Recht der Verwaltungsrechtsweg,[863] da zum einen die öffentlichen Aufträge auf dem Gebiet der Informationstechnologie Verwaltungsverträge (contrats administratifs) darstellen[864] und zum anderen Einzelakte der Verwaltung (acte administratif unilatérale)[865] vorliegen. Im deutschen Recht geht die herrschende Meinung davon aus, daß Ansprüche im Zusammenhang mit der öffentlichen Auftragsvergabe der ordentlichen Gerichtsbarkeit unterliegen und daher

---

[860] Dreher, in: EuZW 1998, S. 197 ff. (198);
[861] vgl. Heussen, in: CR 1996, S. 692 ff. (693);
[862] Nicht berücksichtigt werden daher insbesondere das Vertragsverletzungsverfahren der EG-Kommission (Art. 169 EGV), einstweilige Anordnungen nach Art. 186 EGV i. V. m. Art. 83 § 1 VerfO-EuGH oder Vorabentscheidungen nach Art. 177 EGV;
[863] vgl. Ministère du Budget, a. a. O., S. 36;
[864] vgl. Ziff. B.III.6.2.2;
[865] Hübner/Constantinesco, a. a. O., S. 82;

auf dem Zivilrechtsweg[866] vor den ordentlichen Gerichten zu verfolgen sind (vgl. § 13 GVG), da das Klageziel auf eine zivilrechtliche Handlung gerichtet ist und sich die Verwaltung bei der Vergabe zivilrechtlicher Handlungsformen bedient.[867]

C. I. Rechtsschutz beim Vergabeverfahren

C. I. 1. Verwaltungsinterne Kontrollen vor Zuschlagserteilung

In Frankreich erfolgen bereits vor Unterzeichnung des Auftrags durch die zuständige Stelle verschiedene verwaltungsinterne Kontrollen, wobei danach zu unterscheiden ist, ob es sich um „marchés de l'État" oder „marchés des collectivités locales" handelt.

Bei den „marchés de l'État" ist gemäß Buch II des C.M.P. im Bereich der Informationstechnologie die Tätigkeit der „Commission spécialisée des marchés d'informatique" (C.S.M./I.)[868] von besonderer Bedeutung. Diese überprüft in ihrem Anwendungsbereich im Rahmen einer „contrôle à priori" das Vergabeverfahren (procédure de passation), das Auswahlverfahren der Zuschlagsempfänger (méthode du choix des titulaires) sowie die Übereinstimmung der Klauseln und Bedingungen aus verwaltungsrechtlicher, technischer, finanzieller und wirtschaftlicher Sicht.[869] Hierbei kommt es vor allem auf die Einhaltung der Wettbewerbsvorschriften, der Preisangemessenheit sowie die Beachtung der (gesetzlichen) Vorschriften bei der Abfassung der Vertragsklauseln an.[870]

Im Jahre 1992 hatte die „commission spécialisée des marchés d'informatique"[871] beispielsweise eine ablehnende Stellungnahme in dem Fall einer IT-Beschaffung erlassen, in welchem die Behörde die freihändige Vergabe nach Art. 104 I - 4° C.M.P. (cas d'urgence impérieuse (Dringlichkeit)) gewählt hat, um schneller voranzukommen, andererseits aber das Verfahren wie einen „appel d'offres" behandelt hat, ohne zu verhandeln, obwohl sie die Möglichkeit dazu gehabt hätte. Gerade im Rahmen der freihändigen Vergabe könne der verantwortliche Auftraggeber in freier Weise die Diskussionen, die ihm nützlich erscheinen, führen und anschließend demjenigen Kandidaten, den er ausgewählt hat, den Auftrag zuteilen. Das Fehlen von Verhandlungen habe die Behörde insbesondere der Vergleichselemente beraubt, vor allem im Hinblick auf den Preis. Damit sei es zu einer unzulässigen Vermengung des Verfahrens des „appel d'offres" und der „marchés négociés" gekommen. Die C.S.M./I. nahm diesen Fall zudem zum Anlaß, die Auswahl des

---

866 Eine andere Ansicht nimmt auf den materiell-rechtlichen Anspruch aus dem Bereich des öffentlichen Rechts Bezug (Art. 3 Abs. 1 GG) und erklärt den Verwaltungsrechtsweg für anwendbar, vgl. Dawin, in: NVwZ 1983, S. 400;

867 vgl. Pitzcker, in: NVwZ 1983, S. 121 ff. (125); Sterner, a. a. O., S. 128 f.; vgl. auch Gusy, in: JA 1989, S. 26 ff. (34);

868 vgl. hierzu: B.III.1.3.2.;

869 Caballero, a. a. O., S. 93;

870 Solovieff, in: Rev.M.P. 1995, n° 1, S. 52;

871 vgl. C.S.M./I., Rapport d'activité pour l'année 1992, S. 8;

Verfahrens des „appel d'offres" im Bereich der Informatik im Hinblick auf die Entwicklung der Technologie (evolutorischer Bereich) zu debattieren, wobei die freihändige Vergabe (marchés négociés) durch die „commission" als das angemessene Vergabeverfahren angesehen wurde.

Bei den „marchés des collectivités locales et ses établissements publics" erfolgt gemäß Buch III des C.M.P. seit den Dezentralisierungsmaßnahmen[872] keine vorhergehende rechtsaufsichtliche Kontrolle mehr.[873] Vielmehr können diese Aufträge ausgeführt werden, sobald sie dem Vertragspartner bekanntgegeben und dem „préfet" (Präfekten) vorgelegt worden sind.[874]

In Deutschland finden sich hingegen keine verwaltungsnahen Einrichtungen, die wie die C.S.M./I. in Frankreich, vor der Zuschlagsentscheidung eine Stellungnahme abzugeben haben. Vielmehr verbleibt es hier bei den allgemeinen verwaltungsinternen Kontrollen in Form staatlicher Aufsicht, sei es in Form der Rechtsaufsicht bei Angelegenheiten des eigenen Wirkungskreises oder der Fachaufsicht im Rahmen des übertragenen Wirkungskreises. Die Rechtsaufsicht umfaßt lediglich die Rechtmäßigkeitskontrolle; die Fachaufsicht dient dazu, eine rechtmäßige und zweckmäßige Erledigung der Verwaltungsaufgaben zu garantieren. Die Fachaufsichtsbehörde kann damit insbesondere das Vergabeverfahren beanstanden und aussetzen oder eine neue Ausschreibung anordnen.

C. I. 2. Rechte des Dritten

Ein diskriminierter Bieter oder Bewerber ist hinsichtlich eines effektiven Rechtsschutzes darauf angewiesen, seine Rechte noch vor dem eigentlichen Vertragsschluß geltend zu machen. Nach Vertragsschluß sind die Rechtsschutzmöglichkeiten weitgehend auf das Erlangen von Schadensersatz beschränkt. Weder in Frankreich noch in Deutschland existierten zunächst effektive Rechtsschutzmöglichkeiten vor Vertragsschluß. Durch die EG-Überwachungsrichtlinien[875] und ihre entsprechende

---

[872] vgl. loi n° 82-213 du 2 mars 1982 relative aux droits et libertés des communes, des départements et des régions, J.O. 3 mars 1982; vgl. hierzu: loi n° 92-125 du 6 févr. 1992, complétant art. 37 de la loi de 2 mars 1982;

[873] Laguerre, Concurrence, S. 54; C.E. 14 janv. 1987, Préfet, commissaire de la République de la Meuse, Rec. Leb. 1987, S. 820;

[874] Clément/Richer, a. a. O., S. 112; Dufau, a. a. O., Rdnrn. 234, 241;

[875] Richtlinie 89/665/EWG vom 21.12.1989, ABl. EG Nr. L 395/33 vom 30.12.1989 zur Koordinierung der Rechts- und Verwaltungsvorschriften für die Anwendung der Nachprüfungsverfahren im Rahmen der Vergabe öffentlicher Liefer- und Bauaufträge; Richtlinie 92/13/EWG vom 25.02.1992, ABl. EG Nr. L 76/7 vom 23.03.1992 zur Koordinierung der Rechts- und Verwaltungsvorschriften für die Anwendung der Gemeinschaftsvorschriften über die Auftragsvergabe durch Auftraggeber im Bereich der Wasser-, Energie- und Verkehrsversorgung sowie im Telekommunikationssektor;

Umsetzung in die jeweilige nationale Rechtsordnung[876] hat sich dies jedoch entscheidend geändert. Während es im französischen Recht bei der Gewährung des Rechtsschutzes eines Dritten dabei nicht darauf ankommt, ob es sich um Vergaben unterhalb oder oberhalb der EG-Schwellenwerte von derzeit 200.000,00 ECU handelt,[877] ist im deutschen Recht ein sogenanntes „Zweiklassensystem" gegeben.

C. I. 2. 1. Einhaltung der Vergaberegeln während des Vergabeverfahrens

Während bislang lediglich im französischen Recht ein Anspruch der potentiellen Auftragnehmer auf Einhaltung der vergaberechtlichen Vorschriften gegeben war, besteht nunmehr auch im deutschen Recht ein Anspruch der Anbieter gegen die Vergabestelle auf Einhaltung der Vergaberegeln bei Vergabeverfahren oberhalb der EG-Schwellenwerte (vgl. § 97 Abs. 7 GWB). Unterhalb der EG-Schwellenwerte ergeben sich Rechte Dritter allenfalls aus Art. 3 Abs. 1 GG - gegebenenfalls i. V. m. der Verwaltungspraxis - sowie aus § 20 Abs. 1 GWB aufgrund sachlich nicht gerechtfertigter Ungleichbehandlung. Die Grundrechte gelten im Falle des staatlichen Handelns hierbei unmittelbar.[878]

C. I. 2. 1. 1. Verhandlungen mit Bietern bei Ausschreibungen

Soweit der öffentliche Auftraggeber bei der Beschaffung von Informationstechnologie ein förmliches Vergabeverfahren gewählt hat, kann er nach Angebotsabgabe mit den einzelnen Bietern nur noch innerhalb des rechtlich zulässigen Rahmens Verhandlungen führen, um beispielsweise geringfügige Änderungen vorzunehmen. Weitergehende Verhandlungen, wodurch ein neuer Bewertungsmaßstab eingeführt wird,[879] verbieten sich. Hiervon wird jedoch oft abgewichen und konkret mit einzelnen Bietern über die benötigten Leistungen verhandelt, die gerade im Bereich der Individualsoft-

---

876 in Frankreich: loi n° 92-10 du 4 janv. 1992 relative aux recours en matière de passation de certains contrats et marchés de fournitures et de travaux, J.O. 7 janv. 1992, S. 327, sowie décret n° 92-964 du 7 sept. 1992, J.O. 11 sept. 1992 (Überwachungsrichtlinie für Liefer- und Bauaufträge); loi n° 93-1416 du 29 déc. 1993, J.O. 1er janv. 1994, S. 10 (Sektoren-Überwachungsrichtlinie); in Deutschland: zunächst §§ 57 a - c HGrG, eingefügt durch das Zweite Gesetz zur Änderung des Haushaltsgrundsätzegesetzes vom 26. Nov. 1993, BGBl. I, S. 1928; Verordnung über das Nachprüfungsverfahren für öffentliche Aufträge (Nachprüfungsverordnung - NpV) vom 01.04.1994, BGBl. I 1994, S. 324; nunmehr §§ 97 ff. GWB, eingefügt durch Gesetz zur Änderung der Rechtsgrundlagen für die Vergabe öffentlicher Aufträge (Vergaberechtsänderungsgesetz - VgRÄG) vom 26.08.1998, BGBl. I 1998, S. 2512 ff.;

877 Zwar konnte zunächst auch in Frankreich das Verfahren des „référé précontractuel" nur im Rahmen von öffentlichen Aufträgen oberhalb der EG-Schwellenwerte von derzeit 200.000,00 ECU angewendet werden; durch das loi n° 93-122 du 29 janv. 1993 relative à la prévention de la corruption et à la transparence de la vie économique et des procédures publiques, J.O. 30 janv. 1993, und zwar dessen Art. 50, findet das Rechtsschutzverfahren nun im gesamten öffentlichen Vergabewesen ohne Rücksicht auf das Auftragsvolumen statt (vgl. Chabanol, Code T.A.-C.A.A., Anm. zu Art. L. 22, S. 92; Chantepy, in: R.F.D.A. nov. - déc. 1995, S. 1077 ff. (1078); Guibal, Code des marchés publics, Réglementation française, Anm. zu Art. 50 loi n° 93-122 du 29 janv. 1993, S. II.114/5 f.), und zwar auch, soweit Dienstleistungsaufträge betroffen sind (vgl. Bréchon u. a., Droit des marchés publics, Anm. III.650.1.);

878 vgl. Sterner, a. a. O., S. 80; Lupp, a. a. O., S. 209;

879 vgl. EuGH EuZW 1996, S. 506, Tz. 56 (Kommission/Belgien);

ware-Entwicklung vorab mangels exakter Kenntnisse der Materie nur unpräzise vorgegeben sind.

C. I. 2. 1. 2. Einhaltung der Bestimmungen über die Leistungsbeschreibung

Daher ist die Leistungsbeschreibung vor Vergabe eindeutig und erschöpfend festzulegen. Insbesondere darf der öffentliche Auftraggeber die geforderte Leistung nicht in einer Art und Weise beschreiben, die es faktisch nur einem bestimmten Bieter ermöglicht, ein Angebot abzugeben,[880] wodurch ein ungerechtfertigter Wettbewerbsvorteil geschaffen wird (Stückelung führt zum Vorteil einzelner Anbieter, Zusammenfassungen zur Benachteiligung kleiner Anbieter).[881] Dieses Gebot der fabrikats- bzw. herstellerneutralen Ausschreibung fordert somit vom Auftraggeber weder bestimmte Erzeugnisse (z. B. Markennamen wie Microsoft) noch Verfahren vorzuschreiben.[882] Wenn dies unvermeidlich ist, muß mindestens der Zusatz „oder gleichwertiger Art" verwendet werden.[883]

Andererseits sind schutzwürdige Interessen des Bieters dann nicht verletzt, wenn der Auftraggeber dem Bieter eine widersprüchliche Leistungsbeschreibung zur Verfügung stellt und der Bieter aufgrund des vom ihm zu verlangenden Fachwissens die Widersprüchlichkeit hätte erkennen können.

C. I. 2. 1. 3. Abwehr der Bevorzugung von Mitbietern aufgrund vergabefremder Kriterien

Gerade im Bereich der komplexen Softwareerstellung kommt es häufig dazu, daß mit bereits bekannten, bewährten oder ortsansässigen Anbietern Verhandlungen im Wege der freihändigen Auftragsvergabe aufgenommen werden und der Zuschlag im Anschluß hieran erteilt wird, ohne daß Dritte, die die Leistungen in gleicher Weise oder sogar besser hätten erbringen können, am Verfahren beteiligt werden.

An sich ist dem Auftraggeber bei der Frage, mit welchem von mehreren geeigneten Bewerbern er Vertragsverhandlungen aufnimmt, ein Beurteilungs- bzw. Ermessensspielraum eingeräumt.[884] Die alleinige Begründung des Auftraggebers, daß die Eignung der Bieter bekannt sei oder sich die Zusammenarbeit bereits bewährt habe, verstößt jedoch gegen die Wettbewerbsvorschriften, insbesondere das Verbot jeglicher Diskriminierung.[885] Zum einen soll unter den Bewerbern möglichst gewech-

---

[880] Gusy, in: JA 1989, S. 26 ff. (30);
[881] Gusy, in: JA 1989, S. 26 ff. (30);
[882] vgl. (ohne Verf.), Vergaberechts-Report 4/1998, S. 3;
[883] vgl. § 8 Ziff. 3 Abs. 5 VOL/A;
[884] Riese, a. a. O., S. 265 ff., 318 f.; vgl. Gröning, in: ZIP 1998, S. 370 ff. (373); C.E. 26 mars 1965, Dame veuve Moulinet et demoiselle Moulinet, Rec. Leb. 1965, S. 209 f.; Laguerre, In: Rev.M.P. juillet 1988, n° 235, S. 21 ff. (22);
[885] Noch, Diss., S. 64;

selt werden,[886] zum anderen sollen neben der Eignung eines Bieters nur wirtschaftliche und technische, gegebenenfalls auch gestalterische oder funktionelle Gesichtspunkte ausschlaggebend sein. Ausnahmsweise sind diese Kriterien jedoch dann zulässig, wenn der Gegenstand der Lieferung oder Leistung, wie bei komplexen Softwareerstellungen, ein hohes Maß an Zuverlässigkeit, Erfahrung, technisches Know-how, etc. voraussetzt und - insbesondere aufgrund des Schutzes von Ausschließlichkeitsrechten - nur von einem bestimmten Unternehmen hergestellt oder geliefert werden kann.[887] Die Auswahlkriterien sind in diesem Fall zur sinnvollen Vertragsausführung unabdingbar oder lassen sich zumindest hierzu rechtfertigen.[888] In Bezug auf die Auswahl ortsansässiger Unternehmen kann im Bereich der Informationstechnologie als zulässiges Auswahlkriterium z. B. an kurzfristige Gewährleistungsfristen oder Annex-Leistungen, wie die Programmpflege oder Wartung, gedacht werden. Zu beachten ist jedoch, daß selbst im Bereich der Informationstechnologie ein Ortsfremder durch spezielle organisatorische Maßnahmen gewährleisten kann, daß in der erforderlichen kurzen Zeit Gewährleistungs-, Wartungs- oder Pflegemaßnahmen durchgeführt werden.[889]

C. I. 2. 1. 4. Wertung der Angebote

Sowohl in allen das Vergabeverfahren betreffenden EG-Richtlinien als auch nach der Rechtsprechung des EuGH[890] kommt es ferner für die der Vergabe zugrunde zu legenden Zuschlagskriterien abschließend[891] auf den Preis oder das wirtschaftlich günstigste Angebot an,[892] wobei das Kriterium des Preises eine gebundene Entscheidung darstellt, während die Kriterien, die zur Beurteilung des wirtschaftlich günstigsten Angebotes herangezogen werden, eine Ermessensentscheidung erlauben.[893]

Die Wertung der Angebote muß sowohl den Grundsatz der Gleichbehandlung der Bieter (Verfahrens- und Chancengleichheit) als auch den Grundsatz der Transparenz wahren. Die Angebote müssen daher anhand aller vorgegebenen Kriterien untersucht werden; die Bezugnahme auf nur eines der Kriterien stellt einen angreifbaren „erreur de droit" (Rechtsirrtum) dar.[894]

Hinzu kommt, daß bei Änderungsvorschlägen und Nebenangeboten der Bewertungsmaßstab weiter als beim Hauptangebot ist, da der Inhalt hier nicht umfassend

---

886 vgl. § 7 Ziff. 2 Abs. 4 VOL/A;
887 Prieß, in: EuZW 1996, S. 357 ff. (363);
888 vgl. C.E. 1er avril 1994, S.A. Ets J. Richard Ducros, zitiert in: D.A. 1994, n° 327; T.A. de Montpellier 18 déc. 1985, Préfet, commissaire de la République des Pyrénées-Orientales, zitiert in: Rev.M.P. juin 1986, n° 218, S. 6 f.; T.A. Bordeaux 3 juillet 1986, Sté d'aménagement urbain et rural, Rec. Leb. 1986, S. 608; Daub/Eberstein-Kulartz, a. a. O., § 25, Rdnr. 38;
889 vgl. Riese, a. a. O., S. 219;
890 EuGH, Rs. C-31/87, Slg. I - 1988, S. 4635, 4652, 4657;
891 Prieß, Das öffentliche Auftragswesen in der Europäischen Union, S. 101 f.;
892 Noch, Diss., S. 61;
893 Noch, Diss., S. 62;
894 Sabiani, a. a. O., Anm. D[13];

und eindeutig im Leistungsverzeichnis vorgegeben ist.[895] Der Ausschluß nicht zugelassener Nebenangebote und Änderungsvorschläge ist zwingend, denn ihre Wertung würde nicht nur diejenigen Bewerber, die sich an die Bedingungen gehalten haben, benachteiligen, sondern auch den Wettbewerb verzerren, da bei Zulassung auch andere Bieter möglicherweise solche Vorschläge eingereicht hätten.[896]

C. I. 2. 2. Rechtsschutzziele

C. I. 2. 2. 1. Aussetzung des Vertragsschlusses

Zunächst kommt es dem Dritten darauf an, den Vertragsschluß auszusetzen, wenn die Vergabevorschriften nicht eingehalten wurden, er also insbesondere nicht am Verfahren beteiligt oder aufgrund rechtswidriger Entscheidungen der Behörde vom Verfahren ausgeschlossen wurde.

C. I. 2. 2. 1. 1. Référé précontractuel

In Frankreich kann der Dritte versuchen, im Wege einer vorläufigen Maßnahme[897] eine einstweilige Verfügung gemäß Art. L. 22 Code T.A.-C.A.A.[898] (référé précontractuel)[899] mit dem Inhalt zu erwirken, die Verwaltung anzuhalten, die entsprechenden Verfahrensvorschriften (Auswahl der zulässigen Vergabeart, Wertung der Angebote etc.) zu beachten[900] und zugleich die Unterzeichnung des Vertrages auszusetzen.[901] Ein automatischer Suspensiveffekt ist mit Einleitung des Verfahrens nicht gegeben. Zu beachten ist in diesem Zusammenhang das strikte Verbot der Gerichte, sich selbst an die Stelle der Verwaltung zu setzen und Verwaltungsmaßnahmen zu erlassen (z. B. Auswahl des Zuschlagsempfängers).[902]

---

895 Riese, a. a. O., S. 141;
896 vgl. (ohne Verf.), Vergaberechts-Report 2/1999, S. 2;
897 vgl. Art. 2 Abs. 1 lit. a) Richtlinie 89/665/EWG vom 21.12.1989, ABl. EG Nr. L 395/33 vom 30.12.1989 zur Koordinierung der Rechts- und Verwaltungsvorschriften für die Anwendung der Nachprüfungsverfahren im Rahmen der Vergabe öffentlicher Liefer- und Bauaufträge;
898 bzw. Art. L. 23 Code T.A.-C.A.A., welcher die Vergabe von Aufträgen im Rahmen der Sektorenrichtlinie betrifft;
899 Bréchon, in: M.T.P. 30 oct. 1992, S. 46;
900 Dies ist erstmalig im französischen Recht, da bislang ein striktes Verbot bestand, der Verwaltung Anweisungen zu erteilen, vgl. Bréchon, in: M.T.P. 30 oct. 1992, S. 46 f. (47); Clément/Richer, a. a. O., S. 124; Cossalter, in: M.T.P. 9 avril 1993, S. 32; Rouquette, in: M.T.P. 7 févr. 1992, S. 62 f. (63); Chabanol, in: Gaz. Pal. du 27 déc. 1994, S. 1413 f.; C.E. 22 janv. 1997, Société anonyme Biwater, zitiert in: Rev.M.P. 1998, n° 1, S. 16 ff.;
901 T.A. Caen 9 sept. 1992, SA d'organisation de loisirs et de spectacles (SOLS), zitiert in: D.A. 1992, n° 471;
902 Chapus, Droit administratif général, n° 887; Vedel/Delvolvé, a. a. O., S. 726;

Das Verfahren kann dabei nicht direkt eingeleitet werden, sondern verlangt ein Vorverfahren (recours administratif préalable)[903] in der Art und Weise, daß die Verwaltung unter Angabe des Fehlverhaltens in Bezug auf die Beachtung der Publizität und des Wettbewerbs[904] zunächst aufgefordert werden muß, sich formgerecht zu verhalten.[905] Das Fehlen einer entsprechenden Antwort binnen 10 Tagen zählt als ablehnende Entscheidung.[906]

Zuständig zur Entscheidung über den Antrag auf Erlaß einer einstweiligen Verfügung ist der Einzelrichter.[907] Dieser muß binnen 20 Tagen ab Eingang der Antragsschrift entscheiden.[908] Das Verfahren ist trotz der kurzen Fristen kontradiktorisch; es findet eine mündliche Verhandlung in öffentlicher Sitzung statt.[909] Die Entscheidung des Richters ist vorläufig vollstreckbar.[910] Zu beachten ist, daß der Richter in erster und letzter Instanz entscheidet, so daß gegen seine Entscheidungen keine Berufung möglich ist.[911] Allerdings ist stets binnen zwei Wochen ab Bekanntgabe der letztinstanzlichen Entscheidung die Revision zum „Conseil d'État" (oberstes frz. Verwaltungsgericht) möglich.[912]

C. I. 2. 2. 1. 2. Einstweilige Verfügung nach §§ 935 ff. ZPO

In Deutschland ist bei Vergaben unterhalb der EG-Schwellenwerte vor dem eigentlichen Vertragsschluß an Unterlassungsansprüche, insbesondere vorbeugende Unterlassungsansprüche, mit dem Ziel zu denken, den Zuschlag bis zum Erlaß eines Urteils in der Hauptsache keinem Dritten zu erteilen.[913] Hierzu kann vor den

---

903 Die traditionellen Verwaltungsverfahren (recours administratif préalable) umfassen den "recours gracieux" (ähnlich der Gegenvorstellung) und den "recours hiérarchique", mit dem sich der Belastete (wie in der Regel beim Widerspruch) an die höhere Dienststelle wenden kann. Der „recours hiérarchique" setzt dabei ein Über- und Unterordnungsverhältnis bzw. ein Aufsichtsverhältnis (lien tutelle) voraus. Die übergeordnete Behörde stellt die Rechtswidrigkeit der Entscheidung fest und muß diese für ungültig erklären. Beim "recours administratif" handelt es sich nicht um ein zwingendes Vorschaltverfahren im Sinne des Widerspruchsverfahrens der VwGO, sondern um einen fakultativen Rechtsbehelf, sobald ein rechtswidriger belastender Verwaltungsakt vorliegt. Bei Verträgen ist das Verfahren jedoch nicht anwendbar. Die Verwaltungsbehörde kann entweder die rechtswidrige Entscheidung zurücknehmen und eine neue Entscheidung treffen bzw. den Rechtsbehelf ausdrücklich oder konkludent zurückweisen. Sie ist jedoch nicht verpflichtet zu reagieren; insoweit sie aber untätig bleibt und vier Monate schweigt, wird eine Ablehnung fingiert, gegen die wiederum der Klageweg offensteht.

904 vgl. C.E. 17 janv. 1996, S.A. Atelier Mérignet-Carrère, in: Rev.M.P. 1995 - 1996, n° 7, S. 42 ff.;

905 vgl. Art. R. 241-21 Code T.A.-C.A.A.; Vandermeeren, in: A.J.D.A. 20 juillet/20 août 1994, S. 91 ff. (97); vgl. C.E. 19 mars 1997, Ministre de l'Agriculture, de la Pêche et de l'Alimentation c/Société Bull, in: Rev.M.P. 1997, n° 4, S. 26 f.;

906 Bréchon, in: M.T.P. 30 oct. 1992, S. 46;

907 Zuständig ist der Präsident des Tribunal administratif oder sein Vertreter, vgl. Rouquette, in: M.T.P. 7 févr. 1992, S. 62;

908 Art. R. 241-21 Code T.A.-C.A.A.; vgl. Cossalter, in: M.T.P. 9 avril 1993, S. 32 f. (33);

909 C.E. ass. 10 juin 1994, Cne de Cabourg, zitiert in: R.F.D.A. juillet - août 1994, S. 728 ff., concl. Serge Lasvignes;

910 vgl. Art. R. 241-24 Code T.A.-C.A.A.;

911 vgl. Art. R. 241-24 Code T.A.-C.A.A. (im Gegensatz zum Normalfall der im Rahmen der "référés" ergehenden "ordonnances", vgl. Art. R. 132 Code T.A.-C.A.A.); Haïm, in: J.C.P. G. 6 mai 1998, S. 799 ff. (801);

912 vgl. Art. R. 241-24 Code T.A.-C.A.A.; Huglo, a. a. O., Rdnr. 272;

913 Boesen, in: NJW 1997, S. 345 ff. (350);

ordentlichen Gerichten ein Antrag auf Erlaß einer einstweiligen Verfügung nach §§ 935 ff. ZPO gestellt werden.[914]

Die einstweilige Verfügung setzt die Glaubhaftmachung eines Verfügungsanspruches und Verfügungsgrundes voraus. Der Verfügungsanspruch kann sich aus dem kartellrechtlichen Diskriminierungsverbot nach § 20 Abs. 1 GWB i. V. m. § 33 GWB ergeben. Dieser geht allerdings davon aus, daß der öffentliche Auftraggeber im fraglichen Marktbereich in seiner Funktion als Beschaffer eine marktbeherrschende bzw. marktstarke Stellung innehat. Nach § 19 Abs. 2 Satz 1 GWB ist dies dann anzunehmen, wenn die Verwaltung als Nachfrager entweder keine Mitbewerber hat[915] bzw. keinem wesentlichen Wettbewerb ausgesetzt ist oder eine im Verhältnis zu ihren Mitbewerbern überragende Marktstellung einnimmt. Bei der Beschaffung von Informationstechnologie ist dies regelmäßig nicht der Fall.[916] Es ist daher auf das Gleichbehandlungsgebot nach Art. 3 Abs. 1 GG als Anspruchsgrundlage zurückzugreifen.[917] Für jeden Einzelfall ist dabei zu prüfen, ob die Verletzung einer Bestimmung der Vergabevorschriften zugleich auch eine sachlich nicht gerechtfertigte Ungleichbehandlung verschiedener Bieter darstellt.[918] Ein Anspruch auf Unterlassung kommt ferner nach §§ 1004 analog, 823 Abs. 1 BGB in Betracht, wenn durch das Verhalten des Auftraggebers eine Verletzung des Rechts eines Bieters am eingerichteten und ausgeübten Gewerbebetrieb zu besorgen ist (unmittelbarer betriebsbezogener Eingriff).[919] Bei einem Verstoß gegen Vergabevorschriften wird dies aber normalerweise nicht gegeben sein.[920] Ein Unterlassungsanspruch aus §§ 1004 analog, 823 Abs. 2 BGB i. V. m. einem Schutzgesetz dahingehend, den Zuschlag nicht zu erteilen, scheidet bereits wegen fehlender Schutzgesetzqualität der VOL/A 1. Abschnitt aus.[921] Ein Verfügungsgrund ist schließlich dann gegeben, wenn durch eine Veränderung des bestehenden Zustandes die Verwirklichung des Rechtes der Partei vereitelt oder wesentlich erschwert würde.[922] Dies ist bei Erteilung des Zuschlages ohne weiteres zu bejahen.

C. I. 2. 2. 1. 3. Nachprüfungsverfahren

Soweit Vergaben oberhalb der EG-Schwellenwerte betroffen sind, hat der Dritte nunmehr auch im deutschen Recht weitergehende Rechtsschutzmöglichkeiten, da ihm auf der Grundlage materiell-rechtlicher Regelungen subjektive Rechte eingeräumt werden, welche gegenüber der Verwaltung und auch gerichtlich durchgesetzt werden können.[923] Zu beachten ist, daß - im Gegensatz zum französischen Recht -

---

914 Rittner, in: NVwZ 1995, S. 313 ff. (318); Lupp, a. a. O., S. 224 f.; Lötzsch/Bornheim, in: NJW 1995, S. 2134 ff. (2138); Hösch, in: BayVBl. 1997, S. 193 ff. (197);
915 vgl. Marx, in: Jestaedt u. a., a. a. O., S. 144 f.: z. B. im Straßenbau oder bei Rüstungsgütern;
916 Schwarze, in: EuZW 2000, S. 133, führt an, daß im Bereich Informationstechnologie 60% der Vergaben auf die öffentliche Hand entfallen;
917 Lupp, a. a. O., S. 224 f.;
918 Riese, a. a. O., S. 286;
919 vgl. Palandt-Thomas, a. a. O., § 823, Rdnr. 21;
920 Riese, a. a. O., S. 289;
921 Riese, a. a. O., S. 289;
922 vgl. Riese, a. a. O., S. 292;
923 Boesen, in: EuZW 1998, S. 551 ff. (552, 554);

automatisch[924] ein vorläufiges Verbot der Zuschlagserteilung bis zur rechtskräftigen Entscheidung der Vergabekammer für den Auftraggeber eintritt (automatischer Suspensiveffekt),[925] sobald die Vergabekammer den Nachprüfungsantrag an den Auftraggeber zugestellt hat.[926] Dies stellt eine Verbesserung des Primärrechtsschutzes im Hinblick auf vorläufige Maßnahmen dar. Der Auftraggeber kann die Ausschreibung aber bis zum Stadium der Zuschlagsreife weiterführen, z. B. durch Wertung der Angebote.[927] Das vorläufige Verbot der Zuschlagserteilung dauert bis zur Entscheidung der Vergabekammer über den Nachprüfungsantrag zuzüglich weiterer zwei Wochen.[928] Damit kann die Schaffung vollendeter Tatsachen in beiden Instanzen verhindert werden.[929]

Die Vergabekammer leitet ein Nachprüfungsverfahren auf Antrag ein,[930] wobei antragsbefugt jedes Unternehmen ist, welches ein Interesse am Auftrag hat und eine Verletzung in seinen Rechten nach § 97 Abs. 7 GWB durch Nichtbeachtung von Vergabevorschriften sowie einen hierdurch entstandenen oder drohenden Schaden geltend machen kann.[931] Dies stellt zwar eine Einschränkung dar, läßt sich aber damit rechtfertigen, daß ansonsten eine Überlastung der Nachprüfungsinstanzen eintreten würde, wenn allein die Fehlerhaftigkeit des Vergabeverfahrens ausreichen würde.[932] Antragsberechtigt sind daher nicht nur die tatsächlich am maßgeblichen Vergabeverfahren beteiligten Bieter, sondern auch die potentiellen Bieter, die ein Interesse an dem konkreten Vergabeverfahren gehabt haben, jedoch durch eine fehlerhafte Ausschreibung oder andere vergaberechtliche Verstöße seitens der Vergabestelle von einer Angebotsabgabe abgehalten oder ferngehalten wurden.[933] Zulieferern oder Nachunternehmern fehlt das individuelle Rechtsschutzinteresse für eine Antragsberechtigung, es sei denn, die anzubietende Leistung wurde zumindest als Fachlos ausgeschrieben bzw. hätte als solches ausgeschrieben werden müssen.[934]

Gemäß § 107 Abs. 3 GWB ist ein Nachprüfungsantrag jedoch unzulässig, wenn das Unternehmen seine Rügepflicht gegenüber dem Auftraggeber nicht rechtzeitig erfüllt hat. Hierdurch wird - wie im französischen Recht - die Möglichkeit geschaffen noch

[924] Nach altem Recht war es eine Ermessensentscheidung der Vergabeprüfstelle, ob sie eine vorläufige Aussetzung des Vergabeverfahrens verfügte, vgl. Meiborn/Byok, in: EuZW 1995, S. 629 ff. (632); vgl. Boesen, in: NJW 1997, S. 345 ff. (348);
[925] Ähnlich wie bei § 80 a VwGO kann ab Beginn des vorläufigen Verbots der Zuschlagserteilung der Auftraggeber jedoch nach § 115 Abs. 2 GWB den Antrag an die Vergabekammer richten, ihm die Zuschlagserteilung bereits während des laufenden Nachprüfungsverfahrens zu gestatten. Diesem Antrag wird stattgegeben, wenn eine Interessenabwägung ergibt, daß die mit einer Verzögerung der Vergabe verbundenen Nachteile die Vorteile einer Nachprüfung überwiegen. Der unterlegene Bieter kann die sofortige Beschwerde zum Vergabesenat einlegen, damit dieser das Verbot des Zuschlags wiederherstellt (vgl. § 115 Abs. 2 Satz 2, 1. HS. GWB).
[926] §§ 110 Abs. 2 i. V. m. 115 Abs. 1 GWB;
[927] vgl. (ohne Verf.), Vergaberechts-Report 2/1999, S. 4; Erdl, in: VgR 3/1998, S. 37;
[928] vgl. Ablauf der Beschwerdefrist nach § 117 Abs. 1 GWB;
[929] Bislang war eine Aussetzung des Vergabeverfahrens nur erstinstanzlich möglich, vgl. Schumacher, a. a. O., S. 208;
[930] vgl. § 107 Abs. 1 GWB;
[931] vgl. § 107 Abs. 2 GWB;
[932] Schumacher, a. a. O., S. 209;
[933] vgl. (ohne Verf.), Vergaberechts-Report 4/1998, S. 2;
[934] vgl. (ohne Verf.), Vergaberechts-Report 4/1998, S. 2;

vor dem eigentlichen Nachprüfungsverfahren zu einer Befriedigung zu gelangen, da der Auftraggeber der Rüge, soweit er sie für begründet hält, abhelfen kann und damit ein Nachprüfungsverfahren entbehrlich wird.[935] Andererseits ergeben sich Probleme daraus, daß Vergabefehler nicht immer eindeutig erkennbar und beweisbar sind, und eine Rüge „unverzüglich" zu erfolgen hat, was unterschiedlich ausgelegt werden kann.[936]

Die Entscheidung der Vergabekammer ergeht binnen fünf Wochen aufgrund einer mündlichen Verhandlung in Form eines Verwaltungsaktes.[937] Hiergegen kann binnen einer Notfrist von zwei Wochen sofortige Beschwerde beim Oberlandesgericht eingelegt werden.[938] Damit liegt eine nicht mehr angreifbare Entscheidung der Vergabekammer in Deutschland frühestens nach sieben Wochen vor,[939] anstelle von 20 Tagen in Frankreich. Das Nachprüfungsverfahren ist - abweichend zur Regelung in Frankreich - ferner zweistufig ausgestaltet, und zwar in Form einer zunächst außergerichtlichen Prüfung durch die sogenannten Vergabekammern, und anschließend einer gerichtlichen Überprüfung durch das Oberlandesgericht (Vergabesenat).[940]

Fraglich ist, ob neben dem Nachprüfungsverfahren noch eine einstweilige Verfügung nach den §§ 935 ff. ZPO vor den ordentlichen Gerichten möglich bleibt. Während Erdl[941] dies bejaht, da sich insbesondere aus § 115 Abs. 3 Satz 3 GWB[942] nichts Gegenteiliges ergebe, führt Schabel[943] aus, daß der vorläufige Rechtsschutz durch die ordentlichen Gerichte statt oder während des Nachprüfungsverfahrens nicht zulässig ist. Er bezieht sich hierbei auf den Wortlaut des § 104 Abs. 2 Satz 1 GWB, wonach Rechte aus § 97 Abs. 7 GWB sowie sonstige Ansprüche gegen den öffentlichen Auftraggeber, die auf Vornahme oder Unterlassen einer Handlung in einem Vergabeverfahren gerichtet sind, außer vor den Vergabeprüfstellen nur vor den Vergabekammern und dem Beschwerdegericht geltend gemacht werden können.

C. I. 2. 2. 1. 4. Sonderproblem des Zuschlags innerhalb der Zuschlags- und Bindefrist

Im französischen wie im deutschen Recht existiert eine Frist für die Bearbeitung und Abgabe der Angebote.[944] Das deutsche Recht knüpft in § 19 Ziff. 1 VOL/A an den Ablauf dieser Angebotsfrist den Beginn der Zuschlagsfrist, bis zu deren Ablauf der

---

935 Schabel, in: CR 1999, S. 2 ff. (4);
936 Boesen, in: EuZW 1998, S. 551 ff. (555);
937 vgl. § 114 Abs. 3 GWB;
938 vgl. §§ 116, 117 GWB;
939 vgl. §§ 113 Abs. 1, 117 Abs. 1 GWB;
940 vgl. hierzu: Müglich, in: CR 1997, S. 453 ff. (456); Abele, in: EuZW 1998, S. 14 f.;
941 Erdl, Der neue Vergaberechtsschutz, Rdnr. 556;
942 Danach ist die Entscheidung der Vergabekammer, auf Antrag mit weiteren vorläufigen Maßnahmen in das Vergabeverfahren einzugreifen, nicht selbständig angreifbar.
943 Schabel, in: VgR 4/1998, S. 14;
944 vgl. Ziff. B.III.5.4.2;

Bieter an sein Angebot gebunden ist, sogenannte Bindefrist.[945] Im französischen Recht ergibt sich die Bindefrist (délai de validité des offres) aus Art. 38 II - 9° C.M.P., welche gemäß Art. 38 bis I - 4° C.M.P. in den Verdingungsunterlagen anzugeben ist. Andererseits findet sich keine explizite Regelung über die Zuschlagsfrist. Hintergrund hierfür ist, daß in Frankreich zwischen dem Zuschlag und dem eigentlichen Vertragsschluß unterschieden wird,[946] während in Deutschland durch den Zuschlag der Vertrag nach §§ 145 ff. BGB bereits zustande kommt.[947]

Während der Dauer der Zuschlags- bzw. Bindefrist ist der Bieter in seinen sonstigen geschäftlichen Entschlüssen gehemmt, insbesondere da er seine Produktionskapazitäten und Personalverfügbarkeit hierauf abstellt.[948] Danach hat der Bieter in der Regel neu zu kalkulieren (veränderte Materialkosten, Wegfall von Subunternehmern) oder es ist ihm aufgrund anderweitiger Verpflichtungen nicht mehr möglich, weiter an dem Vergabeverfahren teilzunehmen.[949] Da der Bereich der Softwareentwicklung stark evolutorisch ist, entspricht der Stand der Technik meist nur für kurze Zeit dem Angebot; auch ist eine Bindung an den Preis nur kurzfristig möglich. Fraglich ist daher, inwieweit die Aussetzung des Vergabeverfahrens (Zuschlagsverbot) Einfluß auf die Angebotsbindungsfrist hat.[950]

Eine automatische Verlängerung der Zuschlags- bzw. Bindefrist ist weder in Frankreich noch in Deutschland vorgesehen. Eine Zuschlagserteilung nach Ablauf der Zuschlags- bzw. Bindefrist ist daher aus Wettbewerbsgesichtspunkten nur zulässig, wenn alle Bieter, deren Angebote in die Wertung einzubeziehen sind,[951] ihre Angebote auch nach Ablauf der ursprünglichen Angebotsfrist aufrechterhalten. Insoweit eine Zustimmung auch nur eines der Bieter fehlt und somit nicht alle Bieter ihr Angebot zu unveränderten Konditionen aufrechterhalten,[952] ist das Ausgangsverfahren aufzuheben und ein neues Vergabeverfahren einzuleiten, wobei das Verhandlungsverfahren ohne öffentliche Vergabebekanntmachung gewählt werden kann.[953] Braun[954] folgert aus der Bestimmung des § 115 Abs. 1 GWB, daß der Zuschlag für den Auftrag so lange aufgeschoben ist, bis das Aussetzungsverfahren abgeschlossen ist, zugleich, daß auch die Bindefrist der Bieter hiervon erfaßt wird, soweit diese - etwa durch Beiladung - im Verfahren vor der Vergabekammer beteiligt sind.

---

945 vgl. § 19 Ziff. 3 VOL/A;
946 Bréchon u. a., Droit des marchés publics, Anm. III.463.1/1;
947 Boesen, in: EuZW 1998, S. 551 ff. (553); Schabel, in: CR 1999, S. 477 ff. (483); Braun, in: BB 1999, S. 1069;
948 vgl. Erdl, in: VgR 3/1998, S. 37;
949 Erdl, in: VgR 3/1998, S. 37;
950 vgl. Erdl, Der neue Vergaberechtsschutz, Rdnrn. 557 ff.;
951 Nicht geeignete Bieter können damit ausgeschieden werden, vgl. Erdl, in: VgR 3/1998, S. 38;
952 Preislich angepaßte Angebote verbieten sich wegen § 24 VOL/A;
953 Erdl, Der neue Vergaberechtsschutz, Rdnr. 574; Erdl, in: VgR 3/1998, S. 37 ff. (40);
954 Braun, in: BB 1999, S. 1069 ff. (1072);

C. I. 2. 2. 2. Aufhebung rechtswidriger Maßnahmen

C. I. 2. 2. 2. 1. Référé précontractuel

Mit dem „référé précontractuel" nach Art. L. 22 Code T.A.-C.A.A. kann der nicht beteiligte oder ausgeschlossene Dritte ferner im Wege des einstweiligen Rechtsschutzes erreichen, daß der Richter sämtliche von der Verwaltung erlassenen Entscheidungen aufhebt oder aussetzt und Vertragsklauseln bzw. Beschreibungen beseitigt, welche die Wettbewerbs- und Publizitätsvorschriften mißachten.[955]

C. I. 2. 2. 2. 2. Recours pour excès de pouvoir

Im Wege des endgültigen Primärrechtsschutzes steht dem Dritten der „recours pour excès de pouvoir" (Anfechtungsklage) zur Verfügung, welcher sich aber nicht gegen den „contrat administratif" (zweiseitigen Verwaltungsvertrag) an sich richtet, sondern welcher traditionell gegen die „actes administratifs unilatéraux" (einseitige Verwaltungsakte)[956] zur Verfügung steht, die vom eigentlichen Verwaltungsvertrag abtrennbar sind,[957] sogenannte „actes détachables".[958] Beispielsweise unterliegen folgende abtrennbare Verwaltungsakte der Kontrolle durch den Verwaltungsrichter:[959] der Beschluß über den Ausschluß eines Kandidaten,[960] die Entscheidung, ein Angebot zu verwerfen,[961] die Entscheidung, eine Vergabe im Leistungswettbewerb für ungültig (infructueux) zu erklären,[962] die Vergabeentscheidung selbst,[963] die Entscheidung, die den gesetzlichen Vertreter der Gebietskörperschaften ermächtigt, den Vertrag zu schließen[964] oder die Entscheidung, keinen Vertrag zu schließen.[965]

---

955 C.E. 22 janv. 1997, Société anonyme Biwater, zitiert in: Rev.M.P. 1998, n° 1, S. 16 ff. (17); Bréchon, in: M.T.P. 30 oct. 1992, S. 46 f. (47), Terneyre, in: A.L.D. 1992, n° 8, S. 82; Rouquette, in: M.T.P. 7 févr. 1992, S. 62 f. (63); Terneyre, in: R.F.D.A. sept. - oct. 1993, S. 952 ff. (960 f.); Ax, a. a. O., S. 514; Für den Bereich der Sektorenrichtlinie ergeben sich die Entscheidungsbefugnisse aus Art. L. 23 Code T.A.-C.A.A. wie folgt: im Gegensatz zu Art. L. 22 Code T.A.-C.A.A. hat der Richter keinerlei Befugnisse, eine Entscheidung aufzuheben. Seine einzige Handlungsmöglichkeit liegt darin, die Verwaltung aufzufordern, sich entsprechend der Verpflichtungen zu verhalten und ein provisorisches Zwangsgeld für den fruchtlosen Fristablauf festzusetzen;

956 Einzelakt oder Verordnung, vgl. Hübner/Constantinesco, a. a. O., S. 82;

957 Auby/Drago, a. a. O., Rdnr. 1089, Chapus, Droit du contentieux administratif, n°s 618 ff.; De Laubadère/Moderne/Delvolvé, a. a. O., Tome 2, Rdnrn. 1824 ff.; Pouyand, a. a. O., Rdnrn. 405 ff.;

958 C.E. 4 août 1905, Sieur Martin, Rec. Leb. 1905, S. 749; C.E. 4 juin 1976, Desforêts, Rec. Leb. 1976, S. 301 ff.; C.E. sect. 5 déc. 1958, Secrétaire d'État à l'Agriculture c/Union des pêcheurs à la ligne et au lancer de Grenoble et au département de l'Isère, Rec. Leb. 1958, S. 620 ff.;

959 vgl. hierzu allgemein: Pouyand, a. a. O., Rdnrn. 424 ff.; Laguerre, Concurrence, S. 21;

960 Guibal/Rapp, a. a. O., Rdnr. 179; vgl. C.E. 22 avril 1993, Affaire Auffret et Dumoulin, req. n° 21509, zitiert in: Rev.M.P. 1983, n° 195, S. 60 ff.;

961 C.E. 27 juillet 1984, Sté Biro, Rec. Leb. 1984, S. 303 f.;

962 C.E. 10 oct. 1984, Companie générale de construction téléphonique, Rec. Leb. 1984, S. 322 f.;

963 C.E. 19 mars 1969, Cne de Saint-Maur-des-Fossés, Rec. Leb. 1969, S. 170; C.E. 11 oct. 1985, Compagnie générale de construction téléphonique, Rec. Leb. 1985, S. 282; Guibal/Rapp, a. a. O., Rdnr. 179; C.E. 26 janv. 1966, O.P.H.L.M. de Ville du Mans, Rec. Leb. 1966, S. 61; C.E. 26 janv. 1966, Sté Ouest-Peinture, Rec. Leb. 1966, S. 61 f.;

964 C.E. 11 janv. 1961, Barbaro, Rec. Leb. 1961, S. 25; C.E. 6 avril 1906, Camus, Rec. Leb. 1906, S. 326; C.E. sect. 8 févr. 1991, Région Midi-Pyrénées c/Syndicat de l'architecture de la Haute-Garonne, zitiert in: A.J.D.A. 1991, S. 579; C.E. 27 sept. 1991, Commune de Chartres-de-Bretagne, zitiert in: Chabanol/Jougelet, a. a. O., S. 106; C.E. 10 oct. 1994, Ville de Toulouse, zitiert in: D.A. 1994, n° 654; C.E. 9 nov. 1934, Chambre de commerce, d'industrie et d'agriculture de Tamatave, Rec. Leb. 1934, S. 1034 f.; C.E. 7 févr. 1986, Département de la Creuse, Rec. Leb. 1986, S. 171; Romeuf, a. a. O., Anm. T[10];

Die Frist zur Einlegung des Rechtsmittels beträgt zwei Monate. Sie beginnt mit Bekanntmachung oder Veröffentlichung der angegriffenen Entscheidung[966] und wird durch die Erhebung eines „recours administratif préalable“[967] (Verwaltungsvorverfahren) oder durch die Anrufung des Präfekten (déféré préfectoral)[968] verlängert. Der Dritte muß ein Rechtsschutzinteresse besitzen (l'intérêt pour agir). Zwar erfolgt durch den „recours pour excès de pouvoir“ an sich eine allgemeine Rechtmäßigkeitskontrolle, so daß jeder im Rahmen einer Popularklage das Gericht anrufen kann. Der Richter hat aber zumindest das Vorliegen eines berechtigten Interesses zu fordern, also ein direktes und ausreichend legitimes Interesse an der Aufhebung der Entscheidung. Dieses kann selbst tatsächlicher, ideeller oder moralischer Art sein, so beispielsweise die Nichteinhaltung der Verfahrensvorschriften.[969]

Der Klageeinreichung kommt primär kein Suspensiveffekt zu.[970] Es kann jedoch ein eigenständiger Antrag auf Anordnung der Vollzugsaussetzung, die engen Voraussetzungen unterliegt, so beispielsweise das Drohen eines schwer wieder gut zu machenden Schadens, gestellt werden (sursis à l'exécution).[971]

Zu beachten ist aber, daß das Gericht beim „recours pour excès de pouvoir“ weder den Auftragnehmer selbst bestimmen noch der Verwaltung entsprechende Anweisungen erteilen oder die Aufnahme rechtswidriger Klauseln in den Ausschreibungsdokumenten untersagen kann.[972]

C. I. 2. 2. 2. 3. Déféré préfectoral provoqué

Eine Aufhebung einseitiger rechtswidriger Verwaltungsakte vor oder auch nach Vertragsschluß kann ferner durch den „déféré préfectoral provoqué“, eine durch den Dritten angeregte gerichtliche Anklage durch den Präfekten, bewirkt werden.

Dem „préfet“ (Präfekten) sind bei Aufträgen der „collectivités locales“ (Gebietskörperschaften)[973] sämtliche Vertragsbestandteile und zusätzlichen Bestandteile des Vertrages mit vorzulegen, so beispielsweise die Nachweise, die die ordnungs-

---

965 Guibal/Rapp, a. a. O., Rdnr. 179; De Laubadère/Moderne/Delvolvé, a. a. O., Tome 2, Rdnr. 1827; Auby/Drago, a. a. O., Rdnr. 138, Anm. 2°;

966 vgl. Art. R. 102 Code T.A.-C.A.A.;

967 vgl. Auby, in: A.J.D.A. 20 janv. 1997, S. 10 ff.; Chapus, Droit du contentieux administratif, n° 382;

968 vgl. Ziff. C.I.2.2.2.3;

969 De Laubadère/Moderne/Delvolvé, a. a. O., Tome 2, Rdnr. 1828, Fn. 43;

970 De Laubadère/Venézia/Gaudamet, a. a. O., Tome 1, Rdnr. 643;

971 Laguerre, Concurrence, S. 63; Schlette, a. a. O., S. 62;

972 T.A. Nice, 17 mars 1961, Sté des Établissements Crovetto, Rec. Leb. 1961, S. 778 ff.; vgl. Ax, a. a. O., S. 216; Romeuf, a. a. O., Anm. T[11];

973 vgl. für die „communes“ und „départements“: Art. 2 al. 2 und 45 al. 2 loi n° 82-213 du 2 mars 1982 relative aux droits et libertés des communes, des départements et des régions, J. O. 3 mars 1982; für die Aufträge der „régions“: Art. 7 al. 2 loi n° 72-619 du 5 juillet 1972 portant création et organisation des régions, J.O. 9 juillet 1972; jeweils abgeändert durch loi n° 82-623 du 22 juillet 1982 modifiant et complétant la loi n° 82-213 du 2 mars 1982 et précisant les nouvelles conditions d'exercice du contrôle administratif sur les actes des autorités communales, départementales et régionales, J.O. 23 juillet 1982;

gemäße Durchführung des Vergabeverfahrens attestieren (Protokoll/Bericht der „commission d'appel d'offres ou d'adjudication", die Anzeige zur Angebotsaufforderung (avis d'appel public), das „règlement de consultation"), die konstitutiven Vertragsbestandteile (acte d'engagement, C.C.A.P., C.C.T.P.) sowie der Bericht gemäß Art. 312 ter C.M.P..[974] Der Präfekt überprüft die ihm vorgelegten Rechtsakte binnen 15 Tagen[975] auf ihre Vereinbarkeit mit den einschlägigen Vorschriften zur Auftragsvergabe,[976] insbesondere Form, Grundlagen und Gültigkeit der juristischen, technischen und finanziellen Klauseln.[977] Die Prüfung erfolgt nach Lage der Akten sowie unter Mithilfe der „services extérieures de la direction générale de la concurrence, de la consommation et de la répression des fraudes" (Außenstellen der Generaldirektion Wettbewerb, Verbraucherschutz und Betrugsbekämpfung).[978] Soweit Probleme auftreten, wird der „préfet" zunächst den Dialog mit den betreffenden Behörden suchen und versuchen, zwischen den Beteiligten zu schlichten sowie etwaige Fehler zu beseitigen. Erst dann wird der „préfet" den Richter beim Verwaltungsgericht anrufen.

Diese Anrufung des Verwaltungsrichters durch den Präfekten kann auch durch einen vermeintlich zu Unrecht ausgeschlossenen Bewerber erreicht werden.[979] Art. 4 des Gesetzes vom 2. März 1982[980] erlaubt nämlich jeder in ihren Rechten verletzten juristischen oder natürlichen Person (toute personne physique ou morale lésée), den Präfekten darum zu bitten, das Verfahren des „déféré préfectoral" in Gang zu setzen, selbst wenn diese durch eine Maßnahme beeinträchtigt worden ist, die nicht der Vorlagepflicht unterliegt.[981] Der „préfet" muß binnen zwei Monaten ab dem Zeitpunkt, an dem die angegriffene Handlung vollstreckbar geworden ist, angerufen werden.[982] Dies wird für den Dritten häufig schwer erkennbar sein. Binnen zwei weiteren Monaten ist das Verwaltungsgericht anzurufen, wobei Fristbeginn die vollständige Übersendung der Vertragsunterlagen an den „préfet" ist.[983] Diese Frist kann dadurch verlängert werden, daß der „préfet" zuvor einen außergerichtlichen Rechtsbehelf („recours administratif")[984] der Gebietskörperschaft gegenüber ergreift; dies dazu, um sie zum Überdenken ihrer Entscheidung, zur Zurücknahme, Abänderung oder Vervollständigung der Unterlagen zu bewegen. Die Frist beginnt dann mit der ausdrücklichen oder konkludenten Ablehnungsentscheidung.[985]

---

974 vgl. circulaire du 21 juillet 1982, J.O. 23 juillet 1982; circulaire du 4 juillet 1986, zitiert in: M.T.P. 7 nov. 1986, suppl. T.O., S. 20; Clément/Richer, a. a. O., S. 112 f.;
975 vgl. circulaire du 29 juillet 1993, zitiert in: M.T.P. 15 oct. 1993, suppl. T.O., S. 307;
976 T.A. Pau 21 nov. 1989, Préfet des Landes c/Cne de Labenne, in: Rev. Adm. 1990, S. 511;
977 vgl. Clément/Richer, a. a. O., S. 114 f.;
978 vgl. circulaire du 4 juillet 1986, zitiert in: Rev.M.P. 1986, n° 220, S. 12;
979 Clément/Bouchon/Cossalter, a. a. O., S. 136; Auby/Drago, a. a. O., Rdnr. 391;
980 vgl. loi n° 82-213 du 2 mars 1982 relative aux droits et libertés des communes, des départements et des régions, J.O. 3 mars 1982;
981 vgl. C.E. 25 avril 1984, Cne de la Rép. du départ. Val-d'Ore, Rec. Leb. 1984, S. 517; Auby/Drago, a. a. O., Rdnr. 391;
982 Clément/Bouchon/Cossalter, a. a. O., S. 136;
983 vgl. Art. 3 du loi n° 82-213 du 2 mars 1982 relative aux droits et libertés des communes, des départements et des régions, J. O. 3 mars 1982;
984 vgl. hierzu: Fn. 903;
985 C.E. 8 juillet 1992, District de Freyming-Merlebach, req. n° 132488, zitiert in: Vie jud. 7. - 13. déc. 1992;

Hinzu kommt, daß aufgrund Art. 27 des Gesetzes vom 4. Februar 1995[986] der angegriffenen Entscheidung bis zur Entscheidung des Gerichts aufschiebende Wirkung (effet suspensif) zukommt, wenn der „préfet" diesen Antrag binnen 10 Tagen ab Empfang der Unterlagen stellt.

Zu beachten ist aber, daß keine Verpflichtung des „préfet" besteht, eine Verwaltungsmaßnahme vor das „tribunal administratif" (Verwaltungsgericht) zu bringen. Der „préfet" besitzt insoweit Ermessen (pouvoir discrétionnaire).[987] Er kann insbesondere auch noch nach Anrufung des Gerichts seine Klage zurücknehmen.[988]

C. I. 2. 2. 2. 4. Einstweilige Verfügung nach §§ 935 ff. ZPO

Eine einstweilige Verfügung nach §§ 935 ff. ZPO, die darauf gerichtet ist, den öffentlichen Auftraggeber zur Einhaltung der Vergabevorschriften, insbesondere der Bestimmungen über die Leistungsbeschreibung, die Zuschlagskriterien oder die Durchführung eines bestimmten Vergabeverfahrens, zu verpflichten oder rechtswidrige Maßnahmen aufzuheben, ist nicht möglich, da hierdurch eine endgültige Regelung des Streitgegenstandes geschaffen würde, die nur in eng begrenzten Ausnahmefällen (z. B. bei Existenzgefährdung) zulässig ist.[989]

C. I. 2. 2. 2. 5. Nachprüfungsverfahren

Für Vergaben oberhalb der EG-Schwellenwerte steht wiederum das Nachprüfungsverfahren nach §§ 102 ff. GWB zur Verfügung, in welchem bei Rechtsverletzung des Antragstellers die rechtswidrigen Maßnahmen aufgehoben und/oder die Verpflichtung zu rechtmäßigen Maßnahmen ausgesprochen werden kann.

Fraglich ist lediglich, ob eine Überprüfung des Vergabeverfahrens für den Fall, daß der Antrag erst nach Zuschlagserteilung, und damit Vertragsschluß, gestellt wird, möglich ist. Dies ist weder ausdrücklich geregelt noch explizit ausgeschlossen.[990]

Wie bereits ausgeführt, geht die deutsche Regelung bisher davon aus, daß Zuschlag und Vertragsschluß zusammenfallen. In Art. 2 Abs. 6 Unterabs. 2 der beiden

---

[986] loi n° 95-115 du 4 févr. 1995, J.O. 5 févr. 1995, S. 1978;

[987] Seiler, in: R.D.P. 1992, S. 1149 ff. (1167); Die Weigerung des „préfet" stellt auch keine mit der Anfechtungsklage ("recours pour excès de pouvoir") angreifbare Entscheidung dar, vgl. CE sect. 25 janv. 1991, Brasseur, zitiert in: R.F.D.A. juillet - août 1991, S. 587 ff., concl. Bernard Stirn; Seiler, in: R.D.P. 1992, S. 1149 ff. (1168);

[988] C.E. 16 juin 1989, Préfet des Bouches-du Rhône c/Cne de Beldène, in: R.F.D.A. 1989, S. 941;

[989] Riese, a. a. O., S. 293;

[990] Meyer, in: WuW 1999, S. 567 ff. (568); Gröning, in: ZIP 2000, S. 1714;

Rechtsmittelrichtlinien[991] wird jedoch bestimmt, daß ein Mitgliedsstaat vorsehen kann, „daß nach dem Vertragsschluß im Anschluß an die Zuschlagserteilung die Befugnisse der Nachprüfungsinstanz darauf beschränkt werden, einer durch Rechtsverstoß geschädigten Person Schadensersatz zuzuerkennen." Das europäische Recht legt damit ein Auseinanderfallen von Zuschlag und Vertragsschluß zugrunde,[992] mithin eine zweistufige Auftragsvergabe durch einen öffentlich-rechtlichen Zuschlag und anschließenden Vertragsschluß.[993] Soweit nur eine solche Regelung gemeinschaftskonform ist, wäre der Zuschlag noch dem Bereich des laufenden Vergabeverfahrens zuzurechnen - mit der Folge der Nachprüfungsmöglichkeit. Gröning[994] bezweifelt dies mit dem Argument, daß dies ausdrücklicher geregelt worden wäre, wenn man zwischen Zuschlag und Vertragsschluß eine Frist vorsehen wollte. Insbesondere wäre dann auch eine Mindestdauer festgelegt worden. Eindeutig sei dies jedoch nicht und erfordere daher einer Klärung.[995] Meyer[996] läßt offen, ob die deutsche Umsetzung richtlinienkonform ist oder hinter den in den Rechtsmittelrichtlinien angelegten Rechtsschutzmöglichkeiten im Hinblick auf die Überprüfung des Zuschlages durch die Nachprüfungsinstanzen zurückbleibt, gewährt aber zumindest die nachträgliche Überprüfung eines Zuschlags mit Feststellungsentscheidung durch die Kammer, wenn der Bieter ein gesteigertes Interesse an einer Feststellung nachweisen kann, das über das Interesse an der Auftragserteilung i. S. d. § 107 Abs. 2 Satz 1 GWB hinausgeht. Ein solches Interesse liegt vor bei Aussichtslosigkeit eines zivilrechtlichen Schadensersatzprozesses ohne Verwertung von Geschäftsgeheimnissen aus den Vergabeakten, konkreter und individueller Wiederholungsgefahr oder mißbräuchlichem Zuschlag unmittelbar nach Rüge des Antragstellers.[997] Das BayObLG[998] entschied mit Beschluß vom 07.10.1999, wie auch das OLG Düsseldorf,[999] daß das Nachprüfungsverfahren unzulässig ist, wenn der Vertrag bereits vor Einleitung des Nachprüfungsverfahrens geschlossen worden ist. Das OLG Rostock[1000] nahm in seinem Beschluß vom 20.03.2000 den gegenteiligen Standpunkt ein und erklärte einen Fortsetzungsfeststellungsantrag für zulässig. Der Vergabesenat des Kammergerichts Berlin,[1001] welcher seinerseits beabsichtigt, von dem Beschluß des OLG Rostock abzuweichen, hat nunmehr mit Beschluß vom 07.06.2000 dem BGH die Frage zur Entscheidung vorgelegt, ob ein Nachprüfungsantrag auch noch nach erteiltem Zuschlag statthaft ist, wenn der Antragsteller auf den bevorstehenden Zuschlag nicht hingewiesen wurde.

991 Richtlinie 89/665/EWG vom 21.12.1989, ABl. EG Nr. L 395/33 vom 30.12.1989 zur Koordinierung der Rechts- und Verwaltungsvorschriften für die Anwendung der Nachprüfungsverfahren im Rahmen der Vergabe öffentlicher Liefer- und Bauaufträge; Richtlinie 92/13/EWG vom 25.02.1992, ABl. EG Nr. L 76/7 vom 23.03.1992 zur Koordinierung der Rechts- und Verwaltungsvorschriften für die Anwendung der Gemeinschaftsvorschriften über die Auftragsvergabe durch Auftraggeber im Bereich der Wasser-, Energie- und Verkehrsversorgung sowie im Telekommunikationssektor;

992 Meyer, in: WuW 1999, S. 567 ff. (568 f.);

993 Gröning, in: ZIP 1999, S. 52 ff. (57);

994 Gröning, in: ZIP 1999, S. 52 ff. (57);

995 Gröning, in: ZIP 1999, S. 52 ff. (57); vgl. auch Hermes, in: JZ 1997, S. 909 ff. (914 f.);

996 Meyer, in: WuW 1999, S. 567 ff. (569);

997 Meyer, in: WuW 1999, S. 567 ff. (574);

998 BayObLG NZBau 2000, S. 92;

999 OLG Düsseldorf BauR 1999, S.751 ff.;

1000 OLG Rostock NZBau 2000, S. 396;

1001 KG ZIP 2000, S. 1746 ff.;

In der Entscheidung des EuGH[1002] vom 28.10.1999, die einen Auftrag zur Lieferung, Montage und Inbetriebnahme eines Computerprogramms und der dazugehörigen Hardware zur automatischen Übermittlung bestimmter Daten auf österreichischen Autobahnen betraf,[1003] wurde nunmehr explizit für Vergaben oberhalb der EG-Schwellenwerte ausgeführt, daß Art. 2 Abs. 1 lit. a) und lit. b) in Verbindung mit Abs. 6 Unterabs. 2 der Richtlinie 89/665/EWG[1004] dahingehend auszulegen ist, daß die Mitgliedstaaten verpflichtet sind, die dem Vertragsschluß vorangehende Entscheidung des Auftraggebers darüber, mit welchem Bieter eines Vergabeverfahrens er den Vertrag schließt, in jedem Fall einem Nachprüfungsverfahren zugänglich zu machen. Nicht festgelegt wurde hingegen, welcher Zeitraum zwischen diesen beiden Stadien liegen müsse, da unterschiedliche Vergabearten in den jeweiligen Mitgliedstaaten existieren.

Zwar sind bei streng formeller Betrachtung auch in Deutschland und Österreich Zuschlag und Vertragsschluß zwei unterschiedliche Akte;[1005] mangels Bekanntmachung der Zuschlagsentscheidung nach außen fallen beide Akte jedoch für einen Außenstehenden zusammen.[1006] Es müßte daher einen allgemein anerkannten „Vorabinformationsanspruch" der Bieter geben, der beispielsweise durch ein Zuschlagsverbot sanktioniert werden kann, solange keine Information an die Bieter erfolgt ist. Bereits am 29.04.1999 hat die 1. Vergabekammer des Bundes[1007] beschlossen, daß spätestens 10 Tage vor der beabsichtigten Zuschlagserteilung an die nicht berücksichtigten Bieter eine Vorabinformation zu erfolgen hat, damit diese das Nachprüfungsverfahren einleiten können.[1008] § 27 a VOL/A wurde dabei als Grundlage herangezogen und verfassungskonform ausgelegt.[1009] Auch kann aus § 97 Abs. 1 i. V. m. Abs. 7 GWB ein Anspruch auf rechtzeitige Information des Bieters über wesentliche Entscheidungsgesichtspunkte abgeleitet werden.[1010] Dies entspricht jedoch nicht vollständig der Umsetzung des Urteils des EuGH,[1011] da die Unterscheidung zwischen Zuschlag und Vertragsschluß nicht nachvollzogen wird; vielmehr kann der Zuschlag weiterhin erteilt werden.[1012] In einem Rundschreiben des Freistaates Bayern vom 23.06.1999[1013] hat dieser die Vergabestellen in Bayern

---

[1002] EuGH, zitiert in: ZIP 1999, S. 1937 ff. (Alcatel Austria AG u. a./Bundesministerium für Wirtschaft und Verkehr), mit Anm. Boesen;

[1003] Österreich geht ebenfalls wie Deutschland von einem Zusammenfallen von Zuschlag und Vertragsschluß aus;

[1004] Richtlinie 89/665/EWG vom 21.12.1989, ABl. EG Nr. L 395/33 vom 30.12.1989 zur Koordinierung der Rechts- und Verwaltungsvorschriften für die Anwendung der Nachprüfungsverfahren im Rahmen der Vergabe öffentlicher Liefer- und Bauaufträge;

[1005] Höfler/Bert, in: NJW 2000, S. 3310 ff. (3312);

[1006] Boesen, in: ZIP 1999, S. 1937 ff. (1942); vgl. Boesen, in: EuZW 1998, S. 551 ff. (553, Fn. 26); Seidel, in: VgR 5/1997, S. 35;

[1007] Euro-Münzplättchen-II-Entscheidung, BKartA NJW 2000, S. 151 ff.; BKartA Vergaberechts-Report 5/1999, S. 1;

[1008] (ohne Verf.), Vergaberechts-Report 7/1999, S.3; vgl. Kus, in: NJW 2000, S. 544 ff. (546); Hausmann, in: EuZW 1999, S. 759 ff. (763);

[1009] vgl. Art. 19 Abs. 4 GG (Rechtsschutzgarantie gegenüber der öffentlichen Gewalt) und Art. 20 Abs. 3 GG (Rechtsstaatsgebot); vgl. BKartA BB 1999, S. 1076 ff. (1078);

[1010] Spießhofer/Lang, in: ZIP 2000, S. 446 ff. (447 f.);

[1011] EuGH, zitiert in: ZIP 1999, S. 1937 ff. (Alcatel Austria AG u. a./Bundesministerium für Wirtschaft und Verkehr), mit Anm. Boesen;

[1012] Martin-Ehlers, in: EuZW 2000, S. 101 ff. (103); Kus, in: NJW 2000, S. 544 ff. (546);

[1013] Schreiben des Bayerischen Staatsministeriums für Wirtschaft, Verkehr und Technologie vom 23.06.1999, Gz.: 5808-1/4-2078;

aufgefordert, wie bisher bei Vergaben unterhalb der EG-Schwellenwerte nach § 27 Abs. 1 VOL/A erst nach Zuschlagserteilung die ausgeschlossenen Bieter hiervon zu informieren, bis eine höchstrichterliche Entscheidung[1014] vorliegt.

Die neue Vergabeverordnung vom 09.01.2001[1015] sieht nunmehr für Vergaben oberhalb der EG-Schwellenwerte in § 13 eine Informationspflicht des Auftraggebers vor. Danach informiert der Auftraggeber die Bieter, deren Angebote nicht berücksichtigt werden sollen, über den Namen des Bieters, dessen Angebot angenommen werden soll, und über den Grund der vorgesehenen Nichtberücksichtigung ihres eigenen Angebotes. Er hat die Information in schriftlicher Form spätestens 14 Kalendertage vor dem Vertragsabschluß abzugeben. Ein Vertrag darf vor Ablauf der Frist oder ohne daß die Information erteilt worden und die Frist abgelaufen ist, nicht geschlossen werden. Ein dennoch abgeschlossener Vertrag ist nach § 134 BGB nichtig. Welche Qualität die Information haben muß, ist dem Wortlaut der Vorschrift nicht zu entnehmen. Hier muß die Rechtsprechung Maßstäbe für den Umfang festlegen.[1016] Der effektive Rechtsschutz eines ausgeschlossenen Bieters wird hierdurch jedenfalls verbessert.

C. I. 2. 2. 3. Anspruch auf Zuschlagserteilung

Während im deutschen Recht ein einklagbarer Anspruch eines Bieters auf Zuschlagserteilung, und damit zugleich Vertragsschluß besteht,[1017] kann der Auftraggeber im französischen Recht grundsätzlich bis zum letzten Moment den Verzicht auf einen Vertragsschluß aussprechen.[1018] Insbesondere ist selbst aus der Zuteilungsentscheidung im französischen Recht kein Anspruch auf einen endgültigen Vertragsschluß ableitbar.[1019] Liegt aber der Grund des Verzichtes darin, daß die Verwaltung lediglich mit demjenigen, dem der Zuschlag erteilt worden ist (oder auch mit einem anderen Unternehmen), im Endeffekt doch keinen Vertrag schließen möchte, so liegt eindeutig ein zu ahndender Ermessensmißbrauch (détournement de pouvoir) vor.[1020]

1014 auch für den Bereich unterhalb der EG-Schwellenwerte;
1015 BGBl. I 2001, S. 110 vom 18.01.2001;
1016 Höfler/Bert, in: NJW 2000, S. 3310 ff. (3314);
1017 Schabel, in: VgR 4/1998, S. 14 ff. (15);
1018 Guibal, Code des marchés publics, Réglementation française, Anm. zu Art. 97 quater C.M.P., S. I.2/68;
1019 C.E. 10 oct. 1984, Cie générale de constructions téléphoniques, Rec. Leb. 1984, S. 322; C.E. 11 oct. 1985, Cie générale de constructions téléphoniques, Rec. Leb. 1985, S. 282; Brenet, in: M.T.P. 3 juillet 1992, S. 86 f. (87); Laguerre, in: M.T.P. 24 mars 1989, S. 60 f. (61); vgl. hierzu ferner: Sabiani, a. a. O., Anm. E[1]; Chabanol/Jouguelet, a. a. O., Rdnr. 92;
1020 vgl. Ziff. C.I.2.3.1;

C. I. 2. 2. 4. Aufhebung des Vertragsschlusses

C. I. 2. 2. 4. 1. Référé précontractuel

Im französischen Recht ist es für die Zulässigkeit des „référé précontractuel" unschädlich, daß nach Antragstellung aber vor Entscheidung des Gerichts der Vertrag geschlossen wird.[1021] Chantepy[1022] und wohl auch Rouquette[1023] gehen jedoch davon aus, daß sowohl die Anrufung des Gerichts als auch die Entscheidung vor dem eigentlichen Vertragsschluß zu erfolgen hat.[1024] Dabei kommt es auf die Unterzeichnung des Vertrages (signature de l'acte d'engagement), nicht erst die Bekanntmachung (notification) an.[1025] Hintergrund hierfür ist, daß Art. L. 22 Code T.A.-C.A.A. die konkrete Umsetzung der Richtlinie 89/665/EWG[1026] darstellt.[1027] Nach Vertragschluß bleiben dem Dritten die allgemeinen Rechte.[1028] Dies hat einen gewissen Wettlauf zwischen Richter und Auftraggeber zur Folge.[1029] Das Verfahren des „référé précontractuel" scheidet damit nach herrschender Meinung zur Aufhebung des Vertragsschlusses aus.

C. I. 2. 2. 4. 2. Recours pour excès de pouvoir

Hervorzuheben ist, daß auch die Aufhebung der angegriffenen Entscheidungen im Rahmen eines „recours pour excès de pouvoir" den Vertrag - und somit den „marché public d'informatique" - an sich selbst grundsätzlich unberührt läßt[1030] und die Aufhebung nicht automatisch zur Einbeziehung des abgelehnten Bieters führt. Der Vertrag bleibt vielmehr für die Vertragsparteien verbindlich und ist zum Zeitpunkt der gerichtlichen Entscheidung häufig schon erfüllt.[1031] Lediglich in einer isoliert gebliebenen Entscheidung aus dem Jahre 1982 hat der Verwaltungsrichter sowohl den Verwaltungsakt aufgehoben als auch den Vertrag selbst für null und nichtig erklärt.[1032]

1021 Cabanes, in: Le courrier des maires 27 janv. 1995, S. 28 f.; C.E. 22 janv. 1997, Société anonyme Biwater, zitiert in: Rev.M.P. 1998, n° 1, S. 16 ff. (17): nach Unterzeichnung wird das Verfahren eingestellt, da es gegenstandslos ist (non-lieu);

1022 Chantepy, in: R.F.D.A. nov. - déc. 1995, S. 1077 ff. (1079);

1023 Rouquette, in: M.T.P. 7 févr. 1992, S. 62 f. (63);

1024 vgl. auch Terneyre, in: R.F.D.A. sept. - oct. 1993, S. 952 ff. (960);

1025 Chantepy, in: R.F.D.A. nov. - déc. 1995, S. 1077 ff. (1082); vgl. Marcellin/Costes u. a., Lamy, Guide, n° 634;

1026 Richtlinie 89/665/EWG vom 21.12.1989, ABl. EG Nr. L 395/33 vom 30.12.1989 zur Koordinierung der Rechts- und Verwaltungsvorschriften für die Anwendung der Nachprüfungsverfahren im Rahmen der Vergabe öffentlicher Liefer- und Bauaufträge;

1027 Terneyre, in: A.L.D. 1992, n° 8, S. 82 ff. (83 f.);

1028 Chantepy, in: R.F.D.A. nov. - déc. 1995, S. 1077 ff. (1079 f.); Terneyre, in: A.L.D. 1992, n° 8, S. 82 ff. (85);

1029 Chantepy, in: R.F.D.A. nov. - déc. 1995, S. 1077 ff. (1081);

1030 vgl. Pouyand, a. a. O., Rdnr. 466; Pacteau, in: C.J.E.G. avril 1991, n° 465, chr., S. 115; De Laubadère/Moderne/Delvolvé, a. a. O., Tome 2, Rdnr. 1834; Romeuf, a. a. O., Anm. T[11]; vgl. C.E. 14 mars 1997, Cie d'aménagement des coteaux de Gascogne, zitiert in: R.F.D.A. 1997, S. 349 ff., note Delvolvé;

1031 Laguerre, Concurrence, S. 63; Laguerre, in: Rev.M.P. avril - mai 1988, n° 233, S. 27;

1032 C.E. 7 juillet 1982 Cne de Guidel, zitiert in: R.D.P. 1983, S. 1419, 1439;

C. I. 2. 2. 4. 3. Déféré préfectoral provoqué

Im Rahmen des „déféré préfectoral provoqué“ besteht für die ausgeschlossenen Bewerber, denen der „contentieux contractuel“ (Klage zur Vertragsaufhebung)[1033] verwehrt ist, theoretisch die Möglichkeit, indirekt die Aufhebung des in rechtswidriger Weise zustande gekommenen Vertrages zu erreichen,[1034] wenn der „préfet“ beschließt, das Verwaltungsgericht anzurufen mit dem Ziel, den Vertrag für null und nichtig erklären zu lassen, so daß hieraus keine vertraglichen Rechte und Pflichten mehr abgeleitet werden können. Wie unter Ziffer C.I.2.2.2.3. bereits ausgeführt, liegt dies jedoch zum einen in seinem Ermessen. Zum anderen können auch nur solche Verwaltungsmaßnahmen angegriffen werden, die auch Gegenstand einer direkten Klage durch die beeinträchtigte Person sein können. Hierunter fallen somit nur einseitige Verwaltungsakte (actes administratifs unilatéraux), nicht aber Verwaltungsverträge.[1035]

Der zu Unrecht vom Vergabeverfahren ausgeschlossene oder nicht beteiligte Dritte hat somit im geltenden französischen Recht derzeit keine Möglichkeit, effektiv eine Vertragsaufhebung zu bewirken und/oder in den bereits abgeschlossenen Vertrag einbezogen zu werden.[1036]

C. I. 2. 2. 4. 4. Nachprüfungsverfahren

Gleiches gilt im deutschen Recht. Da hier der Zuschlag seitens des Auftraggebers zugleich die Annahme eines Vertragsangebotes bedeutet, so wie es in den §§ 145 ff. BGB geregelt ist, können Verträge - ausgehend von dem Grundsatz „pacta sunt servanda“ - auch nur aus im Vertrag selbst liegenden Gründen rückgängig gemacht werden. Außerhalb des Vertrages liegende Umstände rechtfertigen grundsätzlich keine Vertragsauflösung. Eine nachträgliche Vertragsaufhebung ist nur durch Kündigung von einer der Vertragsparteien möglich.

Auch nach dem Gesetzeswortlaut des § 114 Abs. 2 Satz 2 GWB ist, wenn sich das Nachprüfungsverfahren durch Erteilung eines Zuschlages erledigt hat, keine selbständige Anfechtbarkeit des Zuschlags, sondern nur noch die nachträgliche Feststellung einer Rechtsverletzung durch die Vergabekammer möglich.[1037] Den Zuschlag selbst kann die Vergabekammer weder aussprechen[1038] noch aufhe-

---

[1033] Dieser steht nur den Vertragsparteien im Hinblick auf die aus dem Vertrag resultierenden Rechte und Pflichten offen, vgl. Pouyand, a. a. O., Rdnr. 476; Laguerre, in: Rev.M.P. juillet - août 1993, n° 275, S. 23;

[1034] T.A. Clermont-Ferrand 19 juin 1986, Préfet, commissaire de la République de la région Auvergne c/Président du conseil régional d'Auvergne, Sté d'équipement de l'Auvergne, Éts Socae, req. n° 86584, zitiert in: A.J.D.A. 20 oct. 1986, S. 589 ff., note Jean-Paul Briseul;

[1035] C.E. 24 avril 1985, Département de l'Eure, zitiert in: R.D.P. 1985, S. 1687;

[1036] C.E. 19 févr. 1988, Cne de la Rép. de la Seine-Saint-Denis c/Cne de Corneuve, req. n° 68341, zitiert in: Rev.M.P. juillet - août 1989, n° 243, S. 15;

[1037] Seidel, in: VgR 5/1997, S. 35 f. (36);

[1038] Braun, in: BB 1999, S. 1069 ff. (1071);

ben.[1039] Auch das OLG bzw. das BayObLG in Bayern kann nicht einen bereits erteilten Zuschlag aufheben.[1040] Auf Antrag kann vielmehr auch hier lediglich die Feststellung getroffen werden, daß der Unternehmer in seinen Rechten verletzt ist.[1041]

Diese Entscheidung entfaltet Bindungswirkung für einen nachfolgenden Schadensersatzprozeß des Bieters.[1042] Die Vergabekammer Südbayern hat in ihrem Beschluß vom 20.05.1999[1043] hierzu ausgeführt, daß der primäre Rechtsschutz mit der Zuschlagserteilung endet und daher der Feststellungsantrag in § 114 Abs. 2 Satz 2 GWB eine Ausnahmevorschrift darstellt. Soweit somit die Erledigung (Zuschlagserteilung) bereits vor Antragstellung oder Klageerhebung eingetreten ist, muß Schadensersatzklage erhoben werden.

C. I. 2. 3. Prüfungsumfang

Im Rahmen der dargestellten Verfahren im französischen und deutschen Recht können jedoch nicht sämtliche Entscheidungen der Verwaltungsbehörden einer umfassenden Prüfung unterzogen werden, sondern es ergeben sich Einschränkungen im Hinblick auf die bestehenden Beurteilungs- und Ermessensspielräume der Behörde (pouvoir discrétionnaire), in Bezug auf das Wesentlichkeitskriterium und schließlich durch die begrenzte Überprüfbarkeit der Verletzung von Bekanntgabe- und Wettbewerbsvorschriften (règles de publicité et de mise en concurrence) im Rahmen der auf europarechtlichen Vorgaben basierenden vorläufigen Maßnahmen.

C. I. 2. 3. 1. Ermessen

Während im deutschen Recht zwischen einem Beurteilungsspielraum bzw. unbestimmten Rechtsbegriffen auf Tatbestandsseite und dem sich auf Rechtsfolgenseite ergebenden Ermessen der Behörde unterschieden wird, kennt das französische Recht keine Unterscheidung zwischen Beurteilungs- und Ermessensspielraum.[1044] Vielmehr ist jegliche Unbestimmtheit der rechtlichen Regelung dem „pouvoir discrétionnaire" zugeordnet.[1045]

Ist der Verwaltung ein Beurteilungs- oder Ermessensspielraum eingeräumt, so ist der französische Verwaltungsrichter auf eine „contrôle minimum"[1046] beschränkt. Diese hat die Überprüfung der Unzuständigkeit (incompétence), von Form- und Verfah-

---

[1039] Gröning, in: ZIP 1999, S. 52 ff. (57);
[1040] vgl. § 123 Satz 4 i. V. m. § 114 Abs. 2 GWB;
[1041] vgl. § 123 Satz 3 GWB;
[1042] Meyer, in: WuW 1999, S. 567;
[1043] vgl. (ohne Verf.), Vergaberechts-Report 6/1999, S. 3;
[1044] Hübner/Constantinesco, a. a. O., S. 106;
[1045] Schlette, a. a. O., S. 276;
[1046] Philippe, a. a. O., S. 326; Moyrand, a. a. O., Tome 1, S. 166 f.; vgl. Laguerre, in: Rev.M.P. avril - mai 1988, n° 233, S. 27;

rensfehlern (vice de forme et de procédure) sowie des Ermessensmißbrauchs (détournement de pouvoir) aufgrund eines Rechts- oder Tatsachenirrtums (erreur de droit ou de faits) oder offensichtlichen[1047] und schwerwiegenden Beurteilungsfehlers (erreur manifeste d'appréciation) zum Inhalt.[1048] Als Beispiel eines solchen „erreur manifeste" kann die Beteiligung lediglich ortsansässiger Unternehmen genannt werden.[1049] Ein Ermessensmißbrauch bzw. -fehlgebrauch liegt dann vor, wenn das ausgeübte Ermessen der Verwaltung hinsichtlich des damit verfolgten Zwecks rechtswidrig ist.[1050] Der Richter darf sich nicht an die Stelle der Verwaltung setzen;[1051] er hält auch keine Mittel zur zwangsweisen Durchsetzung seiner Entscheidung in Händen.[1052]

Zu beachten ist jedoch, daß sich der Richter selbst im Falle eines „erreur manifeste" weigert, gegen die Beurteilung einzuschreiten, wenn es sich um wissenschaftliche oder technische Fragen handelt.[1053] Allenfalls die materielle Richtigkeit der Tatsachen wird überprüft.[1054] Diese Beurteilung des technischen Wertes des Angebots ist daher der Kontrolle durch den Richter vollständig entzogen, was im Hinblick auf die Beschaffung von komplexen DV-Systemen, die hauptsächlich über dieses Kriterium ausgewählt werden, eine große Lücke im Rechtsschutzsystem des Dritten darstellt.

Im deutschen Recht unterliegen Entscheidungen der Behörden auf der Grundlage von Beurteilungsspielräumen oder unbestimmten Rechtsbegriffen - bis auf Ausnahmen[1055] - grundsätzlich der vollen gerichtlichen Nachprüfung.[1056] Ein solcher Beurteilungsspielraum ist insbesondere bei der Beurteilung des wirtschaftlich günstigsten Angebotes anzunehmen,[1057] wodurch - abweichend zum französischen Recht - auch eine gerichtliche Überprüfung des technischen Wertes des Angebotes möglich ist.

Ermessensentscheidungen unterliegen der Nachprüfung nur insoweit, als der Verwaltungsakt oder die Ablehnung oder Unterlassung des Verwaltungsaktes rechtswidrig ist, weil gesetzliche Grenzen des Ermessens überschritten sind oder von dem Ermessen in einer dem Zweck der Ermächtigung nicht entsprechenden Weise Gebrauch gemacht ist.[1058] Mithin sind insbesondere Zweckmäßigkeitserwägungen und Überlegungen zu etwaigen besseren, sachgemäßeren oder gerechteren Lösungen dann nicht der gerichtlichen Beurteilung unterworfen, wenn

---

1047 selbst für Nichtjuristen, vgl. Pastorel, a. a. O., S. 63; Turpin, a. a. O., S. 75;
1048 Lebreton, a. a. O., S. 156;
1049 Cossalter, in: M.T.P. 4 nov. 1994, S. 78;
1050 Schlette, a. a. O., S. 180; Hübner/Constantinesco, a. a. O., S. 107;
1051 C.E. 1er mars 1988, Laroche et Germain, Rec. Leb. 1988, S. 1000:
1052 Philippe, a. a. O., Rdnr. 333;
1053 C.E. 3 nov. 1982, Goure, zitiert in: R.D.P. 1983, S. 1110; C.E. 20 mars 1987, Gambus, Rec. Leb. 1987, S. 100; C.E. 17. juin 1988, Bady, Rec. Leb. 1988, S. 247;
1054 vgl. auch Moyrand, a. a. O., Tome 1, S. 167 f.;
1055 Prüfungsentscheidungen, beamtenrechtliche Beurteilungen, wertende politische Prognoseentscheidungen und wertende Entscheidungen weisungsfreier, pluralistisch besetzter Gremien;
1056 vgl. Kopp, VwVfG, § 40, Rdnr. 33;
1057 Lupp, a. a. O., S. 217;
1058 vgl. § 114 VwGO;

sich die darauf basierenden Entscheidungen innerhalb der von § 114 VwGO aufgezeigten Grenzen halten. Ein eigenes Ermessen kann der Richter nicht anstelle der Verwaltung ausüben.[1059] Diese Grundsätze gelten auch für die Rechtsprechung der Zivilgerichte.[1060]

C. I. 2. 3. 2. Wesentlichkeitskriterium

Das französische Recht unterscheidet bezüglich der Rechtsfolgen von Form- bzw. Verfahrensverstößen (vice de forme et de procédure) die „formalités substantielles" (wesentlichen Formvorschriften)[1061] und die „formalités non substantielles" (nicht wesentlichen Formvorschriften),[1062] wobei nur Verstöße gegen die „formalités substantielles", also Vorschriften, die die Entscheidung inhaltlich beeinflussen (z. B. Anhörung, Veröffentlichungspflichten,[1063] Wettbewerbsgleichheit,[1064] Fristen, Zusammensetzung der „commission d'appel d'offres"[1065] etc.), zur Aufhebung des Verwaltungsaktes führen können.[1066] Jedenfalls ist ein Verwaltungsakt dann aufzuheben, wenn er gegen den „ordre public" (öffentliche Ordnung) verstößt, welcher sich in den Vergabevorschriften des C.M.P. und bestimmten Zuständigkeitsvorschriften[1067] wiederfindet.

Ähnlich bestimmt § 46 VwVfG im deutschen Recht, daß ein Verwaltungsakt, welcher nicht nichtig ist, nicht allein deshalb aufzuheben ist, weil er unter Verletzung von Vorschriften über das Verfahren, die Form oder die örtliche Zuständigkeit zustande gekommen ist, wenn keine andere Entscheidung in dieser Sache hätte getroffen werden können. Hierbei ist das Fehlen einer anderen Entscheidungsmöglichkeit bei rechtlich gebundenen Entscheidungen eine Frage der Subsumtion,[1068] während bei einer Ermessensentscheidung in der Regel davon ausgegangen werden kann, daß eine andere Entscheidung möglich sein wird.[1069] Anders ist dies beispielsweise im

---

[1059] Kopp, VwGO, § 114, Rdnr. 1;
[1060] vgl. hierzu: BGH NJW 1967, S. 880; BGH NJW 1979, S. 210;
[1061] vgl. C.E. sect. 1er avril 1955, Sieur Cournu, Rec. Leb. 1955, S. 199; Bréchon u. a., Droit des marchés publics, Anm. III.620.3/5;
[1062] vgl. C.E. 6 mai 1931, Beaufils et Césaré, Rec. Leb. 1931, S. 489; Bréchon u. a., Droit des marchés publics, Anm. III.620.3/5: z. B. eine nur kurzfristig verzögerte Vorlage von Zertifikaten oder die Auslassung einer Musterklausel in den Ausschreibungsunterlagen;
[1063] Laguerre, in: Rev. M.P. avril - mai 1988, n° 233, S. 27; vgl. C.E. 7 juillet 1982, Cne de Guidel c/Mme Courtet, zitiert in: Gaz. Pal. 14 avril 1983, S. 16; C.E. 19 févr. 1988, Corep de Seine-Saint-Denis c/Cne de la Courneuve, zitiert in: Rev.M.P. juillet - août 1989, n° 243, S. 15;
[1064] C.E. 9 juillet 1975, Ville des Lilas, Rec. Leb. 1975, S. 904 f.; C.E. 22 avril 1983, Auffret et Dumoulin, req. n° 21509, zitiert in: Rev.M.P. 1983, n° 195, S. 60 ff., concl. Daniel Labetoulle; C.E. 9 mars 1960, Massida, Rec. Leb. 1960, S. 187; C.E. 18 sept. 1968, Cie générale des Eaux c/ Ville de Vannes, Rec. Leb. 1968, S. 654; C.E. 19 mars 1969, Cne de Saint-Maur-des-Fossés, Rec. Leb. 1969, S. 170 ff.;
[1065] Bréchon u. a., Droit des marchés publics, Anm. III.620.3/5;
[1066] C.E. 7 juillet 1982, Cne de Guidel c/Mme Courtet, zitiert in: R.D.P. 1983, S. 1419, 1437 f.; C.E. 19 févr. 1988, Corep de Seine-Saint-Denis c/Cne de la Courneuve, zitiert in: Rev.M.P. juillet - août 1989, n° 243, S. 15;
[1067] Laguerre, in: Rev.M.P. avril - mai 1988, n° 233, S. 27;
[1068] Kopp, VwVfG, § 46, Rdnr. 22;
[1069] Kopp, VwVfG, § 46, Rdnr. 24;

Fall der Ermessensreduzierung auf Null oder dann, wenn sich der Mangel nicht nachweislich auf die Entscheidung ausgewirkt hat.[1070]

Hintergrund für vorbenannte Einschränkungen ist die Aufrechterhaltung der Funktionsfähigkeit der Verwaltung[1071] und die Entlastung der Gerichte.[1072]

Ungeklärt ist bislang, ob die Bezugnahme in den Verdingungsunterlagen[1073] auf lediglich eines der im C.M.P. bereits vorgegebenen Kriterien[1074] wesentlich ist mit der Folge der Rechtswidrigkeit der Auftragsvergabe. Die Rechtsprechung hat sich hierzu bislang nicht geäußert. Wenn man jedoch davon ausgeht, daß diese Kriterien bereits im C.M.P. eigens aufgeführt und damit der Kenntnis der Kandidaten zugänglich sind, berührt die fehlende Angabe in den Verdingungsunterlagen weder die Unternehmensgleichheit noch das Recht auf Information und stellt somit keinen ahndbaren „vice de procédure" (Verfahrensfehler) dar.[1075] Etwas anderes gilt allerdings für das Fehlen von zusätzlichen Zuschlagskriterien.[1076]

C. I. 2. 3. 3. Verletzung von Bekanntgabe- oder Wettbewerbsregeln

Sowohl im Falle des „référé précontractuel" in Frankreich als auch des Nachprüfungsverfahrens in Deutschland kann nur eine Verletzung der Bekanntgabevorschriften („règles de publicité") oder der Vorschriften über den Wettbewerb („règles de mise en concurrence") überwacht und sanktioniert werden,[1077] dies aber in einem weitest möglichen Umfang. Im Einklang mit dem europäischen Recht sollen die Bieter daher einen Anspruch haben, daß die ihren Schutz bezweckenden Vergabevorschriften von der Vergabestelle eingehalten werden, nicht hingegen reine Ordnungsvorschriften.[1078] Zu diesen Schutznormen zählen beispielsweise die Durchführung der europaweiten Bekanntgabe der Vergabe öffentlicher Aufträge,[1079] die Beachtung der Mindestfristen zum Empfang der Angebote, die Beachtung der Mindestanzahl der Bewerber beim Verfahren mit beschränkter Ausschreibung,[1080] die ermessensfehlerfreie Auswahl des Verfahrens an sich,[1081] die korrekte Angabe der technischen Spezifikationen[1082] oder die rechtzeitige Übersendung der Unterla-

---

1070 Kopp, VwVfG, § 46, Rdnr. 25;
1071 Hübner/Constantinesco, a. a. O., S. 105; Kopp, VwVfG, § 46, Rdnr. 2;
1072 Kopp, VwVfG, § 46, Rdnr. 3;
1073 vgl. Art. 38 bis I – 10° C.M.P.;
1074 vgl. Art. 95 II al. 2 bzw. 297 II al. 2 C.M.P., Art. 97 bis al. 7 bzw. 299 ter al. 7 C.M.P.;
1075 Sabiani, a. a. O., Anm. D[13];
1076 C.E. 26 janv. 1966, Sté Ouest Peinture, Rec. Leb. 1966, S. 62; C.E. 1er avril 1994, S.A. Éts J. Richard Ducros, zitiert in: D.A. 1994, n° 327;
1077 Haïm, in: J.C.P. G. 6 mai 1998, S. 799 ff. (801); Vandermeeren, in: A.J.D.A. 20 juillet/20 août 1994, S. 91 ff. (95);
1078 Erdl, in: VgR 4/1998, S. 27;
1079 T.A. Caen 9 sept. 1992, SA d'organisation de loisirs et de spectacles (SOLS), zitiert in: D.A. 1992, n° 471; C.E. ass. 10 juin 1994 Cne de Cabourg, zitiert in: R.F.D.A. juillet - août 1994, S. 728 ff., concl. Serge Lasvignes;
1080 T.A. Grenoble 17 mars 1993, Sté Polytec, req. n° 93-589;
1081 Terneyre, in: A.L.D. 1992, n° 8, S. 82 ff. (85);
1082 Terneyre, in: A.L.D. 1992, n° 8, S. 82 ff. (85): Norm wird nicht genannt, obwohl sie existiert oder Begründung fehlt, warum Norm derogiert wurde;

gen.[1083] Nicht hierunter fallen hingegen z. B. Fragen der Unzuständigkeit der handelnden Behörde, die beabsichtigt, den Vertrag zu schließen.[1084]

Ungeklärt ist bislang die Frage, was die Verfahrensrüge materiell-rechtlicher Vorschriften, insbesondere derjenigen, die die Auswahlkriterien festlegen, betrifft.[1085] Die Nichtbeachtung der in den Verdingungsunterlagen (règlement de la consultation) fixierten Auswahlkriterien stellt jedenfalls keine Verletzung von Bekanntgabe- oder Wettbewerbsvorschriften im Rahmen des Art. L. 22 Code T.A.-C.A.A. dar.[1086] Gleiches hat aufgrund der EG-rechtlichen Grundlage auch für das Nachprüfungsverfahren oberhalb der EG-Schwellenwerte zu gelten.

C. I. 2. 4. Darlegungs- und Beweisprobleme

Im Rahmen der Überprüfung des Vergabeverfahrens kommt - gerade auch im Hinblick auf die Ermessensentscheidungen der Verwaltung - der Darlegungs- und Beweislast des Dritten erhebliche Bedeutung zu.

Nachdem in der Planungsphase der Willensbildungsprozeß der Fachbehörde einem Beurteilungsspielraum unterliegt, insbesondere die Entscheidung für eine konkrete technische Lösung, z. B. in Bezug auf den Einsatz einer bestimmten Standardsoftware auf der bereits existierenden Hardware oder die Entwicklung von Individualsoftware, ist hier der Bieter auf die Akteneinsicht zur Überprüfung beschränkt.[1087]

In der Ausschreibungsphase können dem Dritten bei einer Akteneinsicht vor allem die aufgrund entsprechender Dokumentationspflichten des Auftraggebers zu erstellenden Unterlagen zu Darlegungs- und Beweiszwecken dienen. Dies sind beispielsweise der Vermerk in den Akten hinsichtlich der Gründe für die Zuschlagskriterien,[1088] für die Aufhebung der Ausschreibung,[1089] der Auswahl des Kandidaten[1090] oder der Vermerk über die einzelnen Stufen des Verfahrens, die Maßnahmen, die Feststellung sowie Begründung der einzelnen Entscheidungen.[1091] Auch kann sich im französischen Recht aus der Stellungnahme der C.S.M./I. eventuell ein Ansatzpunkt für ein rechtswidriges Vergabeverfahren ergeben. Schließlich hat die Vergabestelle jedem erfolglosen Bieter auf schriftlichen Antrag die Ablehnung seines Angebots mit entsprechender Begründung zuzusenden.[1092] Hingegen wird dem

[1083] Terneyre, in: A.L.D. 1992, n° 8, S. 82 ff. (85);
[1084] Chabanol, Code T.A.-C.A.A., Anm. zu Art. L. 22, S. 93;
[1085] Vandermeeren, in: A.J.D.A. 20 juillet/20 août 1994, S. 91 ff. (97);
[1086] T.A. Toulouse 27 sept. 1993, Sté Stentofon communications, req. n° 93-1874;
[1087] Schäfer, in: EuVgR 2/1995, S. 113;
[1088] vgl. § 25 Ziff. 5 VOL/A, Art. 95 II al. 3 bzw. 297 II al. 3, Art. 97 bis al. 8 bzw. 299 ter al. 8 C.M.P.;
[1089] vgl. § 26 Ziff. 3 VOL/A, § 26 a VOL/A, Art. 95 ter al. 2 bzw. 298 al. 2, Art. 97 quater al.2 bzw. 300bis al. 2, Art. 99 al. 8 bzw. 300 al. 8 C.M.P.;
[1090] vgl. Art. 99 al. 5 bzw. 300 al. 5 C.M.P.;
[1091] vgl. § 30 Ziff. 1 VOL/A;
[1092] vgl. § 27 Ziff. 1 und 2 VOL/A, § 27 a VOL/A, Art. 95 ter al. 1 bzw. 298 al. 1, Art. 97 quater al. 1 bzw. 300 bis al. 1 C.M.P.;

Bieter oder der Öffentlichkeit die über die Verhandlung zur Öffnung der Angebote gefertigte Niederschrift nicht zugänglich gemacht.[1093] Die in der Leistungsbeschreibung enthaltenen technischen Spezifikationen, die der Bieter für unsinnig hält oder die nur auf bestimmte Bieter abgestimmt sind, können den Ausschreibungsunterlagen selbst entnommen werden.[1094]

C. I. 2. 5. Sonderproblem der Akteneinsicht

Dies vorausgeschickt kommt es somit für die Erfolgschancen eines jeden einzulegenden Rechtsbehelfs auf die Möglichkeit der Einsichtnahme in die die Vergabe betreffenden Unterlagen an (demande de communication de documents relatifs au marché).

Die Möglichkeit der Akteneinsicht läßt sich im französischen Recht nicht direkt aus dem C.M.P. ableiten. Vielmehr basiert diese auf verschiedenen rechtlichen Grundlagen:

Soweit es das Verfahren vor dem französischen Verwaltungsrichter betrifft, so kann der Richter aufgrund des im Verwaltungsverfahren geltenden Untersuchungsgrundsatzes (pouvoir inquisitoire)[1095] von dem entsprechenden Auftraggeber die Einsicht in jedes nötige Dokument verlangen, selbst in die Vertragsdokumente.[1096] Der ausgeschlossene Bewerber kann mittels Antrag auf Erlaß einer einstweiligen Verfügung (référé) den Richter um diese entsprechende Akteneinsicht bitten.[1097]

Das Gesetz vom 17. Juli 1978[1098] sieht ferner in Art. 1 ein direktes Recht einer jeden Person auf Akteneinsicht unabhängig davon vor, ob es sich um eine natürliche oder juristische Person handelt und welcher Nationalität diese angehört. Dieses Recht unterliegt der Kontrolle einer unabhängigen Verwaltungsbehörde, der „Commission d'accès aux documents administratif (C.A.D.A.)". Voraussetzung für die Akteneinsicht in die entsprechenden Unterlagen ist, daß es sich um Unterlagen von Verwaltungsbehörden handelt, also solche, die im Verwaltungsrechtsstreit angegriffen werden können.[1099] Damit sind alle privatrechtlichen Dokumente und diejenigen, die nur vorbereitenden Charakter haben, ausgeschlossen. Ebenso sind Unterlagen ausgeschlossen, die sich namentlich auf eine bestimmte Person beziehen und ein

---

1093 vgl. § 22 Ziff. 4 Abs. 1 und Ziff. 5 VOL/A, Art. 96 bis al. 4 bzw. 299 ter al. 9, Art. 94 ter al. 5 bzw. 296 ter C.M.P.;

1094 Schäfer, in: EuVgR 2/1995, S. 113;

1095 Peiser, a. a. O., S. 103;

1096 Huglo/Lepage-Jessua, a. a. O., zu Art. R. 130 T.A.-C.A.A., Anm. b);

1097 vgl. Art. R. 130 i. V. m. Art. L. 22, Art. R. 241-21 bis 241-24 Code T.A.-C.A.A.; Huglo/Lepage-Jessua, a. a. O., zu Art. R. 241-21 bis 241-24 T.A.-C.A.A., Anm. C, welche auf Art. R. 130 T.A.-C.A.A. verweisen;

1098 loi n° 78-753 du 17 juillet 1978 modifiée portant diverses mesures d'amélioration des relations entre l'administration et le public et diverses dispositions d'ordre administratif, social et fiscal, J.O. 18 juillet 1978, modifiée par Art. 10 loi n° 79-587 du 11 juillet 1979, J.O. 12 juillet 1979;

1099 vgl. circulaire n° 85-236 du 4 oct. 1985, zitiert in: M.T.P. 8 nov. 1985, suppl. T.O., S. VI;

bestimmtes Werturteil oder eine sonstige Würdigung des Verhaltens oder der Situation derjenigen Person beinhalten.[1100] Darunter fallen jedoch nicht die Verwaltungsverträge, die lediglich den Namen des Vertragspartners enthalten[1101] oder die Unterlagen, die die Preisbedingungen mit dem potentiellen Vertragspartner am Ende des „appel d'offres" betreffen.[1102] Ausgeschlossen von der Akteneinsicht sind Unterlagen, die insbesondere industrielle, gewerbliche oder verteidigungsstrategische Geheimnisse betreffen.[1103] Hierzu zählen z. B. die auf die Ausschreibung erfolgten Angebote der Unternehmen mit den technischen Beschreibungen[1104] oder der auf eine Ausschreibung im Leistungswettbewerb erstellte Kostenvoranschlag.[1105] Insgesamt können damit auch die Unterlagen, die aufgrund der Bestimmungen des C.M.P. nicht an den ausgeschlossenen Bewerber gelangen (wie das Protokoll im Rahmen der Sitzung beim „appel d'offres"), durch vorbezeichnetes Gesetz dem Interessenten zur Verfügung gestellt werden.

Das Verfahren zur Akteneinsicht ist durch Dekret[1106] präzisiert worden: Der Antrag ist grundsätzlich bei der Behörde zu stellen, deren Unterlagen von dem Akteneinsichtsbegehren betroffen werden. Diese hat binnen einer Frist von zwei Monaten zu antworten. Sollte sich die Behörde ausdrücklich oder konkludent weigern, dem Akteneinsichtsbegehren stattzugeben, muß sich der Betroffene wiederum binnen einer Frist von zwei Monaten an die C.A.D.A. wenden. Diese hat binnen eines Monats nach Eingang ihre Stellungnahme abzugeben, welche der Verwaltungsbehörde bekanntgegeben wird, die wiederum binnen zweier Monate darauf zu reagieren hat. Sollte nach Anrufung der C.A.D.A. kein Entscheidung erfolgen, so steht gegen diese konkludent negative Entscheidung der Rechtsweg zum Verwaltungsrichter offen. Zu beachten ist, daß der Richter die betreffende Behörde nicht zwingen kann, die gewünschte Akte vorzulegen.[1107] Dann bleibt lediglich ein Schadensersatzanspruch aus Amtshaftung.[1108] Der Verwaltungsrichter muß im Prinzip binnen einer Frist von sechs Monaten entscheiden, doch das Verstreichen der Frist ist ohne rechtliche Konsequenz. Damit ist auch diese Möglichkeit der Akteneinsicht vor der C.A.D.A. wegen des langen und komplizierten Verfahrens als unbefriedigend anzusehen.[1109]

Im deutschen Recht ergibt sich ein Akteneinsichtsrecht aus § 29 Abs. 1 VwVfG. Danach hat die Behörde den Beteiligten Einsicht in die das Verfahren betreffenden Akten zu gestatten, soweit deren Kenntnis zur Geltendmachung oder Verteidigung ihrer rechtlichen Interessen erforderlich ist. Dieses Recht gilt analog auch für Dritte,

---

[1100] C.A.D.A., a. a. O., S. 33;
[1101] C.E. sect. 30 mars 1990, Mme Degorge-Boette, Rec. Leb. 1990, S. 85;
[1102] C.E. 11 juillet 1990, Centre hospitalier général de Neufchâteau, Rec. Leb. 1990, tables, S. 780;
[1103] vgl. Art. 6 loi n° 78-753 du 17 juillet 1978 modifiée portant diverses mesures d'amélioration des relations entre l'administration et le public et diverses dispositions d'ordre administratif, social et fiscal, J.O. 18 juillet 1978, modifiée par Art. 10 loi n° 79-587 du 11 juillet 1979, J.O. 12 juillet 1979;
[1104] C.A.D.A., avis 14 avril 1989;
[1105] C.A.D.A., avis 5 déc. 1988;
[1106] décret n° 88-465 du 28 avril 1988, in: M.T.P. 13 mai 1988, suppl. T.O., S. 8;
[1107] vgl. Ax, a. a. O., S. 89;
[1108] C.E. 10 juillet, 1992, Ministère de l'agriculture, zitiert in: J.C.P. 1992 IV, S. 2273, obs. Rouault;
[1109] Ax, a. a. O., S. 89;

die im Hinblick auf eine eventuelle Beteiligung am Verfahren Akteneinsicht begehren.[1110] Soweit berechtigte Interessen der Beteiligten oder dritter Personen geheimgehalten werden müssen, ist die Behörde hierzu nach § 29 Abs. 2 VwVfG nicht verpflichtet. Hierunter sind - wie im französischen Recht - insbesondere Betriebsgeheimnisse (z. B. Produktionsmethoden, Verfahrensabläufe etc.) und Geschäftsgeheimnisse (z. B. Kalkulation) zu verstehen.[1111] Zu beachten ist weiterhin, daß § 29 VwVfG ein Verwaltungsverfahren i. S. v. § 9 VwVfG voraussetzt, also eine nach außen wirkende Tätigkeit der Behörden, die auf den Erlaß eines Verwaltungsaktes oder öffentlichen Vertrages gerichtet ist. Nachdem im deutschen Recht ein „zivilrechtliches Zuschlagssystem"[1112] gilt, greift daher § 29 VwVfG nicht unmittelbar. Über das Rechtsstaatsprinzip des Art. 20 Abs. 3 GG wird man jedoch eine Anwendung auf das Vergabeverfahren zulassen müssen.[1113]

Für das Nachprüfungsverfahren oberhalb der EG-Schwellenwerte ergibt sich das Recht der Beteiligten zur Akteneinsicht bei der Vergabekammer direkt aus § 111 GWB. Unter „Beteiligten" versteht man hier den Antragsteller, Auftraggeber sowie die Beigeladenen.[1114] Ob damit ein Dritter, der bislang überhaupt nicht am Vergabeverfahren beteiligt wurde, Akteneinsicht verlangen kann, ist fraglich. Frühestmöglicher Zeitpunkt des Akteneinsichtsgesuchs ist der Eingang eines Nachprüfungsantrages nach § 108 Abs. 1 GWB bei der Vergabekammer. Während der Dauer des Verfahrens kann auch wiederholt Akteneinsicht beantragt werden, jedoch ist zu berücksichtigen, daß aufgrund der nur sehr kurzen Entscheidungsfrist von fünf Wochen[1115] auch der zeitliche Rahmen hierfür begrenzt ist. Die Akteneinsicht erstreckt sich dabei auf die gesamten, der Vergabekammer im Zusammenhang mit dem Nachprüfungsverfahren vorgelegten oder von der Vergabekammer selbst geführten Akten. Ausnahmen ergeben sich hier aus § 111 Abs. 2 GWB. Danach kann die Einsicht, wie bereits ausgeführt, versagt werden, soweit dies aus wichtigen Gründen, insbesondere zur Wahrung von Fabrikations-, Betriebs- oder Geschäftsgeheimnissen geboten ist. Die Versagung der Akteneinsicht kann nur im Zusammenhang mit der sofortigen Beschwerde in der Hauptsache angegriffen werden.[1116]

Soweit der Richter im Verfahren vor den ordentlichen Gerichten Einsicht in die Unterlagen der Verwaltungsbehörden nehmen möchte, kann dies im Rahmen der Amtshilfe nach Art. 35 Abs. 1 GG erfolgen.

C. II. Rechtsschutz bei nachträglichen Leistungsänderungen

Sobald bei der Vergabe von komplexen DV-Systemen die zwingenden Regeln des Wettbewerbs durch den Abschluß von Ergänzungsverträgen (avenants) oder

[1110] Kopp, VwVfG, § 29, Rdnr. 10;
[1111] Kopp, VwVfG, § 29, Rdnr. 27 sowie § 30, Rdnr. 5;
[1112] Boesen, in: ZIP 1999, S. 1937 ff. (1942);
[1113] vgl. hierzu: Ax, a. a. O., S. 34;
[1114] vgl. § 109 GWB;
[1115] § 113 Abs. 1 GWB;
[1116] vgl. § 111 Abs. 4 GWB;

einseitigen Änderungswünschen (modifications unilatérales) mißachtet werden, ist auch hier nach den Rechtsschutzmöglichkeiten des Dritten zu fragen. Zu beachten ist, daß der Dritte bereits selten die Möglichkeit haben wird, von nachträglichen Leistungsänderungen Kenntnis zu erlangen, da weder die Nachtragsaufträge noch die einseitigen Leistungsabänderungen offiziellen Veröffentlichungspflichten unterliegen.

Im französischen Recht kann der „référé précontractuel" aufgrund der derzeitigen Rechtslage gegen einen „avenant" oder eine „décision de poursuivre" nicht in Betracht kommen, da dieser Antrag auf Erlaß einer einstweiligen Verfügung vor Abschluß des ursprünglichen Ausgangsvertrages erhoben werden muß.[1117] Libert[1118] führt allerdings aus, daß es von der künftigen Rechtsprechung abhänge, ob das Verfahren des Art. L. 22 Code T.A.-C.A.A. Anwendung finden kann. Hierzu muß geklärt werden, ob der „avenant" als neuer Vertrag zu qualifizieren ist oder als Fortführung des Ausgangsvertrages nach Abschluß desselben. Im ersteren Fall wäre dann der „référé" einschlägig. Als Abgrenzungskriterium könnte der Begriff der „opération" (Operation) oder des „changement important de l'objet" (wesentliche Änderung des Vertragsobjektes) herangezogen werden. Jedoch bleibt auch hier weiterhin das Problem, daß der „référé" lediglich die Überprüfung von Wettbewerbs- und Publizitätsvorschriften vorsieht, die bislang beim „avenant" oder einer „décision de poursuivre" keine Rolle spielen.

Nachdem es sich bei einem „avenant" ebenfalls um einen „contrat administratif" (Verwaltungsvertrag) handelt, kann der Dritte wiederum nur gegen die mit dem „avenant" zusammenhängenden abtrennbaren Verwaltungsakte (actes détachables) in Form des „recours pour excès de pouvoir" (Anfechtungsklage) vorgehen, wie beispielsweise gegen die Unterzeichnung durch den Auftraggeber (personne responsable du marché) bei staatlichen Aufträgen oder die Entscheidung der beschlußfassenden Versammlung (décision d'assemblée délibérante) bei Aufträgen der Gebietskörperschaften,[1119] nicht jedoch gegen den „avenant" selbst.[1120] Bei den „avenants" der „collectivités locales" (Gebietskörperschaften) besteht schließlich die Möglichkeit, daß das Verfahren des „déféré préfectoral"[1121] angeregt werden kann, wobei hier wiederum - wie bereits ausgeführt[1122] - keine Handhabe bei Untätigkeit des „préfet" existiert.

Auch im deutschen Recht besteht bislang für den Dritten nach Vertragsschluß kein effektiver Primärrechtsschutz bei nachträglichen Leistungsabänderungen, da ein Nachprüfungsantrag vor Vertragsschluß eingereicht sein muß und auch Ansprüche aus §§ 1004 analog, 823 Abs. 1 BGB mangels Verletzung des eingerichteten und

---

[1117] Sabiani, a. a. O., Anm. K[12];
[1118] Libert, in: A.J.D.A., 20 juillet/20 août 1994, S. 65 ff. (69);
[1119] Libert, in: A.J.D.A., 20 juillet/20 août 1994, S. 65 ff. (69): „annulation de la décision de passer cet avenant ou de la délibération l'ayant autorisé";
[1120] Haïm, in: J.C.P. G. 6 mai 1998, S. 799 ff. (803);
[1121] vgl. auch Libert, in: A.J.D.A., 20 juillet/20 août 1994, S. 65 ff. (69); Sabiani, a. a. O., Anm. K[12];
[1122] vgl. Ziff. C.I.2.2.2.3;

ausgeübten Gewerbetriebes ausscheiden sowie ein Anspruch aus §§ 1004 analog, 823 Abs. 2 BGB mangels Schutzcharakters der VOL/A, 1. Abschnitt.[1123]

C. III. Stellungnahme

Vergleicht man die Regelungen zum Primärrechtsschutz in Frankreich und Deutschland, so sind die vor dem Vertragsschluß dem Dritten zur Verfügung stehenden Rechtsschutzmöglichkeiten mit Inkrafttreten der neuen Regelungen im Gesetz gegen Wettbewerbsbeschränkungen (GWB) aufgrund der Umsetzung der EG-Überwachungsrichtlinien[1124] nunmehr weitestgehend identisch und erlauben umfangreiche vorläufige Maßnahmen, wie insbesondere die Aussetzung des Vertragsschlusses. Im deutschen Recht ergibt sich jedoch ein Manko daraus, daß für Vergaben unterhalb und oberhalb der EG-Schwellenwerte unterschiedliche Regelungen existieren, was auf Dauer zu einem unbegründeten „Zweiklassensystem"[1125] führt, da unterhalb der EG-Schwellenwerte ein Rechtsschutz des Dritten fast vollständig fehlt. Hier sollte aus dem Gesichtspunkt der Transparenz zumindest eine nichtförmliche Streitschlichtung in Form eines Vermittlungs- oder Mediationsmodells erfolgen.

Unterschiede ergeben sich weiterhin im französischen und deutschen Recht in Bezug auf die Nachprüfungsorgane und die Entscheidungsfristen. Wie bereits ausgeführt,[1126] sind im deutschen Recht zwei Instanzen (Vergabekammer und Vergabesenat beim OLG bzw. BayObLG in Bayern) zur Nachprüfung vorgesehen, während in Frankreich der Richter in erster und letzter Instanz entscheidet. Ebenso liegt im deutschen Recht eine mit der Beschwerde nicht mehr angreifbare Entscheidung frühestens nach sieben Wochen vor, wobei bei besonderen tatsächlichen oder rechtlichen Schwierigkeiten die Frist zur Entscheidung der Vergabekammer von fünf Wochen um den erforderlichen Zeitraum verlängert werden kann.[1127] Im französischen Recht entscheidet der Richter binnen 20 Tagen. Gerade im stark evolutorischen Bereich der Beschaffung von Individualsoftware kann durch das verkürzte französische Verfahren bewirkt werden, daß der Stand der Technik sich bis zur Entscheidung nicht wesentlich verändert, keine erneute Kalkulation der Bieter in Bezug auf ihre Angebote vonnöten ist und auch eingeschaltete Subunternehmer gebunden bleiben. Insbesondere wird durch ein stark beschleunigtes Verfahren dem Vorgehen von ausgeschlossenen Bietern weitgehend Einhalt geboten, das Verfahren allein aus dem Motiv einer bewußten „Verzögerungstaktik" zum Nachteil des potentiellen Auftragnehmers einzuleiten. Andererseits werden die umfangreichen Unterlagen nebst Sachvortrag gerade im Hinblick auf die Verletzung der Wettbe-

---

[1123] Riese, a. a O., S. 289;
[1124] Richtlinie 89/665/EWG vom 21.12.1989, ABl. EG Nr. L 395/33 vom 30.12.1989 zur Koordinierung der Rechts- und Verwaltungsvorschriften für die Anwendung der Nachprüfungsverfahren im Rahmen der Vergabe öffentlicher Liefer- und Bauaufträge; Richtlinie 92/13/EWG vom 25.02.1992, ABl. EG Nr. L 76/7 vom 23.03.1992 zur Koordinierung der Rechts- und Verwaltungsvorschriften für die Anwendung der Gemeinschaftsvorschriften über die Auftragsvergabe durch Auftraggeber im Bereich der Wasser-, Energie- und Verkehrsversorgung sowie im Telekommunikationssektor;
[1125] Byok, in: NJW 1998, S. 2774 ff. (2776);
[1126] vgl. Ziff. C.I.2.2.1.3;
[1127] vgl. § 113 Abs. 1 GWB; Gröning, in: ZIP 1998, S. 370 ff. (374);

werbsvorschriften, die einer Überprüfung im einstweiligen Rechtsschutz unterliegen, nicht mit hinreichender Genauigkeit untersucht werden können, so daß die Qualität des Rechtsschutzes hierunter erheblich leiden kann.

Auch ergeben sich inhaltlich in beiden Rechtsordnungen Probleme durch die vorgenommene Eingrenzung auf die Wettbewerbs- und Publizitätsvorschriften bei der Überprüfung der Vergaberegeln. Gerade die Auswahlkriterien, und hier die technischen Details bei Softwareerstellungsverträgen, die zumindest nach deutschem Recht an sich eine gerichtliche Überprüfung zulassen,[1128] unterliegen nicht dem vereinfachten und zügigen Verfahren vor dem eigentlichen Vertragsschluß.

Nach Vertragsschluß ist der nicht beteiligte oder ausgeschlossene Dritte vielmehr auf seine allgemeinen Rechte, insbesondere die Geltendmachung von Schadensersatz, verwiesen.

Es kommt daher zur Gewährung eines effektiven Primärrechtsschutzes darauf an, bereits im Vorfeld eine Verbesserung der Vergabeverfahrensregeln sowie des organisatorisch-technischen Vorgehens bei der Vergabe von Softwareerstellungsleistungen zu erreichen.[1129] Bei Einführung eines Verfahrens des „wettbewerblichen Dialogs", bei welchem stets ein Wettbewerbsaufruf voranzugehen hat und sämtliche Bewerber jederzeit über Veränderungen der Spezifikationen informiert werden und ihre Angebote entsprechend anpassen können, kommt es erst gar nicht zu Umgehungstatbeständen der Verwaltung (z. B. freihändige Vergabe statt förmlicher Ausschreibung), die nur der oben dargestellten Überprüfung durch Dritte unterliegen. Ebenso ist die fehlende Nachprüfbarkeit der Auswahlkriterien dann nicht mehr so problembehaftet, wenn diese vorab zwingend anzugeben sind und die Auswahl der Bieter durch ein unabhängiges, fachlich qualifiziertes Kollegialorgan erfolgt. Unterstützt wird dies durch das Vorgehen mittels Spiralmodell bei der Softwareerstellung, da bei den einzelnen Quadranten konkrete - und damit nachprüfbare - Leistungsziele vereinbart werden können.

[1128] vgl. Ziff. C.I.2.3.1;
[1129] vgl. Ziff. B.IV;

D. Zusammenfassung

Anhand der vorliegenden Arbeit konnte gezeigt werden, daß in den vergangenen Jahren sowohl in Frankreich als auch in Deutschland Anstrengungen im Bereich des öffentlichen Auftragwesens unternommen wurden, vorwiegend bedingt durch die inhaltliche Umsetzung der betreffenden EG-Richtlinien, um das Vergabeverfahren an sich transparenter und wettbewerbsfreundlicher sowie den Rechtsschutz des Dritten effektiver zu gestalten. Eine letztendlich zufriedenstellende Lösung für das hier untersuchte Gebiet der Beschaffung von Informationstechnologie, und zwar von Individualsoftwareerstellungsleistungen nebst Annex-Leistungen in Abgrenzung zu standardisierten Liefer- oder Dienstleistungen, liegt aber weiterhin nicht vor.

Die Ursachen hierfür liegen in den Besonderheiten der vielschichtigen, sich fortlaufend weiterentwickelnden, meist mehrjährigen Softwareprojekte. So zeichnen sich diese Projekte dadurch aus, daß ihre Planungs- und Projektziele nicht oder nicht hinreichend genug vorab definiert sind. Es kommt hierdurch zu unpräzisen Leistungsbeschreibungen mit der Folge, daß auch die von den Bietern abgegebenen Angebote ungenau, technisch teils unbrauchbar oder zu kostenintensiv und schließlich nicht vergleichbar sind. Zudem können sich die Ziele während der Durchführung selbst, vorwiegend aufgrund modifizierter Anforderungen der Verwaltung, ändern. Von Projektbeginn an besteht daher ein gesteigertes Bedürfnis an Kommunikation und enger Zusammenarbeit zwischen Auftraggeber und Auftragnehmer. Ferner ist die Projektorganisation und –überwachung aufgrund fehlender Kompetenz und/oder Qualifikation des Projektleiters häufig mangelhaft. Ebenso sind die Aufgaben zwischen Auftraggeber und Auftragnehmer oft nur unklar voneinander abgegrenzt. Hinzu kommt, daß die Auswahl an potentiellen Auftragnehmern, welche die geforderten Leistungen erbringen können, sehr beschränkt ist. Auch läßt sich ein Auftragnehmer, welcher bereits die Planung oder Teile der Entwicklung durchgeführt hat, des öfteren aus rechtlichen, wirtschaftlichen oder technischen Gründen nicht mehr auswechseln.

Diese Komplexität des zu vergebenden Softwareerstellungsauftrags, vor allem die damit verbundene kooperative Vertragsanbahnung, führt zu einem Konflikt mit den Grundprinzipien des Vergaberechts.

Die Leistung muß hiernach vor Auftragsvergabe klar und eindeutig durch den Auftraggeber beschrieben sein. Dies gilt unabhängig davon, ob man die konstruktive oder funktionale Leistungsbeschreibung wählt. Insbesondere setzt das in beiden Rechtsordnungen der Softwareerstellung zugrunde gelegte Wasserfall- bzw. lineare Phasenmodell voraus, daß sämtliche Planungsleistungen vor Vergabe der eigentlichen Erstellungsleistungen in Bezug auf das Gesamtobjekt erfüllt sein müssen, damit der Auftragnehmer eine werkvertragliche Verantwortung hierfür übernehmen kann. Eine Anhörung potentieller Bieter bei der Erstellung der Leistungsbeschreibung scheidet wegen des Verstoßes gegen das Gebot der Gleichbehandlung und produktneutralen Leistungsbeschreibung aus. Auch ist der Auftragnehmer, der die

Planungs- und Entwurfsarbeiten durchgeführt hat, bei der Vergabe der sich anschließenden Realisierung der Individualsoftware aus Gründen der formalen Gleichbehandlung in Deutschland stets, in Frankreich nur bei fehlender Angabe dieser Absicht in den Ausschreibungsunterlagen des Spezifizierungsauftrages, ausgeschlossen.

Nach der Einleitung des Vergabeverfahrens unterliegt die Leistungsbeschreibung einem weitgehenden Änderungs- und Ergänzungsverbot, um für sämtliche potentiellen Bieter einheitliche Wettbewerbsbedingungen zu gewährleisten. Soweit geringfügige Änderungen zugelassen werden, sind diese allen Interessenten zur Kenntnis zu bringen, und die Angebotsfrist erforderlichenfalls zu verlängern, damit diese hierauf reagieren können.

Über die eingehenden Angebote kann ebenfalls aus Wettbewerbsgesichtspunkten nicht dergestalt verhandelt werden, daß es zu einer wesentlichen Abänderung des Leistungsinhaltes kommt. Dies gilt nicht nur für den Bereich der förmlichen Ausschreibungen, sondern selbst für das nur in bestimmten eng umgrenzten Fällen zulässige Verfahren der freihändigen Vergabe (marchés négociés), welches der Verwaltung ermöglicht, in größerem Umfang mit den von ihr zum Verfahren zugelassenen Bietern in Verhandlungen bezüglich der gewünschten Leistungen zu treten. In Frankreich wurde aus diesen Erwägungen heraus der „appel d'offres sur performances" eingeführt, ein beschränktes Vergabeverfahren, welches einerseits die Förmlichkeiten einer Ausschreibung wahrt, andererseits aber zuläßt, daß die Bieter nach erfolgter Anhörung ihre Angebote präzisieren, ergänzen oder vervollständigen können.

Selbst nach Vertragsschluß dürfen Leistungsänderungen nicht zu einem Wegfall der Geschäftsgrundlage führen und die ursprüngliche Wettbewerbssituation, so wie sie den Angeboten und Vertragsbedingungen zugrunde lag, in Frage stellen.

Regelungen über gegenseitige Hinweis-, Prüf- und Beratungspflichten finden sich nur teilweise in den Vertragsbedingungen wieder, während Klauseln über den notwendigen fortwährenden Dialog in technischer Hinsicht vollständig fehlen.

Dritte, die an dem durchgeführten Vergabeverfahren nicht beteiligt wurden oder unter Verletzung der Vergabevorschriften, z. B. aufgrund vergabefremder Auswahlkriterien, vom Verfahren ausgeschlossen wurden, haben schließlich ein Interesse, noch vor dem eigentlichen Zuschlag bzw. Vertragsschluß ihre Rechte, auf Einhaltung der Vergabevorschriften und Aussetzung des Zuschlags bzw. Vertragsschlusses, geltend zu machen. Diesem Bedürfnis wurde mit Einführung des Verfahrens des „référé précontractuel" in Frankreich bzw. des Nachprüfungsverfahrens in Deutschland basierend auf den EG-Überwachungsrichtlinien Rechnung getragen. Zu beachten ist jedoch, daß diese Regelungen nur die Überprüfung der Einhaltung von

Wettbewerbs- und Publizitätsvorschriften ermöglichen. Gerade der technische Wert der angebotenen Leistung im Zusammenhang mit der Angebotsbewertung wird hiervon nicht umfaßt.

Es kommt daher zunächst darauf an, in technischer Hinsicht das Vorgehen bei der Softwareerstellung von der Wasserfallmethode loszulösen und die Entwicklungsstrategie der Software an das Spiralmodell von Boehm anzupassen, vorzugsweise bereits mit Einführung der neuen EVB-IT. Hier kann das Spiralmodell das Phasenkonzept der BVB ersetzen. Das Spiralmodell selbst läßt sich in vier Quadranten aufgliedern, und zwar einen Identifikations-, einen Bewertungs-, einen Erstellungs- sowie einen Planungsquadranten. Es zeichnet sich vor allem durch klare Vorgaben und Ergebnisse in den jeweiligen Quadranten aus, die nacheinander durchlaufen und zur Vertragsgrundlage gemacht werden können. Das Gesamtsystem muß vorab jedoch nicht vollständig geplant sein, was einen wesentlichen Vorzug gegenüber dem Wasserfallmodell darstellt. Leistungsänderungen können in jedem weiteren Spiraldurchlauf berücksichtigt werden. In den Fällen, in denen die Anforderungen an das jeweilige zu entwickelnde System bekannt sind, wird dieses Modell die Grundzüge der linearen Phasenentwicklung aufweisen, bei unklaren Vorgaben hingegen die des Prototypings.

In organisatorischer Hinsicht sollte ergänzend zu den bislang bereits bestehenden Rollen bei der Auftragsvergabe, und damit auch der Softwareerstellung, ein von dem Auftragnehmer und dem öffentlichen Auftraggeber unabhängiger „Softwarearchitekt" (maître d'œuvre) eingeschaltet werden, welcher die Planung bzw. Studien durchführt, beim Vergabeverfahren Beistand leistet, die sich anschließende Vertragsausführung überwacht und koordiniert sowie bei der Abnahme assistiert.

In vergabeverfahrensrechtlicher Hinsicht eignet sich zur Beschaffung von Informationstechnologie entweder die Vergabe in Form einzelner sukzessiver oder paralleler Lose (marché en lots) oder in Form eines Festauftrages mit bedingten Anschlußaufträgen (marché à tranches conditionnelles), wobei das Verfahren nach jedem Anschlußauftrag beendet werden kann.

Bei der Vergabeart ist ein Verfahren zu schaffen, welches einerseits die Vorteile der freihändigen Vergabe in sich vereinigt, andererseits aber die sich aus dem Gebot des Wettbewerbs, der Transparenz und Gleichbehandlung ergebenden Forderungen berücksichtigt. Diese Forderungen werden durch den „wettbewerblichen Dialog" erfüllt. Das Verfahren ist bei Individualsoftware unabhängig von einem etwaigen Auftragswert zu wählen, wobei zwingend ein Wettbewerbsaufruf voranzugehen hat. Nach Einleitung des Vergabeverfahrens sind die einzelnen ausgewählten Bieter auf der Grundlage ihrer eingereichten Lösungsvorschläge anzuhören und diese können dann, insbesondere wenn zwischenzeitlich Leistungsänderungen offenkundig wurden, die allen beteiligten Bietern in den abschließenden Verdingungsunterlagen zur Kenntnis gebracht worden sind, ihre konkreten Angebote abgeben. Die Eignungs- und Zuschlagskriterien sind vorab festzulegen. Zudem sollte die Auswahl des Zuschlagsempfängers stets über ein Kollegialorgan erfolgen, welches zu einem gewissen Prozentsatz aus Softwarespezialisten bzw. Sachverständigen besteht.

Erste Ansätze zur Änderung der Verfahrensvorschriften in Bezug auf den „wettbewerblichen Dialog" sind bereits auf EG-rechtlicher, aber auch nationaler Ebene in Frankreich und Deutschland erkennbar.

Aus Rechtsschutzerwägungen heraus hat der Anwendungsbereich der beschleunigten Verfahren vor der Zuschlagserteilung bzw. dem Vertragsschluß über die reinen Wettbewerbs- und Publizitätsvorschriften hinaus auf die Angebotsbewertung erweitert zu werden. Des weiteren sind, soweit ein Zuschlag an einen Bieter erteilt werden soll, die anderen Bieter spätestens 14 Kalendertage vor Zuschlagsentscheidung schriftlich hierüber bzw. über den eigenen Ausschluß entsprechend zu informieren, um noch rechtzeitig ein Nachprüfungsverfahren vor Zuschlagserteilung bzw. einen „référé précontractuel" vor endgültigem Vertragsschluß einleiten zu können. Da die Angebote aufgrund der Dynamik im Bereich der Softwareerstellung nur für kurze Zeit dem Stand der Technik und der zugrunde gelegten Kalkulation entsprechen, sollte ferner eine nicht mehr mit Rechtsmitteln angreifbare Entscheidung nicht erst nach 7 Wochen, wie im deutschen Recht, vorliegen, sondern - in Anlehnung an die kurze Frist von 20 Tagen im französischen Recht - deutlich früher. Schließlich sind einheitliche Bestimmungen in Deutschland für Vergaben oberhalb und unterhalb der EG-Schwellenwerte im Hinblick auf den Rechtsschutz des Dritten zu schaffen.

Literaturverzeichnis

- ABELE, Roland, Vergabegesetz und Bieterschutz, in: EuZW 1998, S. 14 f.;
- ABRAHAM, Dominique, Le G.P.E.M/I.C., mission et activités, in: Rev.M.P. janv. - févr. 1991, n° 255, S. 50 ff.;
- ADDA, Didier, La nécessité de la coordination dans l'approvisionnement informatique, in: Rev.M.P. avril - mai 1988, n° 233, S. 20 f.;
- ATZEL, Jean - Michel, Une règle qui répond mal aux besoins, in: 01 Informatique 15 déc. 1995, S. 28;
- ATZEL, Jean - Michel, Ne pas confondre maître d'ouvrage et maître d'œuvre, in: 01 Informatique 15 avril 1994, S. 24;
- AUBY, Jean-Marie, Les recours administratifs préalables, in: A.J.D.A. 20 janv. 1997, S. 10 ff.;
- AUCAGNE, M., Débats, in: Travaux de l' A.D.P.E (Hrsg.), Les marchés publics de prestations intellectuelles, Colloque de Paris X - Nanterre oct. 1981, Éd. Le Moniteur, Paris, 1982, S. 46 ff.;
- AX, Thomas, Rechtsschutz bei der Vergabe öffentlicher Aufträge in Deutschland und Frankreich - eine rechtsvergleichende Untersuchung, Dissertation, Rechtswissenschaftliche Fakultät der Westfälischen Wilhelms Universität zu Münster, 1996;
- BALLY, L., BRITTAN, J., WAGNER K.H., A Prototype Approach to Information System Design and Development, Information & Management 3, 1977;
- BARCELLA, Brigitte, BERNARD, Michel, BERBARI, Mireille, Les schémas directeurs informatiques, in: Rev.M.P. juillet - août 1991, n° 259, S. 51 ff.;
- BARCELLA, Brigitte, BERNARD, Michel, BERBARI, Mireille, Les schémas directeurs informatiques, in: Rev.M.P. sept. - oct. 1991, n° 260, S. 35 ff.;
- BARTL, Harald, Handbuch Öffentliche Aufträge, Nomos Verlagsgesellschaft, Baden-Baden, 2. Aufl., 2000;
- BEIMS, Hans Dieter, Praktisches Software-Engineering, Carl Hanser Verlag, München, Wien, 1995;
- BELLEICHE, Georges, Le Conseil en informatique, Les éditions d'organisation, Paris, 1992;
- BELVA, Michel, La notion de prestations intellectuelles, in: Travaux de l' A.D.P.E (Hrsg.), Les marchés publics de prestations intellectuelles, Colloque de Paris X - Nanterre oct. 1981, Éd. Le Moniteur, Paris, 1982, S. 28 ff.;
- BELVA, Michel, Débats, in: Travaux de l' A.D.P.E (Hrsg.), Les marchés publics de prestations intellectuelles, Colloque de Paris X - Nanterre oct. 1981, Éd. Le Moniteur, Paris, 1982, S. 46 ff.;
- BELVA, Michel, La doctrine de la commission centrale des marchés, in: Les marchés publics de prestations intellectuelles, Travaux de l'A.D.P.E. (Hrsg.), Colloque de Paris X - Nanterre oct. 1981, Éd. Le Moniteur, Paris, 1982, S. 76 ff.;
- BELVA, Michel, La notion de prestations intellectuelles, in: Rev.M.P. 1982, n° 186, S. 21 ff.;
- BÉNOIT, F.-P., De l'inexistence d'un pouvoir de modification unilatérale dans les contrats administratifs, in: J.C.P. G. 1963, S. 1775 ff.;
- BEN SOUSSAN, Alain, L'informatique et le droit, Tome 1, Éd. Hermès, Paris, 1994/1995;
- BEN SOUSSAN, Alain, Le logiciel et le droit, Tome 1, Éd. Hermès, Paris, 1994;

- BEN SOUSSAN, Alain, Analyse du décret du 27 mars 1993 modifiant l'appel d'offres sur concours créant l'appel d'offres sur performances ainsi que des obligations de transparence sur l'exécution des marchés, in: Interface sept. 1993, n° 16, S. 29 ff.;
- BERBARI, Mireille, La fascination du marché négocié, in: M.T.P. 26 août 1994, S. 22;
- BERBARI, Mireille, Les tendances lourdes de deux années de réformes, in: M.T.P. 15 sept. 1995, S. 36 ff.;
- BERBARI, Mireille, Commande publique, L'appel d'offres ouvert, in: M.T.P. 2 févr. 1996, S. 48 ff.;
- BEZANÇON, Xavier, Quels critères pour le mieux disant?, in: M.T.P. 26 févr. 1993, S. 48 f.;
- BITTNER, Udo, HESSE, Wolfgang, SCHNATH, Johannes, Änderbarkeit und Flexibilität von Software-Systemen, in: BITTNER, Udo (Hrsg.), Praxis der Software-Entwicklung: Methoden, Werkzeuge, Projektmanagement, R. Oldenbourg Verlag GmbH, München, 1995, S. 31 ff.;
- BLANCHARD, Patrick, Les contrats d'étude: contrats d'entreprise ou de partenariat?, in: C.J.E.G. mars 1991, n° 464, S. 85 ff.;
- BOEHM, Barry, A Spiral Model of Software Development and Enhancement, ACM SIGSOFT-Software Engineering Notes 11, 1986;
- BÖMER, Roland, Die Pflichten im Computersoftwarevertrag, Verlag V. Florentz GmbH, München, 1988;
- BOESEN, Arnold, Das neue Vergaberecht, Bundesanzeiger Verlagsges. mbH, Köln, 1. Aufl., 1999;
- BOESEN, Arnold, Anmerkung zu: EuGH, Urteil vom 28.10.1999, Rs. C-81/98 (Bundesvergabeamt, Österreich), in: ZIP 1999, S. 1937 ff.;
- BOESEN, Arnold, Das Vergaberechtsänderungsgesetz im Lichte der europarechtlichen Vorgaben, in: EuZW 1998, S. 551 ff.;
- BOESEN, Arnold, Der Rechtsschutz des Bieters bei der Vergabe öffentlicher Aufträge, in: NJW 1997, S. 345 ff.;
- BRANDI-DOHRN, Anselm, VOF und GWB - Verdingungsordnung für freiberufliche Leistungen und Vergabepflichten der öffentlichen Hand gegenüber Rechtsanwälten, in: NJW 1998, S. 857 ff.;
- BRAUN, Joachim, Nachprüfung der Vergabe öffentlicher Aufträge, in: BB 1999, S. 1069 ff.;
- BRÉCHON, Christine, Les recours, facteurs de concurrence, in: M.T.P. 30 oct. 1992, S. 46 f.;
- BRÉCHON-MOULÈNES, Christine, DE GERY, Philippe, RICHER, Laurent, ROUQUETTE, Rémi, TERNEYRE, Philippe, Droit des marchés publics, Éd. Le Moniteur, Paris, 1993;
- BRENET, B., Les droits de l'entreprise injustement évincée, in: M.T.P. 3 juillet 1992, S. 36 f.;
- BUNDESMINISTERIUM DES INNERN, Entwicklungsstandard für IT-Systeme des Bundes, Vorgehensmodell (V-Modell), Teil 1: Regelungsteil, Schriftenreihe der KBSt, Band 27/1, Bundesanzeiger Verlagsges. mbH, Köln, Juni 1997;
- BUNDESMINISTERIUM DES INNERN, Entwicklungsstandard für IT-Systeme des Bundes, Vorgehensmodell (V-Modell), Methodenzuordnung, Schriftenreihe der KBSt, Band 27/3, in Vorbereitung;

- BUNDESMINISTERIUM DES INNERN, Entwicklungsstandard für IT-Systeme des Bundes, Vorgehensmodell (V-Modell), Teil 3: Handbuchsammlung, Schriftenreihe der KBSt, Band 27/2, Bundesanzeiger Verlagsges. mbH, Köln, Juni 1997;
- BUNDESMINISTERIUM DES INNERN, Unterlagen für Ausschreibung und Bewertung von IT-Leistungen, Version II (UfAB II), Schriftenreihe der KBSt, Band 11, Bundesanzeiger Verlagsges. mbH, Köln, 1988;
- BUNDESMINISTERIUM DES INNERN (Hrsg.), EPHOS - kurzgefaßt, Bundesanzeiger Verlagsges. mbH, Köln, 2. Aufl., 1995;
- BUNDESMINISTERIUM DES INNERN (Hrsg.), EPHOS, Leitfaden zum Handbuch, Schriftenreihe der KBSt, Band 31/Heft 1, Bundesanzeiger Verlagsges. mbH, Köln, 1994;
- BYOK, Jan, Das neue Vergaberecht, in: NJW 1998, S. 2774 ff.;
- CABALLERO, Horace, Le contrôle des marchés publics, Thèse Paris II, Paris, 1989;
- CABANES, Christophe, L'application du référé dit précontractuel par le juge, in: Le courrier des maires 27 janv. 1995, S. 28 f.;
- C.A.D.A., Guide de l'accès aux documents administratifs, Éd. La documentation française, Paris, 2ᵉ éd., 1992;
- DE CANNART D'HAMALE, Emmanuel, Le devoir de conseil du fournisseur en informatique, in: Droit de l'informatique et des télécoms 1990/3, S. 33 ff.;
- C.C.M., La réforme des marchés publics, in: T.M.P. mars 1997, S. 1 ff.;
- C.C.M., Les éléments pour une réforme des marchés publics, in: Rev.M.P. 1997, n° 1, S. 1 ff.;
- C.C.M., Avenants: Conditions d'application de l'article 8 de la loi n° 95-127 du 8 févr. 1995, in: Rev.M.P. 1995 - 1996, n° 8, S. 3;
- C.C.M., Procédures d'appel d'offres sur performances mise en oeuvre, in: Rev.M.P. 1995 - 1996, n° 3, S. 4;
- C.C.M., Avenants aux marchés publics, in: Rev.M.P. 1995 - 1996, n° 2, S. 3 f.;
- C.C.M., Numéro spécial avenants, in: T.M.P. juin 1995, n° 195, S. 1 f.;
- C.C.M., Marchés publics et délégation de service public, in: T.M.P. janv. - févr. 1995, n° 192, S. 3 f.;
- C.C.M., Conditions d'utilisation des marchés à bons de commande pour les prestations intellectuelles, in: T.M.P. mai 1994, n° 185, S. 1 f.;
- C.C.M., Mise en application des dispositions du 10° du nouvel art. 104 I du C.M.P., in: Rev.M.P. mars 1994, n° 280, S. 5 f.;
- C.C.M., Spécial décret simplification, in: T.M.P. juillet 1993, n° 177, S. 2;
- C.C.M., La réforme des avenants, in: T.M.P. juin 1993, n° 176, S. 1 f.;
- C.C.M., Le seuil des marchés négociés, in: T.M.P. janv. 1993, n° 172, S. 2;
- C.C.M., Le guide, Ministère de l'économie, Paris, 1993;
- C.C.M., Appel d'offres infructueux – quelle suite donner?, in: M.T.P. 29 avril 1988, S. 78;
- C.C.M., La chronique des C.S.M., La commission spécialisée des marchés d'informatique, in: Rev.M.P. 1981, n° 180, S. 40 ff.;
- CHABANOL, Daniel, Code T.A.-C.A.A. annoté et commenté, Éd. Le Moniteur, Paris, 4ᵉ éd., 1995;
- CHABANOL, Daniel, JOUGUELET Jean-Pierre, Marchés publics de travaux, Éd. Le Moniteur, Paris, 2ᵉ éd., 1994;

- CHABANOL, Daniel, Les Art. L. 22 et L. 23 du Code des Tribunaux administratifs et des Cours Administratives d'appel, in: Gaz. Pal. du 27 déc. 1994, S. 1413 ff.;
- CHANTEPY, Christophe, L'encadrement du référé précontractuel, in: R.F.D.A. 11 nov. - déc. 1995, S. 1077 ff.;
- CHAPUS, René, Droit administratif général, Tome 1, Éditions Montchrestien, Paris, 9e éd., 1995;
- CHAPUS, René, Droit du contentieux administratif, Éditions Montchrestien, Paris, 5e éd., 1995;
- C.I.I.B.A., Comité interministériel de l'informatique et de la bureautique dans l'administration, secrétariat général Premier ministre, Maîtrise d'ouvrage/maîtrise d'œuvre, 05 mai 1992, n° Abr/MOME2;
- CLÉMENT, Jacques, BOUCHON, Dominique, COSSALTER, Patrice, Conclure et gérer les marchés publics - Guide à l'usage des rédacteurs de marchés, Éd. Le Moniteur, Paris, 1993;
- CLÉMENT, Jacques, RICHER, Daniel, Les marchés publics de travaux des collectivités territoriales, Éd. ECONOMIA, Paris, 2e éd., 1993;
- CLOIX, Pierre - Manuel, Les contrats à objet aléatoire en droit public et droit privé, mémoire, Université Paris-X-Nanterre, Diplôme d'Études Approfondies de Droit public de l'Entreprise, 1993;
- COSSALTER, Patrice, Attention aux ravages de l'article L. 22!, in: M.T.P. 9 avril 1993, S. 32 f.;
- COSSALTER, Patrice, L'appel d'offres sur performances, in: M.T.P. 9 avril 1993, S. 31;
- COSSALTER, Patrice, Le cas des marchés inférieurs à 700.000 francs, in: M.T.P. 4 nov. 1994, S. 78 f.;
- C.S.M./I., Rapport d'activité pour l'année 1992, La Documentation de la C.C.M., Paris, 1992;
- C.S.M./I., Rapport d'activité pour l'année 1988, La Documentation de la C.C.M., Paris, 1988;
- DAUB, Walter, EBERSTEIN, Hans Hermann, Kommentar zur VOL/A, Werner-Verlag GmbH & Co. KG, Düsseldorf, 4. Aufl., 1998;
- Deutsch - Französische Industrie- und Handelskammer (Hrsg.), Öffentliche Aufträge in Frankreich, Fachschrift Nr. 4, W. Bertelsmann Verlag, Bielefeld, Juli 1994;
- DILLEMANN, Christian, Les commandes publiques, Notes et études documentaires, n° 4827, Éd. La Documentation française, Paris, 1987;
- DIN 69 901: Projektwirtschaft - Projektmanagement, Begriffe, Deutsches Institut für Normung e.V. (Hrsg.), Berlin, 1987;
- DIRLEWANGER, Werner, Leistungsbeschreibung und Leistungsbemessung im DV-Bereich, in: CR 1988, S. 588 ff.;
- DOMERGUE, Gilles, Les marchés publics de prestations intellectuelles, Librairie générale du droit et de jurisprudence, Paris, 1992;
- DORNHOFF, Patrick, Erfahrungswissen für das Management von Software-Entwicklungsprojekten, Josef Eul Verlag GmbH, Bergisch Gladbach, Köln, 1993;
- DREHER, Meinrad, Die Kontrolle der Anwendung des Vergaberechts in Europa, in: EuZW 1998, S. 197 ff.;
- DUFAU, Jean, Le droit des travaux publics, Tome 1, Éd. Le Moniteur, Paris, 2e éd., 1988;

- DURANTON, J. P., La doctrine des commissions spécialisées, in: A.D.P.E., Les marchés publics de prestations intellectuelles, Colloque de Paris X - Nanterre oct. 1981, Éd. Le Moniteur, Paris, 1982, S. 91 ff.;
- ELLENBERGER, Martin H., MÜLLER, Claus Dieter, Zweckmäßige Gestaltung von Hardware-, Software- und Projektverträgen, RWS-Skript 111, Recht Wirtschaft Steuern Tagungs- und Verlagsges. mbH, Köln, 2. Aufl., 1984;
- EMERY, Cyrille, Le régime de la modification des marchés publics avant leur notification, in: J.C.P. G. 17 mars 1999, S. 513 ff.;
- ERDL, Cornelia, Der neue Vergaberechtsschutz, in: KORBION, Hermann, LOCHER, Horst (Hrsg.), Baurechtliche Schriften 49, Werner Verlag GmbH & Co. KG, Düsseldorf, 1. Aufl., 1999;
- ERDL, Cornelia, Das neue Vergaberecht - Subjektive Rechte: Welche Vergaberegeln sind überprüfbar?, in: VgR 4/1998, S. 27 ff.;
- ERDL, Cornelia, Das neue Vergaberecht - Zuschlagsverbot und Folgen des Ablaufs der Zuschlags- und Bindefrist, in: VgR 3/1998, S. 37 ff.;
- EXBOURSE, Alain, Des contrats au contenu incertain, in: M.T.P. 27 nov. 1992, S. 43;
- FÉRAL-SCHUHL, Christiane, Ne pas confondre maître d'ouvrage et maître d'œuvre, in: 01 Informatique 15 avril 1994, S. 24;
- FÉRAL-SCHUHL, Christiane, VINAY Michel, L'entreprise, l'informatique et le droit, Éd. Nathan, Paris, 1992;
- FERID, Murad, SONNENBERGER, Hans Jürgen, Das Französische Zivilrecht, Band 2, Verlagsgesellschaft Recht und Wirtschaft mbH, Heidelberg, 2. Aufl., 1986;
- FLASH, Achats Publics, Le C.C.A.P. crève l'écran, oct. 1995, S. 20 ff.;
- FLASH, Achats publics, Appel d'offres sur performances et appel d'offres avec concours, nov. 1993, S. 16 f.;
- FLECHEUX, Georges, La concurrence dans les marchés publics de prestations intellectuelles, in: Travaux de l'A.D.P.E. (Hrsg.), Les marchés publics de prestations intellectuelles, Colloque de Paris X - Nanterre oct. 1981, Éd. Le Moniteur, Paris, 1982, S. 39 ff.;
- FLORENCE, Les opérations de conception-construction d'ouvrages publics, in: Rev.M.P. 1988, n° 237, S. 29 f.;
- FRANÇOIS, Monique, Le décret «transparence», in: Rev.M.P. avril - mai 1993, n° 273, S. 29 f.;
- FRANÇOIS, Monique, Marchés de définition, un modèle de C.C.P., in: Rev.M.P. oct. - nov. 1989, n° 245, S. 63 ff.;
- FRAYSSINET, Jean, La consultation performancielle, in: M.T.P. 31 mai 1985, S. 32 ff.;
- FRAYSSINET, Jean, La bureaucratique - L'administration française face à l'informatique, Berger-Levrault, Paris, 1981;
- GAREIS, Roland, Projektmanagement im Maschinen- und Anlagenbau, Manz Verlag, Wien, 1991;
- DE GERY, Philippe, Débats, in: A.D.P.E., Les marchés publics de prestations intellectuelles, Éditions Dalloz, 1985, S. 46 ff.;
- GESSERT, Heinz, Besondere Vertragsbedingungen für die Miete von EDV-Anlagen und -Geräten, in: ÖVD 1973, S. 29 ff.;
- GOOSSENS, Paul, Normes européennes et normes nationales, in: Rev.M.P. 1995, n° 1, S. 48 ff.;

- GOSSELIN, Bernard, Le code et la réglementation, in: A.P.A.S.P. (Hrsg.), La négociation, n° 74, cahier B, nov. 1987;
- G.P.E.M/I.C., C.I.I.B.A., C.C.M., Eurométhode, objectifs et enjeux, janv. 1994;
- GRÖNING, Jochem, Die Grenzen des "Rechtswegs" zur Vergabekammer, in: ZIP 2000, S. 1714 ff.;
- GRÖNING, Jochem, Das Beschwerdeverfahren im neuen Vergaberecht, in: ZIP 1999, S. 181 ff.;
- GRÖNING, Jochem, Die Grundlagen des neuen Vergaberechtsschutzes, in: ZIP 1999, S. 52 ff.;
- GRÖNING, Jochem, Rechtsschutzqualität und Verfahrensbeschleunigung im Entwurf für ein Vergaberechtsänderungsgesetz, in: ZIP 1998, S. 370 ff.;
- GUIBAL, Michel, Code des marchés publics, Réglementation française, Réglementation communautaire, Éd. Le Moniteur, Paris, 1994;
- GUIBAL, Michel, RAPP, Lucien, Contrats des collectivités locales, Éd. FRANCIS LEFEBVRE, Paris, 1989;
- GUSY, Christoph, Staatsaufträge an die Wirtschaft, in: JA 1989, S. 26 ff.;
- GUTDEUSCH, Werner, SCHNEIDER, Thomas, 3. Saarbrücker Standard, Gewichtungskatalog zur Softwarebewertung, in: NJW-CoR 1997, S. 475 ff.;
- HAILBRONNER, Kay, Die Vergabe öffentlicher Aufträge nach europäischem Gemeinschaftsrecht, in: WiVerw 1994, S. 173 ff.;
- HAÏM, Victor, Le contrôle de la légalité des marchés publics, in: J.C.P. G. 6 mai 1998, S. 799 ff.;
- HAUSER, Martin, Frankreich, in: ULLRICH, Hanns, KÖRNER, Eberhard (Hrsg.), Der internationale Softwarevertrag, Verlag Recht und Wirtschaft GmbH, Heidelberg, 1995;
- HAUSMANN, Friedrich Ludwig, EuGH: Nachprüfung von Vergabeentscheidungen, in: EuZW 1999, S. 759 ff.;
- HAYEK, Asad, Projektmanagement-Software, Verlag TÜV Rheinland GmbH, Köln 1993;
- HEINRICH, Lutz J., Schwachstellen und Risiken bei Softwareprojekten, in: CR 1988, S. 584 ff.;
- HENTSCHEL, Ute, Standardvertragswerke der öffentlichen Hand, in: CR 1989, S. 568 ff.;
- HEPPNER, Henning, Softwareerstellungsverträge, Verlag Dr. Otto Schmidt KG, Köln, 1997;
- HERMES, Georg, Gleichheit durch Verfahren bei der staatlichen Auftragsvergabe, in: JZ 1997, S. 909 ff.;
- HESSE, Wolfgang, WELTZ, F., Projektmanagement für evolutionäre Software-Entwicklung, in: BITTNER, Udo (Hrsg.), Praxis der Software-Entwicklung: Methoden, Werkzeuge, Projektmanagement, R. Oldenbourg Verlag GmbH, München, 1995;
- HEUER, Ernst, Kommentar zum Haushaltsrecht, Band 2, Loseblatt, Luchterhand Verlag GmbH, Neuwied;
- HEUSSEN, Benno, Entwurf der EVB-IT, in: CR 1996, S. 692 ff.;
- HEUSSEN, Benno, SEIDEL, Ulrich, Juristisches Controlling, Systemverantwortung und Vertragsgestaltung bei DV-Projekten, Verlag Kommunikationsforum, Köln, 1989;

- HÖFLER, Heiko, BERT, Birgit, Die neue Vergabeverordnung, in: NJW 2000, S. 3310 ff.;
- HOENE, Thomas, Stellungnahme des DGRI zu den Entwürfen für neue EVB-IT, in: CR 1998, S. 567 ff.;
- HÖSCH, Ulrich, Die Nachprüfung von Vergabeentscheidungen der öffentlichen Hand, in: BayVBl. 1997, S. 193 ff.;
- HÜBNER, Ulrich, CONSTANTINESCO, Vlad, Einführung in das französische Recht, JUS-Schriftenreihe, C.H. Beck'sche Verlagsbuchhandlung, München, 3. Aufl., 1994;
- HUET, Jérôme, MAISL, Herbert, Droit de l'informatique et des télécommunications, Litec, Paris, 1989;
- HUGLO, Christian, La pratique des référés administratifs, Gazette du Palais, Litec, Paris, 1993;
- HUGLO, Christian, LEPAGE-JESSUA, Corinne, Code des procédures contentieuses de droit public commenté et annoté, Litec, Paris, 1994;
- IHDE, Rainer, Das Pflichtenheft beim Softwareerstellungsvertrag, in: CR 1999, S. 409 ff.;
- INFOREP, Association générale des utilisateurs de l'informatique, Guide de l'utilisateur, Les contrats de prestations intellectuelles en informatique, Éd. Celse, Paris, 1982;
- INGENSTAU Heinz, KORBION, Hermann, VOB Teile A und B, Kommentar, Werner-Verlag GmbH, Düsseldorf, 13. Aufl., 1996;
- JENDROSCH, Thomas, Projektmanagement, Ullstein Medical Verlagsges. mbH & Co., Wiesbaden, 1998;
- JOSSE, Paul, LEGRENEUR, Michel, L'application de l'article 97 du code des marchés publics, in: Rev.M.P. oct. - nov. 1988, n° 237, S. 27 f.;
- JUNKER, Abbo, Die Entwicklung des Computerrechts im Jahre 1998 , in: NJW 1999, S. 1294 ff.;
- JUNKER, Abbo, Die Entwicklung des Computerrechts in den Jahren 1994-1997, in: NJW 1998, S. 947 ff.;
- JUNKER, Abbo, Die Entwicklung des Computerrechts in den Jahren 1991 und 1992, in: NJW 1993, S. 824 ff.;
- KAUFHOLD, Wolfgang, MAYERHOFER, Werner, REICHL, Georg, Die VOF im Vergaberecht, Bundesanzeiger Verlagsges. mbH, Köln, 1999;
- KOCH, Frank A., SCHNUPP, Peter, Software - Recht, Band I, Springer-Verlag, Berlin, Heidelberg, 1991;
- KÖHLER, Helmut, Herstellungsrisiken und Informationspflichten, in: CR 1988, S. 623 ff.;
- KOPP, Ferdinand O., RAMSAUER Ulrich, Verwaltungsverfahrensgesetz, C.H. Beck'sche Verlagsbuchhandlung, München, 7. Aufl., 1999;
- KOPP, Ferdinand O., SCHENKE, Wolf-Rüdiger, Verwaltungsgerichtsordnung, C.H. Beck'sche Verlagsbuchhandlung, München, 11. Aufl., 1998;
- KUS, Alexander, Auswirkungen der EuGH-Entscheidung „Alcatel Austria AG" auf das deutsche Vergaberecht, in: NJW 2000, S. 544 ff.;
- LAGUERRE, Alain, Le contentieux juridictionnel des marchés publics, in: Rev.M.P. juillet - août 1993, n° 275, S. 19 ff.;
- LAGUERRE, Alain, Les droits de l'entreprise dans les marchés publics, in: M.T.P. 24 mars 1989, S. 60 f.;

- LAGUERRE, Alain, Les marchés négociés: une liberté attrayante, mais dangereuse, in: La Gazette des communes, des départements et des régions 16 janv. au 5 févr. 1989, n° 1048/2, S. 39 f.;
- LAGUERRE, Alain, Concurrence dans les marchés publics, Berger Levrault, Paris, 1989;
- LAGUERRE, Alain, Aspects juridiques de la négociation dans la passation des marchés publics, in: Rev.M.P. juillet 1988, n° 235, S. 21 ff.;
- LAGUERRE, Alain, L'office du juge en matière de passation des marchés publics, in: Rev.M.P. avril - mai 1988, n° 233, S. 27 ff.;
- LAIK, Michèle, L'importance de la négociation en matière de marchés publics d'informatique aux télécommunications, mémoire, Université de Paris II, Panthéon - Sorbonne, Cours d'INP/SA, Année 1983/84;
- DE LAMBERTERIE, Isabelle, BRÉCHON-MOULÈNES, Christine, La négociation dans l'appel d'offres, Convention de recherche avec le Commissariat Général du Plan, Université Paris X - Nanterre/ C.N.R.S., Paris/Ivry s./Seine, janv. 1990;
- DE LAMBERTERIE, Isabelle, Le financement des logiciels, L.G.D.J., Paris, 1988;
- DE LAMBERTERIE, Isabelle, Le chapitre VII du C.C.A.G.-F.C.S., in: Rev.M.P. juillet - août 1987, n° 227, S. 17 ff.;
- DE LAMBERTERIE, Isabelle, Les contrats en informatique, Litec, Paris, 1983;
- DE LAUBADÈRE, André, MODERNE, Franck, DELVOLVÉ, Pierre, Traité des contrats administratifs, Tome 1, L.G.D.J., Paris, 1983;
- DE LAUBADÈRE, André, MODERNE, Franck, DELVOLVÉ, Pierre, Traité des contrats administratifs, Tome 2, L.G.D.J., Paris, 1984;
- DE LAUBADÈRE, André, VENEZIA, Jean-Claude, GAUDAMET, Yves, Traité de droit administratif, Tome 1, L.G.D.J., Paris, 13e éd., 1994;
- DE LAUBADÈRE, André, VENEZIA, Jean-Claude, GAUDAMET, Yves, Traité de droit administratif, Tome 2, L.G.D.J., Paris, 9e éd., 1992;
- DE LAVERGNE, Béatrice, L'obligation de moyens et l'obligation de résultat dans le contrat de prestations de services, jurisprudence et doctrine, in: A.P.A.S.P. (Hrsg.), Les Dossiers d'Études, n° 95, Cahier F, nov. 1992 ;
- LE TOURNEAU, Philippe, De l'allègement de l'obligation de renseignements ou de conseil, Recueil Dalloz-Sirey, 1987, chr. XIX, S. 101;
- LEBRETON, Gilles, Droit administratif général, Éd. Armand Colin/Masson, Paris, 1996;
- LEGOUGE, Dominique, La meilleure offre dans les marchés publics, Les Éditions d'organisation, Paris, 1997;
- LENOIR, Yves, La loi du 3 juillet 1985 et les marchés publics de logiciel, in: Rev.M.P. janv. - févr. 1987, n° 223, S. 41 ff.;
- LENOIR, Yves, Marchés publics et logiciels, in: Rev.M.P. 1984, n° 202, S. 17 ff.;
- LESCURE, Laetitia, L'appel d'offres sur performances, D.E.A. Droit Public de l'Entreprise, Université Paris X - Nanterre, Année 1993-94;
- LESSHAFFT, Karl, Anforderungen an Spezifikation und Dokumentation, in: CR 1989, S. 146 ff.;
- LIBERT, Xavier, Les modifications du marché en cours d'exécution, A.J.D.A. 20 juillet/20 août 1994, n° spécial, S. 65 ff.;
- LINANT DE BELLEFONDS, Xavier, HOLLANDE, Alain, Contrats informatiques et télématiques, Encyclopédie DELMAS, Paris, 3e éd., 1992;

- LINANT DE BELLEFONDS, Xavier, HOLLANDE, Alain, Droit de l'informatique et de la télématique, J. Delmas et Cie, Paris, 2e éd., 1990;
- LINDNER, Dagmar, Sachmängel bei öffentlichen Aufträgen in Frankreich, Verlag Peter Lang, Frankfurt am Main, Berlin, Bern, New York, Paris, Wien, 1995;
- LITKE, Hans-Dieter, KUNOW, Ilona, Projektmanagement, STS-Verlag, Planegg, 1998;
- LÖTZSCH, Markus, BORNHEIM, Helmerich, Zivilrechtliche Rechtsfolgen bei Nichtbeachtung der neuen Vergabevorschriften der VOB/A durch private Auftraggeber, in: NJW 1995, S. 2134 ff.;
- LUCAS, André, Le droit en informatique, Thémis droit, Puf, Paris, 1987;
- LUPP, Detlef, Objektivität, Transparenz und Nachprüfbarkeit der Angebotswertung bei der Vergabe öffentlicher Bauaufträge, Schriftenreihe des Bayer. Bauindustrieverbandes Nr. 15, München, 1992;
- MADAUSS, Bernd J., Handbuch Projektmanagement, Schäffer-Poeschel Verlag, Stuttgart, 5. Aufl., 1994;
- MARCELLIN, Sabine, COSTES, Lionel, DANGU, Sophie, Lamy, Droit de l'informatique et des réseaux - Guide, Éd. Lamy S.A., Paris, 1998;
- MARTIN-EHLERS, Andrés, Die Unterscheidung zwischen Zuschlag und Vertragsschluß im europäischen Vergaberecht, in: EuZW 2000, S. 101 ff.;
- MARX, Fridhelm, Rechtsschutz, in: JESTAEDT, Thomas, KEMPER, Klaus, MARX, Fridhelm, PRIEß, Hans-Joachim (Hrsg.), Das Recht der Auftragsvergabe: Auftraggeber, ausschreibungspflichtige Aufträge, Vergabeverfahren, Sektoren, Rechtsschutz, Hermann Luchterhand Verlag GmbH, Neuwied, Kriftel, 1999;
- von MEIBORN, Wolfgang, BYOK, Jan, Anmerkungen zur Notwendigkeit eines Vergabegesetzes in Deutschland, in: EuZW 1995, S. 629 ff.;
- MEYER Timm R., Vergaberechtsschutz nach Erteilung des Zuschlags, in: WuW 1999, S. 567 ff.;
- MILLET, Jacques, Les avenants: quelques précisions, in: M.T.P. 8 janv. 1993, S. 11;
- MINISTÈRE du BUDGET, Agence Judiciaire du Trésor, Les dossiers juridiques, L'administration et le droit du logiciel, 1er sem., n° 21, Paris, 1994;
- MODERNE, Franck, Les dérogations aux textes-type en matière de marchés publics, in: A.D.P.E. (Hrsg.), Réglementation et pratique des marchés publics, Éditions Dalloz, Paris, 1985, S. 58 ff.;
- MOGENET, Robert, Les marchés de l'État et des collectivités locales, Tome 2, Éd. Le Moniteur, Paris, 6e éd., 1991;
- MONTERO, Etienne, in: Droit de l'informatique et des télécoms 1992/1, S. 57 ff.;
- MONTERO, Etienne, Les marchés publics d'acquisition de logiciels, C.R.I.D., Namur, 1990;
- MOREAU, Jacques, Droit administratif, Puf, Paris, 1989;
- MORITZ, Hans-Werner, TYBUSSECK, Barbara, Computersoftware, C.H. Beck'sche Verlagsbuchhandlung, München, 2. Aufl., 1992;
- MOYRAND, Alain, Le droit administratif, Tome 1, Éd. Hermès, 1e éd., 1993;
- MÜGLICH, Andreas, Informationstechnik und öffentliches Auftragswesen in der Europäischen Union, in: CR 1997, S. 453 ff.;
- MÜGLICH, Andreas, Novellierung der BVB-EVB-IT, in: CR 1996, S. 129 ff.;
- MÜLLER-HENGSTENBERG, Claus-Dieter, Quo vadis EVB-IT?, in: CR 1998, S. 708 f.;

- MÜLLER-HENGSTENBERG, Claus-Dieter, Revisionsbedarf der BVB-EDV, in: CR 1996, S. 441 ff.;
- MÜLLER-HENGSTENBERG, Claus-Dieter, Risikoteilung in DV-Projekten, in: CR 1995, S. 198 ff.;
- MÜLLER-HENGSTENBERG, Claus-Dieter, V. WESTPHALEN, Friedrich Graf, DV-Projektrecht, Springer-Verlag, Berlin, Heidelberg, 1994;
- MÜLLER-HENGSTENBERG, Claus-Dieter BVB-Computersoftware, Erich Schmidt Verlag GmbH & Co., Berlin, 3. Aufl., 1992;
- MÜLLER-HENGSTENBERG, Claus-Dieter, BVB-Planung, in: CR 1988, S. 633 ff.;
- MÜLLER-HENGSTENBERG, Claus-Dieter, Einführung in das EDV - Vertragsrecht, Expert Verlag, Ehningen bei Böblingen, 1985;
- MÜNCHENER KOMMENTAR zum Bürgerlichen Gesetzbuch, Band 4 (§§ 607 - 704), C. H. Beck'sche Verlagsbuchhandlung, München, 3. Aufl., 1997;
- NICKLISCH, Fritz, Rechtsfragen des Subunternehmervertrages bei Bau- und Anlagenprojekten im In- und Auslandsgeschäft, in: NJW 1985, S. 2361 ff.;
- NICKLISCH, Fritz, Empfiehlt sich eine Neukonzeption des Werkvertragsrechts? - unter besonderer Berücksichtigung komplexer Langzeitverträge -, in: JZ 1984, S. 757 ff.;
- NICKLISCH, Fritz, Mitwirkungspflichten des Bestellers beim Werkvertrag, insbesondere beim Bau- und Industrieanlagenvertrag, in: BB 1979, S. 533 ff.;
- NOCH, Rainer, Die Vergabe von Staatsaufträgen und der Rechtsschutz nach europäischem und deutschem Recht, Dissertation, Universität Bielefeld, 1997;
- NOCH, Rainer, Vergaberecht kompakt, Werner-Verlag GmbH, Düsseldorf, 1. Aufl., 1999;
- PACTEAU, Quel retentissement de l'annulation d'un acte détachable sur la validité et l'exécution du contrat auquel cet acte se rapporte?, in: C.J.E.G. avril 1991, n° 465, S. 115 ff.;
- PAETZOLD, Ulrich, Der wettbewerbliche Dialog, in: ZVgR 2000, S. 191 ff.;
- PALANDT, Otto, Bürgerliches Gesetzbuch, C.H. Beck'sche Verlagsbuchhandlung, München, 59. Aufl., 2000;
- PASTOREL, Jean-Paul, Droit administratif, Éd. Dunod, Paris, 1994;
- PEISER, Gustave, Contentieux administratif, Éd. Dalloz, Paris, 9e éd., 1995;
- PERROUD, Hélène, Informatique: les réflexes d'un achat plus raisonné, in: La Gazette des communes, des départements et des régions 3 oct. 1994, S. 24 f.;
- PETETIN, Xavier, Droit et informatique, responsabilité contractuelle des prestataires informatiques, in: Rev.M.P. 1981, n° 180, S. 23 ff.;
- PEYRICAL, Jean-Marc, Marchés d'études, Les nouvelles modalités du Code, in: M.T.P. 29 avril 1994, S. 54 f.;
- PEYRICAL, Jean-Marc, Souplesse sous surveillance, in: M.T.P. 1er avril 1994, S. 36 f.;
- PEYRICAL, Jean-Marc, Les marchés négociés dans un carcan, in: M.T.P. 4 mars 1994, S. 38;
- PHILIPPE, Xavier, Droit administratif général, Librairie de l'Université d'Aix-en-Provence et Presses Universitaires d'Aix-Marseille, 1993;
- PIETSCH, Wolfram, Methodik des betrieblichen Software-Projektmanagements, Walter de Gruyter, Berlin, New York, 1992;
- PITIOT, André, Passation des marchés: la mise au point de l'offre retenue, in: M.T.P. 1er juillet 1988, S. 46 f.;

- PITZCKER, Jost, Rechtsschutz bei der Vergabe öffentlicher Aufträge, in: NVwZ 1983, S. 121 ff.;
- POUYAUD, Dominique, La nullité des contrats administratifs, L.G.D.J., Paris, 1991;
- PRIEß, Hans-Joachim, Welche Aufträge sind auszuschreiben?, in: JESTAEDT, Thomas, KEMPER, Klaus, MARX, Fridhelm, PRIEß, Hans-Joachim (Hrsg.), Das Recht der Auftragsvergabe: Auftraggeber, ausschreibungspflichtige Aufträge, Vergabeverfahren, Sektoren, Rechtsschutz, Hermann Luchterhand Verlag GmbH, Neuwied, Kriftel, 1999;
- PRIEß, Hans-Joachim, Das öffentliche Auftragswesen in den Jahren 1994 und 1995, in: EuZW 1996, S. 357 ff.;
- PRIEß, Hans-Joachim, Das öffentliche Auftragswesen in der Europäischen Union, Carl Heymanns Verlag KG, Köln, Berlin, Bonn, München, 1994;
- REDEKER, Helmut, Gestaltung von Subunternehmerverträgen, in: CR 1999, S. 137 ff.;
- REDEKER, Helmut, Der EDV-Prozeß, NJW-Schriften 55, C.H. Beck'sche Verlagsbuchhandlung, München, 1992;
- RIESE, Christoph, Vergaberecht, Springer-Verlag, Berlin, Heidelberg, 1998;
- RINZA, Peter, Projektmanagement, Springer-Verlag, Berlin, Heidelberg, 4. Aufl., 1998;
- RITTNER, Fritz, Das deutsche Öffentliche Auftragswesen im europäischen Kontext, in: NVwZ 1995, S. 313 ff.;
- ROCFORT, Michel, L'appel d'offres sur performances: une innovation contestée par certains fournisseurs, in: 01 Informatique 15 déc. 1995, S. 28;
- ROCFORT, Michel, L'exécution des marchés publics, in: Rev.M.P. 1995 - 1996, n° 4, S. 35 f.;
- ROCFORT, Michel, L'appel d'offres sur performance à l'épreuve des faits, in: Rev.M.P. nov. 1994, n° 285, S. 40 ff.;
- ROCFORT, Michel, Droit et gestion de l'achat public d'informatique, in: Rev.M.P. juin - juillet 1994, n° 282, S. 39 ff.;
- ROCFORT, Michel, Les nouvelles procédures de l'achat public d'informatique, in: Rev.M.P. janv. - févr. 1994, n° 279, S. 31 f.;
- ROCFORT, Michel, La maîtrise d'œuvre en informatique, in: Rev.M.P. oct. 1992, n° 268, S. 49 ff.;
- ROCFORT, Michel, Politique d'achat informatique et efficacité de la gestion publique, in: Rev.M.P. janv. - févr. 1992, n° 263, S. 23 ff.;
- ROCFORT, Michel, Les règles des marchés publics d'informatique entre tradition et moderne, in: Rev.M.P. nov. 1990, n° 253, S. 29 ff.;
- ROGMANS, Jan, Vergabeverordnung und Nachprüfungsverordnung, in: NJW 1994, S. 3134 ff.;
- ROMEUF, René, La pratique des marchés publics, Masson, Paris, 4e éd., 1988;
- ROUQUETTE, Rémi, Les contrats de conception – réalisation dans un carcan, in: M.T.P. 22 avril 1994, S. 52 ff.;
- ROUQUETTE, Rémi, À quoi servent les avenants, in: M.T.P. 11 sept. 1992, S. 45;
- ROUQUETTE, Rémi, La loi de transposition, in: M.T.P. 7 févr. 1992, S. 62 f.;
- ROZENFELD, Sylvie, L'appel d'offres sur performances, in: Expertise des systèmes d'informations, mars 1993, S. 92;
- RUST, Ursula, GWB - Vergaberecht und soziale Standards, in: EuZW 1999, S. 453 ff.;

- SABIANI, François, Marchés publics de travaux et contrats voisins, Éditions Belfond, Paris, 5e éd., 1995;
- SALEUR, Jérôme, NGUYEN, Nathalie, Marchés publics d'informatique, mode d'emploi juridique, in: M.T.P. 29 sept. 1995, S. 50 f.;
- SAUVESTRE, Jean-Luc, Le contrôle financier des marchés publics, in: Rev.M.P. juillet - août 1990, n° 251, S. 23 ff.;
- SCHABEL, Thomas, EDV-Aufträge der öffentlichen Hand - Vergabeverfahren, in: CR 1999, S. 477 ff.;
- SCHABEL, Thomas, EDV-Aufträge der öffentlichen Hand, in: CR 1999, S. 2 ff.;
- SCHABEL, Thomas, Das neue Vergaberecht - Wie stellen wir uns darauf ein?, in: VgR 4/1998, S. 14 ff.;
- SCHÄFER, Mathias, Darlegungs- und Beweisprobleme im Nachprüfungsverfahren, in: EuVgR 2/1995, S. 113 f.
- SCHAUB, Beate, Das Pflichtenheft im Spiegel der Rechtsprechung, in: CR 1993, S. 329 ff.;
- SCHEURER, Fernand, La négociation des marchés publics, in: Annales de la voirie et de l'environnement nov. 1986, n° 11, S. 324 ff.;
- SCHLETTE, Volker, Die verwaltungsgerichtliche Kontrolle von Ermessensakten in Frankreich, Nomos-Verlagsges., Baden-Baden, 1991;
- SCHNEIDER, Jochen, Handbuch des EDV-Rechts, Verlag Dr. Otto Schmidt KG, Köln, 2. Aufl., 1997;
- SCHOMISCH, Michael, Die Sicherung der Softwarequalität, in: NJW-CoR 1997, S. 154 ff.;
- SCHULTE, Helmut, STUMME, Gerhard, in: KLEINALTENKAMP, Michael, PLINKE, Wulff (Hrsg.), Auftrags- und Projektmanagement, Springer-Verlag, Berlin, Heidelberg, 1998;
- SCHUMACHER, Friedrich Arndt, Rechtschutz im öffentlichen Auftragswesen, S. Roderer Verlag, Regensburg, 1998;
- SCHWARZE, Jürgen, Die Vergabe öffentlicher Aufträge im Lichte des europäischen Wirtschaftsrechts, in: EuZW 2000, S. 133 ff.;
- SEIDEL, Ingelore, Der Zuschlag ist endgültig, in: VgR 5/1997, S. 35 f.;
- SEILER, Bertrand, La contestation du refus d'exercer le déféré préfectoral, in: R.D.P. 1992, S. 1149 ff.;
- SIEGRIST, Norbert H., JÜRGENSEN, Klaus-Peter, Beschaffung von EDV-Technik richtig gestaltet, FBO - Fachverlag für Büro- und Organisationstechnik GmbH, Baden-Baden, 1994;
- SOBERMAN, Marcel, Génie logiciel en informatique de gestion, Éd. Eyerolles, Paris, 1992;
- SOLOVIEFF, Sabine, Les commissions spécialisées des marchés, leurs activités en 1993 et 1994, in: Rev.M.P. 1995, n° 1, S. 52 ff.;
- SOMMERVILLE, Ian, Le génie logiciel, Editions Addison-Wesley-France S.A., Paris, 1992;
- SOMMERVILLE, Ian, Le génie logiciel et ses applications, Inter Editions (Addison-Wesley Europe), Paris, 1988;
- SPIEẞHOFER, Birgit, LANG, Matthias, Der neue Anspruch auf Information im Vergaberecht, in: ZIP 2000, S. 446 ff.;

- STERNER, Frank, Rechtsbindungen und Rechtsschutz bei der Vergabe öffentlicher Aufträge, Richard Boorberg Verlag, Stuttgart, München, Hannover, Berlin, Weimar, Dresden, 1996;
- SYNTEC, SAPHIR-Mémento, Conduite des projets informatiques, 1994;
- TARDIEU, Hubert, ROCHFELD, Arnold, COLLETTI, René, La méthode Merise, Principes et outils, Tome 1, Les Éditions d'organisation, Paris, 1986;
- TARDIEU, Hubert, ROCHFELD, Arnold, COLLETTI, René, PANET, Georges, VAHÉE, Gérard, La méthode Merise, Démarche et pratiques, Tome 2, Les Éditions d'organisation, Paris, 1985;
- TERNEYRE, Philippe, L'apport au droit des marchés publics de la loi anti-corruption, in: R.F.D.A. sept. - oct. 1993, S. 952 ff.;
- TERNEYRE, Philippe, L'émergence d'un recours contentieux du troisième type, in: A.L.D. 1992, n° 8, S. 82 ff.;
- TRYBUS, Martin, Marktinformation bei IT-Projekten, in: VgR 1/1998, S. 24;
- TURPIN, Dominique, Contentieux administratif, Éd. Hachette, Paris, 1994;
- ULMER, Peter, BRANDNER, Hans Erich, HENSEN, Horst-Diether, AGB-Gesetz, 8. Aufl., Verlag Dr. Otto Schmidt KG, Köln, 1997;
- VAN DORSSELAERE, B., THIEFFRY & ASSOCIÉs, Guide juridique de l'informatique, DUNOD informatique, Éd. BORDAS, Paris, 1990;
- VANDERMEEREN, Roland, Le référé administratif précontractuel, in: A.J.D.A. 20 juillet/20 août 1994, n° spécial, S. 91 ff.;
- VEDEL, Georges, DELVOLVÉ, Pierre, Droit administratif, Tome 1, Puf, Paris, 1992;
- VIET, Jacques, La maîtrise d'œuvre en informatique, Gaz. Pal. mercredi 19/jeudi 20 févr. 1992, S. 17 ff.;
- VILLARD, Michel, VAN RUYMBEKE, Olivier, COUDERT, Jean - Luc, Droit et financement des marchés publics de travaux, Collection l'actualité juridique, Éd. Le Moniteur, Paris, 1991;
- VIRICEL, André, Le droit des contrats de l'informatique, Éd. Le Moniteur, Paris, 1984;
- VIVANT, Michel, LE STANC, Christian, RAPP, Lucien, GUIBAL, Michel, BILON, Jean-Louis, Lamy, Droit de l'informatique et des réseaux, L'institut de France, Édité par LAMY S.A., Paris, 1998;
- VOLLE, Peter, Rechtliche Einordnung der EDV-Systemverträge, in: CR 1996, S. 139 ff.;
- ZAHRNT, Christoph, Vertragsrecht für Datenverarbeiter, Hüthig GmbH, Heidelberg, 3. Aufl., 1996;
- ZAHRNT, Christoph, DV-Verträge als «komplexe Langzeitverträge», in: CR 1992, S. 84 ff.;
- ZAHRNT, Christoph, DV-Verträge: Gestaltung durch den Anwender, AIT AngewandteInformationsTechnik, Hallbergmoos, 2. Aufl., 1992;

Abkürzungsverzeichnis

a. A.	andere Ansicht
a. a. O.	am angegebenen Ort
ABl.	Amtsblatt
Abs.	Absatz
A.D.P.E.	Association pour le droit public de l'entreprise
Adm.	Administratif/Administrative
AFNOR	Association française de normalisation
AG	Aktiengesellschaft
AGBG	Gesetz zur Regelung des Rechts der Allgemeinen Geschäftsbedingungen
al.	alinéa
A.L.D.	Actualité Législative Dalloz
Anm.	Anmerkung
A.J.D.A.	Actualité Juridique Droit Administratif
A.P.A.S.P.	Association pour le Perfectionnement des Approvisionnements dans les Services Publics
Art.	Artikel
ass.	assemblée
Assoc.	Association
Aufl.	Auflage
BAnz.	Bundesanzeiger
BauR	Zeitschrift für Baurecht
BayObLG	Bayerisches Oberstes Landesgericht
BayVBl.	Bayerische Verwaltungsblätter
BB	Betriebsberater
BBG	Bundesbeamtengesetz
BBRG	Beamtenrechtsrahmengesetz
BGB	Bürgerliches Gesetzbuch
BGBl.	Bundesgesetzblatt
BGH	Bundesgerichtshof
BHO	Bundeshaushaltsordnung
BGHZ	Entscheidungen des Bundesgerichtshofs in Zivilsachen
BKartA	Bundeskartellamt
BKR	Baukoordinierungsrichtlinie
B.O.C.C.R.F.	Bulletin officiel de la concurrence, de la consommation et de la répression des fraudes
BVB	Besondere Vertragsbedingungen der öffentlichen Hand
bzw.	beziehungsweise
c/	contre
C.A.A.	Cour administrative d'appel
C.A.D.A.	Commission d'accès aux documents administratifs
C.C.	Code Civil
C.C.A.G.	Cahier des clauses administratives générales
C.C.A.P.	Cahier des clauses administratives particulières
C.C.M.	Commission centrale des marchés

C.C.M./I.C.	Commission centrale des marchés informatique - communication
C.C.T.G.	Cahier des clauses techniques générales
C.C.T.P.	Cahier des clauses techniques particulières
C.C.P.	Cahier des clauses particulières
C.E.E.	Communauté économique européenne
C.E.	Conseil d'État
chap.	chapitre
chr.	chronique
cie	compagnie
C.I.I.B.A.	Comité interministériel de l'informatique et de la bureautique dans l'administration
C.J.E.G.	Cahiers juridiques d'électricité et du gaz
C.M.P.	Code marchés publics
concl.	conclusion
corep	commissaire de la République
cne	commune
C.N.R.S.	Centre national de recherche scientifique
C.O.M.I.B.	Commission ministérielle de l'informatique et de la bureautique
CPV	Common Procurement Vocabulary
CR	Computer und Recht
C.R.I.D.	Centre de Recherches Informatique et Droit
C.S.M./I.	Commission spécialisée des marchés d'informatique
D.	(Recueil) Dalloz
D.-S.	(Recueil) Dalloz-Sirey
D.A.	Droit Administratif
DB	Der Betrieb
D.E.A.	Diplôme d'Études Approfondies
déc.	décembre
départ.	département
DGRI	Deutsche Gesellschaft für Recht und Informatik e.V.
d. h.	das heißt
DIN	Deutsches Institut für Normung
Diss.	Dissertation
DLR	Dienstleistungsrichtlinie
DM	Deutsche Mark
Dr.	Doktor
dt.	deutsch
DV	Datenverarbeitung
ECU	European Currency Unit
Éd.	Édition(s)
E.D.F.	Électricité de France
EDV	Elektronische Datenverarbeitung
EG	Europäische Gemeinschaft
EGV	EG-Vertrag (Vertrag zur Gründung der Europäischen Gemeinschaft)
endg.	endgültig
etc.	et cetera
Éts	Établissements

EuGH	Europäischer Gerichtshof
EuZW	Europäische Zeitschrift für Wirtschaftsrecht
EVB	Ergänzende Vertragsbedingungen
EWG	Europäische Wirtschaftsgemeinschaft
f.	folgende
F.C.S.	fournitures courantes et services
févr.	février
FF	Francs français
ff.	fortfolgende
Fn.	Fußnote
frz.	französisch
G.	General(e)
Gaz. Pal.	Gazette du Palais
G.C.C.Q.	Groupe de coordination pour la construction de la qualité
G.D.F.	Gaz de France
GG	Grundgesetz
GMBl.	Gemeinsames Ministerialblatt
G.P.E.M/I.C.	Groupe permanente d'études des marchés informatique - communication
GWB	Gesetz gegen Wettbewerbsbeschränkungen
Gz.	Geschäftszeichen
HGrG	Haushaltsgrundsätzegesetz
H.L.M.	Habitation à loyer modéré
Hrsg.	Herausgeber
HS	Halbsatz
H.T.	Hors Taxe
i. S. d.	im Sinne der/des
IT	Informationstechnologie
IuR	Informatik und Recht
i. V. m.	in Verbindung mit
JA	Juristische Ausbildung
janv.	janvier
J.C.P.	Jurisclasseur périodique (La Semaine juridique)
J.O.	Journal Officiel
jud.	judiciaire
JZ	Juristenzeitung
KBSt	Koordinierungs- und Beratungsstelle der Bundesregierung für Informationstechnik in der Bundesverwaltung
KG	Kammergericht
KM	Konfigurationsmanagement
KOM	Dokument der EG-Kommission
Komm.	Kommentar
L.	Législatif/Législative
Leb.	(Recueil) Lebon
LG	Landgericht
L.G.D.J.	Librairie générale de droit et de jurisprudence
lit.	litera
LKR	Lieferkoordinierungsrichtlinie

MF	Millions de Francs
M.I.	Marchés Industriels
Mme	Madame
M.P.	Marchés Publics
M.T.P.	Moniteur Travaux Publics
MüKo	Münchener Kommentar
n°/n^{os}	numéro(s)
n. F.	neue Fassung
NJW	Neue Juristische Wochenschrift
NJW-CoR	Neue Juristische Wochenschrift - Computerreport
NJW-RR	Neue Juristische Wochenschrift - Rechtsprechungsreport
nov.	novembre
NpV	Nachprüfungsverordnung
Nr.	Nummer
NVwZ	Neue Zeitschrift für Verwaltungsrecht
NZBau	Neue Zeitschrift für Baurecht
obs.	observation
oct.	octobre
OLG	Oberlandesgericht
p.	pour
PC	Personal Computer
P.I.	Prestations Intellectuelles
PM	Projektmanagement
P.R.M.	Personne responsable du marché
Prof.	Professor
Puf	Presses universitaires de France
QS	Qualitätssicherung
R.	Réglementaire
Rdnr(n).	Randnummer(n)
R.D.P.	Revue Droit Public
Rec.	Recueil
Rép.	République
req.	requête
Rev.	Revue
R.F.D.A.	Revue Française Droit Administratif
Rs.	Rechtssache
s.	sur
S.	Seite
S.A.	Société anonyme
SE	Systemerstellung
sect.	section
sem.	semestre
sept.	septembre
SFIB	Syndicat Nationale des Fabricants d'Ensemble d'Informatique, de Bureautique et de leurs Applications Télématiques
Slg.	Sammlung
S.N.C.F.	Société nationale des chemins de fer
SKR	Sektorenrichtlinie

S.S.I.I.	Société de services et d'ingénierie en informatique
sté	société
suppl.	supplément
SYNTEC	Chambre syndicale des sociétés de services et d'ingénierie en informatique
T.A.	Tribunal administratif
T.M.P.	Télégrammes Marchés Publics
T.O.	Textes officiels
T.T.C.	Toutes Taxes Comprises
u. a.	und andere
UfAB	Unterlagen für Ausschreibung und Bewertung von IT-Leistungen
Unterabs.	Unterabsatz
Verf.	Verfasser
VerfO	Verfahrensordnung
vgl.	vergleiche
VgR	Vergaberecht
VgRÄG	Vergaberechtsänderungsgesetz
VgV	Vergabeverordnung
VO	Verordnung
VOB	Verdingungsordnung für Bauleistungen
VOF	Verdingungsordnung für freiberufliche Dienstleistungen
VOL/A	Verdingungsordnung für Lieferleistungen/Teil A
VOL/B	Verdingungsordnung für Lieferleistungen/Teil B
Vorl. VV-BHO	Vorläufige Verwaltungsvorschrift zur BHO
VÜA	Vergabeüberwachungsausschuß
VwGO	Verwaltungsgerichtsordnung
WiVerw	Wirtschaft und Verwaltung
WuW	Wirtschaft und Wettbewerb
z. B.	zum Beispiel
Ziff.	Ziffer
ZIP	Zeitschrift für Wirtschaftsrecht
ZPO	Zivilprozeßordnung
ZVgR	Zeitschrift für deutsches und internationales Vergaberecht

Anhang

CODE DES MARCHES PUBLICS (auszugsweise):[1130]

...

Article 45 bis

Lorsque le montant des prestations exécutées atteint le montant prévu par le marché, la poursuite de l'exécution des prestations est subordonnée:
Soit à la conclusion d'un avenant;
Soit, si le marché le prévoit, à une décision de poursuivre prise par la personne responsable du marché.
Sauf en cas de sujétions techniques imprévues ne résultant pas du fait des parties, avenants et décisions de poursuivre ne peuvent bouleverser l'économie du marché ni en changer l'objet.

...

Section III: Objet des marchés

Article 75

Les prestations qui font l'objet des marchés doivent répondre exclusivement à la nature et à l'étendue des besoins à satisfaire. Le service intéressé est tenu de déterminer aussi exactement que possible les spécifications et la consistance de ces prestations avant tout appel à la concurrence ou toute négociation.

Les prestations sont définies par référence aux normes homologuées ou à d'autres normes applicables en France en vertu d'accords internationaux, dans les conditions prévues au décret n° 84-74 du 26 janvier 1984 modifié fixant le statut de la normalisation. Il peut être dérogé aux normes dans les conditions prévues à ce décret.

Elles sont en outre définies par référence aux spécifications techniques approuvées par la section technique dans les conditions fixées à l'article 12.

Dans les cas exceptionnels, il peut être dérogé aux spécifications techniques approuvées par la section technique. Ces dérogations sont mentionnées dans le marché; la personne responsable du marché doit les justifier dans le rapport de présentation prévu à l'article 203.

Article 76

I. Lorsque, pour des raisons économiques, techniques ou financières, le rythme ou l'étendue des besoins à satisfaire définis dans les conditions prévues à l'article 75 du présent code ne peuvent être entièrement arrêtés dans le marché, la personne responsable du marché peut passer un marché fractionné sous la forme d'un marché à bons de commande ou d'un marché à tranches conditionnelles.

1. Le marché à bons de commande détermine les spécifications, la consistance et le prix des prestations ; il en fixe le minimum et le maximum en valeur ou en quantité. Le montant maximum ne peut être supérieur à quatre fois le minimum. Le marché s'exécute par émission de bons de commande successifs, selon les besoins. Chaque bon de commande précise celles des prestations décrites dans le marché dont l'exécution est demandée. Il en détermine la quantité.

[1130] Der gesamte Text ist im Internet unter: „www.finances.gouv.fr/reglementation/CMP/code" zu finden (Stand: 21.01.2001).

2. Par dérogation dûment motivée dans le rapport de présentation prévu à l'article 203, lorsque le volume du besoin et sa survenance ne peuvent être a priori appréciés par la personne publique contractante, il peut être conclu un marché sans minimum, ni maximum. Dans ce cas, il ne peut être passé de marchés portant sur des prestations identiques.

3. Par dérogation dûment motivée dans le rapport de présentation prévu à l'article 203, la personne responsable du marché peut lancer une procédure d'appel d'offres et conclure, pour les mêmes prestations, des marchés sans minimum, ni maximum, avec plusieurs titulaires lorsque le rendent nécessaires:
a) Soit la forte volatilité des prix des produits;
b) Soit l'obsolescence rapide des produits;
c) Soit la circonstance que la survenance du besoin est liée à des situations d'urgence impérieuse ne résultant pas du fait de la personne publique contractante et incompatibles avec le délai de préparation d'un marché.
Dans les cas prévus aux a et b, le prix peut ne pas être indiqué dans le marché, mais ce dernier doit néanmoins contenir tous éléments permettant de le déterminer au moment de l'émission de chaque bon de commande.
Le règlement de la consultation:
- annonce que ces marchés donneront lieu à remise en compétition lors de l'attribution des bons de commande et indique le nombre maximal de titulaires qui seront retenus;
- indique que, lors de la survenance des besoins, tous les titulaires seront remis en compétition sur la base du cahier des charges initial et que le choix de l'attributaire du bon de commande sera fonction du prix et, le cas échéant, du délai;
- précise que les réponses des entreprises seront transmises par tout moyen permettant de déterminer de façon certaine la date et l'heure de réception.
La remise en compétition prévue à l'alinéa précédent a lieu dans des formes et délais identiques en assurant la confidentialité des réponses. Celles-ci sont enregistrées dans leur ordre d'arrivée par un agent placé sous l'autorité de la personne responsable du marché. Le contenu de chaque réponse est enregistré. La personne responsable du marché ou son représentant choisit l'attributaire du bon de commande.

4. Les marchés à bons de commande sont passés pour une durée qui ne peut excéder trois ans. Cette durée maximale est ramenée à deux ans pour les marchés ne comportant pas de minimum ni de maximum mentionnés aux 2 et 3 ci-dessus. Néanmoins, elle peut atteindre cinq ans lorsque le marché est passé en application du 1° ou du 2° du II de l'article 104. Le marché précise la durée d'exécution des bons de commande.

II. Le marché à tranches conditionnelles comporte une tranche ferme et une ou plusieurs tranches conditionnelles. Le marché définit la consistance, le prix et les modalités d'exécution des prestations de chaque tranche. Les prestations de la tranche ferme doivent constituer un ensemble cohérent; il en est de même des prestations de chaque tranche conditionnelle, compte tenu des prestations de toutes les tranches antérieures. L'exécution de chaque tranche conditionnelle est subordonnée à une décision de la personne responsable du marché, notifiée au titulaire dans les conditions fixées au marché. Lorsqu'une tranche conditionnelle est affermie avec retard ou qu'elle n'est pas affermie, le titulaire peut bénéficier, si le marché le prévoit et dans les conditions qu'il définit, d'une indemnité d'attente et d'une indemnité de dédit.

Article 76 bis

Par dérogation au 3 du I de l'article 76, pour les produits ou matériels dont certaines caractéristiques ne peuvent être précisées qu'en fonction du déroulement d'une mission de recherche scientifique ou technologique, l'acheteur public peut, à l'issue d'une procédure d'appel d'offres, conclure des marchés à bons de commande sans minimum, ni maximum, avec plusieurs titulaires pour le même objet. Le cahier des charges initial indique les caractéristiques techniques susceptibles d'être précisées en fonction du déroulement de la mission de recherche. Lors de la remise en compétition, la personne responsable du marché ou son représentant indique à chacun des titulaires les motifs qui la conduisent à exiger les caractéristiques techniques qu'elle précise. Lorsque cette motivation ne peut être portée à la connaissance des titulaires parce qu'elle comporte des informations couvertes par l'un des secrets mentionnés à l'article 6 de la loi n° 78-753 du 17 juillet 1978 portant diverses mesures d'amélioration des relations entre l'administration et le public, elle est consignée dans un registre coté réservé à cet effet. Sous réserve des dispositions qui précèdent, le I de l'article 76 s'applique à ces marchés.

Article 77

Lorsque le fractionnement est susceptible de présenter des avantages techniques ou financiers, les travaux, fournitures ou services sont répartis en lots pouvant donner lieu chacun à un marché distinct selon les modalités fixées par le règlement de la consultation prévu à l'article 38 bis. Si les marchés concernant un ou plusieurs lots n'ont pu être attribués, la personne responsable du marché a la faculté d'engager une nouvelle procédure en modifiant, le cas échéant, la consistance de ces lots.

...

Chapitre II: Procédure de passation des marchés

Article 83

Les marchés sont passés soit par adjudication, soit sur appel d'offres, soit, dans les conditions prévues aux articles 103 et 104, à la suite d'une procédure négociée.

...

Section I: Marchés par adjudication

Article 84

La procédure des marchés passés par adjudication comporte une ouverture des offres et une attribution provisoire du marché en séance publique.

La personne responsable du marché doit fixer un prix maximum au-delà duquel aucune attribution ne peut être prononcée.

L'attribution provisoire du marché est faite au moins-disant s'il a été reçu au moins une offre répondant aux conditions de l'adjudication.

L'adjudication peut être ouverte ou restreinte.

Paragraphe I : Adjudication ouverte

Article 85

L'adjudication est dite "ouverte" lorsque tout candidat peut déposer une offre. La commission d'adjudication élimine, par décision prise avant l'ouverture des offres, les candidats qui n'ont pas qualité pour présenter une offre ou dont les capacités paraissent insuffisantes.

Les plis contenant les candidatures ou les offres sont ouverts par la commission prévue à l'article 83.

Article 86

En cas d'adjudication ouverte, il est effectué un avis d'appel public à la concurrence dans les conditions prévues à l'article 38. Le délai de réception des offres ne peut être inférieur à trente-six jours à compter de l'envoi de l'avis à la publication.

En cas d'urgence ne résultant pas de son fait, la personne responsable du marché peut décider de ramener ce délai à quinze jours au moins.

Les dossiers de consultation doivent pouvoir être retirés sur place dès le jour de parution de l'annonce et jusqu'à la date limite de réception des offres.

Article 87

Les offres sont placées sous double enveloppe cachetée. L'enveloppe extérieure, qui porte l'indication de l'adjudication à laquelle l'offre se rapporte, contient les justifications visées au 5° de l'article 38 bis. L'enveloppe intérieure, sur laquelle est inscrit le nom du candidat, contient l'offre.

Les plis contenant les offres sont envoyés par lettre recommandée avec demande d'avis de réception postal, ou remis en séance publique, ou remis au service contre récépissé.

Article 88

Il est procédé à l'adjudication ouverte en séance publique. A l'heure fixée pour cette adjudication, les enveloppes extérieures des plis contenant les offres sont ouvertes et il est dressé un état des pièces que contient chacune d'elles.

Cette formalité accomplie, les candidats et le public se retirent de la salle. Les membres du bureau d'adjudication délibèrent et arrêtent la liste des candidats admis compte tenu des dispositions de l'article 85.

La séance publique est alors reprise sans désemparer et le président donne lecture de la liste des candidats admis, sans faire connaître le motif des éliminations. Les offres des candidats éliminés sont rendues à ceux-ci sans avoir été ouvertes. Celles des candidats admis sont ouvertes et il est donné lecture à haute voix de leur teneur.

Les offres présentant avec le modèle des différences substantielles sont éliminées.

Il est procédé à l'ouverture du pli cacheté contenant l'indication du prix maximum, qui doit demeurer secret, visé à l'article 84.

Le candidat le moins-disant est déclaré adjudicataire provisoire sous réserve de l'application des dispositions de l'alinéa suivant.

Si aucun prix égal ou inférieur au prix maximum n'a été proposé, le président du bureau fait connaître qu'il n'est pas désigné d'adjudicataire. Le règlement de la consultation peut prévoir la faculté de procéder, séance tenante, à la remise de nouvelles offres; cette procédure ne peut, toutefois, être renouvelée si elle ne donne aucun résultat.

Lorsque la vérification détaillée des offres ne peut pas être effectuée séance tenante, il doit y être procédé dans un délai fixé dans le règlement de la consultation, délai qui ne peut excéder dix jours et durant lequel les candidats autres que celui qui a été déclaré adjudicataire provisoire restent engagés dans l'éventualité de la désignation d'un autre adjudicataire provisoire.

Article 89

Si le prix le plus bas est souscrit par plusieurs candidats ne comprenant pas de personnes ou sociétés bénéficiant de régimes particuliers de participation aux marchés publics, une nouvelle adjudication est ouverte séance tenante entre ces candidats seulement.

Si les candidats intéressés se refusent à faire de nouvelles offres à des prix inférieurs, ou si les réductions offertes sont encore égales, ou si aucun de ces candidats ne s'est présenté, il est procédé entre eux à un tirage au sort pour désigner l'adjudicataire provisoire.

Si, parmi les candidats ayant souscrit le prix le plus bas, il se trouve une personne ou société bénéficiant d'un régime particulier visé au premier alinéa du présent article, il est fait application des règles spéciales prévues en sa faveur. En cas d'égalité d'offres entre de telles personnes ou sociétés, il est procédé suivant les règles indiquées aux alinéas qui précèdent.

Article 90

Les résultats de chaque adjudication sont constatés par un procès-verbal relatant les circonstances de l'opération.

Si la personne responsable du marché ne donne pas suite à l'adjudication, l'adjudicataire provisoire en est avisé.

Paragraphe II : Adjudication restreinte

Article 91

L'adjudication est dite "restreinte" lorsque sont seuls admis à remettre des soumissions les candidats agréés par la personne responsable du marché avant la séance d'adjudication. L'adjudication restreinte est précédée d'un appel public à la concurrence effectué dans les conditions prévues à l'article 38.

Le délai de réception des candidatures ne peut être inférieur à vingt et un jours à compter de la date d'envoi de l'avis précité. En cas d'urgence ne résultant pas de son fait, la personne responsable du marché peut décider de ramener ce délai à quinze jours au moins.

Les plis contenant les candidatures sont ouverts par le bureau d'adjudication.

Sur le vu du procès-verbal d'ouverture des offres de candidatures, la personne responsable du marché arrête la liste des candidats admis à présenter une soumission, en tenant compte des garanties professionnelles et financières présentées par chacun des candidats.

La personne responsable du marché peut décider que d'autres considérations entrent en ligne de compte; elles doivent avoir été spécifiées dans l'avis d'appel de candidatures. Sont toutefois prohibées les considérations qui ne seraient pas justifiées par l'objet du marché ou ses conditions d'exécution.

Si le nombre maximum de candidats pouvant figurer sur la liste précitée a été fixé dans l'avis d'appel de candidatures et qu'après application des dispositions prévues ci-dessus un plus grand nombre de candidats reste en compétition, les candidatures tenues pour équivalentes sont départagées par tirage au sort.

La liste des candidats peut comprendre des noms d'entrepreneurs ou de fournisseurs n'ayant pas répondu à l'appel public à la concurrence.

La personne responsable du marché, dès qu'elle a arrêté la liste précitée, avise tous les autres candidats du rejet de leur candidature. Elles communique à tout candidat, qui en fait la demande par écrit, les motifs de ce rejet.

La lettre de consultation adressée aux candidats retenus comporte au moins la date limite de remise des offres, les modalités d'obtention du dossier de consultation et le délai de validité des offres.

Le délai de réception des soumissions ne peut être inférieur à vingt et un jours à compter de l'envoi de l'avis. En cas d'urgence ne résultant pas de son fait, la personne responsable du marché peut décider de ramener ce délai à quinze jours au moins.

Section II: Marchés sur appel d'offres

Article 92

Sont applicables à l'adjudication restreinte les dispositions:
- de l'article 85 (2ème alinéa);
- de l'article 87, autres que celles relatives aux justifications des qualités et capacités des candidats;
- de l'article 88, sauf en ce qui concerne l'admissibilité des concurrents;
- des articles 89 et 90.

Paragraphe I: Dispositions générales

Article 93

L'appel d'offres peut être ouvert ou restreint.

L'appel d'offres est dit ouvert lorsque tout candidat peut remettre une offre.

L'appel d'offres est dit restreint lorsque seuls peuvent remettre des offres les candidats que la personne responsable du marché a décidé de consulter dans les conditions prévues à l'article 97.

Paragraphe II: Appel d'offres ouvert

Article 94

En cas d'appel d'offres ouvert, il est procédé à un avis d'appel public à la concurrence dans les conditions prévues à l'article 38. Le délai de réception des offres ne peut être inférieur à trente-six jours à compter de l'envoi de l'avis à la publication.

En cas d'urgence ne résultant pas de son fait, la personne responsable du marché peut décider de ramener ce délai à quinze jours au moins.

Les dossiers de consultation doivent pouvoir être retirés sur place dès le jour de parution de l'annonce et jusqu'à la date limite de réception des offres.

Article 94 bis

Les plis contenant les offres sont transmis par lettre recommandée avec demande d'avis de réception postal ou remis au service contre récépissé.

Les candidats transmettent leur offre sous pli cacheté contenant deux enveloppes également cachetées. Ce pli porte l'indication de l'appel d'offres auquel il se rapporte.

Les enveloppes intérieures portent le nom du candidat ainsi que, respectivement, les mentions: "première enveloppe intérieure" et: "seconde enveloppe intérieure". La première enveloppe intérieure contient les justifications visées au 5 du II de l'article 38, la seconde contient l'offre.

Article 94 ter

A leur réception, les plis contenant les offres sont enregistrés, dans leur ordre d'arrivée, sur un registre spécial, par un agent placé sous l'autorité de la personne responsable du marché.

Les plis et les enveloppes intérieures sont ouverts par la commission prévue à l'article 83, dans les conditions mentionnées à l'article 95.

La séance d'ouverture des plis n'est pas publique; les candidats n'y sont pas admis.

Seuls peuvent être ouverts les plis qui ont été reçus dans les conditions prévues ci-dessus au plus tard à la date limite qui a été fixée pour la réception des offres.

La commission dresse un procès-verbal des opérations d'ouverture qui n'est pas rendu public.

Article 95

I. La commission ouvre la première enveloppe intérieure. Elle en enregistre le contenu dans toutes les parties essentielles, y compris les pièces jointes.

Au vu de ces renseignements, la personne responsable du marché élimine, par décision prise avant l'ouverture de l'enveloppe contenant l'offre, les candidats qui n'ont pas qualité pour présenter une offre ou dont les capacités paraissent insuffisantes.

Les enveloppes contenant les offres des candidats éliminés leur sont rendues sans avoir été ouvertes.

II. La commission procède ensuite à l'ouverture de la seconde enveloppe contenant les offres de candidats admis. Elle en enregistre le contenu dans toutes les parties essentielles, y compris les pièces jointes.

La personne responsable du marché élimine les offres non conformes à l'objet du marché et choisit librement l'offre qu'elle juge la plus intéressante en tenant compte, notamment, du prix des prestations, de leur coût d'utilisation, de leur valeur technique et du délai d'exécution.

La personne responsable du marché peut décider que d'autres critères entrent en ligne de compte ; dans ce cas, ils doivent avoir été spécifiés dans le règlement de la consultation. Sont toutefois prohibés les critères qui ne seraient pas justifiés par l'objet du marché ou ses conditions d'exécution.

Article 95 bis

Dans le cas où plusieurs offres jugées les plus intéressantes sont tenues pour équivalentes, tous éléments considérés, la personne responsable du marché, pour départager les candidats, peut demander à ceux-ci de présenter de nouvelles offres. Hormis ce cas, la personne responsable du marché ne peut discuter avec les candidats que pour leur faire préciser ou compléter la teneur de leurs offres.

La personne responsable du marché ne peut rejeter des offres dont le prix lui semble anormalement bas, sans avoir demandé, par écrit, des précisions sur la composition de l'offre et sans avoir vérifié cette composition en tenant compte des justifications fournies.

La personne responsable du marché est tenue d'examiner une offre incluant une variante par rapport au mode de règlement qu'elle a défini, dès lors que le candidat a également remis une offre comprenant le mode de règlement prévu dans l'appel d'offres.

Une offre comportant une variante par rapport à l'objet du marché tel qu'il a été défini par l'administration peut être prise en considération si une telle possibilité est expressément prévue dans l'appel d'offres.

Article 95 ter

La personne responsable du marché, dès qu'elle a fait son choix, avise tous les autres candidats du rejet de leurs offres. Elle communique à tout candidat qui en fait la demande par écrit les motifs du rejet de son offre. Elle peut, en accord avec l'entreprise retenue, procéder à une mise au point du marché sans que les modifications entraînées puissent remettre en cause les conditions de l'appel à la concurrence ayant pu avoir un effet sur les offres.

La personne responsable du marché se réserve la faculté de ne pas donner suite à un appel d'offres si elle n'a pas obtenu de propositions qui lui paraissent acceptables. Dans ce cas, l'appel d'offres est déclaré infructueux et la personne responsable du marché en avise tous les candidats. Il est alors procédé soit à un nouvel appel d'offres, soit à un marché négocié, en application du 2° du I de l'article 104.

La personne responsable du marché peut aussi ne pas donner suite à l'appel d'offres pour des motifs d'intérêt général.

Paragraphe III: Appel d'offres restreint

Article 96

L'appel d'offres restreint est précédé d'un appel public à la concurrence effectué dans les conditions prévues à l'article 38. Le délai de réception des candidatures ne peut être inférieur à vingt et un jours à compter de la date d'envoi de l'avis à la publication.

En cas d'urgence ne résultant pas de son fait, la personne responsable du marché peut décider de ramener ce délai à quinze jours au moins.
Les candidatures contiennent les justifications à produire quant aux qualités et capacités du candidat.

Les candidatures sont transmises par tout moyen permettant de déterminer de façon certaine la date et l'heure de leur réception.

Article 96 bis

A leur réception, les candidatures sont enregistrées dans leur ordre d'arrivée sur un registre spécial par un agent placé sous l'autorité de la personne responsable du marché.

Les candidatures sont examinées par la commission prévue à l'article 83 dans les conditions prévues à l'article 97.

La séance d'examen des candidatures n'est pas publique, les candidats n'y sont pas admis.

Seules peuvent être examinées les candidatures qui ont été reçues dans les conditions prévues ci-dessus au plus tard à la date limite qui a été fixée pour leur réception. Ces candidatures sont enregistrées dans toutes les parties essentielles, y compris les pièces jointes. La commission en dresse un procès-verbal, qui n'est pas rendu public.

Article 97

Sur le vu du procès-verbal d'examen des candidatures, la personne responsable du marché arrête la liste des candidats admis à présenter une offre, en tenant compte des garanties professionnelles et financières présentées par chacun des candidats.

La personne responsable du marché peut décider que d'autres critères entrent en ligne de compte; dans ce cas, ils doivent avoir été spécifiés dans le règlement de la consultation. Sont toutefois prohibés les critères qui ne seraient pas justifiés par l'objet du marché ou ses conditions d'exécution.

Si le nombre maximum de candidats pouvant figurer sur la liste précitée a été fixé dans l'avis d'appel public à la concurrence et si, après application des dispositions prévues ci-dessus, un plus grand nombre de candidats restent en compétition, les candidatures tenues pour équivalentes sont départagées par tirage au sort.

La liste des candidats peut comprendre des noms d'entrepreneurs ou de fournisseurs n'ayant pas répondu à l'avis d'appel public à la concurrence.

La personne responsable du marché, dès qu'elle a arrêté la liste précitée, avise tous les autres candidats du rejet de leurs candidatures. Elle communique à tout candidat qui en fait la demande par écrit les motifs de ce rejet.

La lettre de consultation adressée aux entrepreneurs ou fournisseurs comporte au moins la date limite de réception des offres, les renseignements nécessaires à l'obtention du dossier de consultation et le délai de validité des offres.

Le délai accordé pour remettre les offres ne peut être inférieur à vingt-et-un jours à compter de l'envoi de la lettre de consultation. En cas d'urgence ne résultant pas de son fait, la personne responsable du marché peut décider de ramener ce délai à quinze jours au moins.

Article 97 bis

Les plis contenant les offres sont transmis par lettre recommandée avec demande d'avis de réception postal ou remis au service contre récépissé.

Chaque pli porte l'indication de l'appel d'offres auquel il se rapporte

A leur réception, les plis contenant les offres sont enregistrés, dans leur ordre d'arrivée, sur un registre spécial, par un agent placé sous l'autorité de la personne responsable du marché.

Les plis contenant les offres sont ouverts par la commission prévue à l'article 83.

La séance d'ouverture des plis n'est pas publique; les candidats n'y sont pas admis.

Seuls peuvent être ouverts les plis qui ont été reçus dans les conditions prévues ci-dessus au plus tard à la date limite qui a été fixée pour la réception des offres. La commission ouvre le pli; elle en enregistre le contenu dans toutes les parties essentielles, y compris les pièces jointes.

Au vu de ces renseignements, la personne responsable du marché élimine les offres non conformes à l'objet du marché; elle choisit librement l'offre qu'elle juge la plus intéressante, en tenant compte notamment du prix des prestations, de leur coût d'utilisation, de la valeur technique et du délai d'exécution.

La personne responsable du marché peut décider que d'autres critères entrent en ligne de compte; dans ce cas, ils doivent avoir été spécifiés dans le règlement de la consultation. Sont toutefois prohibés les critères qui ne seraient pas justifiés par l'objet du marché ou ses conditions d'exécution.

La commission dresse un procès-verbal des opérations d'ouverture, qui n'est pas rendu public.

Article 97 ter

Dans le cas où plusieurs offres jugées les plus intéressantes sont tenues pour équivalentes, tous éléments considérés, la personne responsable du marché, pour départager les candidats, peut demander à ceux-ci de présenter de nouvelles offres. Hormis ce cas, la personne responsable du marché ne peut discuter avec les candidats que pour leur faire préciser ou compléter la teneur de leurs offres.

La personne responsable du marché ne peut rejeter des offres dont le prix lui semble anormalement bas sans avoir demandé, par écrit, des précisions sur la composition de l'offre et sans avoir vérifié cette composition en tenant compte des justifications fournies.

La personne responsable du marché est tenue d'examiner une offre incluant une variante par rapport au mode de règlement qu'elle a défini, dès lors que le candidat a également remis une offre comprenant le mode de règlement prévu dans l'appel d'offres.
Une offre comportant une variante par rapport à l'objet du marché tel qu'il a été défini par la personne responsable du marché peut être prise en considération si une telle possibilité est expressément prévue dans l'appel d'offres.

Article 97 quater

La personne responsable du marché, dès qu'elle a fait son choix, avise tous les autres candidats du rejet de leurs offres. Elle communique à tout candidat qui en fait la demande par écrit les motifs du rejet de son offre. Elle peut, en accord avec l'entreprise retenue, procéder à une mise au point du marché sans que les modifications entraînées puissent remettre en cause les conditions de l'appel à la concurrence ayant pu avoir un effet sur les offres.

La personne responsable du marché se réserve la faculté de ne pas donner suite à un appel d'offres si elle n'a pas obtenu de propositions qui lui paraissent acceptables. Dans ce cas, l'appel d'offres est déclaré infructueux et la personne responsable du marché en avise tous les candidats. Il est alors procédé soit par un nouvel appel d'offres, soit par un marché négocié, en application du 2° du I de l'article 104.

La personne responsable du marché peut aussi ne pas donner suite à l'appel d'offres pour des motifs d'intérêt général.

Paragraphe IV: Procédure d'appel d'offres avec concours

Article 98

Il est fait appel au concours lorsque des motifs d'ordre technique, esthétique ou financier justifient des recherches particulières.

L'appel d'offres avec concours ne porte que sur des prestations intellectuelles conduisant à préconiser un parti dans le domaine concerné. Le règlement de la consultation fixe les primes, récompenses ou avantages alloués aux auteurs des prestations les mieux classées à l'exclusion de la redevance prévue ci-après.

Le règlement de la consultation doit en outre prévoir que l'administration se réserve le droit de faire exécuter par l'entrepreneur ou le fournisseur de son choix tout ou partie des prestations moyennant une redevance. Il doit à cet effet inviter les candidats à proposer les modalités et le montant de cette redevance en cas d'exécution totale ou partielle.

Le programme du concours doit indiquer si, et dans quelles conditions, les auteurs des prestations seront appelés à coopérer à l'exécution du parti retenu.

Les prestations sont examinées par un jury désigné à cet effet par la personne responsable du marché. Le jury comporte un tiers au moins de personnalités compétentes dans la matière qui fait l'objet du concours. Un représentant du directeur général de la concurrence, de la consommation et de la répression des fraudes assiste aux délibérations du jury. Il peut demander que son avis soit porté au procès-verbal.

Chaque candidat est entendu par le jury dans des conditions de stricte égalité définies préalablement. A la suite de cette audition, les candidats peuvent préciser, compléter ou modifier leur proposition. Le jury dresse un procès-verbal et formule un avis motivé.

Les primes, récompenses ou avantages sont alloués par une décision motivée de la personne responsable du marché sur proposition du jury. Ils peuvent ne pas être accordés, en tout ou partie, si les prestations ne sont pas jugées satisfaisantes.

Paragraphe V: Procédure d'appel d'offres sur performances

Article 99

Il est procédé à un appel d'offres sur performances pour des motifs d'ordre technique ou financier, lorsque la personne responsable du marché définit un programme fonctionnel détaillé, sous la forme d'exigences de résultats vérifiables à atteindre ou de besoins à satisfaire. Les moyens de parvenir à ces résultats ou de répondre à ces besoins sont proposés par chaque candidat dans son offre. Cet appel d'offres est toujours restreint.

L'appel d'offres sur performances peut porter à la fois sur l'établissement d'un projet et son exécution, ou sur l'exécution d'un projet préalablement établi en tout ou partie.

Les offres sont examinées et classées par la commission d'appel d'offres prévue à l'article 83 qui comprend, en outre, un tiers au moins de personnalités désignées par la personne responsable du marché en raison de leur compétence dans la matière qui fait l'objet de l'appel d'offres.

Chaque concurrent est entendu par la commission, dans des conditions de stricte égalité définies préalablement. A la suite de cette audition, les concurrents peuvent préciser, compléter ou modifier leur offre. Les procédés et les prix proposés par les concurrents ne peuvent être divulgués au cours de la discussion. De même, la combinaison des propositions de plusieurs concurrents, en vue de confier l'exécution des prestations à l'un d'entre eux, est proscrite.

L'attribution du marché est prononcée par une décision motivée de la personne responsable du marché, après que la commission a formulé un avis annexé au procès-verbal.

Il peut être prévu l'allocation de primes, récompenses ou avantages à ceux des concurrents qui ont fourni des prestations, autres que la simple présentation d'une offre, et dont les projets ont été les mieux classés.

Les marchés précisent que ces primes ne sont pas incluses dans leur montant.

Il n'est pas donné suite à l'appel d'offres si aucune offre n'est jugée acceptable. Les concurrents en sont avisés.

Article 100

Les marchés de conception-réalisation portent à la fois sur l'établissement des études et l'exécution des travaux pour la réalisation des ouvrages mentionnés à l'article 1er de la loi n° 85-704 du 12 juillet 1985 modifiée relative à la maîtrise d'ouvrage public et à ses rapports avec la maîtrise d'œuvre privée.

Les dispositions de l'article 99 leur sont applicables dans les conditions suivantes:

1° Il ne peut être recouru à la procédure décrite à cet article que si des motifs d'ordre technique rendent nécessaires l'association de l'entrepreneur aux études de l'ouvrage. Ces motifs doivent être liés à la destination ou à la mise en oeuvre technique de l'ouvrage.

Sont concernées des opérations dont la finalité majeure est une production dont le processus conditionne la conception, la réalisation et la mise en oeuvre ainsi que des opérations dont les caractéristiques intrinsèques (dimensions exceptionnelles, difficultés techniques particulières) appellent une mise en oeuvre dépendant des moyens et de la technicité des entreprises.

2° L'appel d'offres donne lieu à l'exécution de prestations déterminées par le règlement de la consultation et destinées à permettre à un jury de se prononcer sur les projets. Les prestations relatives à la conception de l'ouvrage comportent au moins un avant- projet sommaire pour un ouvrage de bâtiment et un avant-projet pour un ouvrage d'infrastructure, assortis des performances techniques à atteindre.

3° La commission mentionnée à l'article 99 se constitue en jury.

Ce dernier comporte au moins un tiers de maîtres d'œuvre indépendants des participants au concours et du maître de l'ouvrage et compétents au regard de l'ouvrage à concevoir et à la nature des prestations à fournir au titre de sa conception.

4° Le jury dresse un procès verbal dans lequel il relate les circonstances de son examen et formule son avis motivé sur la liste des candidats à retenir pour le concours. La personne responsable du marché arrête alors la liste des candidats admis à concourir auxquels sont remises gratuitement les pièces nécessaires à la consultation.

5° Le jury dresse un procès-verbal dans lequel il relate les circonstances de son examen des projets et formule son avis motivé.

6° Les concurrents ayant remis des prestations sont indemnisés.

La personne responsable du marché indique dans le règlement de la consultation le montant de l'indemnité et les modalités de réduction ou de suppression des indemnités des concurrents dont le jury a estimé que les offres étaient incomplètes ou ne répondaient pas au règlement de la consultation. Le montant de l'indemnité attribuée à chaque concurrent est égal au prix estimé des études de conception à effectuer telles que définies par le règlement de la consultation, affecté d'un abattement au plus égal à 20 p. 100.

La rémunération du groupement ou du concurrent attributaire du marché tient compte de l'indemnité qu'il a reçue au titre du concours.

Section III: Marchés négociés

Article 103

La procédure est dite "négociée" lorsque la personne responsable du marché engage librement les discussions qui lui paraissent utiles avec les candidats de son choix et attribue le marché au candidat qu'elle a retenu.

Il ne peut être passé de marchés négociés que dans les cas limitativement énumérés à l'article 104.

Article 104

Les marchés négociés sont passés avec ou sans mise en concurrence.

I. - Marchés négociés précédés d'une mise en concurrence.
Les marchés sont passés après une mise en concurrence préalable dans les cas limitativement énumérés ci-dessous:

1° Pour les travaux, fournitures ou services qui sont exécutés à titre de recherche, d'essai, d'expérimentation ou de mise au point;

2° Pour les travaux, fournitures ou services qui, après adjudication ou appel d'offres, n'ont fait l'objet d'aucune soumission ou offre ou pour lesquels il n'a été proposé que des soumissions ou des offres inacceptables;
Dans ce cas, l'autorité compétente est tenue de consulter par écrit au moins la moitié des candidats ayant adressé une offre;

3° Dans les cas d'urgence, pour les travaux, fournitures ou services que l'administration doit faire exécuter au lieu et place de l'entrepreneur ou du fournisseur défaillant;

4° Pour l'exécution des travaux, fournitures ou services, dans les cas d'urgence impérieuse motivée par des circonstances imprévisibles ne permettant pas de respecter les délais prévus aux sections 1 et 2 du présent chapitre;

5° Pour les travaux, fournitures ou services décidés comme étant secrets ou dont l'exécution doit s'accompagner de mesures particulières de sécurité lorsque la protection de l'intérêt supérieur de l'Etat l'exige;

6° Pour les travaux, fournitures ou services qui intéressent les besoins de la défense lorsque, en plus de la satisfaction des besoins de l'administration, il importe:
a) D'assurer à la mobilisation, ou dans les cas prévus aux articles 2 et 6 de l'ordonnance n° 59-147 du 7 janvier 1959 portant organisation générale de la défense, une production rapide des fournitures dont la fabrication nécessite soit des études techniques préalables, soit la constitution ou la mise au point d'installations ou d'outillages spéciaux;
b) De maintenir ou de développer, dans le cadre des mesures qui ont été préalablement décidées par le Gouvernement, la capacité de production d'entreprises déterminées dont l'activité est jugée nécessaire dans l'intérêt de la défense; ces entreprises doivent avoir été agréées par le ministre intéressé après avis d'une commission dont la composition est fixée par décret et qui comprend obligatoirement au moins un représentant du ministre de l'économie et des finances, un représentant du ministre des armées et un représentant du ministre des affaires sociales;

7° Pour les fournitures ou services qu'il importe de choisir ou de faire exécuter en certains lieux à raison de leur nature particulière et de l'emploi auquel ils sont destinés;

8° Pour les marchés de services:
a) Ayant pour objet des services d'assurance, ou des services bancaires ou d'investissement autres que les services mentionnés au 1 ou au 2 de l'article 39-1. Ces marchés ne font pas référence aux cahiers des clauses administratives générales prévus à l'article 112;
b) (paragraphe annulé par décision du Conseil d'Etat)

9° Pour les études industrielles, les études de maîtrise d'œuvre définies à l'article 107.

10° Pour les travaux, fournitures ou services dont la valeur n'excède pas, pour le montant total de l'opération, un seuil de 700 000 F (T.T.C.).

11° Pour les marchés de services concernant directement les activités mentionnées à l'article 392.

La personne responsable du marché met en compétition, par une consultation écrite au moins sommaire, les candidats susceptibles d'exécuter le marché. En outre, sauf dans les cas énumérés aux 3°, 4°, 5°, 6° et b du 8° de l'alinéa précédent, et sauf si le montant présumé du marché est inférieur au seuil prévu à l'article 123, elle envoie à la publication quinze jours au moins avant l'engagement de cette consultation un avis d'appel public à la concurrence dans les conditions prévues à l'article 38.

II. - Marchés négociés sans mise en concurrence préalable.

Il peut être passé des marchés négociés sans mise en concurrence préalable lorsque l'exécution ne peut être réalisée que par un entrepreneur ou un fournisseur déterminé.

Il en est ainsi dans les cas suivants:

1° Lorsque les besoins ne peuvent être satisfaits que par une prestation nécessitant l'emploi d'un brevet d'invention, d'une licence ou de droits exclusifs détenus par un seul entrepreneur ou un seul fournisseur;

2° Lorsque les besoins ne peuvent être satisfaits que par une prestation qui, à cause des nécessités techniques, d'investissements préalables importants, d'installations spéciales ou de savoir-faire, ne peut être confiée qu'à un entrepreneur ou un fournisseur déterminé.

3° Pour les prestations mentionnées à la dernière phrase de l'article 108.

Ces marchés sont dispensés de l'avis d'appel public à la concurrence prévu à l'article 38.

Chapitre III: Dispositions particulières aux marchés d'études

Article 106

Lorsque l'administration n'est pas en mesure d'exécuter par ses propres moyens les études qui lui sont nécessaires, elle a recours à des marchés d'études.

Ces marchés doivent être nettement définis quant à leur objet, leur durée, leur montant et leurs modalités de règlement.

...

Article 108

Les marchés d'études sont dits "de définition" lorsqu'ils ont pour objet d'explorer les possibilités et les conditions d'établissement d'un marché ultérieur; ces marchés doivent permettre de préciser les buts et performances à atteindre, les techniques de base à utiliser, les moyens en personnel et en matériel à mettre en oeuvre. Ils doivent également permettre d'estimer le niveau du prix des prestations, les modalités de sa détermination et de prévoir les différentes phases de l'exécution des prestations. Les prestations faisant suite à plusieurs marchés de définition ayant le même objet et effectuées simultanément peuvent être attribuées, sans nouvelle mise en compétition, à l'auteur de la solution retenue.

...

Article 109

Lorsque sa nature ou sa durée le permet, le marché d'études est scindé en plusieurs phases dont les montants respectifs sont fixés.

Lorsque l'intérêt de la poursuite de l'étude est de nature à être remis en cause au cours de l'exécution du marché, ce dernier doit prévoir la faculté pour l'administration d'arrêter son exécution au terme de l'une ou de plusieurs de ces phases. Dans cette hypothèse, le marché précise, le cas échéant, les charges qui, entraînées de façon directe et certaine par l'arrêt de l'étude, seront remboursées au titulaire.

...

Chapitre IV: Les cahiers des charges

Article 112

Les cahiers des charges déterminent les conditions dans lesquelles les marchés sont exécutés. Ils comprennent des documents généraux et des documents particuliers.

Les documents généraux sont:
1° Les cahiers des clauses administratives générales qui fixent les dispositions administratives applicables à toute une catégorie de marchés;
2° Les cahiers des clauses techniques générales qui fixent les dispositions techniques applicables à toutes les prestations d'une même nature.
Les documents particuliers sont:
1° Les cahiers des clauses administratives particulières qui fixent les dispositions administratives propres à chaque marché;
2° Les cahiers des clauses techniques particulières qui fixent les dispositions techniques nécessaires à l'exécution des prestations prévues au marché.

Les documents particuliers comportent l'indication des articles des documents généraux auxquels ils dérogent éventuellement.

...

Chapitre VII: Travaux sur mémoires et achats sur factures

Article 123

Il peut être traité en dehors des conditions fixées par le présent titre:

1° Pour les travaux, les fournitures ou les services dont le montant annuel présumé, toutes taxes comprises, n'excède pas la somme de 300 000 F;

2° Pour les achats dans les conditions plus avantageuses de denrées alimentaires périssables sur foires ou marchés ou sur les lieux de production, sans limitation de montant.

Le règlement de ces prestations peut avoir lieu sur présentation de simples mémoires ou factures.

...

Livre V

Titre I: Dispositions générales

Article 384

En cas d'adjudication ou d'appel d'offres ouverts, le délai de réception des offres ne peut être inférieur à cinquante-deux jours à compter de la date d'envoi de l'avis à l'Office des publications officielles des communautés européennes. Ce délai ne peut être réduit pour des motifs d'urgence.

Pour les marchés de travaux ou de services, lorsque l'avis prévu au troisième alinéa de l'article 381 a été publié, ce délai peut être réduit sans être inférieur à trente-six jours.

Lorsque les offres ne peuvent être déposées qu'à la suite d'une visite sur les lieux d'exécution du marché ou après consultation sur place de documents annexes aux cahiers des charges, les délais prévus aux deux alinéas précédents sont prolongés de façon adéquate.

En cas d'adjudication ou d'appel d'offres ouvert, et sous réserve qu'ils soient demandés en temps utile, les cahiers des charges et les documents complémentaires sont envoyés dans les six jours qui suivent la réception de la demande pour les marchés de travaux ou de services, et dans les quatre jours qui suivent cette même réception pour les marchés de fournitures.
Les renseignements complémentaires sur les cahiers des charges sont communiqués par la personne responsable du marché six jours au plus tard avant la date limite fixée pour la réception des offres.

Lorsque, en raison de l'importance de leur volume, les cahiers des charges et les documents ou renseignements complémentaires ne peuvent être fournis dans les délais prévus au présent article, ceux-ci sont prolongés de façon adéquate.

Article 385

En cas d'adjudication ou d'appel d'offres restreints, le délai de réception des candidatures ne peut être inférieur à trente-sept jours à compter de la date d'envoi de l'avis d'appel de candidatures à l'Office des publications officielles des communautés européennes.

Le délai accordé aux candidats retenus pour remettre leurs offres ne peut être inférieur à quarante jours à compter de l'envoi de la lettre qui les invite à remettre lesdites offres. Pour les marchés de travaux ou de services, lorsque l'avis prévu à l'article 381 a été publié, ce délai peut être réduit sans être inférieur à vingt-six jours.

Lorsque les soumissions ou offres ne peuvent être déposées qu'à la suite d'une visite des lieux d'exécution du marché ou après consultation sur place de documents annexes aux cahiers des charges, les délais prévus aux deux alinéas précédents sont prolongés de façon adéquate.

En cas d'urgence ne résultant pas de son fait, la personne responsable du marché ou l'autorité compétente peut décider de ramener les délais prévus aux premier et deuxième alinéas du présent article à quinze jours au moins.

En cas d'adjudication, d'appel d'offres restreint ou de marché négocié prévu à l'article 387 du code susvisé, la lettre d'invitation à présenter une offre est adressée simultanément et par écrit aux candidats retenus. Elle peut être accompagnée du cahier des charges et des documents complémentaires. Cette lettre comporte au moins:
a) Le cas échéant, l'adresse du service auprès duquel le cahier des charges et les documents complémentaires peuvent être demandés et la date limite pour présenter cette demande, ainsi que le montant et les modalités de paiement de la somme qui doit être éventuellement versée pour obtenir ces documents;
b) La date de réception des offres, l'adresse à laquelle elles sont transmises et l'indication de l'obligation de les rédiger en langue française;
c) La référence à l'avis prévu à l'article 380 du code susvisé ainsi que les critères d'attribution du contrat s'ils ne figurent pas dans cet avis;
d) L'indication des documents à joindre pour justifier des capacités à remettre une offre.

Sous réserve qu'ils soient demandés en temps utile, les renseignements complémentaires sur les cahiers des charges sont communiqués par la personne responsable du marché ou par l'autorité compétente six jours au plus tard avant la date limite fixée pour la réception des offres.

Dans le cas d'adjudication ou d'appel d'offres restreint prévoyant des délais d'urgence, ces renseignements sont communiqués quatre jours au plus tard avant la date limite fixée pour la réception des offres.

...

Article 387

Font l'objet de l'avis d'appel public à la concurrence prévu à l'article 380:
- les marchés négociés de travaux passés en vertu du 1° du I et du 2° du I de l'article 104;
- les marchés négociés de fournitures passés en vertu du 2° du I de l'article 104;
- les marchés négociés de services passés en vertu du 1°, du 2°, du 8° (a) et du 9° du I de l'article 104.

La date d'envoi de cet avis doit être antérieure de trente-sept jours au moins à l'engagement de la consultation écrite.

Toutefois, en cas d'urgence ne résultant pas de son fait, la personne responsable du marché ou l'autorité compétente peut décider de ramener ce délai à quinze jours au moins.

Toutefois, les marchés négociés de fournitures, de travaux ou de services sont dispensés d'un nouvel avis d'appel public à la concurrence lorsqu'à la suite d'une adjudication ou d'un appel d'offres infructueux la négociation ne concerne que les entreprises qui avaient été admises à présenter une offre.

Article 388

La durée des marchés de fournitures passés en application du 2° du II de l'article 104, lorsqu'ils concernent des livraisons complémentaires, ne peut, sauf justifications spéciales, dépasser trois ans à compter de la date de leur notification.

Le montant total des marchés portant sur des travaux ou services complémentaires passés en application du 2° du II de l'article 104, ne peut être supérieur à 50 p. 100 du montant du marché principal. Sont considérés comme travaux ou services complémentaires les travaux ou services qui, ne figurant pas au projet initial, sont, à la suite d'une circonstance imprévue, devenus nécessaires à l'exécution de l'ouvrage ou du service tel qu'il est décrit audit projet et qui sont attribués à l'entrepreneur ou au prestataire chargé d'exécuter cet ouvrage ou ce service.

Article 389

Une offre comportant une variante par rapport à l'objet du marché tel qu'il a été défini par l'administration est prise en considération sauf disposition expresse contraire dans l'appel d'offres. Lorsqu'elle respecte les conditions minimales indiquées dans le cahier des charges, elle ne peut être rejetée pour la seule raison qu'elle a été établie avec des spécifications techniques différentes des normes homologuées ou d'autres normes applicables en France en vertu d'accords internationaux si ces spécifications ont été définies par référence:
1° A des normes nationales en vigueur dans un autre Etat membre de la Communauté économique européenne transposant les normes européennes;
2° A des agréments techniques européens;
3° Aux spécifications techniques nationales en vigueur dans un autre Etat membre de la Communauté économique européenne en matière de conception, de calcul et de réalisation des ouvrages et de mise en oeuvre des produits.

...

Cahier des clauses administratives générales applicables aux marchés publics prestations intellectuelles (auszugsweise):[1131]

Article 1er

Champ d'application

Les stipulation du présent cahier des clauses administratives générales (C.C.A.G.) s'appliquent aux marché qui s'y réfèrent expressément.

Article 2

Définitions et obligations générales des parties contractantes

...

2.2. Titulaire

2.21. Le titulaire peut désigner, dès la notification du marché, une ou plusieurs personnes physiques ayant qualité pour le représenter vis-à-vis de la personne responsable du marché pour l'exécution de celui-ci.

2.22. Le titulaire est tenu de communiquer immédiatement à la personne responsable du marché les modifications, survenant au cours de l'exécution du marché, qui se rapportent:
- aux personnes ayant le pouvoir de l'engager;
- à la forme juridique sous laquelle il se présente;
- à sa raison sociale ou à sa dénomination;
- à sa nationalité;
- à son domicile ou à son siège social;
- au montant de son capital social;
- aux personnes ou aux groupes qui le contrôlent;
- aux groupements auxquels il participe, lorsque ces groupements intéressent l'exécution du marché;

S'il ne respecte pas cette obligation, le titulaire s'expose à l'application des mesures prévues à l'article 37.

...

Article 7

Discrétion, sécurité et secret

7.1. Obligations de discrétion

7.11. Le titulaire qui, soit avant la notification du marché, soit au cours de son exécution, a reçu communication, a titre confidentiel, de renseignements, documents ou objets quelconques, est tenu de maintenir confidentielle cette communication. Ces renseignements, documents ou objets ne peuvent, sans autorisation, être communiqués à d'autres personnes que celles qui ont qualité pour en connaître.

7.12. La personne publique s'engage à maintenir confidentielles les informations, signalées comme telles, qu'elle aurait pu recevoir du titulaire; si cet engagement n'est pas respecté, le titulaire peut prétendre à indemnité dans la mesure du préjudice subi.

[1131] Der gesamte Text ist im Internet unter: „www.finances.gouv.fr/reglementation/CMP/ccag" zu finden (Stand: 21.01.2001).

7.13. Le titulaire et la personne publique s'engagent, chacun pour sa part à ne pas divulguer toute information confidentielle en provenance de l'autre partie qui pourrait leur parvenir à l'occasion de l'exécution du marché.

...

Article 17

Modifications en cours d'exécution

Pendant l'exécution du marché, la personne publique peut prescrire au titulaire des modifications relatives aux prestations ou accepter les modifications qui lui seraient proposées par le titulaire.

La décision de la personne publique est notifiée par écrit au titulaire qui, faute de réserves formulées dans un délai de quarante-cinq jours, est réputé l'avoir acceptée.

Toutefois, toute modification entraînant un changement du prix ne peut être réalisée que par avenant.

Article 18

Arrêt de l'exécution des prestations

Lorsque les prestations sont scindées en plusieurs phases techniques, l'arrêt de leur exécution peut être décidé par la personne publique à chacune de ces phases soit de sa propre initiative, soit à la demande du titulaire, dès lors que les deux conditions suivantes sont remplies:
- le marché prévoit expressément cette possibilité;
- chacune de ces phases est assortie d'un montant.

La décision d'arrêter l'exécution des prestations ne donne lieu à aucune indemnité, sauf stipulation différente du marché.

L'arrêt de l'exécution de l'étude entraîne la résiliation du marché dans les conditions du 6 et du 9 de l'article 39.

...

Article 33

Décisions après vérifications

33.1. Décisions

A l'issue des vérifications, la personne responsable du marché prononce la réception, l'ajournement, la réception avec réfaction ou le rejet des prestations.

La décision prise doit être notifiée au titulaire dans les conditions du 4 de l'article 2 avant l'expiration du délai de deux mois mentionné au dernier alinéa de l'article

...

Cahier des clauses administratives générales applicables aux marchés publics industriels (auszugsweise):[1132]

Article 1er

Champ d'application

Les stipulation du présent cahier des clauses administratives générales (C.C.A.G.) s'appliquent aux marché qui s'y réfèrent expressément.

...

Article 6

Discrétion, sécurité, secret

6.1. Obligations de discrétion

6.11. Le titulaire qui, soit avant la notification du marché, soit au cours de son exécution, a reçu communication, à titre confidentiel, de renseignements, documents ou objets quelconques est tenu de maintenir confidentielle cette communication. Ces renseignements, documents ou objets ne peuvent, sans autorisation, être communiqués à d'autres personnes que celles qui ont qualité pour en connaître.

...

Article 13

Documentation technique mise à la disposition du titulaire

...

13.2. Le titulaire a l'obligation de vérifier les documents techniques mis à sa disposition et de signaler, dès qu'il en a connaissance, à la personne responsable du marché les erreurs, omissions ou contradictions normalement décelables par un homme de l'art. Les aménagements de prix et de délais qui pourraient en résulter sont traités comme il est dit à l'article 19.

...

Article 19

Modifications de caractère technique en cours d 'exécution

19.1. Pendant l'exécution du marché, la personne publique peut prescrire au titulaire des modifications de caractère technique ou accepter les modifications qu'il propose.

La décision de la personne publique est notifiée par écrit au titulaire qui doit l'exécuter et présenter éventuellement, dans un délai d'un mois, ses réserves de toute nature.

...

19.4. Lorsque la personne publique et le titulaire sont d'accord pour arrêter les prix définitifs, ceux-ci font l'objet d'un avenant

[1132] Der gesamte Text ist im Internet unter: „www.finances.gouv.fr/reglementation/CMP/ccag" zu finden (Stand: 21.01.2001).

Toutefois, cet avenant peut être remplacé par un acte spécial signé des deux parties lorsque les majorations de prix entraînées par les modifications n'atteignent pas, soit 10 p. 100 du montant du marché soit trente fois le montant des seuils prévus aux articles 123 (I°) ou 321 du code des marchés publics.

...

Article 48

Arrêt de l'exécution des prestations

Lorsque les prestations sont scindées en plusieurs phases techniques, l'arrêt de leur exécution peut être décidé par la personne publique à chacune de ces phases, soit de sa propre initiative, soit à la demande du titulaire, dès lors que les deux conditions suivantes sont remplies:
- le marché prévoit expressément cette possibilité;
- chacune de ces phases est assortie d'un montant.

La décision d'arrêter l'exécution des prestations ne donne lieu à aucune indemnité, sauf stipulation différente du marché.

L'arrêt de l'exécution de l'étude entraîne la résiliation du marché dans les conditions suivantes:

Sauf stipulation particulière du marché, le décompte de résiliation au titre du présent article comprend:
a) Au débit du titulaire:
- le montant des sommes versées à titre d'avance, d'acompte, de paiement partiel, définitif et de solde;
- la valeur, fixée par le marché et ses avenants éventuels, des moyens confiés au titulaire que celui-ci ne peut restituer, ainsi que la valeur de reprise des moyens que la personne publique cède à l'amiable au titulaire;
- le montant des pénalités;
b) Au crédit du titulaire:
- la valeur contractuelle des prestations reçues, y compris, s'il y a lieu, les intérêts moratoires;
- la valeur des prestations fournies éventuellement en application du 3 de l'article 35.

...

Cahier des clauses administratives générales applicables aux marchés publics fournitures courantes et services (auszugsweise):[1133]

Article 1er

Champ d'application

Les stipulation du présent cahier des clauses administratives générales (C.C.A.G.) s'appliquent aux marché qui s'y réfèrent expressément.

...

Chapitre VII
Stipulations spéciales aux marchés d'informatique ou de bureautique

Article 36

Marchés intéressés par le chapitre VII

Les stipulations du présent chapitre ne sont applicables à un marché que si celui-ci s'y réfère expressément.

...

Article 40

Progiciels

40.1. Sauf stipulation différente du marché, le titulaire doit fournir avec le matériel objet du marché les progiciels généraux d'exploitation qui permettent, indépendamment de la nature des travaux confiés au matériel, la mise en oeuvre et la gestion des ressources du matériel, l'ordonnancement des travaux demandés successivement ou simultanément à celui-ci, ainsi que le déroulement des programmes de l'utilisateur.

Ces progiciels sont en tous points associés au matériel ou ils sont implantés, notamment pour les pénalités de retard, les vérifications et les indisponibilités, conformément pour ces dernières aux stipulations du 4 de l'article 50.

40.2. La fourniture des progiciels consiste en une concession du droit d'usage non exclusive ; elle comporte la remise à la personne publique:
a) Des progiciels transcrits sur un support d'information lisible par le matériel;
b) Des manuels en langue française décrivant les fonctions et les modalités d'emploi des progiciels fournis.

40.3. Le titulaire est tenu d'informer immédiatement la personne publique des modifications qu'il apporte au contenu des progiciels fournis ou aux manuels qui les accompagnent et de remettre à la personne publique, sans nouveau paiement, les modifications introduites dans les versions et ne comportant pas de nouvelles fonctions de nature à être remplies par ces progiciels.

La personne publique dispose, pour mettre en oeuvre les modifications des progiciels, d'un délai fixé à six mois, sauf stipulation différente du marché.

[1133] Der gesamte Text ist im Internet unter: „www.finances.gouv.fr/reglementation/CMP/ccag" zu finden (Stand: 21.01.2001).

40.4. Le titulaire garantit que les progiciels fournis et mis à jour conformément au 3 du présent article sont capables, lors de leur remise à la personne publique, de réaliser les fonctions décrites dans les documents qui les accompagnent.

En cas de défaut, le titulaire assume l'obligation d'en assurer la correction.

Cette obligation ne porte pas sur la validité définitive de ces corrections, mais est limitée à la fourniture de corrections nouvelles en cas de constatation de défauts sur les progiciels corrigés.

Cette obligation s'applique à la dernière version mise en oeuvre par la personne publique conformément au 3 du présent article. Elle devient caduque pour ceux des progiciels que la personne publique aurait modifiés sans l'accord du titulaire.

Le prix de cette obligation est inclus dans la redevance de concession des progiciels.

Sauf stipulation différente du marché, la durée de cette obligation est celle du contrat de concession du progiciel concerné.

40.5. Si le marché prévoit le suivi de progiciel, ce suivi comprend au minimum l'aide à l`installation et à l'utilisation des modifications de progiciel, lorsque celles-ci réalisent la correction d'anomalies ou la mise en oeuvre de nouvelles versions, ainsi que la mise à jour de la documentation associée.

40.6. Si le marché comprend la concession d'autres progiciels que ceux visés au 1 du présent article, les 2, 3, 4 et 5 du présent article s'appliquent aussi à ces progiciels.

Article 41

Aménagement des locaux

41.1. Il incombe à la personne publique d'aménager à ses frais les locaux destinés à l'installation du matériel et, le cas échéant, à sa maintenance selon les conditions d'environnement nécessaires qui lui auront été communiquées, à sa demande, par le titulaire.

Ces aménagements doivent être terminés avant la date prévue pour la livraison; au cas contraire, la prolongation du délai d'exécution prévue au 2 de l'article 10 est de droit pour le titulaire.

41.2. La personne publique s'engage à maintenir pendant la durée du marché les conditions d'environnement nécessaires au bon fonctionnement du matériel.

...

CODE DES TRIBUNAUX ADMINISTRATIFS ET DES COURS ADMINISTRATIVES D'APPEL (auszugsweise):[1134]

Article L. 22

Le président du tribunal administratif, ou son délégué, peut être saisi en cas de manquement aux obligations de publicité et de mise en concurrence auxquelles est soumise la passation des marchés publics et des conventions de délégation de service public.

Les personnes habilitées à agir sont celles qui ont un intérêt à conclure le contrat et qui sont susceptibles d'être lésées par ce manquement, ainsi que le représentant de l'Etat dans le département dans le cas où le contrat est conclu ou doit être conclu par une collectivité territoriale ou un établissement public local.

Le président du tribunal administratif peut être saisi avant la conclusion du contrat. Il peut ordonner à l'auteur du manquement de se conformer à ses obligations et suspendre la passation du contrat ou l'exécution de toute décision qui s'y rapporte. Il peut également annuler ces décisions et supprimer les clauses ou prescriptions destinées à figurer dans le contrat et qui méconnaissent lesdites obligations.

Sauf si la demande porte sur des marchés ou contrats passés par l'Etat, elle peut également être présentée par celui-ci lorsque la Commission des communautés européennes lui a notifié les raisons pour lesquelles elle estime qu'une violation claire et manifeste des obligations de publicité et de mise en concurrence d'origine communautaire ou résultant de l'accord sur l'Espace économique européen, a été commise.

Le président du tribunal administratif ou son délégué statue en premier et dernier ressort en la forme des référés.

...

Chapitre V: Le contentieux de la passation de certains contrats et marchés de fournitures et de travaux

Article R. 241-21

Toute personne habilitée à introduire un recours dans les conditions prévues par l'article L. 22 ou l'article L. 23 doit, si elle entend engager une telle action, demander préalablement à la personne morale tenue aux obligations de publicité et de mise en concurrence auxquelles est soumise la passation des contrats et marchés mentionnés audit article de s'y conformer.

En cas de refus ou d'absence de réponse dans un délai de dix jours, l'auteur de la demande peut saisir le président du tribunal administratif ou son délégué, qui statue dans un délai de vingt jours.

Article R. 241-22

L'article R. 241-21 est applicable au représentant de l'Etat mentionné à l'article R. 241-23.

Article R. 241-23

Dans le cas prévu au quatrième alinéa de l'article L. 22 et au cinquième alinéa de l'article L. 23, l'Etat est représenté par le ministre de tutelle lorsqu'il s'agit d'un contrat passé par un établissement public de l'Etat ayant un caractère autre qu'industriel et commercial ou par le préfet lorsqu'il s'agit d'un contrat

---

[1134] Der gesamte Text ist im Internet unter: „www.legifrance.gouv.fr/citoyen/index.ow" zu finden (Stand: 21.01.2001).

passé par une collectivité territoriale ou un établissement public local ayant un caractère autre qu'industriel et commercial.

Lorsqu'il s'agit d'un contrat passé par une personne morale de droit privé pour le compte de l'Etat, d'une collectivité territoriale ou d'un établissement public ayant un caractère autre qu'industriel et commercial et relevant de l'Etat ou d'une collectivité territoriale, l'Etat est représenté, selon le cas, par le ministre ou le préfet intéressé.

Article R. 241-24

La décision du président du tribunal administratif ou de son délégué, qui est exécutoire par provision, est susceptible de recours en cassation devant le Conseil d'Etat, dans la quinzaine de sa notification.

Wettbewerbsrechtliche Studien

Herausgegeben von Hanns Ullrich

Band 1 Xiaoguang Shan: Patentrechte und Know-how im Rechtsverkehr in der Volksrepublik China. Wirtschaftliche, technologiepolitische und rechtliche Ausgestaltung. 2001.

Band 2 Ariane Kubis: Vergabeverfahren und Rechtsschutz bei der Beschaffung von Informationstechnologie durch die Verwaltung. Frankreich und Deutschland im Vergleich. 2001.

FSC
www.fsc.org
MIX
Papier | Fördert gute Waldnutzung
FSC® C083411

Kolibri 360 GmbH
Ferdinand-Jühlke-Straße 7
99095 Erfurt, Deutschland
produktsicherheit@kolibri360.de

Druck:
CPI Druckdienstleistungen GmbH
im Auftrag der
Kolibri 360 GmbH
Ferdinand-Jühlke-Str. 7
99095 Erfurt